高等院校市场营销系列
精品规划教材

SALES MANAGEMENT

销售管理

主　编　陈涛 孙伟
副主编　李习平
参　编　王海斌 吴世军 李四兰 赵晓飞 黄晗

机械工业出版社
China Machine Press

图书在版编目（CIP）数据

销售管理 / 陈涛，孙伟主编．—北京：机械工业出版社，2016.9（2024.1 重印）
（高等院校市场营销系列精品规划教材）

ISBN 978-7-111-54818-8

I. 销… II. ① 陈… ② 孙… III. 销售管理 – 高等学校 – 教材 IV. F713.3

中国版本图书馆 CIP 数据核字（2016）第 208156 号

本书从销售管理概述、销售伦理与法律、销售组织与销售区域设计、销售计划与预测、销售流程与技巧、销售人员招聘与选拔、销售人员培训与激励、销售人员绩效评价、销售关系管理及网络时代的销售管理等方面讲述了销售管理的主要内容。

本书试图体现本土化特点，增加了符合国情背景的课程内容，大量采用本土案例进行讲解及课后研讨。针对销售管理工作实践性强的特点，本书着力体现内容的可操作性。通过大量销售一线的实战案例和练习，来提高学生运用理论解决实际销售问题的能力。每章开始都设有本章提要、引例，引导学生逐渐深入到课程内容中；每章中间根据教学需要，穿插了具有学科知识背景的专题、案例及一些最新研究进展等，增加了可读性；每章结尾还配有小结、关键概念、复习测试以及案例研讨等，便于学生更好地总结和复习。

本书适用于市场营销专业的本科生。

出版发行：机械工业出版社（北京市西城区百万庄大街 22 号 邮政编码：100037）

责任编辑：朱婧琬	责任校对：殷　虹
印　　刷：北京捷迅佳彩印刷有限公司	版　　次：2024 年 1 月第 1 版第 10 次印刷
开　　本：185mm × 260mm　1/16	印　　张：17.25
书　　号：ISBN 978-7-111-54818-8	定　　价：39.00 元

客服电话：（010）88361066　68326294

PREFACE

前　言

销售管理：提高销售效率和企业赢利的手段

1. 效率和绩效：未来销售经理制订决策的关键

未来的销售活动中，销售经理不仅要主导销售工作的若干根本性变革，而且会前所未有地被置于来自方方面面的严密监督之下。

目前，各种变化正在发生，而且已经影响到了大多数销售人员的工作。选择新的经销商、电话营销、网络营销等已经引发产品或服务的营销方式和销售方式的变化，如即时生产与采购，基于互联网技术和供应链体系的计划制订，对于向多个行业销售产品的企业而言，用户购买场所日益集中等。

销售工作变革的苗头已经出现并且正在按自己的规律发展。典型的表现是，销售经理既要领导已经失去传统力量、效率和声誉的一线销售队伍，又要领导一个集合了直复营销、大数据营销和电话营销的更强有力的销售组织。

销售成本费用在快速增长。由于更加注重市场细分，顾客要求的服务水平越来越高，运输费用增加，经销商权力增大，以及更多职业化的采购人出现等诸多原因，企业与商业客户联系的费用支出一直在增长。提高销售绩效是企业最基本的要求，董事会越来越多地审查那些行政性的销售费用项目，销售经理被更多地要求说明支出的合理性，许多 CEO 要求销售经理改变销售成本费用快速增长的局面。

（1）80/20 法则。

尽管“80/20 法则”（即 80%的销售额来自 20%的顾客）并非像其字面意思那么精确，但实际上，仅就意外失去大客户会根本性地改变一个企业的命运这一点而言，“80/20 法则”是绝对准确的。

一项有关销售生产率的调查表明：在受访企业中，占客户总数20%的大客户实现了平均75%的销售量，呈现出“75/20法则”；而只占客户总数10%的大客户实现的销售量高达50%；50%的大客户则完成了总销售量的90%。

（2）销售经理职业的演变。

销售经理职业的演变如表0-1所示。

表0-1 销售经理职业的演变

	20世纪50~70年代	20世纪90年代及21世纪
实现销售量的途径	直销人员	75% 通过直销 5% 通过电话营销 11% 通过经销商(批发商或代理商) 6.6% 通过外部销售代理 2.4%通过其他途径
销售人员的类型	销售代表 区域经理 地区经理	销售代表 大客户销售代表 国别客户经理 销售支持人员 电话营销人员 行政人员 销售培训人员 区域经理 行业专家
营销手段	以一类顾客为目标 使用统一的营销技巧	以若干个细分层为目标 分别使用针对性的营销技巧
执行目标	销售量的全面增长 最低限度的支出	提高战略性市场和产品的销售量 提高边际收入 降低销售成本 吸引销售高手

资料来源：Bob Hartley, Michael W. Starkey. The Management of Sales and Customer Relations. International Thomson Business Press. 1996.

（3）提高销售效率的处方。

将新技术引入销售队伍中。现在的销售人员与传统销售人员不同，他们不再携带手提箱和一堆资料，而是携带具有无线网络的笔记本电脑、智能移动终端设备（平板电脑、移动电话等）、车载电话、打印机或图形显示器设备及其他电子工具来建立起一个“虚拟办公室”，以此提高销售效率。

增加对销售人员的激励。运用激励手段使销售人员将销售努力投入到战略性客户和产品上。基于以上销售经理职业本身的变化，企业要求销售管理人员关注以下三个方面的问题：第一，市场营销与销售人员销售策略的协调统一。销售职能必须完全融入企业战略之中，并且应该作为市场营销的基本准则。 第二，客户关系的管理。销售人员应该接受持续的客户关系管理技能训练，而不只是被灌输某些特殊的销售技巧。第三，销售人员行为的管理。销售队伍管理必须更加专业化和科学化，广泛运用销售队伍控制与记录系统等新技术。同时，管理系统应更侧重于衡量长期利润潜力、客户决策过程、战略导向以及客户对产品、程序、知识和组织的需要。

2. 销售管理的趋势

剧烈变化的商业环境为企业销售工作带来了一系列的挑战，许多销售组织在国内外市场中面临着激烈的全球化竞争。销售组织面对的是竞争对手、顾客，甚至是他们自己企业的挑战。因此，从销售管理的角度看，销售组织的主要趋势如图 0-1 所示。即未来的销售管理活动正在从简单的交易转向建立良好的关系，从个人活动向团队活动转变，从关注销售量向关注销售效率转变，从一般的管理转向领导销售工作，从行政性工作向企业性的工作转变，更从本地性的销售及其管理向全球化的销售管理转变。因此，许多销售组织正在它们的销售行动中做出变化，以应对挑战。

从		到
交易	→	关系
个人	→	团队
销售量	→	销售效率
管理	→	领导
行政性的	→	企业性的
本地	→	全球

图 0-1　销售组织的主要发展趋势

CONTENTS

目 录

CHAPTER 1

第1章 销售管理概述

本章提要

本章从销售的性质与角色出发，分析了销售及销售管理在营销组合中的地位；重点介绍了销售管理的性质，销售管理与营销战略的关系；初步厘清了销售管理的任务和基本内容。

引例

沈小姐是国内一家中型房地产公司的销售经理。她管理着10多位销售人员。尽管每天的具体活动是变化的，但沈经理却这样描述她工作中典型的一天。

我的大部分时间是和我的同事在现场，帮助他们处理一天中所有的业务拜访活动。

上午7：40——到达办公室，再次审查上午的训练主题，审查下午的销售访问，并处理管理事务，如E-mail等。这也是我与老板取得联系，思考一周需要关注项目的时候。

上午8：40——销售代表的小组训练。这是一个45分钟的训练主题，主要围绕改进销售技能或与关键业务伙伴建立关系进行。

上午9：30~12：00——团队中不同销售人员的计划会议。会议目的是去检查某位客户或特殊的销售陈述项目，以帮助开发团队中的每位销售人员获得突出的业绩。

下午2：00~4：30——销售拜访。在和我的销售人员的现场销售拜访活动中，我的目的是帮助他们提高。我所做的是一张销售拜访反馈表，里面包括所有销售拜访的要点，从建立关系到结束销售。在4：30的销售计划会议上，我们一起回顾这些拜访，谈论开发活动项目。

下午4：30~5：30——销售人员的计划会议。这是我们切实关注同事需要去改进细节的时候。我用一种教练和咨询模式帮助销售人员建立一个模拟计划，作为他今天学习的内容，并与明天的拜访结合起来。

1.1 背景：销售管理在中国

销售是基本的社会活动。从每年中国劳动力市场的统计很容易看出，许多人正在从事与销售相关的工作。据了解，目前中国有超过6 000万的销售人员，但人才缺口每年仍高达50万，尤其缺乏具备较高素质的销售人才。目前，国内人才市场人才供需排行榜名列榜首的就是销售人员。据调查，北京非公有制企业引进的人才类型以销售经理为主，所占比例为23. 9%。根据前程无忧2014年12月发布的“十类总监职位网上发布职位数排行”显示，北京、上海、广州、深圳等地销售类（销售、营销、市场、策划、客户）总监人才的需求占比分别达45%、40%、55%、47%和69%，这说明社会对销售总监、市场总监、策划总监和营销总监等高层次人才的需求仍然十分旺盛（见表1-1）。

表1-1 2014年12月十类总监职位网上发布职位数排行 (%)

总监级职位	北上广深职位占比	民企职位占比	北上广深民企招聘占比
销售总监	45	75	43
营销总监	40	77	39
财务总监	42	74	40
设计总监	53	82	52
运营总监	55	79	52
市场总监	55	74	52
技术总监	53	75	50
策划总监	47	81	45
客户总监	69	68	67
人事总监	50	75	46

资料来源：前程无忧网，2014-12-19。

人是决定供应商客户服务水平的关键因素。调查显示，现代销售人才的短缺将会是未来3~5年困扰中国快速消费品企业的一个主要问题。一些企业的销售总监苦于现有销售人员迷信传统渠道的经验，而具备现代渠道的有技能的销售人员少之又少，外部招聘很困难，内部培养又跟不上。2007年以来，零售业人才，特别是其中的销售人才一直稳居需求的前三甲，但在实际招聘中，复合营销人员、零售店长、营销策划人才往往紧缺。从2013年1月2日公布的陕西省西安市劳动力市场工资情况（见表1-2）来看，销售经理和销售人员由于紧缺，待遇一直不错。

表1-2 2013年陕西省西安市劳动力市场工资指导价位（批发和零售业）（单位：元）

职业（工种）	高位数	中位数	低位数	平均数
企业董事	414 472	112 138	38 646	249 278
企业经理	391 548	145 650	38 519	183 823
企业职能部门经理或主管	159 622	80 769	29 330	72 267
生产经营经理	153 789	70 630	28 400	70 378
财务经理	173 551	68 268	29 403	62 217
行政、人事经理	164 965	61 094	26 652	58 346
人事经理	183 514	74 127	33 942	67 642
销售和营销经理	355 081	83 054	29 456	101 279
广告和公关经理	185 963	69 576	32 371	89 734
采购经理	271 580	114 896	34 862	122 856
计算机服务经理	277 785	88 282	33 580	115 845
营业人员	40 701	26 190	14 496	27 309
推销、展销人员	93 890	27 390	14 627	33 320

（续）

职业（工种）	高位数	中位数	低位数	平均数
采购人员	56 388	34 357	19 905	36 338
商品监督和市场管理员	33 269	29 500	18 925	31 382
其他购销人员	72 971	25 200	14 532	30 717
保管人员	45 691	26 986	19 166	28 160
储运人员	55 733	29 059	19 507	31 577

资料来源：中国就业网，2013-1-2。

1.2　销售的角色与类型

销售（sale），传统上称“推销”，它看起来是非常简要的陈述，却常常隐含了非常复杂的过程，是一种包含了完整的系列原理、技术和丰富的个人技巧的应用。

企业花费大量费用培训销售人员的原因是：在大部分企业，销售人员是企业与顾客最重要的联系方式。销售人员的低效率可能使最好的销售设计和计划努力都失败。一线销售人员对许多顾客而言意味着企业的形象。销售人员招聘、培训和保持需要支付高成本，因此有理由强调销售工作及其对提高销售效率的重要性。

在我国，销售也是一种最古老的社会经济活动。我国古代有不少有关销售活动的记载，如尧舜时期，就有“北用颛氏之玉，南贵江海之珠”的有关销售活动的记载。更有春秋战国时期有关楚人销售“矛与盾”的故事，这说明了销售技巧的重要性。

销售作为一种职业，在我国传统社会文化中，给人的印象有时是负面的，但不可否认，无论是从整体社会经济活动还是从企业营销的角度讲，销售都是一种具有重要价值的社会职业。销售人员通常以两种方式对国家经济增长做出贡献，一方面，销售人员是企业经营活动和国家经济的助推器；另一方面，销售人员是创新产品的传播者。同时，由于销售人员要与所有重要的顾客直接建立联系，因此，在企业生存和发展中，销售人员的贡献主要体现在：他们是企业收益的创造者，是市场研究与反馈的资源，也是高层管理者的候选人。

销售的类型有多种，如图 1-1 所示。

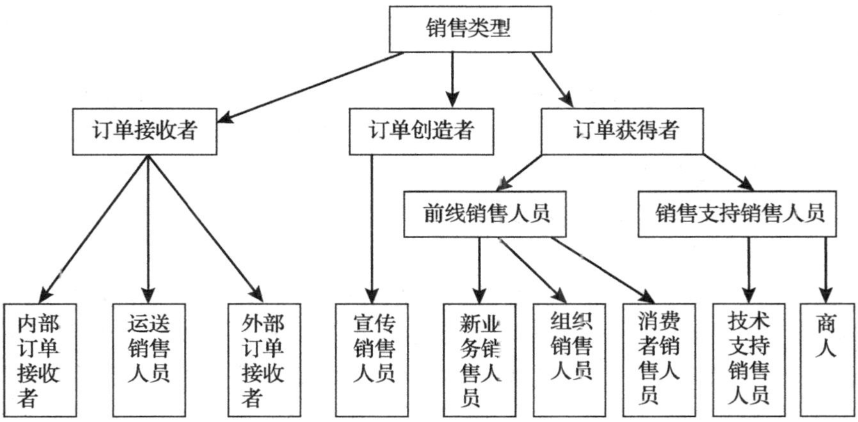

图 1-1　销售的类型

1.3 销售管理的性质和角色

随着销售工作变得更职业化，销售管理工作的角色也越来越重要。销售管理强调的功能主要表现在：优秀销售经理必须具有的健全品格，销售工作的主要特征是确保销售人员完成有效的销售量。目前这些功能仍然可能是极其重要的，但现代企业销售经理的职责已经发生了很大变化。因此，销售管理被定义为：为获得公司的销售和利润目标而对个人关系（联系）项目设计的计划、执行和控制。

现在，销售经理在企业被期望扮演一个更重要的战略角色，并作为一个关键因素被列入企业战略计划编制中。销售经理需要熟悉与计划相关的技术，包括销售预测和预算。销售经理还需要熟悉市场营销观念，以确保销售和营销活动有机结合起来。在那些较少强调销售量而更多强调利润的企业，销售经理需要分析市场并指导销售人员开展更多能获利的活动。在处理与销售人员的关系时，销售经理还必须了解现代人力资源管理的新理念。

从以上诸多方面来看，销售经理的角色是令人敬畏的。这个人必须同时是一个会计人员、一个计划人员、一个人事经理和一个销售人员。而且，其最重要的责任是：为确保销售工作能为完成企业目标而做出最有效的贡献。为了履行这个角色的义务，销售经理必须承担明确的职责，包括：确定销售人员的目标和目的；销售计划和预测；对销售人员的组织、规模、地域设计和计划；销售人员招聘和培训；销售人员激励；销售人员绩效评价等。

专题

顶级销售经理的7个特质

如果你认为做一个成功的销售经理很容易的话，那就错了。很多销售经理回顾自己过去的经历时会发现，成为一名优秀的销售经理，要付出巨大的努力。顶尖的销售经理应该具备以下7个特质：

(1) 能自如地应对变化。销售经理最大的挑战是，带领销售团队适应不断变化的市场。现在的市场受很多因素的影响，这就要求销售经理冷静面对混乱状况，热情地拥抱变革，不断调整以应对未来的挑战。

(2) 获得下属的信任。销售人员不会很在意销售经理说什么，但是会根据销售经理的所作所为来判断他是否值得信任。信任意味着销售人员不会对销售经理说的话做其他的猜测，他们会非常信任销售经理。信任不是看销售经理对团队成员下了什么命令让其执行的效果，而是团队成员在没有人看到的情况下做了什么。如果制定了规章制度，你就得带头遵守。

(3) 给予反馈。如果销售经理不能提供客观的反馈，好的销售人员也许不会继续努力工作。没有人在后面推动，或者达到了一个小目标而没有得到鼓励，销售人员就会想："我为什么这么要努力地工作？"如果工作目标达不到，或者没有适当的措施奖励目标的达成，销售人员的积极性就会下降。优秀的经理人会设定一个清晰的、可实现的目标，并且经常给予销售人员反馈。

(4) 激发热情。激发销售人员的热情是创造高业绩的前提条件。成功的销售经理会想方设法激发团队成员的热情。有时，组织有创造性的竞赛也可以让销售人员保持高昂的热情。

(5) 善于参与。成功的销售经理应该善于让自己曝光，让顾客能感觉到你的存在，让团队成员觉得你平易近人。不要埋头于文案工作，经常到处走走，看看员工是怎么工作的，给他们一些指导，帮助他们把工作做得更好。销售经理还可以走出去，和顾客进行接触。顾客觉得自己受到了尊重，忠诚度会更高。

(6) 帮助团队成员成长。优秀的销售经理不仅会给团队成员提供技能培训，还会帮助他们做好长期的职业规划。现在顾客的需求变化很快。针对这种情况，销售经理可以做一些销售培训，鼓励销售人员经常学习，理解顾客的情况，以便提供给他们更适合的解决方案。而培养销售人员的商业敏感性，则可以帮助他们获得长期的发展。

(7) 持续改进。新上任的销售经理也许可以很快改善业绩，但是要长期保持这种趋势却比较难。销售经理往往比较关注是否达到了季度的销售目标，为了达到这个目标，有时会对销售战略做一些调整，这些调整却使得长期的业绩增长变得很困难。

1.4 销售管理和营销战略的关系

大多数人对销售的了解，还仅限于其作为营销的一种职能，甚至拘泥于彼得·德鲁克所谓的“营销的目的在于使销售（推销）成为多余”。但这种理想状态远远无法实现社会对销售作为一种经济活动和职业的要求。图1-2a和图1-2b分别展示了销售导向型公司和营销导向型公司的组织结构。从营销战略的视角看，销售和销售管理在企业所扮演的角色更是至关重要。

图1-3描述了销售管理与营销组合的关系。图1-4描述了营销战略通过战略目标影响销售功能。

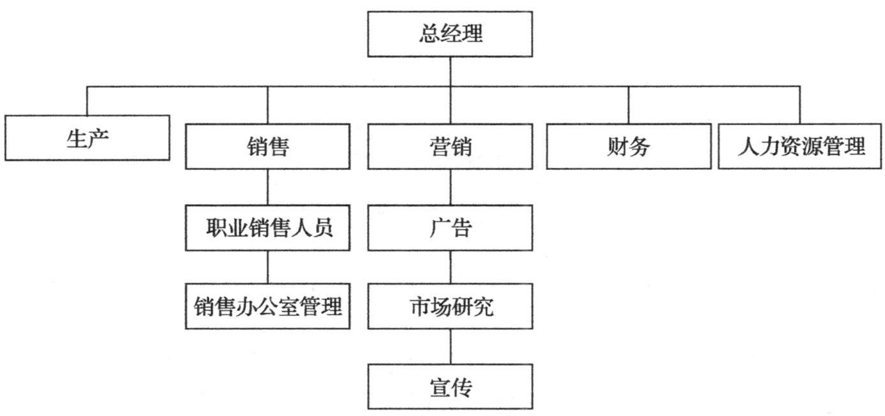

a）销售导向型公司的组织结构

图1-2 采用市场营销观念的组织结构

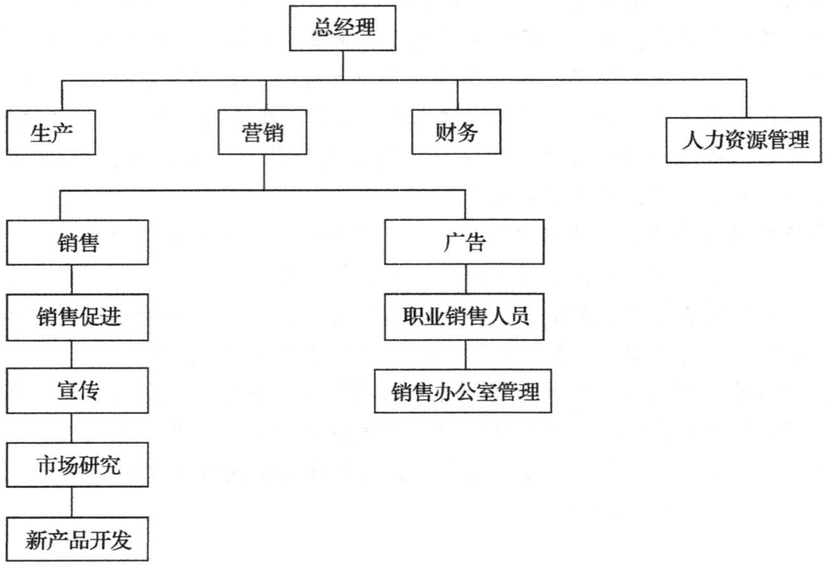

b）营销导向型公司的组织结构

图 1-2 （续）

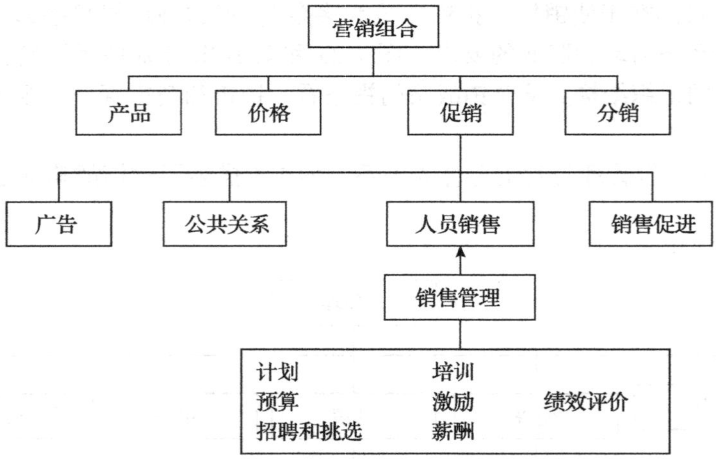

图 1-3 销售管理在营销组合中的位置

每个营销战略目标的建立、保持、收获和放弃对销售目标和销售战略都有不同影响（见表 1-3）。

企业的目标市场对销售管理而言有着重要的意义。一旦目标市场确定，销售管理能将销售计划转化成个人目标客户，而且销售人员能得到最大效果的配置。

创造差异化优势是成功营销战略的起点，但这需要与销售人员进行沟通，并将营销战略嵌入到销售计划中，使销售人员确信能令人信服地对顾客说清楚。

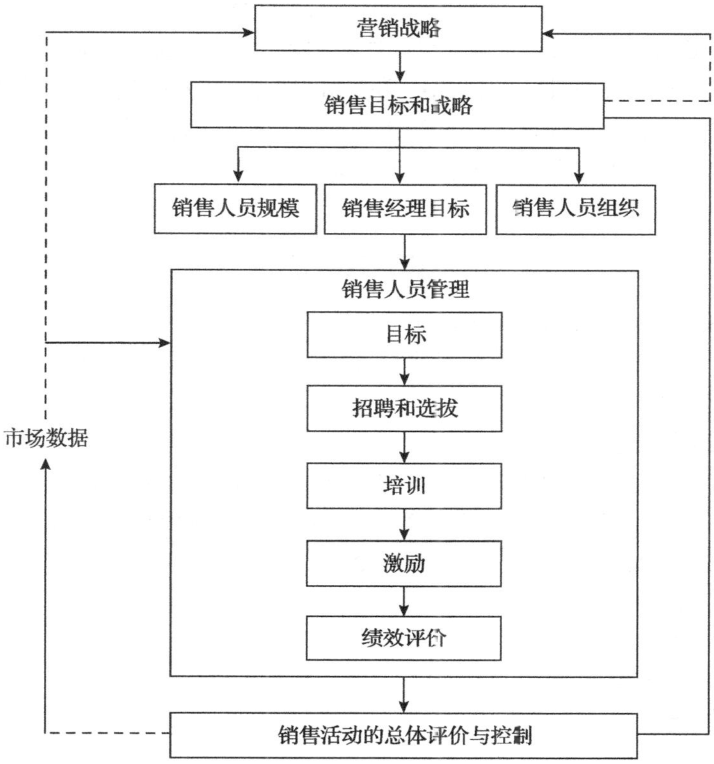

图 1-4　营销战略与销售管理功能

表 1-3　营销战略和销售管理

战略性营销目标	销售目标	销售战略
建立（build）	建立销售量 增加分销 提供高服务水平	现有客户的高拜访率 拜访期间的高度关注 拜访新客户（可能顾客）
保持（hold）	保持销售量 保持分销 保持服务水平	继续保持对现有客户的拜访率 拜访期间中等关注 出现新的渠道时访问
收获（harvest）	降低销售成本 以有利可图的客户为目标 降低服务成本和存货	仅仅拜访能从中获利的客户 考虑电话销售或降低支持 无可能客户（顾客）
放弃（divest）	快速清理存货	对目标客户实施数量折扣

资料来源：Strahle, W. and Spiro, R. L. "Linking market share strategies to salesforce objectives, activities and compensation policies", *Journal of Personal Selling and Sales Management*, 1986, (8): 11-18.

如上所述，销售目标和销售战略派生于营销战略，销售应该与其他营销组合因素一致。销售目标确定了企业希望实现什么样的销售功能。典型的销售目标常常表示如下：①销售量，如 5%的销售量增长；②市场份额，如市场份额增加 1%；③盈利能力，如保持净利润余额；④服务水平，如在每年的顾客调查中，顾客对销售人员的评价中“好或更好”的比例增长20%；⑤销售人员成本，如费用降低5%。

销售战略决定销售目标将怎样实现，确定销售目标需要考虑以下因素：①拜访率；②现有客户拜访与潜在客户拜访的比例；③折扣政策；④资源的占比：新产品与老产品的比例；销售与提供售后服务的比例；现场销售与电话销售的比例；针对不同类型顾客的销售比例；⑤顾客和销售人员的市场反馈；⑥改进顾客关系。

专题

案例教学法

案例教学法（Case Teaching Method）的目的是介绍商业教育的现实主义（真实性）的一种方法。案例教学法迫使你去处理那些在实际商业环境中发生的问题。每个案例描述了一个围绕特定商业形势展开的事实。

1. 案例分析的框架

（1）定义问题。一旦熟悉了案例的事实，分析出中心问题是重要的。

（2）确定代替案。即界定围绕解决案例问题组织的可能的选择方案。有些方案从案例列举的材料和主要论点的陈述中是能够被清楚提供的，另一些可能不得不另去提供。对大部分案例问题，三到四个可选择方案常常是足够的。

（3）分析代替案。

（4）推荐解决方案。

2. 撰写报告

通常包括以下四个部分。

（1）问题陈述。问题陈述要简短，1~2句话即可。应花时间去构思好的引导句，因为第一印象是重要的。

（2）选择方案。应将针对问题的可使用的方法（途径）限制在3~4个。考虑所有可能的解决方案的人将很有可能使评价者糊涂。

（3）分析。可能包括数据的评价或讨论，选择方案中数据的影响。一个好的分析不仅仅是列出每个选择方案的优劣势。分析部分应该考虑包括这样一些话题：控制范围、培训、销售人员的来源、可选择的报酬计划、竞赛和定额的影响、重新设计销售地域、公司销售、成本和利润的效果（影响）。

（4）建议。建议应该相对简短精练，采用一览表的形式。

3. 总结

案例分析可提供给学生一个机会，去发展一种丰富的和有意义的思考和表达他们自己关于商业问题的方式。然而，请记住，这种问题解决方案是没有价值的，除非它们被卖给那些能够在建议上产生效果的人。案例教学法提供给学生的是使其他人信服其推论有效性的实际经验（技巧）。

小结

销售是基本的社会活动。在大部分企业，销售人员是企业与顾客最重要的联系。一线销售人员对许多顾客而言意味着企业的形象。销售人员招聘、培训和保持需要支付高成本，因此，企业有理由强调销售工作及其对提高销售效率的重要性。

销售的类型有多种，包括订单接受者、订单创造者与订单获得者。销售管理被定义为：为获得公司的销售和利润目标而对个人关系（联系）项目设计的计划、执行和控制。

从营销战略的视角看，人员销售和销售管理在企业所扮演的角色是至关重要的。企业的目标市场对销售管理而言有着重要的意义。一旦目标市场确定，销售管理能将销售计划转化成个人目标客户，而且销售人员能得到最大效果的配置。

创造差异化优势是成功营销战略的起点，但这需要与销售人员进行沟通，并将营销战略嵌入到销售计划中，使销售人员确信能令人信服地对顾客说清楚。

销售目标和销售战略派生于营销战略，应该与其他营销组合因素一致。

关键概念

营销观念　营销组合　销售管理　推销　市场细分　目标市场　差异化

复习测试

1. 解释销售管理作为一种组织功能的重要性。
2. 讨论中国经济中影响销售经理任务的关键劳动力市场和人口问题。
3. 描述管理的一般性质及其在一个组织中的角色。
4. 列出销售经理的职责。
5. 阐述销售管理与市场营销的关系。
6. 讨论一名优秀的销售经理需要具备的技能。

案例研讨

案例 1-1　从销售明星到销售经理的转变

许林是一家民营企业的总经理，公司的产品质量在同行业里是最好的，但是销售情况一直不如竞争对手，3 个月前，他把原来的经理换掉了，把销售业绩第一的员工单某提拔为销售经理，希望他能把销售部业务抓上去。可是 3 个月下来，情况却让他大失所望。尽管单某个人的销售业绩不断提升，但公司的总销售额整体下滑。几位销售骨干向许林反映，单某只顾自己多拿奖金，不想办法帮大家提升业绩。他找单某谈过话，单某也感到很委屈。他说自己很努力地在拼业绩，大家都在冷眼旁观，他也不知问题出在哪里。

有关建议如下：

1. 换人（销售主管，男，36 岁）

能者上，庸者下，已经 3 个月了，再给机会，企业就没机会了。应当提拔更好的人选，或者可以考虑竞争上岗。

2. 培训辅导（管理顾问，女，32 岁）

这位销售经理个人业绩不错，这只表现了个人的精英的素质和能力，不能得到大家的信任和支持，问题出在他不会做领导。建议许林在提拔业务骨干到领导岗位后，还要对其加以辅导，必要时让他参加一些培训，提升领导水平比提升业绩更关键。

3. 改变考核机制（总经理，男，41 岁）

对于销售经理，不能以他的个人业绩为考核标准。要把团队的指标与他的奖金挂钩。把他的能量引导到带领团队和帮助他人方面，这样不仅业绩可以提上去，销售员和经理的利益也没有冲突了，关系自然会正常。

4. 提拔骨干进入管理层（咨询顾问，男，44 岁）

提拔内部的业务骨干进入管理层，是一件好事。这样不仅能够激励员工士气，给员工奋斗的目标和动力，而且在业务骨干对企业文化的认同、企业制度的了解、企业人员的熟识这些方面均比外聘的“空降兵”有很大的优势。

但好事也会带来新的问题，比方说力不胜任。上文提到的那位新任销售经理的现象，可归结为“角色迷失”。每个人在社会上都在扮演着各种各样的角色，担任了一个新职务，自己的行为也必须随之调整，由于对角色认知不完整或能力不足，新角色转化不到位，就会出现迷失方向的情况。

优秀的职业精英走上领导的位置，很容易迷失自己的角色，在这种迷失的情形下，即使他的业务能力再强、工作再努力，也不会是一个好的领导者。

讨论问题

你认为问题的实质是什么？有什么更好的解决办法？

案例 1-2　销售部的管理漏洞

我们公司对销售部的管理一直抓得比较紧，出台了各项制度并严格地遵照执行，但由于种种原因，还是会不可避免地发生问题，暴露出管理上的一些漏洞。

就在前两天，刚刚发生了一起某销售人员诈骗客户的恶劣事件，该销售人员让客户把购买产品的钱打到其私人账户后，不再与客户联系，自然也就没有交货。气急败坏的客户之后把投诉电话打到了客户服务部。

总经理得悉情况后当即下令严查，发现该销售人员一直用假名与客户打交道。

“立刻报警！让警察把他揪出来。这种行为严重损害了公司的声誉与形象，必须严肃处理。同时要让有这份心思的人做事之前先掂量掂量。”总经理狠狠地说道。

该事件很快就立案了，总经理知晓后沉吟片刻说：“我们不能只等着警察的结果，必须做点儿什么。这样吧，把全体销售人员及相关部门的负责人召集到会议室开一个整风大会，让大家有所警醒。”

会议是总经理亲自主持的，意料中的狂风骤雨，大家自然都是战战兢兢，总经理的用心显而易见，让大家有则改之，无则加勉，看来这个目的已经达到了。

就在会议进入尾声的时候，总经理目光炯炯地看着一部的黄经理，话锋突然一转，缓缓地说：“今天所说的，主要是针对销售一部，请该部门自觉反省。”

扭头再看黄经理，紧闭双唇，用眼神逼视着总经理，几秒钟后拿起桌上的笔记本摔门而去。

总经理脸上有点挂不住，讪讪地说：“这是什么态度?!”说完夹起笔记本也离开了会议室，留下了面面相觑的大家。

发生了什么事呢？我和大家一样，心里也充满了疑问，虽然我知道总经理和黄经理不只是简单的上级下属，黄经理其实是一位不直接参与管理的股东派驻过来的，由于这里面牵涉到种种关系，所以双方虽然暗斗不断，却还是保持着不当面交锋的默契，可今天似乎是个例外。

我本想避开这些纷扰的，无奈事情偏偏找上门来。午休时间，黄经理敲门来到我的办公室，长叹一声后徐徐说道："这样下去我真的不想干了，总经理是故意针对我的，目的是借题发挥要赶我走。今天会议上我已经很给他面子了，如果不是那么多员工在场……"虽然黄经理省略了后半截话，不过他的意思已经很明白了。

"那么，你知道是哪个销售做的吗？"我只能故意岔开话题，因为黄经理的话让我不知道如何接下去。

"这个不难知道，总经理也很明白，他是故意给我添堵，我受不了了只好离开。就说开会吧，如果真要针对我们部门，干脆单独召集我们部门，怎么训话都行。但是不能当着二部的人这样说我们一部啊！还有上次网络招聘的事情，你不是很清楚么？他这么做的原因不也是明摆着吗？"黄经理气愤地说道。

销售一部和二部是并列的两个部门，平时免不了进行业绩比拼，由于两个部门经理的背景不同（一部的黄经理是另一位股东委派的，二部的王经理则是总经理钦定的），这让三方的关系变得微妙起来，所以也难怪黄经理对总经理的那句话非常不满了。

至于网络招聘的事情，我本没有多想，听黄经理说起后再联系一些事情来看，似乎也有一定道理。由于春节前后我们公司销售部人员流动比较大，所以开通了三个月的网络招聘，销售类简历都是由部门负责人进行筛选、面试，合格者交由总经理复试。就在网络招聘服务期快到期的时候，我通知各个部门进行简历备份，才得知黄经理根本就没有招聘账号和密码，平时一般是由二部的王经理转发一些简历给他。我就这件事情询问过总经理，总经理告诉我，二部的王经理是职业经理人，对于人才挑选比较内行。现在看来，要么总经理和黄经理在用人方面存在意见分歧，要么就真如黄经理所言了。

"嗯，我觉得如果真是你们部门的人干的，那你确实有责任。另外，公司可是严令禁止销售人员用假名与客户联络的。"我不想直接谈论他们之间的关系，只好阐明自己的观点。

"要说这件事，我有责任，可跟技术部的监控不力也脱不了关系。我在管理下属方面，比较注重引导他们，提高他们的销售能力，当然也会尽力去监督规范他们的一些言行。但是，我不能保证杜绝一切违规操作，那么这时候就需要颁布一些制度条例，借助各种手段去监控、防范了，公司技术部对销售部电脑、电话的监控就属于这一范畴，所以说发生这样的事情，除了在管理上找原因外，技术方面是不是也有需要改善的地方呢？"黄经理说到这里，用拳头捶了一下桌子，继续说道："如果我离开，问题就能迎刃而解，那么我走也还有价值，可是现在算什么啊？"黄经理说完长长地叹了一口气。

我也只能长长地叹了一口气，黄经理的话不无道理，发生这样的事情，公司管理层首先应该考虑如何防范类似的事件再次发生，而不应该盘算着如何利用此事件进行自己的政治活动。这只是我的看法，总经理处在他的立场一定有自己的考虑，所以我也只能保留意见了。

讨论问题

假如你是一名销售经理，你将如何解决销售部存在的问题？

CHAPTER 2

第2章 销售伦理与法律

本章提要

销售伦理的决策是困难的，但销售人员必须遵守一些基本的销售伦理和道德规范。

本章从销售活动中应处理的各类关系入手，罗列了销售人员和销售经理需要掌握相关法律知识。其中重点介绍了合同管理，尤其是销售合同管理的内容。

引例

在国外网站销售假冒一线品牌手表　卖家获刑

iOffer 平台由美国人 Steven 于 2002 年设立，目前有 10 万名卖家在这个美国交易平台上进行互联网交易。近日，在 iOffer 平台上，两家中国网店被“亮起红灯”。

黄某和石某系夫妻，两人曾在国内开过网店。一日，黄某听亲戚介绍，在国际购物平台做网购能赚美元，且只需要一张信用卡，无须认证就能免费开店，黄某和妻子石某立即注册、登录 iOffer 账号，并办理了绑定国际第三方支付平台 Paypal 以及工行账户等一系列手续。于是，夫妇二人没有经过任何认证程序便在 iOffer 上开起了名为“gongxi123456”的网店。很快，第二家网店“pinktea68”也顺利开张。

2012 年 10 月，黄某夫妇打着中国 SALE 的旗号在 iOffer 上以略低于市场的价格销售假冒劳力士（ROLEX）、路易威登（LV）、百年灵（BREITLING）等一线品牌手表。短短半年，黄某的网店人气倍增。境外客户在上述网店看到发布的手表销售信息后下订单，黄某根据订单向上家进货，与此同时，妻子石某负责收取上家货物并予以包装，货款则打入第三方支付平台 Paypal 账户绑定的工行账户。

为方便与客户沟通，黄某夫妇先后雇用刘某、梁某负责在网上与境外客户沟通，联系进货。截至 2013 年 3 月，夫妻二人在网上销售假冒品牌手表 787 块，销售金额达 41 060 美元，折合人民币 25.7 万余元。

2013 年 4 月，黄某夫妇在家中被公安机关抓获，公安机关在两人住处查获了假冒名牌商标手表 114 块。经审计，仅劳力士等五个相应品牌的 92 块假冒名牌手表货值就达 4 822 美元，折合人民币 30 234 元。

法庭上，公诉机关提交了 iOffer 网络平台的销售记录、送货单、员工梁某的证言以及路易威登马利蒂公司、古乔古希股份公司等提供的鉴定书、价格证明等证据，黄某夫妇对犯罪事实供认不讳。

上海市闵行区人民法院经审理后认为，黄某夫妇违反商标管理法规，销售明知是假冒注册商标的商品，销售金额达 41 060 美元，折合人民币 25.7 万余元，属于数额巨大，其行为均已构成销售假冒注册商标的商品罪，依法应予惩处。法院以黄某犯销售假冒注册商标的商品罪，判处有期徒刑三年零三个月，并处罚金 15 万元；石某犯销售假冒注册商标的商品罪，判处有期徒刑一年，缓刑一年，并处罚金 7 万元。

资料来源：吴一炟. 在国外网站销售假冒一线品牌手表　卖家获刑 [N]. 人民法院报，2014-04-19.

2.1 销售伦理及其主要内容

2.1.1 销售伦理的重要意义

在销售过程中，销售人员经常陷入自认为正确的行为和自己被迫采取的行为之间的冲突之中，有时候销售人员会采用善意的谎言。由于普通公众对推销与营销观念的认知差异，很多销售人员在内心已经认定，自己是在为顾客提供需求解决方法（产品或服务），与此同时，许多顾客却认为销售人员是不道德的——这就是销售中经常存在的伦理和道德问题。

销售伦理是企业管理伦理和营销伦理的有机组成部分。销售伦理（sales ethics）是商业伦理学的一个应用分支，是指对销售策略、销售行为及机构道德的判断标准。所谓销售道德，就是在销售领域中，人们判定推销人员行为正确和错误行为的标准。

销售伦理涉及企业高层管理者、销售经理和其他销售人员的道德问题，因为他们的道德水准将影响企业的销售行为。销售伦理影响到企业各个方面的活动，包括销售策略的制订，以及相关的人员推销、广告、营业推广等策略的制订和运用。

研究表明，销售人员在工作中面临许多伦理和法律上的选择。销售的法律框架是广泛的，其主要构成要素包括《中华人民共和国反不正当竞争法》《中华人民共和国反垄断法》《中华人民共和国合同法》《中华人民共和国消费者权益保护法》等，销售人员必须尽快知晓法律环境的变化。因此，虽然这些道德规范可以用法律来约束，违反规范就要受到法律的惩罚，但是道德规范并不一定全部都是法律行为规范。销售人员在销售过程中，如果有语言上的不文明，那只是道德规范的问题，而非法律规范问题。违反了这个规范并不会受到惩罚，至少从法律的角度来看是这样的，但是如果是违反了国家的各类法律规范，特别是违反了这些规范中有关商业的法律规范，就会受到法律的惩罚。

2.1.2 销售伦理规范的内容

1. 伦理决策行为模型

为帮助销售人员做出困难的道德决策，可以从下列几个步骤着手（见图 2-1）：第一，认识两难问题，或选择性的影响因素；第二，根据理论或经验事实，确定选择依据；第三，列出选择。包括考虑：他们是合法的吗？他们是对的吗？他们是有益的吗？第四，做出决定。

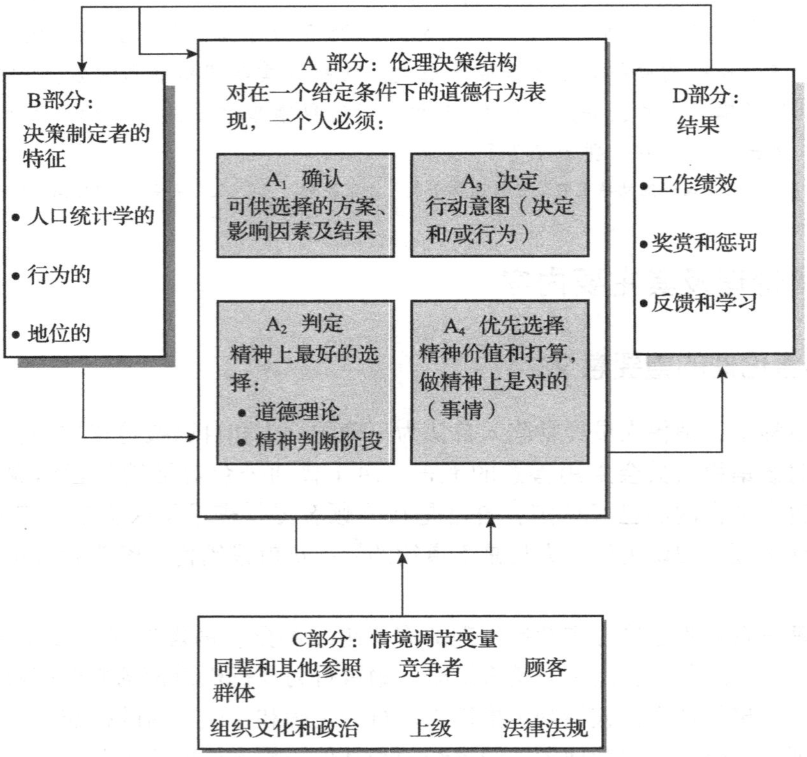

图 2-1　伦理决策行为模型

资料来源：Thomas R. Wotruba, "A Comprehensive Framework for the Analysis of Ethical Behavior, with a Focus on Sales Organizations," *Journal of Personal Selling & Sales Management*, Vol. 10 (Spring 1990), p. 31.

2. 销售伦理规范的内容

道德规范的标准通常会超越法律界定的范畴，一方面是很难执行的法律，另一方面是销售人员经常发现法律规范不能直接解决眼前的问题。因此，销售人员必须确定自身的行为标准。在这种情况下，销售人员总不免要先应付迫在眉睫的事，然后再考虑其中的是非曲直。但是，销售人员如果想赢得别人的敬重，就必须按照大众所接受的道德规范来进行销售活动。

一般而言，即使在最理想的情况下，道德规范也是一个很难有明确结论的问题。因此，在销售人员的行为规范中，很难形成一个放之四海而皆准的标准。当出现道德问题时，销售人员就应当问自己："如果我处在顾客的位置，会有什么感觉？"在处理竞争问题时，你同样也可以这样自问："如果你在竞争者的位置上，你认为你的行为公平、有道义吗？"即使有普遍认同的行为规范，在特定的情况下，销售人员也很难确定如何做出恰当的行为。

那么，销售的道德规范有哪些呢？美国市场营销协会（AMA）曾经规定，销售人员必须遵守以下的道德规范。

（1）销售人员的责任。

销售人员必须为他们的行为举动所出现的结果负责，同时，要不遗余力确保他们的决策、推荐和行动能够从顾客的角度出发，服务顾客，满足其需要。顾客包括消费者、组织和社会。

销售人员的职业行为应该遵从以下几点：

1）职业道德基本原则：绝不故意损害顾客利益；

2）严格遵守一切实行的法律和规章制度；

3）对自己的受教育、受培训和工作经历情况绝不弄虚作假；

4）积极支持、履行和推广该道德规范。

（2）诚实公正。

销售人员应该支持并倡导营销职业的诚实、信誉和尊严，并做到以下几点：

1）在为顾客、客户、雇员、供应商、经销商和大众服务时要诚实守信；

2）在事先未告知有关各方的情况下，不得故意引起利益冲突；

3）建立公平的费用制度，包括支付或收取普遍惯用和合法的销售交易的补偿。

（3）销售交易过程中各方的权利和义务。

销售交易过程中参与的各方必须做到：

1）销售的产品和服务安全可靠，适合设计使用的领域；

2）有关销售的产品和服务的信息介绍中不得出现欺诈；

3）所有各方要诚实履行义务，不论是财务方面还是其他方面；

4）要制定合适的内部措施，以处理顾客对购买提出的申诉，并给予公正的调整和赔偿。

销售人员应该了解上述几点包括以上各方面的责任，但又不仅仅局限于此。

在产品开发和管理方面：

1）揭示产品或服务在使用中存在的所有危险；

2）确认任何可能引起产品实质性改变或影响购买者购买决策的产品零部件的替换；

3）确认需要额外付费的产品特性。

在产品促销方面：

1）避免欺骗和误导性的广告；

2）拒绝使用高压操纵或误导销售的手段；

3）避免使用欺诈或操纵手段进行产品促销。

在产品经销方面：

1）不能为牟取暴利而操纵产品的供给；

2）在营销渠道中不采用高压手段；

3）不能对销售中介机构选择经销的产品进行不当的影响和干预。

在产品定价方面：

1）不能实行统一价格；

2）不能制定掠夺性价格；

3）公开任何交易中达成的价格。

在市场调研方面：

1）禁止打着做市场调研的幌子而行推销和筹措资金之实；

2）保持调研的诚实性，避免代表不当和省略相关调研数据；

3）公正对待外部的客户和供应商。

（4）组织关系。

销售人员应该注意到，他们的行为会影响组织关系中其他人的行为；在与雇员、供应商和顾客打交道时，他们不应该要求、鼓励和威逼其他人进行不道德的活动。

1）在职业交往中，对特殊信息要保密并隐去信息提供者的名字；

2）在合同和互利协议中规定的时间内履行责任和义务；

3）避免部分或完全窃取他人的工作成果，避免在未获他人同意的情况下，将他人的工作成果视为自己的成果或直接从中获利，而不对他人进行补偿的行为；

4）避免在损害他人公司利益的情况下，为获得最大的个人利益而进行操纵、利用事态发展的不公正行为。

AMA 规定，任何 AMA 的成员倘若被发现有违反任何上述道德规范中条款的行为，将暂时取消或永久取消其会员资格。

2.2 销售中的主要伦理问题

虽然销售工作涉及的环节很多，但最为直接和重要的是产品策略和促销策略。在这些策略的具体实施过程中，企业经营者和销售人员用什么样的观念来指导这些行为，在具体的实施中坚持什么样的伦理准则，会直接关系到这些行为实施后所产生的社会效果，也关系到企业的形象，更进一步会影响到企业的经济效益。

2.2.1 产品策略中的伦理问题

为广大消费者提供货真价实的优质产品和优质服务，是企业最基本的社会责任，如果违背了这一原则，便会产生道德问题。然而，在现实中，有些企业的产品策略与道德标准背道而驰。产品策略表现出来不道德有着多种原因：或是企业未向消费者披露与产品相关的价值、功能、用途或安全性；或是竞争对手已威胁到企业的生存和发展，生产者便采用低级材料或配件冒充优质材料和配件；或是企业使用廉价代用品，但未告知消费者产品质量已改变，在产品品质方面欺瞒消费者；或是产品包装与标签注明的内容同包装内的内容不相符等。上述这些问题都严重地影响了企业通过正确的产品策略对广大消费者履行社会责任，从而产生产品策略方面的道德性问题。

在产品策略中，诸如假冒伪劣、以次充好等道德性问题在现实生活中依然存在，使广大消费者深恶痛绝。这些不道德的做法被公之于众后，相关企业的形象和经营效益便会受到严重影响。还有一种比较隐蔽的，或者说不易辨别的非道德的产品策略，即在产品的实质层次上的不道德，它可能并非假冒伪劣，也不是以次充好，但在产品的外形部分，如商品的名称、包装等方面采用了一些违背社会伦理道德的做法。这种做法往往还蒙上了“新创意”“促进销售”等漂亮的外衣，不易为一般购买者鉴别，但实质上却造成了不好的社会影响。

那么，我们应该如何认识企业在产品策略方面的伦理呢？应该说，在市场经济的体制下，企业有权按照自己的意志和需要进行自主经营，上述列举的做法，仅仅从法律角度加以分析的话，也许并不违法。但是，在市场经济体制下，企业同样是一个社会单位，企业的发展不能脱离社会这个大环境，企业的每项经营活动在客观上都会造成一定的社会影响。虽然企业在经营方面的良苦用心可以理解，但是它们这种违背经营伦理和社会伦理的做法却不利于其长远发展。

2.2.2 促销回扣中的伦理问题

我国开始进入市场经济体系之后，企业都十分重视产品的销售问题，使出各种手段进行销售促进。但是，在激烈的市场竞争压力下，由于促销手段的过度使用，产生出一些伦理问题，例如回扣。

目前，某些企业会采用给“回扣”的方式来提高销售量，这种“回扣”一般都是直接以现金、实物或购货券等方式付给买方的经办人员，以提高购买方经办人员的购买积极性。支付或收受回扣可能会导致销售中的不公平竞争，而且也极易使收受了回扣的一方出现“肥了个人，亏了企业”的现象。对卖方单位来说，为了达到提高销售量的目的而采用这种付给“现金回扣”的方式，在公平竞争上存在伦理问题；对于买方单位的经办人员来说，也涉及伦理道德问题。

由于我国市场竞争机制还不够健全，市场竞争行为仍有不规范之处，回扣风依然存在。一项调查表明，在对北京、天津、上海 300 家企业的负责人就“为做成生意，向客户方面有关人员赠礼、奉送回扣”这一做法征求意见时，有 42.3%的人认为，这是一种不道德的行为，但社会的风气就是这样，不然就做不成生意；还有 29%的人认为，在生意场上，这种做法很正常；而只有 22.3%的企业负责人认为，不能助长这种不道德的风气，宁愿做不成生意，也不采用这种做法。以上数据表明，对销售回扣或贿赂客户等做法的高容忍度与企业强调在经营活动中坚持商业伦理道德的重要性，形成了一对尖锐的矛盾。矛盾实质在于，对企业经营行为中遵循道德规则重要性的认同多在理念方面，而在实际的经济利益驱动下，有些企业更乐于接受销售中的非道德行为。

面对回扣这个极为敏感的问题，企业一般有三种办法进行处理：第一，规定一律不准收，哪怕是销售单位主动给的也一律不准收，否则相关人员将受到处分。卖方企业不直接向具体销售（采购）人员支付回扣，而在价格上给予优惠，向买方单位让利。但这样可能不利于发挥具体销售（采购）人员的购买积极性。第二，规定可以收，但明确规定采购人员在收受回扣之后必须上缴，否则视为贪污处理，这就是所谓的“收在明处”。第三，规定可以拿回扣，拿了以后要上缴给企业，企业在收到员工上缴的回扣之后，可考虑提取一部分，以适当的方式再奖励销售（采购）人员。

企业重视销售，运用多种手段促销，这是竞争意识增强的一种表现，也是市场经济的正常现象。但是，市场经济从根本讲是法制经济，一切市场行为必须合法且符合一定的社会道德，应该受到一定的约束，企业不能为了达到自己的商业目的，而不考虑该项行为是否会违背社会的伦理准则和人们思想深处的道德标准。

2.3 销售伦理中应处理的关系

2.3.1 处理与竞争者的关系

在销售竞争中，有些竞争行为明显是不道德的。在零售店的销售中，销售人员也会出现一些不道德的竞争行为，尤其是超市商品陈列货架方面的问题。比如，有的啤酒销售人员把竞争者的6罐装啤酒从冷藏陈列架的中间位置取下，放在最低层，然后将自己公司的啤酒放在腾出来的陈列架的中间位置。看到新设立的陈列架上堆放了竞争者的产品，销售人员会将最上面几层竞争者的商品移走，并放上自己的商品。

除了这些明显的不道德的竞争行为外，还有一些与竞争者关系相关的问题需要处理。比如，在拜访顾客时，销售人员必须回答与竞争者有关的问题。这时，销售人员可能会贬低竞争对手，把他们的产品描述成低劣品甚至是冒牌货，以抑制竞争产品的销售。

对竞争者产品的这种短视的竞争行为，往往不利于建立与顾客的长期关系。销售人员要想维护在顾客中的信誉，就必须坦诚和诚实地对待顾客。对竞争对手产品的不当表述，可能使顾客形成销售人员不值得信赖的印象。那么，什么是可取的做法呢？正确的做法是，销售人员应该客观地描述自己的产品与竞争对手产品的关系。在某种情形下，销售人员甚至可以向消费者推荐竞争者的产品，这样做会增加购买者对销售人员的满意度，从而促进自己产品的销售。

2.3.2 处理销售人员与雇主的关系

在处理销售人员与雇主的关系时，往往也会遇到很多销售道德方面的问题。

1. 谎报费用账目

销售人员可能将不同的处理费用的方式当成偷偷赚取“外快”的机会。直接谎报费用支出当然不是良策，因为一旦被发现，会造成被解职的后果。同样，由于在这些方面存在着灰色区域，销售人员可以发挥其“聪明才智”进行欺诈，尤其是当他们觉得公司的政策不公平时。有的公司甚至出现销售经理怂恿销售人员在填报费用单时进行欺诈，以获得“外快”的情况。有时，在销售竞赛中，为了赢得旅游和商品形式的奖励，有些销售人员会与顾客进行回扣交易。在申报费用时存在欺诈行为，也会导致公司经营的高成本和产品的高价格，可能使公司在市场竞争中处于竞争劣势的状态。

2. 滥用公司时间和资源

俗话说："将在外，君命有所不受。"由于销售人员的工作环境是在公司以外，其主要工作内容是针对客户的，所以难以对他们进行有效的监管，滥用公司时间和资源也就不难了。比如坐在旅馆里休息，而不去拜访顾客。当然，这会降低工作效率，对于被支付了工资的公司销售人员而言，并没有尽职尽责。

滥用公司时间的现象还包括兼职做一份以上的其他工作。有些销售人员晚上兼做另一份工作，或者同时拥有自己的公司。公司自然不允许这种行为，因为这通常意味着销售人员不能全心全意地努力进行销售。

销售人员还有一些滥用公司资源的机会。很多公司为销售人员配备了汽车；有些公司提供汽车，但规定不许私用。有的公司规定，配备的汽车只能用于公事，用于私事则要付费。这样的规定却为销售人员滥用公司资源提供了可乘之机。

至于销售竞赛，销售人员也有一定的机会牺牲公司和顾客的利益以谋取私人的利益。比如，将顾客的订单搁置一段时间，直到销售竞赛开始才拿出来，而将推迟发货的原因归结于公司、道路或是物流。为了赢得奖品，向顾客销售他们不需要的产品，或将这些产品与顾客需要的商品一起销售，这些都是不道德的销售行为。

2.3.3 处理与顾客的关系

销售人员与顾客的接触，是其工作性质决定的，这是一种人与人之间的直接交往，其关系的好坏直接影响销售能否顺利完成。在市场竞争十分激烈的销售环境下，顾客变得成熟了，弄虚作假和欺诈哄骗除了在极短时期内有用外，长期来看是不可能成功的；程度较轻的不当行为也不会长期有效。感到不满的顾客不会再次购买这家企业所销售的产品。如果他们觉得受到了极大的伤害，还会通过日益健全的政府职能寻求维护自身权益。

一方面，不道德的销售行为会产生严重的负面后果；另一方面，讲求销售道德和职业规范的销售人员会深受顾客欢迎。因此，销售人员着重建立与顾客的良好关系就显得十分必要。确定怎样的销售行为是符合销售道德的，怎样的销售行为是不符合销售道德的，这并不是一件容易的事情。有些情形让销售人员很难做出选择，这些情形多数是由竞争压力和销售人员所在公司给予的压力引起的。

1. 贿赂

贿赂是销售道德中一个复杂的问题。有些公司觉得有必要提供贿赂，这使竞争者也感到了必须提供贿赂的压力。对销售人员来讲，眼看到手的生意要落入竞争者之手，就极有可能怂恿公司贿赂顾客。或者，如果拥有自主权的话，他们会篡改破损和毁坏津贴条款，诱使顾客购买。

但是，公司和销售人员进行贿赂会带来一定的危险。如果是销售人员自作主张地进行贿赂，可能遭到解职；如果是公司有计划进行贿赂，那就是违法了。除了法律上不允许外，如果贿赂达到了一定的数量，还会使销售行为不再有利可图。因此，很多公司断然拒绝提供贿赂或“奖励”顾客。而且从社会的观点看，贿赂行为也应该遭到唾弃。如果获得订单的不是最有效的制造商，而是有最多行贿基金的公司，那么，高效优质没有受到褒扬，作为一个整体的社会就会受到巨大损失。

2. 礼品

礼品的问题很容易与贿赂混淆。虽然礼品并非贿赂，但与贿赂相差无几。在销售中使用礼品，并不表明所有的礼品都是不符合道德的。如果礼品的用意是表达销售人员和其所在公司对一个朋友的问候，而这个朋友恰好又是购买者，人们则很难认为这种礼品是不符合道德的。如果赠送的礼品是印有公司名字的日历和钢笔，以使顾客记住他们，人们也很难对这种礼品提出非议。但是，如果当礼品成为获得生意的工具时，就理应受到批评。

正如一位销售副总裁所说：“与公司不送礼相反的是，如今强调人人都结成伙伴关系并建立长久关系。馈赠礼品是一种向你的顾客表达对他们与你做生意的感激之情的直观的方式。”有这样一个实验，他们选择了两组不同的顾客，每组各有5 000名顾客，连续两年只对其中的一组顾客赠送巧克力。结果，赠送巧克力那组的业务增长量大幅超过没有赠送巧克力的那组。

销售人员该怎么做？如果公司的政策是禁止馈赠礼品，那么毫无疑问，就不要送礼。如果公司本身也送礼，那也毫无疑问，可以送礼。但是，如果送礼与否完全由销售人员自己定夺，那就需要一些指导方针，包括馈赠礼品的金额要合情合理（否则就像是贿赂）；只在重要的日子赠送礼品（如生日、合约签订日或孩子的生日）；特别当心假日礼品；注意礼品的包装和内附的卡片（通常，后者表达的感情是至关重要的）。

3. 招待

在销售管理中，很多公司往往会限制允许的招待程度。这是因为，首先，招待会使开销加大；其次，销售人员会觉得招待顾客可以替代有效的销售技巧，尽管招待绝不能取代优秀的产品和良好的销售服务；最后，招待有时会起反作用，因为顾客可能认为销售人员企图用丰盛昂贵的午宴和晚餐诱使他们购买，因而会存有戒心。

不过，销售人员合乎情理地招待顾客还是有益的，这有助于销售人员在更亲切的氛围下了解顾客。比起不断受到干扰的办公室环境，在工作午餐或晚餐的轻松气氛中，顾客更能注意倾听销售人员讲话。而且，招待顾客的午餐或晚餐也可以让销售人员在正常的工作日的例行工作中休息一下，提高他关于销售的表述质量。

4. 互惠

在工业领域，一个公司通常既是其他公司的用户，又是供应商。有些公司甚至明文规定，除了其他一切相同优惠，其顾客还会享有特殊的优待。但是在某种情况下，销售人员可能会暗示：“如果你不从我公司购买，我也不会向你公司购买。”这显然是一种商业敲诈行为，因此，也会给销售人员带来不利影响。即使这种行为在某些行业很平常，销售人员也可能因为太倚重互惠行为而忽略了提供良好的销售和服务，尽管企业间有互惠关系，但最终仍会失去顾客。

专题 如何帮助销售人员处理道德陷阱

能够在此重新提起商业道德的复苏是件好事。感谢诸如"安然公司"等被媒体报道其错误的企业——它们的出现让越来越多的大学开始把"商业道德"这门课程重新增加到销售管理的教学中。尽管这种变化如同钟摆一样缓慢且左右摇晃，但是销售人员的道德规范显然已经引起了人们和社会的注意。

需要特殊支持的销售人员

事实上，销售人员每天都会面临许多暗藏着道德陷阱的局面，最关键的问题是：如何才能让销售队伍识别和处理这些陷阱？

从销售人员个体的角度来看，接受特殊的商业道德培训是十分必要的。因为销售的工作性质决定了他们常常独自奔波在路上，独自面对客户谈判。因此，他们碰到棘手的道德麻烦时，常常只能依靠自己的判断和道德标准，需要当场面对客户解决，同时还要保住生意。

因此公司应该敏感地意识到，销售人员需要在路上工作，他们需要更强大的支持。事实上，销售队伍的道德水准高低，根本在于管理层是否具有强烈的遵守规范的意愿。只有管理层严格持续地遵守这些准则，销售人员才会明白商业道德是销售的首要条件。

建立道德规范的方法之一，就是在企业的培训课程中强调价值观和道德观，包括对新雇员、销售管理层进行销售技巧的培训。圣母大学的做法可以为我们带来启发，大学在销售课程中开设了"道德规范专题研讨"，认为需要提醒现在的销售人员：要在商业道德的范畴之内去营造氛围、达成销售。

澄清销售的"灰色地带"

在过去，企业和社会对商业道德的规范多强调以下两个方面：一方面是销售本身的普遍真理，比如不要夸大其词，过分承诺；另一方面是针对不同行业的特殊规范，比如制药行业的伦理规范。而对销售中"灰色地带"的暴露比较少，包括那些并不触犯法律，但是会损害企业和销售职业性的做法，比如滥用报销费用的权利；维护客户关系中过度的承诺和销售，过少的信息告知；竞争关系中的贿赂和商业间谍；同事以及上级关系中的恶意中伤等。

如果公司能建立章程将以上这些"灰色地带"划分和解释清楚，那么就非常有助于销售人员保持其职业生涯，比如当他们面临无理要求时，只需告诉对方，这是公司不允许的。而这样的规则显得尤其重要，因为各种各样、千奇百怪的诱惑使销售人员的精神日益脆弱。尽管道德规范早在大约3 500年以前就已经出现（一位叫摩西的人写出了著名的《十诫》），但这些看似基本的道德准则却成为人类可望而不可即的境界。

不过，感谢人类历史中日益完善的公司法规和社会公认的商业道德，使得我们在追求企业利润的本能之中不会完全迷失和堕落。芝加哥大学在对销售道德规范进行了数年的研究之后，总结出以下7条帮助管理层建立道德规范的方法，目前已有1 700万人发现其行之有效："真理高于一切"是处理所有人际关系的原则；对陌生的下属首先要赋予充分的信任；对于那些值得信赖的人更要充分信赖；要从无私的角度指导下属工作；对于新的销售和市场创意，要有开放心态；在企业利益和个人利益之间选择前者；任何时间、任何地点不要染指任何不诚实的钱财。

当然，对于一些刚刚成立的小公司来说，遵守这些严格的道德规范并不容易，它们迫于生存的需要，可能常常会放弃道德规范而做出其他选择。这就如同当一名销售人员面临是选择对客户有利还是拿更多回扣的时候，个人利益常常会首先跳出来一样。这也是为什么对于那些本身道德就不太高尚的销售人员，销售培训常常失效的原因。

资料来源：杰克·威尔纳. 如何帮助销售人员处理道德陷阱 [J]. 商学院，2005（3）：99.

2.4 销售的法律责任与管理

2.4.1 与销售活动相关的法律

在销售活动中，销售人员需要掌握基本的相关法律知识。实践表明，销售人员在工作中面临着许多法律和道德上的选择。如低价销售是一种竞争策略，如果企业或销售人员将其作为进行正当价格竞争或让利促销的手段，法律将对其予以认可或保护。但是，如果企业或销售人员为了排挤竞争对手，进行不正当的低价销售，破坏竞争，法律则将其作为一种不正当竞争行为予以禁止。另外，在销售活动中，对于抽奖式有奖销售，应该禁止其中的欺骗性有奖销售和巨奖销售，而对于附赠式有奖销售，其作为一种有效的竞争手段是不应当受到禁止或限制的。因此，《中华人民共和国反不正当竞争法》没有禁止和限制附赠式有奖销售的做法。作为销售从业人员，必须认真研读并有效运用我国现有的法律规范，避免陷入违法的泥潭，同时也要运用法律争取与保护自己和企业的利益，做到用好法律，助力销售。

表 2-1 列出了一些我国与销售活动相关的法律法规。

表 2-1 我国与销售活动相关的法律法规

法律名称	颁布及实施日期	立法目的
中华人民共和国消费者权益保护法	1993. 10. 31 颁布 1994. 1. 1 施行 2013. 10. 25 二次修正 2014. 3. 15 起施行	确定消费者具有的基本权利，保护消费者的合法权益，维护社会经济秩序，促进社会主义市场经济健康发展
中华人民共和国产品质量法	1993. 2. 22 颁布 1993. 9. 1 起施行 2009. 8. 27 二次修正	加强对产品质量的监督管理，明确产品质量责任，保护用户、消费者的合法权益，维护社会经济秩序
中华人民共和国广告法	1994. 10. 27 颁布 1995. 2. 1 起施行 2015. 4. 24 二次修正 2015. 9. 1 起实施	规范广告活动，促进广告业的健康发展，保护消费者的合法权益，维护社会经济秩序，发挥广告在社会主义市场经济中的积极作用
中华人民共和国合同法	1999. 3. 15 颁布 1999. 10. 1 起施行	保护合同当事人的合法权益，维护社会经济秩序，促进社会主义现代化建设
中华人民共和国价格法	1997. 12. 29 颁布 1998. 5. 1 起施行	规范价格行为，发挥价格合理配置资源的作用，稳定市场价格总水平，保护消费者和企业的合法权益，促进社会主义市场经济健康发展

（续）

法律名称	颁布及实施日期	立法目的
中华人民共和国反垄断法	2007.8.30 颁布 2008.8.1 起施行	预防和制止垄断行为，保护市场公平竞争，提高经济运行效率，维护消费者利益和社会公共利益，促进社会主义市场经济健康发展
零售商促销行为管理办法	2006.9.12 颁布 2006.10.15 起施行	规范零售商的促销行为，保障消费者的合法权益，维护公平竞争秩序和社会公共利益，促进零售行业健康有序发展
商业特许经营管理条例	2007.2.6 颁布 2007.5.1 起施行	规范商业特许经营行为，保护当事人的合法权益，促进商业特许经营健康有序发展
直销管理条例	2005.8.23 颁布 2005.12.1 起施行	规范直销行为，加强对直销活动的监管，防止欺诈，保护消费者的合法权益和社会公共利益

2.4.2 销售合同

市场经济就是契约关系，合同是维持这种关系的表现形式之一，是维持正常商品交换关系的一个重要手段，也是联结人类社会经济关系的一个重要纽带。因此，合同管理，尤其是销售合同管理也成了企业经营管理中的一项重要内容，是企业管理的一个重要组成部分。合同管理的好坏、规范与否，直接影响着企业的经济效益，乃至影响着企业的生存。

根据 GB/T 19001—2008 和 ISO 9001：2000—2015 标准的有关要求，销售合同管理主要抓住三个环节，即合同签约前、合同签约时和合同签约后。

1. 合同签约前

企业与企业之间签订契约合同前的准备工作主要包括以下内容。

（1）识别并确定与产品有关的要求。企业只有充分了解与产品有关的全部要求后，才能通过满足顾客要求使其满意，最终达到获取利润的目的。需要确定的与产品有关的要求包括：

1）顾客明确提出的要求，包括对产品固有特性的要求（如使用性能、可靠性等）；对产品交付的要求（如包装、交货期、运输方式等）；对产品支持方面的要求（如售后服务等）。

2）顾客虽然没有明确规定，但规定的产品用途或已知预期的产品用途必然包含的要求。此类要求一般由产品性能体现。

3）与产品有关的法律法规要求，一般有产品的技术标准和通用的国家标准，包括环境、安全、健康等方面的要求，以及与产品及产品的实现过程有关的法律法规要求规定。

4）企业自身确定的任何附加要求，如企业的承诺等。

（2）了解、审查顾客的资信情况，掌握对方的基本情况。主要目的是查看顾客的诚信度，即是否具有履行合同的能力，是否具备签订合同的资格。一般包括以下两方面内容：

1）看顾客是不是在国家工商管理部门注册的合法的经济实体。

2）要了解其经营情况、履约能力及诚信，即是否按合同规定正常履约。有些企业虽然还在经营，但经营状况不好，没有偿还债务能力或濒临破产，或是因故不按合同约定付款，若与这样的顾客签订合同，势必存在一定的风险，给企业带来不必要的损失。

（3）进行合同评审，其目的是通过评审保证企业已经正确理解了与产品有关的要求，即理解了顾客欲购买产品的规格、型号及性能等，并确保企业有能力提供这样产品，实现这些要求。合同评审主要关注以下五个方面：

1）企业是否准确理解了前述的与产品有关的四项要求，并以适当的形式，如招投标书、合同、订单、技术协议、设计任务书等方式予以规定。

2）质量标准（验收准则）是否有明确规定。

3）企业是否有能力满足包括对质量、数量、交付期等相关要求。

4）成本预算及毛利润估算。

5）任何不一致的要求是否都得到了解决。

2. 合同签约时

（1）选择适当的合同形式。根据《中华人民共和国合同法》规定，合同有书面形式、口头形式及其他形式。本着规范管理、方便操作的原则，企业可选择不同的合同形式，一般能采用书面形式的尽量采用书面合同，书面合同最好采用国家推荐的示范合同文本。口头形式或其他形式的订货，最好留有记录，尽可能详细问清楚合同的主要内容，防止双方理解上产生误差，给合同执行带来问题。同时，当承诺顾客可执行合同时最好打电话确认，或让顾客发传真留作证据。

（2）审查合同的书写格式。国家推荐的示范合同文本应逐项规范填全，否则应仔细斟酌合同条款，减少缺项。合同的主要条款包括双方当事人的名称和住所、标的、规格型号、计量单位、数量、执行的质量标准（验收准则）、价款或报酬、履行期限、地点和方式、违约责任、解决争议或纠纷的方法等，还应注明联系人及联系电话、传真等。

（3）注意合同用词。合同一旦签订，对双方均具有法律约束力，因此，其用词一定要准确、恰当，防止含糊、模棱两可的用词引起双方理解上的歧义，给合同履行带来不必要的麻烦，或产生不必要的纠纷。

（4）查验顾客签约代理人的资格。查验内容可包括：是否有授权。授权的范围与所拟签合同内容是否一致。是否在授权期限内。其目的在于确保所签合同的法律效力，同时也是为了预防合同诈骗，防止不必要的损失。

3. 合同签约后

合同一旦签约，就形成了法律上的契约关系，双方均应严格遵照执行。为确保合同全面、恰当和如期履行，应注意以下问题。

（1）合同传递。将合同信息完整、准确、及时地传递到企业内部的设计、采购、生产等相关部门，以便企业组织生产。

（2）合同管理。现代企业的合同管理应当进行全方位、全过程的管理，有条件的还应进行电子化管理。一般建议设置专门机构或专/兼职人员管理合同，建立相应的合同管理制度，使合同管理规范化、科学化、法律化，并使之成为企业管理制度的一部分。加强合同专用章、公章、法人委托书的管理与使用，防止使用不当给企业造成损失。同时建立合同台账，建立客户档案，对客户的资信信息和档案，每一笔合同的执行情况，客户履约（付款）情况、互访情况等进行详细记录。

（3）保持常与顾客联络。一方面可加强与顾客的交流、沟通，增进了解和友谊，另一方面可及时了解顾客需求的变化，以便及时对合同或订单进行修订。修订后的合同也应经过评审，与顾客沟通确认，并及时传递。

（4）合同履行监督及违约纠纷的处理。合同关系是一种法律关系，违约是违法行为，要承担相应的违约责任，一般要支付违约金、赔偿损失，严重者要付诸法律。对合同履行的监督显得尤为重要。所以，企业一定要关注合同的有效履行，尽可能预防或阻止违约行为的发生。一旦发生合同纠纷，要积极及时采用协商、仲裁或诉讼等方式，维护企业合法权益，减少经济损失。

综上所述，合同管理，尤其是销售合同管理是一项长期、系统的工作，也是现代企业管理的一个重要组成部分，建立并实施全过程、全方位和科学的合同管理流程体系，尽可能做到事前预防、事中协调、事后补救，既可避免和减少因合同签订或履行带来的纠纷和损失，又可提高企业管理水平，并为企业经济效益的提高和自身发展壮大奠定强有力的基础。

小结

销售伦理（sales ethics）是商业伦理学的一个应用分支，是指对销售策略、销售行为及机构道德的判断标准。所谓销售道德，就是在销售领域中，人们判定推销人员行为正确和错误行为的标准。

为帮助销售人员做出正确的道德决策，可从下列几个步骤着手：①认识两难问题，或选择性的影响因素。②根据理论或经验事实，确定选择依据。③列出选择。包括考虑：他们是合法的吗？他们是对的吗？他们是有益的吗？④做出决定。

美国市场营销协会曾经规定销售人员必须遵守的道德规范，包括：销售人员的责任；诚实公正；营销交易过程中各方的权利和义务；组织关系。

虽然销售工作所涉及的环节很多，但是最为直接和重要的是产品策略和促销策略。在这些策略的具体实施过程中，企业经营者和销售人员用什么样的观念来指导这些行为，在具体的实施中坚持什么样的伦理准则，会直接关系到这些行为实施后所产生的社会效果，也关系到企业的形象，更进一步会影响到企业的经济效益。

销售伦理中应处理的各类关系，包括处理与竞争者的关系，销售人员与雇主的关系，处理与顾客的关系等。

在销售活动中，销售人员和经理需要掌握相关法律知识。如《中华人民共和国广告法》《中华人民共和国产品质量法》《中华人民共和国消费者权益保护法》《中华人民共和国价格法》《中华人民共和国反不正当竞争法》《零售商促销行为管理办法》等。

合同管理，尤其是销售合同管理成了企业经营管理中的一项重要内容，是企业管理的一个重要组成部分。根据 GB/T 19001—2008 和 ISO 9001：2015 标准的有关要求，销售合同管理主要抓住三个环节，即合同签约前、合同签约时和合同签约后。

关键概念

销售伦理　销售合同　回扣　促销

复习测试

1. 如何理解销售伦理在销售活动中的意义?
2. 正确描述道德决策行为模型。
3. 销售活动中的主要伦理问题有哪些?
4. 如何正确处理与竞争者的关系?
5. 简述销售合同管理三个主要环节的内容。

案例研讨

案例 2-1　两个促销员的促销效果为何不同

大商场里正在进行优惠促销活动，产品品种主要是日化用品。其中有一种洗发水是新品牌，以前没有听说过。促销员说："这种洗发水刚刚上市，以半价供应，只售 1 000 瓶。"

观者甚多，皆举棋不定。

促销员说："这种牌子的洗发水质量很好，它适合各种发质的人，而且有止痒去屑的功效。"

有人说，洗发水都有这些功能。促销员说："其他品牌的洗发水酸碱度不一，可能伤害发质。这种洗发水能克服其他洗发水的弱点。"

促销员很会说，言下之意，这种品牌的洗发水比任何一款都要好，但仍是无人购买。

过了几天，换了另外一位促销员。仍旧有人在听促销员的介绍。这位促销员说："也许有人对这个品牌还不熟悉，可能用惯了其他品牌，但是这个品牌现在正在搞优惠，价格是其他品牌的一半。如果你试用它，就会发现，这样价格对你来说是十分公道的……"结果，有许多人购买了这种洗发水。

资料来源：流沙. 商道即做人 [J]. 公共关系，2001 (12).

讨论问题

两位促销员的促销效果不同，你认为原因是什么?

案例 2-2　一起网络交易平台的商标侵权案

2013 年 7 月 17 日，江西省南昌市高新技术产业开发区人民法院（以下简称高新法院）审结了一起网络商标侵权纠纷案，判令被告淘宝网店经营者魏珍君停止使用侵权图案和文字，并赔偿原告广州流行美时尚商业股份有限公司（以下简称流行美公司）经济损失 1 万元，被告淘宝网不承担责任。这是江西省第一起网店商标侵权案，具有足够的警示意义。

案情

2010 年 3 月，流行美公司向国家工商行政管理总局商标局申请"流行美"文字及 LOGO

的商标注册认证，商标局予以注册。流行美公司向公证机构申请了证据保全，于2012年11月在“绣兰阁”网店购买了3款相关商品。在公证员的监督下，对物品进行观察、拍照及记录。经流行美公司鉴定，上述3款产品与流行美公司销售的产品存在差异，均非流行美公司生产或授权指定供应商生产，属假冒产品。2012年年底，流行美公司向高新法院提起诉讼称，该公司“流行美”注册商标遭淘宝网店经营者侵权，遂将该网店经营者和淘宝网一起列为被告，告上法庭。流行美公司称，在淘宝网络交易平台上有一家名为“绣兰阁”的网店，未经流行美公司同意，在相同产品上使用“流行美”的LOGO及字体，使消费者混淆和误解该店铺是经流行美公司经营或授权的；公司还指出，网店店主使用公司的LOGO，为其网店吸引客流、增加点击率，实施不正当竞争。投诉后，“绣兰阁”网店对投诉拒不改正。该公司还认为，公司多次向淘宝网投诉，淘宝网不履行网络平台经营者的义务，不采取相关技术手段屏蔽侵权网店、处理侵权店家，致使流行美公司的合法权益受到严重侵害。为此，请求法院判令两被告立即停止实施侵犯流行美公司注册商标权的行为，连带赔偿流行美公司经济损失25万元。在诉讼过程中，网店经营者魏珍君向法院辩称，“绣兰阁”网店没有使用“流行美”及其玫瑰花商标作为商品名称或者店面装潢，更不会误导消费者，故无侵害流行美公司商标权的行为。“绣兰阁”网店将商品描述为流行美丽、流行美发是正当的产品介绍，不是使用流行美公司的注册商标来误导消费者。淘宝网则辩称，其作为网络服务提供者，不实施经营行为，也从未鼓励或允许卖家销售侵权商品。流行美公司在诉前通过淘宝网专门设立的知识产权投诉，后又以律师函投诉，淘宝网均及时处理，采取了删除链接等措施。

判决

高新法院认为，判定被告的行为是否侵害商标权，应当根据被告的使用方式和目的及公众对产品的来源是否会产生误认、混淆来分析。网店经营者魏某在其经营的“绣兰阁”网店出售头发装饰品，在商品上使用“流行美发专柜正品”“流行美丽正品”“流行美人”等文字描述，其销售的商品与“流行美”商标核准使用的头发装饰品同类，已达到使消费者混淆和误认的标准，系商标法规定的商标侵权行为，故认定魏某在其经营的“绣兰阁”网店使用与注册商标所核定使用“流行美”字样的行为侵害流行美公司商标权。

法院认为，淘宝网作为网络服务提供者，为淘宝网的用户提供交易平台，商品信息均由用户自行发布，淘宝网对魏某在淘宝网上注册及销售商品未收取任何费用，亦未介入魏珍君与他人的交易过程。淘宝网并无共同侵权故意，故不构成共同侵权。流行美公司投诉后，淘宝网删除了相关产品链接，提供了魏珍君的身份信息，已履行的监管义务不存在主观上的过错。因此，要求淘宝网承担连带责任不予支持。

据此，高新法院做出判决，判令被告魏珍君停止使用侵权图案和文字，并赔偿原告经济损失1万元，淘宝网不承担责任。判决后，各方当事人目前均未提出上诉。

资料来源：邝宪平. 从一起案件看商标侵权行为中网络交易平台的法律责任［EB/OL］. 法制网，2014-03-10.

讨论问题

你对上述案例有何感想和看法？

CHAPTER 3

第3章 销售组织与销售区域设计

本章提要

本章介绍了销售组织的含义，销售组织设置的影响因素，销售组织的类型；销售目标分解法、工作总量分解法、边际销售额-成本法等确定销售人员数量的方法；销售区域的含义，销售区域管理的优点和局限，销售区域设计的原则和步骤，销售区域管理的步骤。

引例

销售区域自建渠道的“苦果”

在N市，K公司的分销渠道由2个经销商组成，拥有各自的销售区域。由于市场空白较多，未出现窜货、价格冲突等问题。

其中，经销商小李实力较强，但经营多种品牌，什么赚钱卖什么，对K公司忠诚度低。K公司多次找小李谈，希望他能够专心于K公司的品牌。但小李不愿放弃经营竞争品牌带来的利润，期望通过脚踏几只船，在各个品牌之间捞取好处，使自己的利益最大化。

经销商老张经营K品牌的热情度很高，在他的销售区域内，K品牌表现良好，但他是刚踏入这个行业的新手，经验和实力与经销商小李相比，有一定差距，在短期内难以有质的飞跃。

分析了市场和渠道的现状之后，K公司办事处认为，依靠原有的经销商难以建设一个高效的渠道。想全力扶植小李壮大，但小李对K品牌的忠诚度低，极易造成渠道的动荡；老张虽然忠诚度高，但是实力弱小，依靠他反而会丧失市场良机。

于是办事处决定，在保持原有渠道现状的基础上，自建直销渠道，利用公司投入的人员和运输工具开拓N市的空白市场。这样的直销与经销相结合，利用渠道组合进行优势互补，就避免了渠道单一形成的“渠道依赖症”，加强了企业对渠道的掌控力。

K公司在N市制定了这样的渠道格局：将小李和老张的空白市场划分出来，由办事处、老张、小李三方进行共同开发。办事处负责的区域由企业自建渠道，采用直销的方式经营。

虽然办事处的直销区域大部分是空白市场，但是凭着办事处业务员丰富的直销经验，对终端良好的服务，迅速填补了市场真空，市场覆盖率和占有率得到明显提升，整体市场逐渐火热起来。

但是，K公司自营渠道与经销渠道之间的矛盾也逐渐暴露出来。

1. 分销冲突

办事处的直销模式把渠道最大程度地扁平化，直接面向终端，提高了渠道效率，节约了渠道成本。但是带来了另外一个问题：现有经销商主要是依靠二批商网络来实现渠道的深度和广度，而直销的价格和操作模式留出的利润空间难以维持渠道的多级层次。二批商知道市场上存在直销渠道后，为了避免一批商的盘剥，愿意和办事处打交道。因此，办事处的直销渠道实际上动摇了经销渠道赖以生存的分销基础。

2. 经营冲突

经销商老张和小李刚刚脱离坐商的经营模式，但他们只是满足了渠道对终端的基础服务要求。随着K公司对终端掌控要求的变化，直接面向终端势必需要一定的人员和车辆，要求经销商必须加大对市场的投入。考虑到投入和产出的关系，老张和小李犹豫不决。

而K公司对办事处人员有一定的补助，车辆也免费使用，直销的成本相对来说要低得多，而且经销商的业务员也不能与办事处训练有素的业务员相提并论。

于是，办事处负责的市场一片火热，而经销商老张和小李的市场却起色不大。办事处对经销商的市场开拓能力开始不满。

3. 利益冲突

K公司办事处既是管理者又是执行者，这种角色很难协调办事处与经销商的利益关系。随着K公司产品市场覆盖率的提高，市场空白点减少，办事处与经销商的业务员要提高销量，开始为了边界终端的归属权争吵不休。无论怎么调节，老张和小李总是认为办事处在偏袒自己的业务员。

而办事处业务员的收入是底薪加提成，也有提高销量的压力，对老张和小李区域内依然留有一些空白点产生抱怨。而小李和老张也开始利用区域划分中的盲点，侵占对方的市场终端。先是偷偷摸摸，后来就明目张胆。由于难以分清谁是谁非，办事处也缺乏让经销商心服口服的有效方法，只能出了问题再进行协调处理，像是一个救火队，但是结果总是怨声载道，费力不讨好。

4. 执行冲突

办事处是K公司营销系统的分支机构，也是营销资源的分配机构，具有争取优惠政策的便利条件。因此，办事处很难从实际情况出发，兼顾每个渠道成员的市场促销，造成了在不同的终端，促销行为不一致的现象。

另外，办事处对两个经销商的业务理念和能力也不满意，自然而然地将对市场的投入向自己倾斜，包括广告、终端展示、促销品、促销活动在内的促销政策。

以上种种现象不断地加深经销商和办事处的矛盾，导致办事处无法与经销商沟通，统一的价格和促销难以执行。有些经销商的业务员为了提高竞争力，直接把促销折算成钱从货款中扣除，在终端之间开始流传一些有关K品牌降价的消息。渠道的利润非但没有增长，反而有所下降。老张和小李也失去了积极性，开始联合起来抵制办事处。

资料来源：郝星光. 办事处自建渠道的“苦果”[J]. 销售与市场，2004（21）：50-51.

讨论问题

1. 你认为该销售区域管理存在哪些问题?
2. 如果你是该办事处主任，会如何应对现在的局面?

3.1 销售组织

3.1.1 销售组织的含义

组织（organization）是关于一群人活动的安排或运行机制，目的是使相关者一起活动的效果优于单个人单独的活动。对销售管理来说，组织是企业销售部门的组织，是企业内部从事销售工作的人、事、物、信息、资金的有机结合，通过统一协调行动完成企业既定的销售目标。当一群人在一个团体内为一个目标而努力时，就会产生组织的需求，为了发挥最高效率并达到销售目标，必须组织一个强有力的销售队伍，这是对一个销售管理者的要求。

一般来说，销售队伍的组成比例是2：6：2。第一个“2”是指优秀销售人员，他们能完成整个销售额的50%；“6”是指一般销售人员，他们能完成整个销售额的40%；后一个“2”是指落后销售人员，他们只能完成整个销售额的10%。

企业销售组织有四个重要概念：分工、协调、授权、团队。

1. 分工

企业为追求既定的利润目标，必须靠各部门分工合作才能完成。例如产品分析、采购、仓储、促销、销售、收款等工作，只有通过专业的分工，才能使企业最终获得效益。产品的销售涉及促销、销售、售后服务等。客户分布在不同的区域，因此，销售人员需要分工，才能完成好企业的销售任务。

分工使企业销售组织部门化。所谓部门化，是指企业如何划分必须做的销售工作，经过划分的销售工作分配给哪个单位去做的问题。换句话说，销售组织的部门化，就是对分配给各销售组织单位的工作的种类、性质、范围、加以分别限定。

2. 协调

分工带来工作上的绩效，但也会产生若干问题。特别是实行了目标管理后，各部门人员对公司的总体目标不了解，只以部门目标为最终目标，“本位主义”妨碍到公司整体的目标。企业需要使部门之间协调，人员彼此之间协调，相互了解沟通、消除冲突、整合力量，发挥各部门力量，达成整体效果。

销售工作是一个自由度较高的工作，销售人员分布在不同的地方，更需要协调，以便按照企业的销售计划统一行动。销售经理需特别留意，要实施销售战略上的协调与业务上的联络、洽商及信息交换，以及与各部门意见的沟通，以免发生误会或不协调。总公司的销售部门要与分公司联络与协调。总公司销售部的经理应尽量找机会访问分公司或办事处，并做出必要的指示、引导、激励与慰问。

3. 授权

所谓授权，是指上级授予下级发布命令与执行的权力。随着企业销售工作的发展与扩大，企业内部的销售活动分工越来越细，销售组织层次不断增加，销售组织变得阶层化。因此形成了公司销售管理层、部门销售管理层、一线销售管理层、销售作业层四个阶层，这四个阶层各负其责。

当销售各部门间有分歧，无法取得一致意见，或是销售上下层部门在执行的细节上无法协调，公司的最大效益无法获得时，企业必须建立授权制度。另外，销售人员一般远离公司独立作战，他们必须面对客户做出适当的反应，因而需要一定的决策权限。所以，销售经理在分配任务时，就应当授予销售人员一定的权限。

4. 团队

团队可定义为在特定的可操作范围内，为实现特定目标而共同合作的人的共同体。换言之，团队就是一些人一起做某件事情。团队涉及销售队伍组织的策略问题，即销售人员以何种方式与目标客户接触，是单打独斗，还是采用小组销售、销售会议或销售研讨会的方式。从目前的发展趋势看，销售工作越来越需要集体活动，需要其他人员的支持配合。因此，团队形式的团队销售越来越受到企业的重视和顾客的欢迎。

3.1.2　销售组织设置的影响因素

建立销售组织时，需要考虑以下几个因素：商品特征、销售策略、商品销售的范围、渠道特性以及外部环境等。

1. 商品特征

不同的商品具有不同的销售特征，应采用不同的销售组织。因此，在建立销售组织时，首先要考虑该商品的性质和特征。例如，家电企业的销售队伍结构就不同于计算机企业的销售队伍结构。特别是当产品技术复杂，产品之间联系少或数量众多时，按产品专门化组成销售队伍就较合适。例如，柯达公司就为它的胶卷产品和工业用品配备了不同的销售队伍。胶卷产品销售队伍负责密集分销的简单产品，工业用品销售队伍则负责那些具有一定技术含量的工业用品。

除上述内容外，还需考虑本公司预备的商品是否齐全，在预备商品的过程中是否要安排重点商品。如果商品少、重点性强，那么就要采取按地区建立组织的方式。

2. 销售策略

企业如何销售产品影响着销售组织的设计。企业是通过广告销售还是人员来销售产品则对企业销售组织的要求不同。例如，通过广告销售产品的企业，其销售人员较少，则其销售组织较简单；若是通过人员销售，就要求有较多的销售人员，则其销售组织结构较复杂。企业是通过中间商销售产品还是直接销售产品，其销售组织也会不一样。此外，企业的售后服务政策也影响着企业的销售组织结构。

在销售策略中，影响企业销售组织结构最大的因素是销售形式。销售策略是指销售人员在适当的时间以适当的方法去拜访适当的顾客。销售人员常用的销售策略有：①销售人员对一位顾客。一个销售人员通过电话或亲自拜访，和一位现存顾客或潜在顾客进行交谈。②销售人员对一群顾客。一个销售人员尽可能多地结识顾客群体中的成员。③销售小组对顾客群体。公司销售小组向顾客群体进行销售。④销售研讨会。公司销售小组为客户单位举办一个有关产品技术发展状况的教育讲座。因此，企业采用怎样的销售策略，就要设立相应的销售组织。

3. 商品销售的范围

在最简单的销售组织中，各个销售人员被派到不同地区，在该地区全权代理公司业务。商品销售的区域范围影响着销售组织的结构。区域由一些较小的单元组成，如市或县，它们组合在一起就形成了具有一定销售潜力或工作负荷的销售区域。划分区域时要考虑地域的自然障碍、相邻区域的一致性、交通的便利性，等等。因此，产品销售区域范围小，销售组织会相对简单；产品销售范围大，销售组织会较复杂一些。

4. 渠道特性

还有一个重要的问题是要考虑商品的流通渠道究竟有多宽，还要看各渠道的行业性质。如果渠道宽且行业性强，那么就要按顾客对象或商品建立销售组织。此外，如果整个企业组织采用部门制，那么就要考虑其部门是按商品类别建立还是按商品群类别建立。

5. 外部环境

一般来讲，在比较稳定的外部环境中，企业的销售组织结构一旦确定，就会在较长的一段时间内发挥效用，而不会产生剧烈的变动。而在迅速变动的外部环境中，企业的销售组织，乃至整个公司的组织体系都会经常呈现出一种相应的变动状态。

导致销售组织变动的外部因素主要有两个：①市场需求变化。从消费者市场来看，市场需求的变化也会影响销售组织的调整。如当家电在城市市场中逐渐趋于饱和时，开拓农村市场就成为家电企业销售工作的新增长点，一些企业相应地加强了对农村市场的促销力度，并成立了专门的销售部门来承担这项工作。②竞争状况。从竞争的角度来看，企业为了谋取竞争优势，往往需要加强某一方面的销售力量或增加某些销售组织机构。例如，一些公司为了提高销售管理质量，聘请了销售管理专家，并且设立了销售策划部，以加强对企业销售工作的指导。另外，一些奉行市场跟随战略的企业，也往往会学习竞争者的销售组织设计模式，增加或调整某些销售部门。

3.1.3 销售组织的类型

1. 区域结构型销售组织

按地区划分销售区域是最常见的销售组织模式之一。相邻销售区域的销售人员由同一名销售经理来领导，销售经理向更高一级的销售主管负责，图 3-1 是按区域规划的销售组织模式。

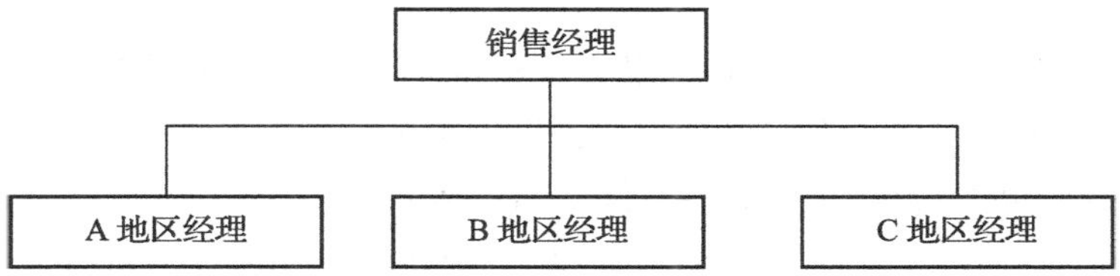

图 3-1　区域结构型销售组织

这种模式的优点是：地区经理权力相对集中，决策速度快；地域集中，费用低；人员集中，容易管理；有利于迎接销售竞争者的挑战。

这种模式的缺点是：销售人员从事所有的销售活动，技术上不够专业，不适应种类多、技术含量高的产品。

案　例

Campbell 公司的销售组织模式变迁

Campbell 公司是一家食品零售业的供应商，它原来的组织模式是按产品来划分的，结果，往往是一家零售店被多次访问，这样费用很高。另外随着市场竞争的日趋激烈，零售商受当地促销活动的影响很大。所以，Campbell 公司决定针对不同地区的营销状况，成立以地区划分的组织模式，取消部门经理，增设品牌经理，并赋予基层经理充分的权力，增加了地区竞争力及产品竞争力，取得了很好的效果。

可以说在考虑销售组织时，应根据各地区来考虑销售组织的结构。无论采用何种形式，最终销售组织单位的分布都是根据各地区的因素而定。那么安置在各地区的销售点数量是多少呢？这要由销售渠道的长度、渠道的使用形式、商品的购买特性、需求特性等因素确定，如表 3-1 所示。

表 3-1　决定销售点数量的因素

影响因素及其划分		销售点数量
流通渠道的长度	长	少
	短	多
渠道的使用形式	利用型	少
	专用型	多
商品的购买特性	选择性商品	少
	非选择性商品	多
需求特性	地区集中	少
	地区分散	多

组织之间要统一管理，并明确下放权限。分布在各处的销售点的名称，通常是与地区的各级划分相对应的，如销售部、销售分公司、销售点、经销处、办事处等。要明确这种上下级组织关系，并统一管理。统一管理就是使指示命令明确化，销售商品的责任、功能

范围和任务及指导性建议内容等也明确化。

2. 职能结构型销售组织

职能结构型的销售组织是按照不同职能组建的销售组织，如销售业务科、销售计划科、宣传销售科、售后服务、客户管理等。销售人员不可能擅长所有的销售活动，但有可能是某一类销售活动的专家，基于这种思路，有些公司采用职能型组织模式。由于这种组织模式管理费用大，因此，经济实力小的公司不宜采用；规模较大的公司，由于销售队伍庞大，很难协调不同的销售职能，而较多采用这种模式。图 3-2 为按职能划分的销售组织。

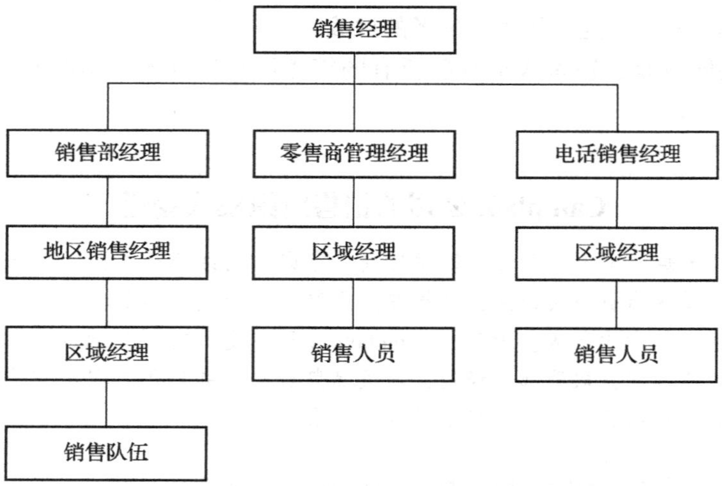

图 3-2 职能结构型销售组织

建立不同职能的销售组织有以下五个方面的条件：①企业规模比较大，需要将销售所需的各种职能专门化，并需辅助经营者和管理者；②销售分公司、经销处、办事处广泛分散在各地区，并且由于销售渠道的关系，销售点较多；③生产的商品或经营的商品品种繁多，需要突出个性、体现差别；④销售人员的素质水平高，可以根据各种销售职能指示完成指标；⑤根据各种销售职能所建立的销售制度已成为其他竞争公司的竞争焦点。

这种销售组织模式既有优点又有缺点。其优点是：销售职能可以得到较好的发挥，并可进行专门而合理的销售活动，因而销售活动分工明确，有利于培养销售专家。其缺点是：指示命令系统复杂，如果各职能间失调，就会发生混乱；责任不明确；销售活动缺乏灵活性等。

职能型组织结构也可按销售活动的功能类型进行划分，如图 3-3 所示。

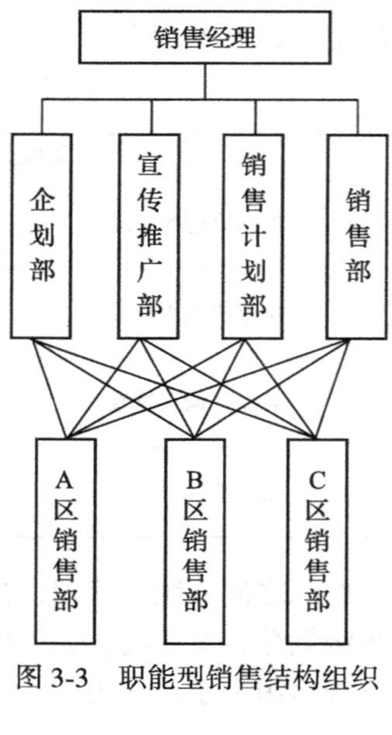

图 3-3 职能型销售结构组织

要想使不同职能的销售组织有效地发挥作用，应注意以下几点：①为各职能设定明确的职能范围，密切进行相互之间的联系和调整；②使指令系统一元化，避免因繁多的指令而造成不必要的混乱；③销售组织的运行要具有灵活性，避免迟缓和不适宜的情况出现。

3. 产品结构型销售组织

产品结构型的销售组织是指按照不同商品或不同商品群组建的销售组织，比如 A 商品销售部、B 商品销售部、C 商品销售部等。但是在一些情况下，其基层组织会按地区来划分。

建立不同产品销售组织的条件有以下四个方面：①公司商品的种类性质明显不同，如家电和食品；②各商品的销售方法和销售渠道不同，如化妆品和计算机的销售渠道和方法就不相同；③各商品的销售技巧不同，或是必须具备特殊的销售主体条件（销售工程师）；④商品打入市场较晚或是在市场中的处境不佳。

产品结构型销售组织适用于拥有多种品牌或生产多种产品的企业，尤其对产品品种太多或差异太大的企业更为有效，如图 3-4 所示。

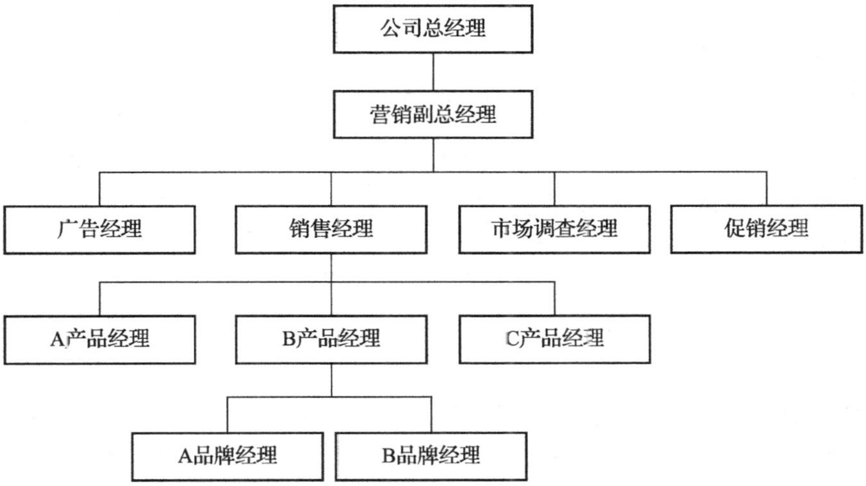

图 3-4　产品结构型销售组织

案　例　**宝洁公司的产品结构型销售组织**

1927 年，美国宝洁公司按照产品结构型组织从事企业的销售活动。当时，宝洁公司推出了一种佳美牌的新型肥皂，但是，这种新产品的销售情况非常不好。后来，公司任命了一位名叫纳尔 H. 麦克尔罗伊（Neil H. McElroy）的年轻人（后来升任宝洁公司总经理）来专门负责这种新产品的开发与销售，结果他的工作取得了巨大成功。于是，宝洁公司又针对其他产品项目增设了新的产品经理。从那时起，这种组织机构形式便流行开来。食品、卫生用品以及化学制品等行业纷纷采用了这种方法来组建其销售部门。

产品结构型销售组织是在职能型销售组织的基础上发展而来的，一般来讲，它具有以下几个优点：①由于各个产品项目有专人负责，所以那些较小的产品一般也不会被忽视；②专人负责某项产品，可以使该产品营销组合的各个要素更加协调。因此产品经理更加贴近市场，对市场的反应更为迅速；③容易实现销售计划，便于进行着眼于追求利润的商品管理，而且还易于进行生产与销售之间的调整；④产品结构型销售组织是年轻的经理人大展宏图、一试身手的场所。

然而，产品结构型销售组织也有一些弊端，比如，成本支出费用较高；产品经理对其他销售职能部门的依赖性较强；许多销售人员要应付同一位顾客，浪费人力且会使顾客感到麻烦；销售人员的视野会逐渐狭窄，在销售活动中会缺乏灵活应用的能力；由于产品经理的频繁更换，造成营销活动缺乏连续性。因此，不同产品结构型销售组织的运用关键在于以下三点：①在实施销售部门和计划销售部门之间进行认真的调整；②越是基层销售组织，就越不适宜按商品建立组织，应调整与不同地区组织要素和不同顾客组织要素之间以及按商品分管制度之间的关系；③设法提高销售人员灵活销售的能力。

4. 顾客结构型销售组织

顾客结构型的销售组织是根据不同顾客对象（客户、销售活动对象或销售途径不同）组建的销售组织。对不同的顾客销售相同的产品，但由于顾客的需求不同，销售人员需要掌握的知识也不同，企业需要按顾客类型规划销售组织模式，便于销售人员集中精力服务各种类型的顾客，从而成为服务于某类顾客的专家。图 3-5 为按顾客类型规划的销售组织。

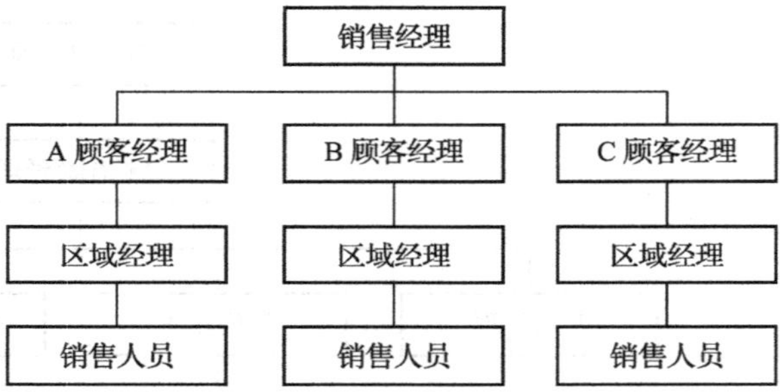

图 3-5　顾客结构型销售组织

在下列三种情况下，可以组建这种类型的销售组织：①针对各销售活动的对象，要求的销售技巧不同；②商品的关联性强，或是在商品的处理和采用方面有较强的关联性，能够进行关联性销售；③本公司的商品在市场上处于强有力的地位。

顾客结构型的销售组织具有以下优点：①更好地满足顾客需要，有利于改善交易关系；②可以减少销售渠道的摩擦；③易于展开信息活动，为新产品开发提供思路；④易于加强销售的深度和广度。

然而，这种类型的销售组织也有缺点：①企业的商品政策和市场政策由于受销售对象的牵制而缺乏连贯性；②由于负责众多的商品，销售人员的负担加重；③销售人员要熟悉所有产品，因而培训费用高；④主要消费者减少带来的威胁较大，且不同销售对象之间无法进行商业活动；⑤销售区域重叠，造成工作重复，销售费用高。

因此，在运用顾客结构型的销售组织时要注意以下几点：①要看清整个市场、整个行业、整个公司的潮流和动向；②不要让销售人员只专一项，其他不闻不问，而应发展多项能力；③不要搞成偏向销售对象的销售活动。

无论企业采用哪种类型的销售组织形式，都必须视企业的特性、对客户的服务、企业的产品与市场的组合而定。上述四种形式的销售组织各有利弊，企业可根据实际情况选择一种适合自己的销售组织形式，也可以是四种形式的综合。选择时可以参考表 3-2 进行。

表 3-2　销售组织结构分类表

<table>
<tr><td colspan="2" rowspan="2">产品 / 市场</td><td colspan="2">品种·产品差异</td></tr>
<tr><td>小</td><td>大</td></tr>
<tr><td rowspan="3">渠道·客户数差异</td><td>小</td><td>区域型组织</td><td>区域型·产品型组织</td></tr>
<tr><td></td><td colspan="2">职能型组织</td></tr>
<tr><td>大</td><td>区域型·顾客型组织</td><td>区域型组织，采用区域型·顾客型混合的组织</td></tr>
</table>

把销售组织看成是一成不变的东西是很危险的，它应当能够应付各种各样的变化。销售组织是随着公司内外的环境变化而不断变化的，有时也需要并使用不同的组织结构。

专题

销售组织的新发展

1. 巡回销售、派驻人员制度及团队销售

(1) 巡回销售。

企业的销售环境会不断发生变化，例如本公司下属的颇有成绩的商店在销售渠道中出现的变化、本公司商品或经营商品的需求领域的变化、商品使用方式的变化以及与竞争商品关系的变化等。这些条件的变化对于本公司的重点商品和核心商品的销售产生了影响。因此，要在确定特定重点商品和巡回时间的基础上，以销售渠道和用户为对象展开巡回销售活动，以便公司在出现这些变化的情况下，能使销售措施具体且合理。

巡回销售活动就是定出特定的重点商品和巡回时间的活动。其目的在于以下几点：

1) 完善本公司商品或经营商品的销售渠道。

2) 加强对各经销商店的销售业务管理，创造并确保各销售店不断售出商品的态势。例如开辟新的销售渠道，寻找新的顾客；促使最初经营的商店连续经营，最初使用的顾客不断使用这些产品。

3) 进一步挖掘现有需求领域的潜力，开辟特殊的需求领域。例如动员现有销售渠道经营新产品，号召现有客户采用新产品。

4) 搜集各巡回对象的信息。

在进行巡回销售活动时需注意以下问题：

1) 定期进行这种巡回销售活动（一年一次或两次），根据各商店的信息和情况编制销售预算，将其纳入公司的整个销售活动体系中。

2) 明确巡回销售小组与有关销售组织的关系。

3) 明确任务的优先顺序，突出活动的主题，并将活动标准和活动程序编成手册，以进行事前教育训练。

4) 将信息汇总后进行分析，并根据巡回销售活动的结果来筹划和制定各项具体对策

以及以地区市场为单位的销售战略。

(2) 派驻人员制度。

在考虑销售组织的设立时，需考虑派驻人员制度。派驻人员制度就是在重要的销售点周围或地区布置销售人员，让其开展销售活动，而无须经常去公司上班，也叫派驻销售人员制度。厂方人员派驻管理以及组建经销商专业经销代表队伍是许多外企，特别是日化类公司（如宝洁、联合利华、强生、金佰利、高露洁）销售政策的重点，派驻的厂方代表通过管理经销商及其下属销售人员，最大限度地实现网点覆盖和产品的最佳陈列。由于经销商专业销售人员的奖金由厂方代表通过协同拜访考核发放，所以厂方要求的店铺陈列、卖点广告张贴等目标一般也能被较认真地贯彻执行。这种制度一般是在必须依靠有限的人员负责广泛的地区和需要直接掌握市场和销售渠道等情况下实施。

派驻人员制度可使销售活动更为有效。其成功的关键在于结构、任务分配和管理系统的完善。参与派驻人员制度的人员中，管理者的任务是：每天向派驻人员发出指示并上报情况；接受联系；向所处理项目的各有关部门发出指示；定期出席报告和协商会议；出席公司的销售战略会议和全国性销售会议等。

派驻人员的任务是：承担销售人员的一般性任务，巡回走访销售活动对象；接受每天的指示并报告活动的结果；定期出席报告和协商会议；出席公司的销售战略会议和全国性销售会议等。

(3) 团队销售。

团队销售受到越来越多的企业的重视，它是企业巡回销售和派驻人员制度的发展。销售团队将进行销售访问所需要的合适人选和资源集中起来，可以使顾客很快得到大量的信息、建议、意见，甚至还有决策服务。销售团队的建立首先要求团队目标明确，其次要选择合适的人选，团队成员要有合作意识。最后，要加强领导和控制，保证销售团队能顺利运行。

2. 利用外部销售组织

一般企业在建立销售组织时只着眼于公司内部，而忽视了公司外部销售组织资源的利用。随着竞争的加剧和合作意识的兴起，许多企业将本公司外部的批发商、零售商和客户组织起来，形成销售组织的补充队伍，使销售组织发挥更大的作用。这是因为通过向被组织起来的客户进行销售，销售效果更好，还可挖掘出新的销售措施和诀窍。

(1) 将批发商纳入企业的销售组织体系之中。

这是指在企业的批发商中，根据特别有影响的特约销售商、特别合作商等标准将这些批发商组织起来。这些被特别组织起来的批发商可作为整个特约商进行政策渗透和组织化的媒介，也可作为特殊措施的试验点和检查本公司设想及措施方案的基地。

(2) 零售店的组织化。

同批发商的组织化一样，企业将特别有影响的零售商店和特别合作零售商店组织起来，其目的是开辟有效的现场销售方法；开拓有效的橱窗陈列；开发有效的销售用具；在投放新产品时进行销售试验，等等。

随着顾客主导市场局面的来临，一些公司加强了与最终客户的合作，从而出现了最终客户的组织化。它是指将大客户组织起来，或将现有客户中愿意合作的部分组织起来，作为介绍新客户和反复购买商品的关键性单位。此外，还可起到试验性基地的作用，可以用来开拓新商品，开拓现有商品的有效销售方法和有效的销售用具以及有效的商品陈列等。

20世纪90年代，随着战略联盟的兴起，企业利用外部销售组织的方式也发生了变化，出现了销售联盟。销售联盟是指处于同一营销渠道的两方或多方成员（供应商与分销商）之间通过签订协议的方式，形成风险-利益联盟集团，按照商定的销售策略和游戏规则共同开发市场，共同承担市场责任与风险，共同调整和规范销售行为，并共同分享销售利润的一种销售战略。如企业与批发商、零售商进行联合销售，共同开发市场；与最终用户通过协议形成一种俱乐部式的联系（会员制）进行运作，互相遵守游戏规则，互相协调，互相信任，共同发展，达到买卖双方共赢的目的。

3. 辅助性销售组织的发展

在现代销售观念的指导下，现代企业的销售组织无论采用职能型模式还是采用地区型模式，无论采用产品型模式还是采用职能型模式，其组织设计的一个基本特点就是，注意辅助性销售部门（即服务于一线销售工作部门）的发展。这些部门包括：销售参谋机构（如销售企划部或市场研究部）、信息处理机构、顾客服务机构或客户呼叫中心、产品促销机构，等等。实践证明，这些机构的设立，对于增加销售部门的技术含量，提高销售决策的科学化程度必不可少。

4. 销售组织的网络化

随着企业实力的进一步增强，企业间的竞争也日益加剧。为了更好地服务顾客，销售组织的发展将逐步趋于网络化。从横向看，网络化组织表现出越来越完善的功能性特征，并分别获得相对独立的发展。除了传统的企划、服务、市场调研、广告活动外，还会增加诸如营销投资、渠道辅导等方面的机构。一些专业性的辅助机构也获得迅速的扩充，进而有可能成立专门的公司，并作为企业的一项新增业务获得发展。从纵向看，网络化销售组织表现出更为复杂的综合性特征。从销售组织设计的方法上看，既要考虑到功能分化的要求，又要体现区域化销售的特征，还要体现企业产品多元化的要求；从市场范围看，既要考虑国内销售的要求，又要反映国际化经营的大趋势；从组织控制的角度看，既要不断完善企业自身的销售组织，又要充分发挥社会销售网络的功能。

资料来源：熊银解，查尔斯 M. 富特雷尔，张广玲. 销售管理［M］. 3版. 北京：高等教育出版社，2010.

3.2 销售人员数量确定的方法

对于一个公司，特别是销售型公司来说，销售人员是公司最有价值的资产。同时，随着销售人员数量的增加，成本也会增加，因此，必须合理地确定销售人员的数量。

对于销售人员人数的确定，可以采用以下三种方法。

1. 销售目标分解法

销售目标分解法根据企业的年度销售目标，预测平均每位销售人员所能完成的年销售额，根据这两者来确定销售人员的数量。具体计算公式是：

$$销售人员数量=企业年销售目标\div每位销售人员的年平均销售额$$

在上面的公式中，企业年度销售目标在公司的战略目标中都有确定，关键是确定每位销售人员的年平均销售额。每位销售人员年平均销售额的确定，必须根据每个企业的具体情况和市场环境的状况来综合考虑；同时，也可以借鉴其他方面的信息，如可以根据本企业销售人员前几年或者同行业竞争对手现在的销售状况来考虑。

2. 工作总量分解法

工作总量分解法是根据销售人员要完成的销售目标，估算所必须付出的工作总量，再结合每个销售人员的工作负荷来确定销售人员的数量。具体的步骤是：

（1）将顾客按年销售量分成大小类别。

（2）确定每类客户每年所需的访问次数，这反映了与竞争对手公司相比，企业要达到的访问密度是多大。

（3）每类客户数量乘以各自所需要的访问数，便是整个地区的访问工作量，即每年的销售访问次数。

（4）确定每个销售人员每年可进行的平均访问次数。

（5）将总的年访问次数除以每个销售人员的平均年访问数，即得到所需销售人员的人数。

具体计算公式是：

销售人员数量=企业年度工作总量÷每位销售人员的平均年工作负荷

案　例

某企业共有800个客户，这些客户按其重要性可分为3类，A类客户有200个，每年需进行36次访问；B类客户共有400个，每年需要进行24次访问；C类客户有200个，每年需要进行12次访问。如果每位销售人员每年的平均访问次数为400次，则可确定该企业需要的销售人员的人数 $N=(200\times36+400\times24+200\times12)\div400=48$（人）

3. 边际销售额-成本法

边际销售额-成本法是根据增加一名销售人员所创造的边际销售额和企业所付出的成本来确定销售人员数量的方法。当增加一名销售人员所创造的边际销售额大于企业为该名销售人员所付出的成本时，就应该招聘该名销售人员。这样，可以推断出，最佳销售人员的数量应该满足下面的公式：

该名销售人员所创造的边际销售额=企业为该名销售人员所付出的成本

在上面的公式中，关键在于确定销售人员的数量变化与销售额之间的变化关系，以及销售人员数量变化与该企业为销售人员所付出的成本之间的变化关系。

可以看出，以上三种销售人员数量的确定方法各侧重点有所不同：①销售目标分解法是从完成销售目标所需人数来考虑的，注重结果；②工作总量分解法是从完成目标所需的工作量来确定人数的，注重过程；③边际销售额-成本法注重从经济的角度来考虑。在实际的应用中，必须根据企业的实际情况选择合适的方法。

3.3 销售区域的设计与管理

销售区域也称区域市场或销售辖区，它是指在一段给定的时间内，分配给一名销售人员、一个销售分支机构或者一个分销商的一群现实及潜在顾客的总和。销售区域可以有地理界限，也可以没有地理界限。

销售区域设计与管理是企业销售组织战略得以实现的关键因素。不合理的区域设计不仅会导致销售成本的增加，还会浪费销售人员的时间，影响销售人员的销售效率。由于直接销售成本上涨、交通费用较高以及时间资源有限，销售经理必须关注如何设计和管理销售区域。

3.3.1 销售区域设计的方法

一个销售区域可以被认为是一个细分市场。销售区域设计（划分）的方法有以下几种。

1. 按地区划分

这是指定销售区域最普通的方法，根据有形的（路或河流）或假设的（邮政编码或地区的界线）范围来划分不同销售区域的边界。对于零售销售人员来说，其销售地区性范围可能是门市部或交易厅。如果是从事汽车零售，地区性范围可能被称作展览厅或下一个未经预约而来的客户。

2. 按行业划分

这种销售区域分配的方法不是根据它们的地区位置划分，而是根据它们从事的生意类型对潜在的客户进行划分。例如，一名销售人员可能向获得经销特许权的汽车商销售，也可以向汽车使用者销售。又例如，对销售石油化学制品的销售人员，他的销售区域可能由产品的最终用户、产品的再销商和另一些再销商构成。

3. 按产品划分

根据这种安排，已经使用某种特定产品或服务的公司（如网络服务器）被指定给某个特定的销售人员。换句话说，根据使用特定产品（如某种会计软件、管理信息系统软件）作为潜在客户建立起销售区域。

4. 按客户名单划分

按客户名单划分，也就是将销售人员限制在目前客户的名单之内。在某些情况下，就这张客户名单而言，销售人员同时扮演着“农夫”和“狩猎者”的角色。

5. 不属于上述任何一种，或是以上几个部分的组合

一个公司可能会简单地认为任何一个准客户对一名设法先于其他人建立最初联系的销

售人员来说，就构成了他的销售区域。例如，在房地产的销售中，如果某销售人员得到了那些名单，这就属于该销售人员的销售区域。在这种情况下，销售区域的划分要能够保证不会有多个销售人员同时与一个准客户打交道，同时更重要的是不会让同一批准客户同时没有人上门服务。

总之，虽然销售区域有不同的划分方法，但在许多企业里，销售区域却是按地理界限来设计的。小企业在发展之初，无须设计销售区域来控制销售人员的活动。随着企业规模发展壮大和市场的扩张，采用销售区域管理方式的优点就越来越突出。有的企业发展到相当规模，产品技术先进、结构复杂，可能会采用产品标准型或市场标准型的组织方式，但仍然有必要按地理界限来设计销售区域。

3.3.2 销售区域设计的优点和局限

依照合理的标准设计销售区域，按销售区域管理销售队伍，至少有以下几个方面的优点。

1. 有利于获得全面的市场覆盖

由于目标市场的每一个销售区域都由专人负责，所以不会有被忽略或被遗忘的销售“死角”。此外，好的销售区域设计可以促使销售人员提高工作效率，为企业创造更大利益。销售人员会致力于开发自己的市场，而不必担心会出现“自己栽树，他人乘凉”的局面。每位销售人员对特定的销售区域负责，可以更好地了解每个客户的需要。大多数客户也愿意与固定的销售人员建立长期往来，而不喜欢每次与不同的销售人员打交道，因为那样相互之间难以建立起了解与信任。这也意味着，区域设计应该具有长远眼光，销售人员的安排也应相对稳定，以防止销售人员的短期行为。

2. 对销售队伍士气的影响

销售区域设计对销售人员的利益有极大影响。若销售区域的好坏造成销售人员收入的悬殊差距，就会打击销售队伍的士气。销售人员是他们所管销售辖区的业务经理，他们负责保持和增加销售量。销售人员的任务是被明确规定了的。他们知道顾客位于何处以及每隔多长时间去访问他们，他们还知道预期的业绩目标。这能提高销售人员的业绩和士气，即一旦销售人员被赋予对所在区域全体客户负责的重任，就会很自然地唤起其责任感。销售人员会很乐意地努力工作以使客户满意，客户的满意与信任让销售人员获得成就感，感到工作是有意义的，从而更倾力于自己的工作。同时，明确的区域划分体现了权责一致的原则。各区域销售人员感到目标明确，不会发生争夺顾客的恶性竞争局面。

3. 有助于改善访问质量，提升客户关系

销售人员对客户的定期访问会得到客户的信任。对客户而言，销售人员就是公司。以宝洁公司为例，当顾客购买产品时，他要找的是销售人员而不是宝洁公司的办事处。与某企业的销售人员打交道就是与该企业打交道，客户购买该企业的产品往往不只是由于对该

企业或该企业产品的偏爱，而且是基于对这位销售人员的信任。销售人员与客户之间建立起了长期合作与信任的关系，企业也就留住了该客户。顾客受到定期访问时，公司的商誉和销售额有望提高。

4. 有利于降低营销费用

因为每个销售区域由指定的销售人员负责，就可以避免不同销售人员对各客户的重复访问。销售人员可以细心设计访问路线，尽量减少并合理利用旅行及等待的时间，从而降低销售成本。不仅如此，一对一的访问还可以在客户心目中树立起统一的企业形象。

5. 对销售业绩评价与控制的影响

按地理标准设计销售区域，使得按地区收集销售数据比较容易。企业将不同区域的数据资料进行统计汇总和对比分析，可以很清楚地看出本企业在竞争中的优势和劣势。然后针对不同区域的问题，设计新的销售计划。此外，还可以将本企业不同地区的销售额与市场销售总额相对比，评价每个销售人员的个人业绩。同时，销售区域管理还有利于成本分析和成本控制。企业通过对各销售人员在不同销售活动中花费的时间与成本的分析，可以设计出更好的方案，提高工作效率，降低销售成本，并为科学地规划销售队伍规模提供数据支持。

另外，好的销售区域设计还可以促进人员销售方式与其他营销手段的协调配合。比如，有的销售区域人口稀少，交通不便，市场潜力很小，不适合人员销售，销售经理可以采用广告、电话销售以及邮购等方式为这一区域的客户服务。对于技术复杂的产品，往往由一位销售人员对客户负责，当客户需要的技术方面的服务超出销售人员的能力时，再由销售人员联系企业技术部门为之服务，以团队销售的方式为客户提供更好的服务。

当然，销售区域管理方式也有局限性，并非对所有企业都适用。①销售区域管理的上述优点与销售区域本身设计的“好坏”有关。销售人员的活动范围被限制在各自的销售区域内，其销售业绩很大程度上受到区域特点的影响，进而影响到企业对销售人员业绩的评价及销售人员获得的报酬是否公平。②在以销售人员的人际关系为基础设计的销售方式中，没有必要按地理标准划分销售区域。比如，保险销售人员和房地产销售人员总是将亲朋好友作为首批客户，所以销售人员的社交圈子就是其销售区域。

3.3.3 销售区域设计的原则

1. 公平合理原则

销售区域设计的首要原则是公平合理、机会均等。这一原则主要体现在两个方面：①所有销售区域具有大致相同的市场潜力，所有销售区域的工作量大致相等。只有当市场潜力相等时，不同区域的销售人员业绩才有可比性；②所有区域工作量大致相等则可避免“贫富不均”，减少区域优劣之争，提高销售队伍的士气。

2. 可行性原则

销售区域设计的可行性原则，一是指销售区域市场有一定的潜力。销售经理一定要了解市场潜力在那里、有多大，如何利用才能使市场潜力变成销售需求，实现销售收入。二是指销售区域的市场涵盖率要高。销售经理一定要明确与客户联系的方式，要与公司的每一位潜在客户进行联系。三是指销售区域的目标具有可行性，一定要使销售人员经过努力可以在一定时间内实现。

3. 挑战性原则

销售区域目标的设置要体现出实现目标的过程具有挑战性，使销售人员有足够的工作量，同时使每位销售人员能够通过努力工作取得合理的收入。

4. 目标具体性原则

销售区域的目标应尽量数字化、明确、容易理解。销售区域目标一定要明确，销售经理一定要使销售人员确切地知道自己要达到的目标，并且尽量把目标数字化。

3.3.4 销售区域设计的步骤

销售区域的设计一般分成五步，如图3-6所示。

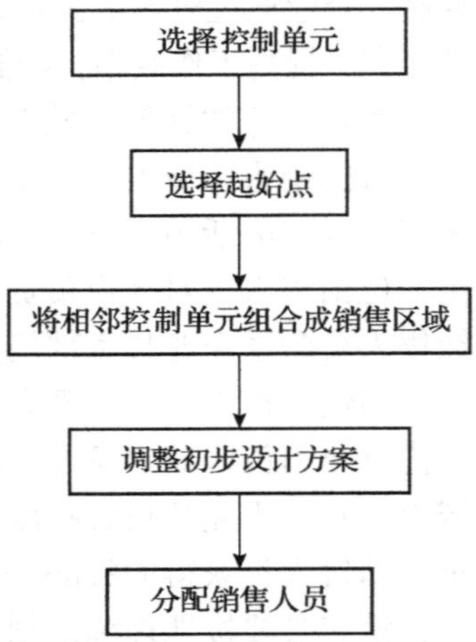

图3-6 销售区域设计的步骤

1. 选择控制单元

首先将整个目标市场（如整个国内市场）划分为若干个控制单元，划分原则是宜小不宜大。这是因为：①如果控制单元过大，可能会将市场潜力小的地区包含到市场潜力大的地区中去，造成控制单元内市场潜力分布不均匀，反之亦然。②便于灵活调整初步分配方案。一方面，控制单元太大，就不容易调整均衡。另一方面，如果控制单元太小则会无谓地增加工作量。

划分控制单元的目的是为了按照一定标准将它们组合成销售区域。一般可以选择省、市、区、州、县等行政区域或邮政编码区域作为控制单位。当然，也可以根据企业实际情况设计划分控制单元的标准。两个常用的标准是：现有客户数和潜在客户数。利用现有客户数可以很好地估计目前的工作量，潜在客户数则只能是预测值。这一工作应由营销调研部门来做。一般来说，工业品市场客户数量比较少，购买比较集中，因此对市场潜力的估计相对容易一些。而对消费品市场的估计就要困难一些。由于实际销售额不能很好地反映工作量及市场潜力，所以一般不用作分配标准。此外，地理面积、工作量等也可以作为分配标准。

2. 选择起始点

起始点是销售人员设计客户访问路线的出发点。合理的起始点应该是使访问总路线最短、访问成本最低的地点。一般有以下几种选择。

（1）以销售人员的居住地为起始点。以销售人员目前的居住地为起始点有两个好处：一是可以节省重新安家的费用，二是销售人员可以兼顾工作与家庭。

（2）以大城市为起始点。大城市可能是销售区域中市场潜力最大的部分，交通与信息交流比较方便。

（3）以主要客户所在地为起始点。在这种情况下，销售人员往往以主要客户所在地作为工作生活的基地，再加上周围其他次要控制单元构成一个销售区域。如工业品销售往往以某一大客户所在地为起始点。

（4）以销售区域的地理中心为起始点。在各个控制单元内的客户分布比较均匀时，可以考虑这种办法。

3. 将相邻控制单元组合成销售区域

选定起始点之后，接下来的工作是将邻近的控制单元组合成销售区域。在这一过程中，设计者必须牢记划分标准。如果以客户数量为标准，在将邻近起始点的控制单元组合到该区域中时，一定要考虑各区域之间客户数量的平衡。那些位于几个起始点之间的控制单元就是调整平衡的砝码。

依照划分标准将每一个控制单元组合到各个起始点之后，就完成了销售区域的初步设计。

在初步设计完成后，各个销售区域依据某一划分标准已经达到平衡。但一般而言，仅仅满足一个标准的平衡还是不够理想的。需要在兼顾其他标准的基础上进一步调整，使之达到更高要求。比如，初步设计的销售区域具有大致相等的客户数，可是各销售区域的地理面积却相差悬殊，销售经理希望各区域在客户数相等的同时，地理面积也能大致相当，以平衡各区域的工作量。他可以将客户规模最大的销售区域中一个地广人稀、客户较少的控制单元重新划分给一个地理面积较小的区域，以达到新的平衡。如果面积大的区域正好与面积小的区域相邻，而且符合条件的客户正好处于两区域的交界处，那么新的平衡就很容易实现。否则，就可能要同时调整好几个区域才能成功。

要协调各个区域的销售量，就要进行工作量分析。进行工作量分析时，首先要进行客户分析。销售经理即使不能对所有客户逐个进行分析，至少也要对大客户进行分析，按分析结果将客户分类排队，并以次此结果为依据来制定有区别的客户政策。除了总销售潜力标准外，也可以采用其他标准进行客户分类，只要这些标准能够准确反应工作量与销售成果之间的关系就可以。表 3-3 就是一种常用的客户分析表。

表 3-3　常用的客户分析表

客户代号	客户分类	总需求量 ①			本企业所占份额 ②			本企业销售额 ③=①×②			本企业总销售 ④=③X+③Y+③Z
		X	Y	Z	X	Y	Z	X	Y	Z	
001	C	200	100	300	0.10	0.30	0.20	20	30	60	110
002	B	400	300	100	0.20	0.30	0.40	80	90	40	210
003	A	700	200	500	0.30	0.20	0.40	210	40	200	450
…	…	…			…			…			…

将表 3-3 中各类客户汇总可得客户分类汇总表，即表 3-4。

表 3-4 客户分类汇总表

客户分类	客户数量
A	20
B	60
C	250

各类客户数量统计出来之后，按照公司客户政策规定的各类客户的访问频率以及每次访问的时间，计算出整个销售区域的工作量。

4. 调整初步设计方案

要保证市场潜力和工作量两个指标在所有销售区域的均衡，用手工来做是很困难的。虽然利用手工作业来寻找最佳方案有一定的难度，但通过努力至少可以使修正后的方案优于初次设计方案。

比较常用的有两种方法：①改变不同区域的客户访问频率，即通过修改工作量的办法来达到平衡，因为市场潜力已经达到平衡了。②用试错法连续调整各个销售区域的控制单位，以求得两个变量同时平衡。如果还要兼顾更多标准，调整过程就更加复杂了。这种情况下一般采用“渐近法”：先将标准排出优先次序，比如先满足工作量大致相等，再考虑客户数或地理面积的平衡。然后遵循上述步骤设计出满足工作量平衡要求的初步方案。最后，用反复试错的方法满足第二、三标准的要求，逐步接近目标。

5. 分配销售人员

直到现在为止，我们都假设销售人员的能力没有差异。然而，实际情况是，销售人员在能力和工作效率方面存在明显差异。最后一步要做的就是如何将销售人员分配到特定的销售区域中去。让他们各尽所能，创造出最好的销售业绩。

在实际操作中，这项工作将会遇到很多麻烦。因为销售区域与销售队伍都不是一朝一夕建立起来的，而是随着企业成长不断发展扩张的。假如企业已经建立了一支稳定的销售队伍，每个销售人员已经在各自的销售区域中工作。此时再来重新设计和分配销售区域，那么可以设想，若新旧方案差异较大，则无论新方案多么科学合理，实施起来都会遇到很大阻力。另外一种情况是，当企业刚刚成立，虽然没有新旧交替问题，却也没有可靠的数据资料，也难以设计出精确的方案。

归根到底，销售组织设计和人员配置问题，因其对象是敏感而且素质差异很大的销售人员，因而涉及微妙的管理艺术问题，单纯依靠历史数据和计算方法是很难达到理想境界的。

3.3.5 销售区域的管理

在设计了销售区域之后，就会涉及销售区域的管理问题，企业如何进行销售区域管理呢？在企业实际操作上，有三个执行步骤。

1. 规划公司的销售区域

将目标市场依照地理条件分割为不同的销售区域；以行政区域、山川地理、商业交易习惯、种族文化等条件相符合为区隔基准，将市场区隔为若干销售区域。销售辖区的划分，首先要考虑市场因素，其次要考虑公司的销售策略。外界的市场因素改变或公司策略改变时，也要对此销售区域的规划进行检查，以适应公司策略，获取最大的绩效。

2. 确定每个销售人员的责任辖区

在公司的某个销售区域，一般有多位销售人员，如何将此销售区域适当地分配至每一位销售人员呢？必须考虑销售人员的工作状态（何种工作）与工作负担能力（巡回辖区面积、经销商数量）。每位销售人员多半是负责商品介绍与促销、承接客户订单、销售服务、信息反馈等工作，由于涉及许多经销商拜访工作，所以每位销售人员在销售工作的进行中，必须对销售路线加以科学的管理。

企业为达到有效销售，必须考虑“销售区域”“销售人员数目”“销售人员的销售路线”三者加以妥善的协调。由于销售人员的绩效是与拜访（经销商）客户的数量成正比关系，所以，公司在规划销售人员的责任辖区大小时，要考虑“经销商数量多少”“经销商分布的密度”“拜访次数多少”“每位销售人员当天出勤时间多少”“销售定额多少”等因素，例如每人每天拜访10家经销商，每月拜访200家经销商，若经销商数量多，而销售人员数量不足，势必无法“深耕”市场。

除“拜访经销商效率”外，另一个考核量是“配送效率”。由于商品配送是一种实体运输功能，配送周期与配送距离的相关性会相当高，例如30公里是半天的配送范围，那么60公里的路程就要花费一整天的时间来处理。如果把距离延长100公里的话，销售业务人员的责任辖区就会加大，工作量增多，销售业务工作中销售业务人员的数量就应进行调整。

3. 设计销售业务人员责任辖区的销售路线

在美国的企业，销售业务人员的责任辖区可能“跨州”，而在我国的企业，其销售人员的巡回责任辖区，可能要“跨省”。一旦划分销售责任辖区后，销售人员必须对所负责辖区的经销门店加以有效经营，视各经销门店的重要程度、任务不同，分别进行销售路线的拜访。

一个销售人员一般要负责为多个客户服务。客户散布于销售区域内，设计一条从起始点出发，经过所有当天要拜访的客户后又回到起始点的访问路线，可以节约时间、降低销售费用。如果销售人员采用分类法管理客户，就意味着其对不同等级客户的访问频率是不同的。那么，销售人员就面临每天设计访问路线的问题。

（1）销售路线的功能。

销售路线是指销售人员每天或每月按照一定区域内的路线，对客户加以巡回拜访，以便完成每天或每月所订的销售目标。采取“销售路线”做法，具有以下功能。

1）掌握每一经销店、零售店的销售态势与销货量的变化，作为设定未来销售目标的基础。

2）作为新产品上市及实施促销活动的路线及经销点、零售点选择的基础。

3）对客户提供定期、定点、定时的服务。

4）作为铺货调查的依据，能彻底了解经销店、零售店的存货周转及其消化速度。

（2）设计销售路线的步骤。

1）绘制“销售责任辖区地图”。销售人员可将所在辖区的商业地图备齐，然后用色笔绘制出销售人员本身的“销售责任辖区地图”。再将销售辖区内各个经销商按照实际街道地图加以标示。在图上同时标出“竞争对手的经销店”和“本公司的经销店”（用不同的颜色标出）。根据此地图就可以估算出本公司在此辖区内的市场活动战略与竞争强弱。

2）设计“销售责任辖区地图”内的销售活动顺序。销售人员在责任辖区内的销售活动包括拜访、销售、送货、收款、服务等，应设计具体活动路线，使销售工作有计划、有效率地加以执行。销售路线图有三种基本的模式，即直线模式、苜蓿叶模式和主要城区模式，如图3-7、图3-8和图3-9所示。

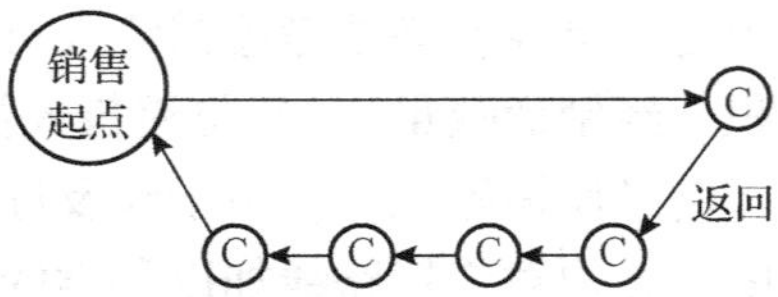

图 3-7　销售路线的直线模式

C—客户

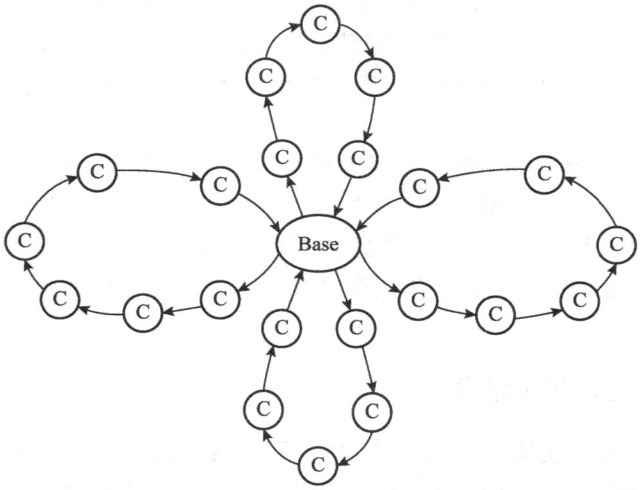

图 3-8　销售路线的苜蓿叶模式

C—客户；Base—销售人员的办公地点

（每条叶形线路的客户在一天内拜访）

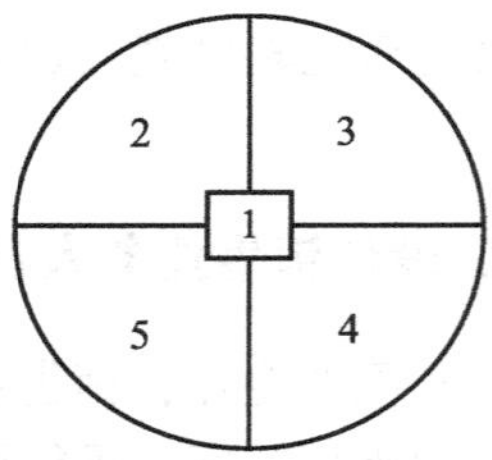

图 3-9　销售路线的主要城区模式

（3）销售路线的设计要求。

1）通过销售拜访路线，逐户拜访销售责任辖区内的经销商，建立起客户资料库（包括地址、负责人、销售内容、类型、业绩、占地面积、进货接洽人、收款单位等）。

2）以销售地图方式圈出此责任辖区地图，将经销商按地址逐一在此地图上标明。

3）整理区域内经销商（客户）的资料，以便决定拜访顺序和拜访周期。

4）每条销售路线的划分，以辖区销售人员能照顾到为原则，销售人员依此销售路线逐一拜访客户。为顺利完成任务和提高销售效率，每一条销售路线所规划的里程数应有所限制（如销售圈在 50 公里以内）。

5）销售人员的“责任辖区分配”与“销售路线”并不是一成不变的，应根据市场的变化和公司营销战略的变化进行调整。

专题

如何确定区域销售定额

销量定额是销售经理希望部门下属（销售人员）在未来一定时期和目标区域内完成的目标销量，确定销量定额有助于销售经理和销售人员了解自己的销售目标，并据此实行严格的过程管理和结果管理。

如何才能确定公正、合理、兼具挑战性和激励性的销售定额？概括来说，销售经理在确定销售定额时必须综合考虑以下因素：区域产品的历史；区域购买力指数；本企业各产品销售目标；本企业各产品推广安排；本企业各区域关键客户（大客户）的收支分析；本企业销售人员及区域收支分析；本企业产品和产品组合收入分析。

企业通常以区域为基础来确定各区域的目标销量，然后再把区域目标销量分解到个人，所以，确定区域销售定额是一个关键。通常，确定不同销售区域销售定额的方法有三种：目标市场占有率法、销售构成比法、市场指数法。

1. 目标市场占有率法

目标市场占有率法是以“目标市场占有率”为基础的一种计算方法，具体步骤如下（可参考表 3-5 中的数据来理解）：

表 3-5　根据目标市场占有率确定定额指数　（%）

区域	市场需求构成比（A）	目标市场点有率（B）	区域实际占有率（C）	区域定额指数（E）
甲	50	25	12.5	61
乙	30	20	6	29
丙	20	10	2	10
合计	100	55	20.5	100

（1）确定各区域“市场需求构成比”（A——各区域市场容量占行业市场总量的百分比）、“目标市场占有率”（B——本企业在该区域市场上的目标占有率）、“区域实际占有率”（C= A×B）。

（2）求出不同区域“市场构成比（A）”与“目标市场占有率（B）”的乘积，即可得到“区域实际占有率（C）”。

（3）把各“区域实际占有率（C）”相加即可得到“企业实际占有率”（表 3-5 中的企业实际占有率为 20.5%），以“企业实际占有率”为分母、“区域实际占有率（C）”为分子，即可算出各“区域定额指数（E）”。

（4）求出各“区域市场定额指数（E）”后，就可以此为基准把目标销售额或销量按区域进行分解。如果目标销售额为 1 000 万元，则甲区域的目标销售额 = 1 000×61% = 610（万元）。

2. 销售构成比法

销售构成比法是根据各区域几年来“销售构成比”的变化趋势来推测下一年度各区域的“销售构成比”，并以此百分数为基准将目标销售额分解到各区域的一种分配法。这是企业实际最常用的一种方法。这种方法尽管考虑了历史及变化趋势，但还是具有很大的主观性，对销售经理的经验要求较高（可参考表3-6）。

表3-6 销售构成比法 （%）

区域	销售构成比					“销售构成比”趋势
	2001年	2002年	2003年	2004年	2005年	
甲	30	31	29	30	28	29
乙	50	45	40	35	30	24
丙	20	24	31	35	42	47
合计	100	100	100	100	100	100

按照表3-6中的数据，如果企业2006年全年的目标销售额为1 000万元，则：甲区域的目标销售额为290万元；乙区域的目标销售额为240万元；丙区域的目标销售额为470万元。

3. 市场指数法

市场指数法是以各区域市场实际因素为基础来计算市场指数，从而确定分配额度的一种方法。常见的区域市场因素包括常住人口、工资收入、区域零售额等。市场指数法是一种比较理想的分配法，具体来说，它可以分为单一因素法和组合因素法。

单一因素法是以单一市场因素为基准来计算市场指数的方法，此法相对简单，此处不做赘述。例如，如果只选择人口数量这一市场因素，则各区域的市场指数就是各区域市场的人口总数占所有区域市场人口总数的百分比。组合因素法是通过多项市场因素的组合来计算个区域市场指数的一种方法，这种方法相对复杂，多种市场因素举例如表3-7所示。

表3-7 组合因素法

因素 区域	人口数量（人）	工资水平（元）	零售店销售额（元）
A	7 800	3 900	4 600
B	3 900	1 250	1 800
C	3 300	1 350	1 600
合计	15 000	6 500	8 000

具体来说，组合因素法又包含评分法、构成比法两种方法。

（1）评分法（见表3-8）。

表3-8 评分法计算表

因素 区域	人口数量（人）		工资水平（元）		零售训销售额（元）		合计
	实数	占比（%）	实数	占比（%）	实数	占比（%）	（%）
A	7 800	156	3 900	180	4 600	173	509
B	3 900	78	1 250	58	1 800	68	204
C	3 300	66	1 350	62	1 600	60	188
平均值	5 000		2 166		2 666		总计 901

评分法的基本步骤如下：

1）求出各要素的平均值。

2）求出各区域要素占该平均要素的百分比。

3）算出不同区域各要素百分比的合计值，然后对各区域的合计值求总和。

4）把各区域合计的百分比值与总计百分比值相比，所得值即为各区域的市场指数。

例：A区域的市场指数＝(509÷901)×100%＝56.5%

(2) 构成比法。

构成比法的基本步骤如下：

1）求出各要素的不同区域的构成比。

2）用上一步求出的值乘以各因素的权数。

3）以第二步求出的各值按不同区域进行加总，并算出不同区域占该加总的百分比，即可得到市场指数（定额指数）。

例：如果人口、工资、零售额3种市场因素的权重分别为0.2、0.5、0.3，那么，A区域的3种市场因素构成比分别计算如下。

人口因素构成比＝(7 800÷15 000)×100%×0.2＝10.4%

工资因数构成比＝(3 900÷65 000)×100%×0.5＝30%

零售额因素构成比＝(4 600÷8 000)×100%×0.3＝17.3%

合计：57.7%（即A区域的市场指数为57.7%）。

总之，销售经理应该设法使各区域销售定额尽可能显得公平、可行、易于理解、灵活、可控。具体来说，“公平”是指销售定额能真实反映区域市场的销售潜力，“可行”是指定额可行且具有一定的挑战性，“易于理解”是指销售人员容易理解定额数量及其中的道理，“灵活”是指能依据环境的改变而改变以保持士气，“可控”是指能检查执行情况以便于采取措施。

资料来源：芮新国. 如何确定区域销售定额？[EB/OL].www.emkt.com.cn,2006-03-10.

小结

销售组织的设置要把握分工、协调、授权、团队的原则，要考虑到商品特征、销售策略、商品销售范围、渠道特性、外部环境等因素对销售组织设置的影响。在实际中，可按照区域、职能、产品、顾客等设置销售组织，并考虑每种组织结构的特点和适用性。

明确销售组织结构以后，要确定在一定组织结构下销售人员的数量，一般来讲有销售目标分解法、工作总量分解法、边际销售额-成本法可以采用，但各方法的侧重点有所不同。

销售区域设计与管理是企业销售组织战略得以实现的关键因素，正确进行销售区域设计与管理是销售经理使辖区销售额和利润实现最大化的有效方法。销售区域可以按照地区、行业、产品、客户名单划分。

在进行销售区域设计时，要遵循公平合理、可行性、挑战性、目标具体性原则，并按照选择控制单元、选择起始点、将控制单位组合成销售区域、调整初步设计方案、分配销售人员的步骤进行。

区域销售涉及管理问题，管理销售区域有三个一般步骤：规划公司的销售区域；确定每个销售人员的责任辖区；设计销售业务人员责任辖区的销售路线。

关键概念

销售组织　销售目标分解法　工作总量分解法　边际销售额-成本法　销售区域　销售区域的管理

复习测试

1. 如何理解销售组织的含义？
2. 销售组织设置的影响因素有哪些？
3. 销售组织的类型有哪些？你认为以后的发展趋势是什么？
4. 确定销售人员的数量的方法有哪些？
5. 销售区域分类方法有哪些？
6. 销售区域管理的优点和局限有哪些？
7. 简述销售区域设计的基本原则。
8. 简述销售区域设计的一般步骤。
9. 简述在企业实际操作中，销售区域管理的步骤。

案例研讨

各司其职的区域经理为何纷争不断

问题描述

康益公司营销会议现场。“各位同人，这一段时间我们的销量非常不理想，在素有‘金九银十’之称的黄金销售季节——9月、10月两个月，我们的销量同比下降了23.6%，本次会议的目的是让大家一起来分析一下原因，并寻求对策。”常务副总经理兼营销经理贾笛说完后扫视了一下众人，发现大家低着头，无人响应，于是继续说道：“……这样吧，一个个片区来讲，张经理你先来谈一下。”

主管象山、宁海、奉化的区域经理张云说道：“从统计数据来看，我们区域的销量与去年同期相比下降了31%，可是其中的一类终端，也就是两家三江超市连锁店的销量下降了60%，两家联华超市下降了40%；医药渠道与去年持平，其他的副食渠道销量上升了5%，在同等的市场状况下，为什么会有这么大的差距呢？主要的原因就是我公司负责与三江超市沟通的人员没有将我们的三江门店内场导购员的申请批准下来，负责与联华沟通的人没有将工作做好，使我公司主力产品在销售最好的10月黄金周断货，导致我们的销量大幅下降。”

听到这里，主管市老三区（海曙区、江东区、江北区）的区域经理何露怒气冲冲地说：“你们三江超市导购员的申请没有批下来，这不能怪我，我已经将名单和要求上报了，三江总部不批我也没办法；可是联华的问题，你这么说就不对了，我在节日前就通知你们，要你们多备货，说过节期间由于我们的经销商放假，可能送货不像平时那么及时，你为什么不听？其他区域为什么没有出现这种情况？自己没本事，不要怨别人！”

张云听到这儿涨红了脸，也一下子跳了起来说道：“……就是因为你的工作没做好影响了我们……”

“怎么了……你以为你的其他副食品渠道的销量是真上涨了？还不是将货窜到我这边来了，我专门让人去统计了一下，从你那边经销商窜到我这边终端的货物占到你整个区域销售量的10%……”何露也站了起来说道。

张云发怒了：“……你的渠道商窜到我这边的货更多，更可恨的是窜到我这边市场的产品的价格竟然比公司规定的批发价低了3元，不但侵占了我的销量，还扰乱了我的市场价格体系，不信你自己到你的渠道商那里查一下发货清单。”

……

贾笛看到这里实在看不下去了：“都坐下，你们这是怎么了？今天是来讨论问题的，不是让你们来吵架的！”两人都坐下了，贾笛看看气氛有些缓和，继续说道：“我们继续开会！”可是没有多久，会场又吵得一团糟，你说我的不是，我说是你的错。一个下午很快就过去了，贾笛在叹气中无可奈何地宣布散会。

寻求外脑

在叙述了会议的情况和不解后，贾笛一脸困惑地向伍成全这个有着多年咨询工作经验并且对企业管理有着深入研究的人求救地问道：“难道是他们的素质太差了？可是公司现有的局面都是这些区域经理打下来的呀，况且公司规模并不大，在本区域内的业务近3年并没有扩大……这些问题在两年前甚至是一年前都没有现在这么尖锐。问题到底出在哪里呢？”

“曾有人分析说，是我们的工作流程不清楚，后来和团队一起专门就相互之间如何协调工作制订了详细的工作流程，可执行后的结果依然是现在这个样子。”贾笛苦笑着继续说道，“不怕您笑话，我也曾尝试着引进一些新的人才，最后我觉得能力强的、比较看好的没有多久就都离去了，真正留下来的没有很合用的，我真的有些困惑了。”

“我需要先对贵公司内部情况和外部环境进行调研，才能解答您的问题。”伍成全回答道。

问题诊断

经过艰苦的访谈、仔细的调研，伍成全终于找到了原因，于是召开这次分析报告会。

伍成全首先向贾笛出示图3-10，“在贵公司的营销组织结构中，将宁波地区分为以下四个区域：宁波市老三区（海曙区、江东区、江北区）、慈余片区（慈溪市、余姚市）、镇北鄞片

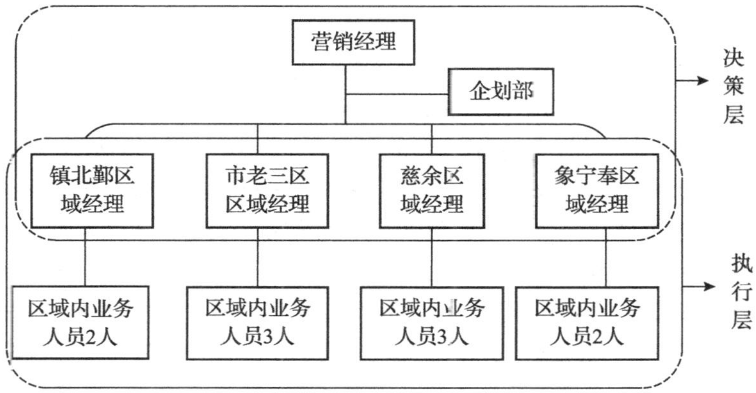

图3-10 现行公司营销组织结构图

区（镇海区、北仑区、鄞州区）、象宁奉片区（象山县、宁海县、奉化市），各片区各设区域经理一名。总体来说，整个组织分为两个团队——公司决策层和公司决策执行层，两者相互关联。决策层由营销经理、企划经理以及各个片区的负责人构成。执行层由各个片区经理与下属的业务人员构成。”

“决策层每个月在月中和月末开两次例会。月中的例会是为了总结本月计划到目前为止的完成情况，以及完成计划遇到哪些问题，需要兄弟部门怎样的支持，也是一次调整、协调会；月末的例会要总结本月的计划完成情况，讨论安排下月的计划，如果本月为季末或年末，那么同时要讨论下个季度或年度的计划。在此组织构架中，区域经理的职责与权利相对比较大，包括以下职权：本区域的广告促销计划、本区域的渠道发展计划、本区域的终端发展计划、本区域的人员管理等。对区域经理的考核主要以销量、投入产出比作为考核指标。”

伍成全稍加停顿后，继续说道：“表面看起来，这种组织构架似乎完美无缺，但实质上问题就出在这个地方。”

“怎么会呢？前几年我们不是运作得非常好吗？现在出现的问题也就是近两年的事情，怎么会是组织构架的问题呢？”贾笛不解地反问。

“为什么当年这种组织构架是有效的？”伍成全微笑着说道，“前几年，一方面由于渠道商的实力都比较小，基本都是以各自所在的行政区域为自己的网络版图，实质上，那时很多的渠道商甚至还是坐商，典型的有慈溪食品城的批发商们。各渠道商之间的营销网络冲突极少。另一方面，当时的连锁超市还没有大范围兴起，没有跨区域的连锁超市，因此，各个片区的市场相对独立，可以说那时的市场是以行政区域为单位的相对独立的各个区域市场的总和，各区域市场之间的联系相对较小，所以，这样的营销组织使各区域的员工能够集中自己的精力做自己的区域市场，这时的组织结构是高效的。

“但现在，渠道商们由于营销网络发展而相互渗透，使得在现行的组织结构下，一个终端可以从多个渠道商处获取公司产品，增加了终端的议价能力，渠道商为了抢占市场份额相互压价，扰乱了产品的价格体系；与此同时，连锁业态的高速发展，直接使各个行政区域市场相互高度关联。总之，市场的变化使得各个区域市场再不是相互独立的，而是紧密相关、相互依存的。因此，各区域人员想要想将自己的区域市场做好，离不开其他相关区域人员的大力配合。在以行政区域为管辖基础的组织结构下，各区域人员想要相互大力配合，必然产生大量的协调性工作。然而，由于各个区域在组织构架上是相互独立的，各个区域经理是平级的，彼此没有管辖权，所以他们的协调工作只可能用以下两种方式来完成：其一，自发的私下协商，即非正式的协调渠道；其二，通过上级领导的协调，这是正式的协调渠道。

“第一种方式显然不可能是高效的，第二种方式则会使领导的工作过于细化，并且由于各个领导的精力有限，所以也不可能高效。尽管公司采用一些方式，如对员工的责权利重新分割、扩大各级员工的相对授权以及理顺一些工作流程来杜绝这类问题的发生、蔓延，但由于这种模式在现行条件下存在先天不足，这样做也只不过是减少了这类事情的发生，并且同时还留下了其他的后遗症，如对流程规定过死、过细，就会打击员工的积极性，压制员工的创造力。

“更重要的是，在这种组织结构下，由于各个区域经理对自己的区域其实并没有掌控权，很多工作需要其他区域经理的支持，而这一部分支持工作的好坏对其业绩有着直接的影响，也就是说区域经理实际上不可能对自己负责的市场真正负全责，因此，在这种组织结构下，在现在的市场状态下，其实根本无法将各个区域经理的责权利真正明确。造成的结果是权利明确了，责任却明确不了，这就为他们相互指责、相互推诿埋下了伏笔。”

“您说得非常有道理，”贾笛点头称赞道，“看来我们必须对渠道进行重新规划和统一管理，才能从根本上解决区域窜货问题。”忽然，贾笛双眉一皱说：“可是对渠道进行重新规划，实行统一管理后，我们的区域经理的职权又该如何划分呢？”他说完陷入了沉思。

解决方案

“当外部的市场环境发生重大的变化，而我们的组织通过改良还是没有办法适应市场的变化时，我们必须考虑改革。”伍成全掷地有声地说。

“如何改呢？”贾笛问。

接着，伍成全向贾笛出示了图3-11，说道：“既然市场从以行政区域为基础的相互独立的市场发展变化为以渠道为基础的各个行政区域相互关联的市场，那么为适应这种改变，根据组织结构设置的原则：信息流通尽量简短、快捷、高效等原则，应该改变原有的划分市场的思维：变行政导向为市场导向。也就是说，我们的组织构架应当从以行政区域为基础的划分方式变革为以渠道为基础的变革方式。”

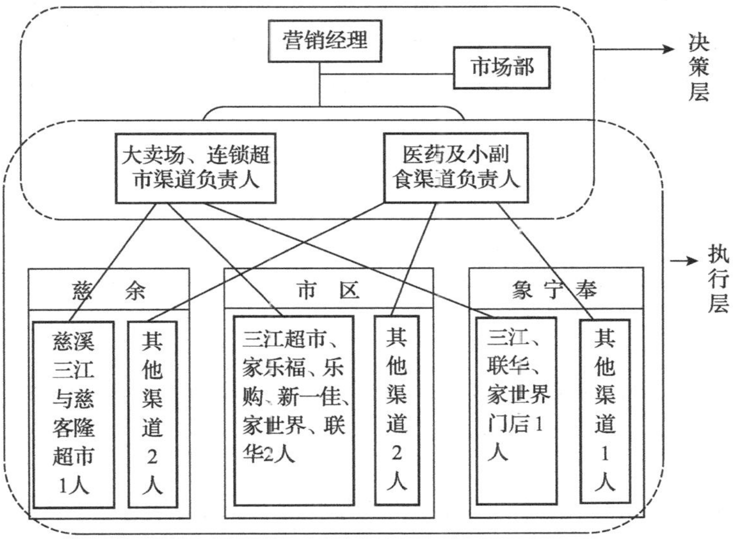

图3-11　新型的组织结构图

“我来解读一下此组织结构。”伍成全继续说道。

“第一，此方案是按渠道特性来划分市场，而不是按行政区域来划分市场，尽管仍然是将整个宁波市场一分为二，不过由于划分方法的不同，结果与现在也是不一样的。第二，鉴于市区老三区与镇北鄞三区的渠道联系非常紧密，交通半径也很小，因此，将这两个区域合并管理。第三，撤销区域经理，增设渠道经理，然后将不同的区域业务人员按不同的渠道进行划分管辖权，业务人员直接由渠道经理管辖。这个方案的优点有以下几点：

“（1）由于几乎没有了平级之间的协调工作，各人员相互之间不存在相互扯皮的理由，使得每个人的责权利都非常明确。而具体的业务人员则对其所在的区域的渠道终端负责，包括区域渠道终端的销量、铺货率、产品陈列等。总而言之，这种结构下各人员的责权利相当明确，因此也便于考核和管理。

“（2）由于将各区域的渠道进行了统一管理，使得渠道经理能够根据各渠道商的营销网点的覆盖情况和市场的需要重新规划渠道，选择合适的渠道商，从而从根本上杜绝了渠道商之间相互窜货的问题。

“（3）撤销原企划部，成立市场部。原企划部主要的职责是汇总统计各片区的市场信息并整合协调各区域经理提交的促销方案，制作所需的促销材料。而新的组织结构下的市场部将站在更高的高度，为企业的产品策略、价格策略、渠道策略和促销策略出谋划策，为企业实现整合销售传播提供了组织基础，使得企业资源的利用率和有效性大幅度提高。

“（4）新型的组织结构与现行公司的营销组织结构相比，在执行层方面的人员更加精练了，少用了3个人，节约了21.43%的人员。使得公司能够用同样的薪酬总额支付给员工更富竞争力的薪酬，从而为企业在社会上获取更具竞争力的员工奠定了薪酬基础。

“（5）在现行公司的营销组织结构下，区域经理要为所属区域制订和执行产品策略、价格策略、渠道策略和促销策略，因此需要具备全面的市场营销才能，然而在新的组织结构下，由于各个区域经理的管辖范畴实质并不大，这样的工作机会、工作挑战性及薪酬并不足以吸引和留住这些具备全面销售才能的人才，这也解释了为什么您觉得现行区域经理的素质好像不够，然而又无法通过补充新鲜的血液来改善的原因；而在新型的营销组织结构下，渠道经理只需要有效执行公司的各种市场策略，参与制订公司的产品策略、价格策略、渠道策略和促销策略，因此所需的技能更为简单，所以人才的层次反而要求更低，这就从根本上解决了人才危机问题。”

尾声

一年后，在康益公司的年度庆功会上，贾笛特意邀请了伍成全出席。觥筹交错间，贾笛谈笑风生：“伍先生，非常感谢您为我公司做的工作！按照您的建议，一年前我果断地推进了组织变革，现在我们公司员工之间的矛盾基本消失了，对市场的反应更加敏捷了，公司也在统一指挥下变得更加高效了。”

资料来源：吴浴阳．各司其职的区域经理为何纷争不断？——康益公司组织结构变革案例纪实［J］．销售与市场：管理版，2005（13）：70-73.

讨论问题

从康益公司的案例来看，企业销售部门组织结构的设计需要考虑哪些因素？

CHAPTER 4

第4章 销售计划与预测

本章提要

本章涉及的内容包括：销售计划的内容和类型、销售目标的确定与分解方法、销售计划的编制步骤、销售预测的程序、常用的销售预测的定性和定量方法。

引例

经销商如何制订年度销售计划

李经理是山东某一地级市场的白酒经销商。到目前为止，李经理已经经营白酒6年时间，自从事白酒行业初期开始，李经理就把每年制订行之有效的年度销售计划作为公司发展的头等大事。在正确的目标指引下，李经理的公司每年制订的销售目标都能顺利完成，使得公司销售业绩发展迅速。从公司成立初期的销售人员5名、送货车辆3辆、库房300平方米、单一品牌销售、年销售额300万左右，发展到今天的公司人员50人、送货车辆15辆、库房1 500多平方米、高中端、多价位、多品牌销售、年销售额8 000多万的商贸公司。那么，李经理每年是怎么制订销售计划，并顺利完成每年的销售目标呢？

进行充分的市场调研

没有调查就没有发言权。每年，公司在制订年度销售计划时都会组成一个由李经理亲自"挂帅"的小组，抽出公司的精兵强将对市场信息和公司数据库进行调查和筛选。调查内容主要分为两部分：内部主要清楚自己的家底，如现在的销售业绩、盈利水平、资金状况、人才结构、产品生命周期、市场网络（每个渠道有多少家终端在销售公司的产品、未开发的有多少）是否得到了最佳匹配，还有多少潜力可挖掘等；外部主要清楚国家的产业政策、当地的经济状况、消费习惯，以及对主要竞争对手的竞品分析、推广方式分析、传播方式分析、销售模式分析、渠道特征分析等。把这些问题都搞清楚了，然后做SWOT分析，制订切合实际的年度销售计划，公司的竞争力就会提高，年度销售目标就会顺利完成。

要整合公司的所有资源

年度销售计划是关系到公司全局的行动蓝图，制定蓝图时，必须调动公司内部和外部的，过去和现在的，甚至包括潜在的所有资源，制订一套最高效的运转方案和计划，为实现销售目标服务，具体资源包括：资金资源、产品资源、配送资源、人力资源、网络资源、社区资源、媒介资源、政府资源等。

要掌握公司一个发展的“度”

李经理公司的年度销售计划是建立在原有基础上的，在最大限度调动公司所有资源的前提下，制订年度销售计划还应掌握一个“度”的问题，因为把销售计划制订得过低，无疑是在浪费公司资源，影响公司的发展速度；而把年度销售计划制订得过高，执行起来很困难，自上而下压力过大，会造成为了销量不择手段的“短期行为”，从而导致市场上出现在砸价、窜货等影响公司发展的不良行为。

对产品界定，突出产品的作用

由于市场需求的多元化和个性化，很多经销商都在进行高中低端多价格带多品牌经营，因此，经销商在制订年度销售计划时要清点一下自己所经销的产品，对每款产品进行界定，并突出它们在市场上的作用。因为市场如战场，产品是武器，武器落后是不能打胜仗的。

李经理每年在做年度销售计划时，结合自己所经销的产品和市场的实际情况以及产品在市场上的表现，对产品进行界定，确定哪些是“有量无利”的渠道型产品，用来搭建销售网络稳定客户；哪些是“有量有利”的黄金型产品，来确保公司的利润目标；哪些是需要培养的“有利无量”的朝阳产品；哪些是为了阻止竞争手对手的“炮灰型产品”；哪些是“季节型产品”等，突出每款产品的作用。这些产品分别能给公司带来的市场份额和利润如何？这些产品的生命周期如何？是否能维持现有的价位和销量？如果受市场竞争的影响，这些产品的销量和利润下降怎么办？这些因素，李经理在制订年度销售计划时都会考虑。

分工明确、目标清晰

有的经销商制订的年度销售计划过于粗放，只有大框框和总数字。如今年我公司销售额要增加多少，具体怎么增长，哪个产品增长，由谁来完成增长等。没有具体的销售计划实施方案，各项营销目标也无法落实到具体的部门和具体的责任人，如果组织结构相互扯皮，分工不明确，用人不得力或者关键岗位人员错位，都会造成销售计划无法顺利实施，如同打仗，有好帅还得要有良将，有良将还得有精兵，才能出师必胜。分工不明确或者目标不清晰都会造成人力资源的严重浪费，并且影响销售目标的完成。

因此，李经理每年在制订销售计划时，都会让公司全体员工清楚地知道今年的年度目标，考虑到市场的不确定因素，将年度销售目标细化到每季度、每月、每周、每日，再明确到每个部门、每个责任人，然后沉着应对，顺势而为，咬定每一日，一日扣一日，日日相扣，以日保周，以周保月，以月保年，抓细、抓实、抓精、抓到位来确保全年销售计划的完成。

确保各种销售制度要配套合理有效

销售管理制度如同军队纪律，是所有销售人员共同遵守的法则。在制订销售计划时要确保与销售制度协调一致。制度是公司长期管理经验的总结，一般具有长效性和权威性，随着公司内外部环境的变化，个别制度不完全符合公司发展的实际，就会阻碍公司的发展，比如分配制度、奖惩制度、用人制度等。要根据新的销售计划对制度做适当的调整。提高员工的工作效率，使得销售更加高效，最大限度调动全体销售人员和全体职工的积极性，确保销售计划实现。

李经理在制订年度销售计划时，根据完成年度销售计划的需要建立健全了各种管理制度、考核制度和奖罚制度，明确岗位要求、工作内容和工作流程，加强“计划、执行、检查、反馈”四个环节的完整性，尤其是建立一个客观有效的检查系统，实时、实地地跟踪执行情况，确保执行到位，也就是做到事前建标准、事中掌控、事后总结，实现“以制度束人”的规范管理，确保销售计划的完成。

李经理针对每名销售人员每天按照销售计划分解的目标，要求做到事前见标准，事中掌控，事后总结。

（1）事前建标准：业务员每天要建立工作目标标准，把所有会出现的问题全部用制度形式确立下来。

①工作时间标准——每天晨会时间，上下班时间，下午下班工作总结时间。

②拜访标准——每个业务员每天必须严格按照终端拜访八步骤拜访×家终端店。

③生动化标准——每家终端店外广宣标准、店内广宣标准，店内产品陈列标准等。

④销售产品标准——具体细化到品项。

⑤客情标准——终端店主与业务员关系热络。

⑥奖惩标准——迟到早退罚款×元，完不成当天销量罚款×元，超额完成当天销量奖励×元。

（2）事中掌控：以上所有标准的实现都要建立在监控、追踪的基础上，要确保整个过程在公司掌控之中。

（3）事后总结：对于做得好的，按照奖励机制奖励，并分享经验。做得不好的，按照处罚标准处罚，并总结教训。

要充分考虑竞争对手的威胁

知己知彼，百战百胜。在制订销售计划时，不要忽视主要竞争对手的存在，有时单纯地考虑自己的计划而忽视主要竞争对手的反击反扑乃至进攻计划，也可能导致销售计划目标因受阻而无法实现，尤其是将销售目标分解到具体产品和具体市场后，必须把竞争对手的牵制力和破坏力考虑进去。

制订合理可控的营销费用

销售费用是确保年度销售计划完成的必备条件，因此，在制订年度销售计划时要充分考虑纷繁的销售费用，如直接推销费用包括销售销人员的工资、奖金、差旅费、培训费等，促销费用包括广告费、赠品费用、促销人员工资等，还有仓储费用、租金等。而且，经销商一定要确保营销费用花费的合理性、时效性、可控性等。

资料来源：师顺宽．经销商如何制订年度销售计划？［EB/OL］．中国营销传播网，2013-01-13.

讨论问题

李经理能够每年顺利完成销售目标的关键因素是什么？

4.1 销售计划

计划是管理的起点，销售管理首先从销售计划开始，销售管理的过程就是销售计划的指导、实施与评价的过程。销售计划是企业根据营销战略，并基于历史销售业绩和已有的需求前提来确定未来一段时间的销售目标，结合这一目标对企业的生产作业计划、采购计划、资金筹集计划以及人员招聘与分配计划等进行安排和实施。

销售计划就是把什么东西（产品计划）、买到哪里（顾客计划）、由谁来卖（销售人员计划）、以什么价格出售（定价计划）、需要卖多少（配额计划）以及怎么卖（实施计划）。

4.1.1 销售计划的内容

销售计划是实现目标的路径，也是销售人员每日工作内容的指引。

简明的销售计划至少应该包括以下内容：①商品计划。指对商品管理流程中的商品订购（进货/补货/退货）、商品陈列、商品销售等要素所做的全面策划。②渠道计划。基于营销组合中的渠道策略制订。③成本费用计划。基于营销组合中的价格策略制订。④销售单位组织计划。基于销售体系组织架构的制订。⑤销售总额及其分解计划。⑥促销计划。

4.1.2 销售计划的类型

根据企业类型的不同，销售计划可分为生产企业销售计划、流通企业销售计划、零售企业销售计划等，各类企业由于经营性质和销售产品的不同，其市场销售计划的制订方法和模式也完全不同。

从时间长短来分，销售计划可以分为周销售计划、月度销售计划、季度销售计划、年度销售计划等。

从范围大小来分，销售计划可以分为企业总体销售计划、分公司（部门）销售计划、个人销售计划等。

从市场区域来分，销售计划可以分为整体销售计划、区域销售计划，区域一般按大区或省区、地市、县市、乡镇等行政区域来划分，也可以根据公司的实际销售范围和统计区域来划分。

4.1.3 销售计划的编制

销售计划不仅仅是确定销售数字的问题，还需要编制具体的销售计划。销售计划的编制是销售管理工作中最为重要的环节之一，是指企业在进行销售预测的基础上，制订销售目标、销售策略、激励措施和实施方案的过程。销售计划的编制一般包括以下几个阶段。

1. 收集信息

信息收集的范围包括外部资料和内部资料两大类。外部资料包括国民经济发展的动向及国家的政策、法规；各产业的发展动向，特别是相关产业的发展动向；同行业竞争对手的现状及动向等。内部资料包括销售状况资料、成本费用资料、客户交易信息资料等。一般来讲，要制订一个比较切合实际的销售计划，至少需要连续3~5年的相关资料，最好能有5年以上的相关资料。

在实践中，收集信息一方面要收集客观信息，包括资料、新闻报道、业内分析、实战案例、市场环境和竞争对手状况等；另一方面要对收集到的信息进行分析，与相关人员讨论座谈，或是进行相关的咨询，并进行总结。

在制订销售计划时，首先要明确企业的产品或服务的目标市场，以及与竞争对手相比，企业的产品或服务的与众不同之处。其次要听取相关群体的建议，包括可信赖的朋友、职员、顾问和同辈会面，并听取他们对企业及相关产品或服务的建议。再次，收集客户和潜在客户的建议。为了成功地向客户促销，需要了解他们对企业的产品、定价、品牌或服务以及企业相关的所有事情有何反应。对当前市场状况、竞争对手及产品、销售渠道和促销工作等，必须进行详细分析。

2. 销售目标设定

销售目标是指公司在一定时间内期望达成的销售水准。销售部门应当把前一计划期的执行情况、对现状的分析、预测结果三者结合起来，提出下一计划期切实可行的销售目标。销售目标的设定极为重要，因为销售目标设定后，企业的资源，如执行策略的资源、广告及促销费用、雇佣销售人员、采用的营销渠道及所要生产的产品、设定的库存等，都要为实现销售目标而服务。

通常设定企业销售目标应遵循 SMART 原则：①明确性（specific）。所谓明确就是要用具体的语言清楚地说明要达成的目标。②可衡量性（measurable）。可衡量性就是指目标应该是可以量化、可以考核的。③可实现性（attainable）。可实现性是指实现销售计划的目标会给人成就感，从而获得前进的动力。④相关性（relevant）。目标的相关性是指实现此目标与企业总体目标的关联情况。⑤时限性（time-based）。目标的时限性是指在设计销售目标时必须同时限定目标实现的时间，以形成对销售人员的约束，将工作压力及时传递给销售人员。

3. 销售目标分解

在对企业整体的销售目标进行设定后，还需要对目标进行具体的分解，通过与责任和利益挂钩的多维目标分解，更好地落实和执行目标，在很大程度上检验目标的可行性。销售目标分解的另一个重要意义是，将销售目标落实到最具潜力的市场、客户和销售人员身上。

销售目标的分解计划对财务、供应和生产，甚至仓储及年度计划的制订都是非常重要的依据。在确定目标和分解目标的过程中，应该同时制订费用预算和费用分解计划，以便同时下达营销目标与资源分配方案，只有这样，营销计划的实施才是最为有效的。

销售目标分解的顺序如下所示。①区域：从省到地市、县，包括品种、客户、销售人员、结算方式、销售方式的季度和月份分解。②品种：将销售目标分解到所有品种上，包括区域、结算方式、营销方式、销售人员、客户的季度和月份分解。③结算方式：现款现货、银行承兑、按月结算等。④分销方式：批发、零售和直销等。⑤销售人员：一定要分解到每名销售人员，并说明多少由老销售人员完成，多少由新销售人员完成，包括对所辖区域的分解，即对品种、结算方式、销售方式、所管理客户的季度和月份分解。⑥客户：分解到每个客户，并说明哪些由老客户完成，哪些由新客户完成，包括对所辖区域的分解和对品种、结算方式的季度和月份分解。⑦季度和月份：分解到季度和月份，包括对区域、品种、结算方式、营销方式、销售人员和客户的分解。

4. 提出并确定销售策略

确立目标以后，企业各部门要制订出几个可供选择的销售策略方案，以便进行评价选择。评价各部门提出的销售策略方案，权衡利弊，从中选择最佳方案。

销售策略包括：产品策略（目标市场产品的选择，新产品的推广）、价格策略（选择合适的价格体系，是否对价格进行严格的控制）、渠道策略（销售团队的组建，中间商的选择与管理）、促销策略（促销方式的选择与效果评价）。

5. 编制销售计划书

销售计划书是销售部门为满足顾客需求应做的所有工作安排，因此要具有产品规格、详细价格、广告细目、销售指标、分销计划等内容。

实　例

××公司年度销售计划书

一、基本目标

本公司××年度销售目标如下：

（一）销售额目标：

1. 部门全体：××××元以上；
2. 每一员工/每月：×××元以上；
3. 每一营业部人员/每月：××××元以上。

（二）利益目标（含税）：××××元以上。

（三）新产品的销售目标：××××元以上。

二、基本方针

（一）本公司的业务机构，必须直到所有人员都精通其业务、人心安定、有危机意识、能有效地活动时才不再做任何变革。

（二）贯彻少数精锐主义，不论精神或体力都须全力投入工作，使工作朝高效率、高收益、高分配（高薪资）的方向发展。

（三）为加强机能的敏捷、迅速化，本公司将大幅委让权限，使人员得以果断速决，实现上述目标。

（四）为达到责任目的及确立责任体制，本公司将贯彻重赏重罚政策。

（五）为使规定及规则完备，本公司将加强各种业务管理。

（六）××股份有限公司与本公司在交易上定有书面协定，彼此遵守责任与义务。基于此立场，本公司应致力达成预算目标。

（七）为促进零售店的销售，应设立销售方式体制，将原有购买者的市场转为销售者的市场，使本公司能握有主导代理店、零售店的权利。

（八）将出击目标放在零售店上，并致力培训、指导其促销方式，借此进一步刺激需求的增大。

（九）策略的目标包括全国有名的××家店，以“经销方式体制”来推动其进行。

三、业务机构计划

（一）内部机构

1. ××服务中心将升格为营业处，借以促进销售活动。

2. 在××营业处的管辖内设立新的出差处（或服务中心）。

3. 解散食品部门，其所属人员则转配到××营业处，致力于开展销售活动。

4. 以上各新体制下的业务机构暂时维持现状，不做变革，借此确立各自的责任体制。

5. 在业务的处理方面若有欠佳之处，再酌情改善。

（二）外部机构

交易机构及制度将维持经由本公司→代理店→零售商的原有销售方式。

四、零售商的促销计划

（一）新产品销售方式

1. 将全国有力的××家零售商店依照区域划分，于各划分区内采用新产品的销售方式。

2. 新产品的销售方式是指每人各自负责30家左右的店，每周或隔周做一次访问，借访问的机会督导、奖励销售，进行调查、服务及销售指导、技术指导等，借此促进销售。

3. 上述的××家店所销出的本公司产品的总额须为以往的两倍。

4. 库存量须努力维持在零售店为1个月库存量、代理店为2个月库存量的界际上。

5. 销售负责人的职务内容及处理基准应明确化。

（二）新产品协作会的设立与活动

1. 为了使新产品的销售方式所推动的促销活动得以配合，又以全国各主力零售店为中心，依据地区另设立新产品协作会。

2. 新产品协作会的主要内容大致包括下列10项：

（1）分发、寄送机关杂志；

（2）向负责本公司产品的人员赠送领带夹；

（3）安装各地区协作店的招牌；

（4）分发商标给市内各协作店；

（5）协作商店之间的销售竞争；

（6）分发广告宣传单；

（7）积极支援经销商；

（8）举行讲习会、研讨会；

（9）增设年轻人专柜；

（10）介绍新产品。

3. 协作会的存在方式是属于非正式性的。

（三）提高零售店店员的责任意识

为加强零售商店店员对本公司产品的关心，增强其销售意愿，应加强下列各项实施要点：

1. 奖金激励对策——零售店店员每次售出本公司产品则令其寄送销售卡到各协会，当销售卡达到10张时，即赠奖金给本人以激励其销售意愿。

2. 人员的辅导

(1) 负责人员可在访问时进行教育指导说明，借此提高零售商店店员的销售技术，并加强其对产品的知识。

(2) 销售负责人员可亲自站在店头接待顾客，示范销售动作或进行技术说明，让零售商店的店员从中获得间接的指导。

五、顾客需求计划

(一) 确实的广告计划

1. 在新产品销售方式体制确立之前，暂时先以人员访问活动为主，广告宣传活动作为未来主要的促销活动。

2. 针对广告媒体，再次进行检查，务必使广告计划达到以最小费用创造出最大成果的目标。

3. 为达成前述两项目标，应针对广告、宣传技术做充分的研究。

(二) 活用购买调查卡

1. 针对购买调查卡的回收方法、调查方法等进行检查，借此确实掌握顾客的真正购买动机。

2. 利用购买调查卡的调查统计、新产品销售方式体制及顾客调查卡的管理体制等，确实做好需求的预测。

六、营业管理及统计——顾客调查卡的管理体制

1. 利用各零售店店员所送回的顾客调查卡，将销售额的实绩统计出来，或者根据这些来改革产品销售方式体制并进行其他的管理。

(1) 依据营业处、区域，统计××家商店的销售额；

(2) 依据营业处，统计××家商店以外的销售额；

(3) 另外几种销售额统计须以各营业处为单位制作。

2. 根据上述统计，可观察各店的销售实绩，掌握各负责人员的活动实绩、各商品种类的销售实绩。

七、预算确立及控制

(一) 必须确立营业预算与经费预算，经费预算的决定通常随营业实绩做上下调节。

(二) 预算方面的各种基准、要领等须加以完善，成为示范本，本部与各事业部门则需交换合同。

(三) 针对各事业部门所做的预算、实际额进行统计、比较及分析，确立对策。

(四) 事业部门的经理应分年、期、月别，分别制订部门的营业方针及计划，并提出给本部门修正后定案。

资料来源：百度百科. 销售计划 [EB/OL]. http://baike.baidu.com/view/185084.htm, 2016-03-17.

4.2 销售预测

预测是人们对客观事物未来发展的预料、估计、分析、判断和推测。销售预测是指在未来特定时间内，在充分考虑未来各种影响因素的基础上，结合企业的销售实绩，通过一定的分析方法对整个产品或特定产品的销售数量和销售金额的估计。销售预测是企业进行各项决策的前提与基础。

4.2.1　销售预测的程序

1. 确定预测目标，制订预测计划

预测目标和任务反映的是一定时期内市场预测工作要达到的水平和程度，是市场预测工作中的第一步。预测目标的确定直接影响着预测对象、范围、内容以及预测方法的选择等一系列工作的安排。预测目标不同，预测对象、范围、内容、方法都会不同。所以，预测目标应当尽量详细具体，操作时才能具体实施。

为了保证预测目标的实现，需要制订切实可行的预测计划。预测计划包括：承担预测任务的组织、人员以及预测对象、范围、内容；预测准备工作；资料来源及其收集方法；预测方法的选择；预测结果的要求；预测工作的时间进度和经费预算等。预测计划一经确定就应遵照执行，在执行过程中如发现问题，应及时对计划进行调整和完善。

2. 收集和整理相关资料

预测资料的数量和质量直接关系到预测结果的精确度。一般来说，占有的相关资料越多，预测得到的结果就会越准确。因此，要扩大资料的来源。首先要注意从企业内部以及外部收集各种现成的相关二手资料。二手资料的收集比较省时省力，应该尽量利用。除此之外，要注意一手资料的收集。一手资料能充分反映市场变化的实际情况。一般来说，我们可以通过询问、观察的方式收集有关的一手资料。

对收集所得的各类资料，大都需要整理加工，把零星的资料整理成有条理的、系统的、有用的信息资料。资料的整理工作一般包括资料的编辑、编码、资料的录入和清理等工作。

3. 选择预测方法，进行预测

选择合适的预测方法是提高销售预测精确度的一个重要因素。根据我们所要预测的对象以及所掌握的现有资料，选择适当的定性预测方法或定量预测方法，对预测对象进行预测。

4. 分析预测误差

预测误差是预测值与实际值之间的差额。由于预测值是预测人依据历史和现状资料，凭经验判断或用定量计算等方法对未来的一种估计，因而很难使预测值同实际发生值完全吻合。预测误差是客观存在的，难以完全避免。

但是，预测误差会影响预测结果的效用和价值。如果预测误差超过一定程度将失去预测意义，用于决策则会产生某种危害。所以，预测人员不但要分析不同的预测项目对精确度的要求，还要分析预测误差产生的原因，测定误差的程度，并找出把预测误差控制在允许值范围内的方法。

5. 确定预测值，做出决策

在对预测结果进行了必要的评价、修正后，确定可靠的预测值。然后就可以根据销售预测为企业做出合理的决策提供科学的依据。

4.2.2 销售预测的定性方法

定性预测方法是依靠人们观察分析能力、经验判断能力和逻辑推理能力所进行的预测分析，它是预测者根据他所了解的情况和实践积累的经验，对客观情况所做的主观判断。定性预测方法的主要特点是，利用直观的材料，依靠个人的经验综合分析，对事物未来的状况进行预测。定性预测方法往往被使用在长期预测上，特别适合对预测对象的数据资料（包括历史的和现实的）掌握不充分，或影响因素复杂，难以用数字描述，或对主要影响因素难以进行数量分析等情况。

定性销售预测偏重于对市场行情的发展方向和各种影响销售成本因素的分析，能发挥专家经验和主观能动性，比较灵活，而且简便易行，可以较快地提出预测结果。但是在进行定性预测时，也要尽可能地搜集数据，运用数学方法，其结果通常也是从数量上做出测算。常用的销售定性预测方法有以下几种。

1. 主观概率法

（1）主观概率法的含义。

主观概率法是市场趋势分析者对市场趋势分析事件发生的概率（即可能性大小）做出主观估计，或是对事件变化动态的一种心理评价，然后计算它的平均值，以此作为市场趋势分析事件的结论的一种定性市场趋势分析方法。

在社会和自然界中，某一类事件在相同的条件下可能发生也可能不发生，这类事件称为随机事件。不同的随机事件发生的可能性大小是不同的，在这种情况下，就产生了概率。概率是用来表示随机事件发生可能性大小的一个量。概率分为主观概率和客观概率两种。主观概率是指根据市场趋势分析者的主观判断而确定的事件的可能性的大小，反映个人对某件事的信念程度。客观概率是根据事件发展的客观性统计出来的一种概率。主观概率与客观概率的主要区别是，主观概率无法用实验或统计的方法来检验其正确性。所以主观概率是对经验结果做主观判断的度量，即可能性大小的确定。

（2）主观概率的特点。

主观概率是一种心理评价，测定因人而异，受人的心理影响较大，谁的判断更接近实际，主要取决于市场趋势分析者的经验、知识水平和对市场趋势分析对象的把握程度。

在实际中，主观概率与客观概率的区别是相对的，任何主观概率都带有客观性。市场趋势分析者的经验和其他活信息是市场客观情况的具体反映，因此不能把主观概率看作纯主观的东西。另外，任何客观概率在测定过程中也难免带有主观因素，因为实际工作中所取得的数据资料很难达到大数定律的要求。所以，在现实中，既无纯客观概率，又无纯主观概率。

（3）主观概率法的应用实例。

例如，某企业根据市场销售的历史和现状，对市场趋势分析期内经营情况及可能出现的自然状态分别提出估计值和概率，如表 4-1 所示。

表 4-1　主观概率预测表

人员	销售员甲			销售员乙			销售员丙		
状态估计	最高销售	最有可能销售	最低销售	最高销售	最有可能销售	最低销售	最高销售	最有可能销售	最低销售
主观概率	0.3	0.5	0.2	0.2	0.6	0.2	0.2	0.5	0.3
销售估计（件）	1 000	800	600	1 200	1 000	800	900	700	500
期望值	820			1 000			680		

主观概率预测法的步骤如下：

1）确定主观概率。

预测人员根据自己对市场的把握，估计市场未来可能会出现哪几种状况（例如最高销售、最有可能销售和最低销售）；这几种状态出现的可能性有多大（确定主观概率）；以及确定各种状态下的预测值。

2）计算各个销售人员预测的期望值。

期望值的计算方法为：

$$期望值=最高估计值\times概率+中等估计值\times概率+最低估计值\times概率$$

如，销售员甲预测的期望值为：

$$1\,000\times0.3+800\times0.5+600\times0.2=820\text{（件）}$$

按同样的方法计算乙的期望值为 1 000 件，丙的期望值为 680 件。

3）进行综合预测。

最后进行综合预测时，就是对各位预测者的预测结果的期望值进行处理，得到一个最终的预测值。常用的处理方法是：取算术平均值、中位数或者加权平均值。

用算术平均法作为最终销售预测值。对上面三个销售人员的预测值的期望值进行算术平均，得到

$$(820+1\,000+680)/3=833.33\text{（件）}$$

所以，最终的预测结果为 833.33（件）

用中位数作为最终销售预测值。从小到大排列的一组数中，排在中间位置的那个数就是中位数。例如，有按照从小到大排列的 n 个数，若 n 为奇数，那么排在$\frac{n+1}{2}$位置的数就是中位数；若 n 为偶数，则取排在$\frac{n}{2}$和$\frac{n+2}{2}$处的两个数的平均数作为中位数。上例中由于三位销售人员预测值的期望值按照从小到大排列为 680、820、1 000，所以其中位数为 820。所以，采用中位数法，最终的预测结果为 820 件。

用加权平均值作为最终销售预测值。考虑到各位预测人员的地位、作用和权威性的不同，在实际的数据处理中，对不同的预测人员的预测结果予以不同的权重，然后再进行综

合预测。例如，对于销售人员甲、乙、丙三人分别给予的权数是 5、3、2。则综合预测值为：

$$\frac{820\times5+1\ 000\times3+680\times2}{5+3+2}=846\text{（件）}$$

（4）主观概率法的应用价值。

尽管主观概率法是凭主观经验估测的结果，但它在市场趋势分析中仍有一定的实用价值，它为市场趋势分析者提出明确的市场趋势分析目标，提供尽量详细的背景材料，使用简明易懂的概念和方法，帮助市场趋势分析者判断和表达概率。同时，假定市场趋势分析期内市场供需情况比较正常，销售环境不出现重大变化，那么，长期从事市场销售活动的人员和有关专家的经验和直觉往往还是比较可靠的。这种市场趋势分析方法简便易行，但必须防止任意、轻率地由一两个人拍脑袋估测，要加强严肃性、科学性，提倡集体的思维判断。

2. 德尔菲法

德尔菲法（Delphi method）即社会集体经验判断法，它不仅利用本单位、本部门的集体经验进行预测，还利用其他单位部门的专家经验进行预测。德尔菲本是古希腊的一个城市名称，相传为阿波罗神殿所在地，有很多预言家到此发布预言演说，故以此地名作为这种专家预测法名称。这种方法开始用于技术发展预测，以后逐步推广到其他预测领域，是定性预测方法中最有效的方法之一，应用较广泛。

（1）德尔菲法的预测程序。

应用德尔菲法预测程序包括准备阶段、征询阶段和最终预测阶段三个基本阶段。

1）准备阶段。

准备阶段的主要工作有：确定预测目标、准备背景材料、选定专家和设计调查咨询表等四方面工作。

①确定预测目标包括确定预测总目标（或称预测主题）和细目标。预测细目标是为了得出预测目标，需要专家回答一系列具体问题（或称预测事件）。这是预测最基础的一步。

②背景资料是向专家提供的，与预测目标有关的国内外资料，供专家参考。

③选好专家是德尔菲法取得准确预测结果的关键一步。在选择专家时应注意三个问题：a. 广泛性。一般应实行“三三制”。本单位、本部门的专家人数占 1/3，与本单位、本部门有业务联系、关系密切行业的专家人数占 1/3，社会上有影响的知名人士、对市场问题有研究的专家人数占 1/3。b. 自愿性。选择专家时应了解他们是否有时间、有精力，是否愿意参加预测活动，避免专家意见回收率低，并为保证预测质量提供条件。c. 人数适度。选择专家人数不能过少，以免缺乏代表性；也不能过多，以免组织困难，成本上升。一般以 10~20 人为宜，重大预测目标可超过 100 人。

④调查咨询表的设计主要是调查内容本身，同时也需在调查表中说明预测目的和对象。向专家征询的调查表，应特别注意，提问必须十分明确，避免产生误解；要说明表格寄回的时间。

2）征询阶段。

这一阶段的任务是反复向专家征询预测意见。

第一轮向专家们分别寄出调查咨询表和背景资料，请他们独立填写。在规定时间内收回调查征询表后，对专家们的意见进行综合分析和统计归纳，并提出下一轮的预测要求。

第二轮把第一轮统计归纳的意见和预测要求再寄给专家，由专家重新提出各自的预测意见，并寄回给预测组织者。预测者再重新进行综合分析和归纳，并提出第三轮的预测要求。

以后参照第二轮的做法，进行第三轮、第四轮……征询专家意见，直至预测结果被认为基本趋于一致为止。

3）最终预测阶段。

这个阶段的任务主要是对最后一轮的专家征询意见进行统计归纳，得出最后的预测结果。统计归纳的方法与每轮征询意见后的统计归纳的方法大致相同。统计归纳的方法主要有以下几种。

①中位数法和上下四分位数法。这种方法主要用于时间或数量的预测处理。把中位数作为最终预测结果或每轮的归纳协调结果，把上、下分位数作为专家意见的离散程度。将专家预测意见（包括重复的）按从小到大（或从先至后）的顺序排列起来，处于中间的那个数称为中位数。而上下四分位数分别表示处于专家预测意见排序数列中的3/4处与1/4处的两个数。用中位数和上下四分位数描述预测结果，中位数表示预测结果的期望值，上下四分位数表示预测结果的上下限。

②算术平均法。算术平均法是对所有的专家预测值进行算术平均，其值作为专家预测的最终结果，主要用于数量预测的归纳处理。

③主观概率法。主要用于预测目标为未来事件发生的可能性大小。这种方法往往以各个专家预测的主观概率的加权平均值作为集体预测的归纳结果。

④比重法和评分法。主要用于对产品的品种、花色、质量、包装以及新产品开发等非量化的预测意见的归纳统计。比重法是指计算出专家对某个意见回答所占的人数比例，然后以比例最高者作为预测的归纳结果。例如，某企业研制一种新产品，请12位专家对其成功与否进行预测，其中7人认为成功的可能性高，另5人持否定态度。成功比重为7/12=0.583，失败比重为5/12=0.417，专家预测意见的归纳结果为成功的可能性大。评分法是对产品特征的重要性或不同牌号的同类商品质量给予评分，然后用比重法归纳出各个特征的重要性或不同牌号的同类商品质量高低的排序。

（2）德尔菲法的特点。

1）匿名性。德尔菲法采取背靠背的征询意见的办法，专家彼此间没有横向联系，只与预测者保持联系，只是在已取得预测结果时，如有必要才组织专家进行讨论。这样，就可避免在征询意见时受权威意见的影响。

2）反馈性。由于预测者每次轮番向专家征询意见时，都要把预测者归纳统计的结果和预测要求反馈给每位专家，这样就使各个专家预测意见得到信息反馈，有助于他们开拓思路、独立思考和集思广益。

3）收敛性。由于德尔菲法的反馈性，使每位专家的预测意见不断地得到修正。同时，预测组织者又不断对各个专家预测意见进行统计归纳，经过几轮征询后，统计结果将可能趋于收敛，意见趋同。而这种趋同并不带有集体讨论预测法中盲从权威的色彩。

3. 个人经验判断法

个人经验判断法是凭借个人的知识经验和分析综合能力，对预测目标做出未来发展趋向的推断。推断的成功和准确与否取决于个人所掌握的资料，以及分析、综合和逻辑推理能力。

（1）相关推断法。

相关推断法是根据因果性原理，从已知的相关经济现象和经济指标中去推断预测目标的未来发展趋向。例如，农村用电的普及和收入的提高与农村电视机的销量相关。在调查到农村通电的户数和收入的增加率时，就可以推断出农村电视机的销售量增加额。运用相关推断法，应先根据理论分析和实践经验找出影响预测目标的主要因素，再根据因果性原理进行具体的推断。

（2）对比类推法。

对比类推法是依据类比性原理，从已知的相类似经济事件去推断预测目标的将来发展趋向。例如，需要预测今后一段时间全国照相机市场需求状况，只需选取若干大、中、小城市及一些有代表性的农村地区进行调查分析，以类推全国总需求的情况。这是一种应用较广泛的局部总体类推法。因相似不等于相等，在进行类推时，根据相似事物的差异往往要做一定的修正，才能提高类推预测法的精确度。

4. 企业集体经验判断法

企业集体经验判断法，又称专家小组意见法，是由预测人员召集企业内部有经验的管理者（如经理、科长）、销售业务人员（如销售人员、采购人员）和职能部门人员（如会计人员、统计人员）等，组成一个小组，对未来市场的发展趋势做出判断预测，最后由预测人员把小组中每个成员的预测意见集中起来，进行综合处理，得出最后的预测结果。小组内的人员可以单独进行各自的预测，也可以在会上进行充分的讨论，并调整各自原来的预测结果。

预测意见的综合处理一般步骤包括：①采用主观概率统计法计算出每个预测者的预测期望值；②运用加权平均法或算术平均法计算预测最终结果。相对于个人经验判断法，企业集体经验判断法利用了集体的经验和智慧，避免了个人掌握的信息量有限和看问题片面的缺点。

5. 领先指标法

领先指标法就是通过将经济指标分为领先指标、同步指标和滞后指标，并根据这三类指标之间的关系进行分析预测。①领先指标。在变化时间上早于预测对象，即波峰或波谷的出现时间均早于预测对象。②同步指标。在变化时间上与预测对象完全同步，即出现波谷与波峰的时间与预测对象相一致。③滞后指标。在变化时间上迟于预测对象。

领先指标法预测的一般步骤包括：①根据预测的目标和要求找出领先指标；②画出领

先指标、同步指标、滞后指标的时间序列图；③进行预测。

4.2.3 销售预测的定量方法

定量预测，也称统计预测，是根据已掌握的比较完备的历史统计数据，运用一定的数学方法进行科学的加工整理，借以揭示有关变量之间的规律性联系，预测和推测未来发展变化情况的一类预测方法。一般来说，量化程度较高的预测方法主要用于短期预测。

定量预测方法基本上可分为两类：①因果分析法，它包括一元回归法、多元回归法和投入产出法。回归预测法是因果分析法中很重要的一种，它从一个指标与其他指标的历史和现实变化的相互关系中，探索它们之间的规律性联系，作为预测未来的依据。②时序预测法，是以一个指标本身的历史数据的变化趋势，去寻找市场的演变规律，作为预测的依据，即把未来作为过去历史的延伸。时序预测法包活平均平滑法、趋势外推法、季节变动预测法和马尔可夫时序预测法等。

定量预测的优点是：偏重于数量方面的分析，重视预测对象的变化程度，能做出变化程度在数量上的准确描述；它主要把历史统计数据和客观实际资料作为预测的依据，运用数学方法进行处理分析，受主观因素的影响较少；它可以利用现代化的计算方法来进行大量的计算工作和数据处理，求出适应工程进展的最佳数据曲线。其缺点是比较机械，不易灵活掌握，对信息资料质量要求较高。

以下主要介绍两种最为常见的定量预测方法：回归预测法和时间序列预测法。

1. 回归预测法

（1）回归预测法的定义。

各种社会经济活动总是存在于一定的相互联系之中。事物之间的相互关系可以分为以下两大类。

1）确定性关系，亦即函数关系。它是指由某种确定的原因，必然导致确定的结果的因果关系。换言之，函数关系是指事物间的数量变化关系可以用函数关系式表示的确定性关系。即自变量的每一个确定的 x 值，因变量总有一个唯一的确定的 y 值与之对应。所以，在人们已经掌握事物间的函数关系后，已知一个变量即可确定另一个变量的取值。比如，在产品价格不变的条件下，销售额可以由销售量来确定。假设产品价格为 a，销售量为 x，销售额为 y，则可以得到函数 $y=ax$。在数学、物理、化学等自然科学领域中有许多函数关系。在预测所涉及的社会经济领域中，函数关系很少，大量存在的是相关关系。

2）相关关系，亦称非确定性关系。它是指变量之间相互关系中不存在数值对应关系的非确定性的依存关系。函数关系是对确定的非随机变量而言的。相关关系则是对随机变量而言的。即一个变量的确定值为 x，与其有相关关系的另一个变量的对应值并不确定。比如，供求与价值之间的关系就是一种相关关系。值得指出的是，函数关系和相关关系虽是两种不同类型的相互关系，但没有严格的界限。

对变量间的相关关系进行分析和研究的方法被称为相关分析。主要包括两个方面：一是确定事物之间有无相关关系，这是相关分析的前提。因为只有当事物之间具有相关关系时，才能进行相关分析。二是确定相关关系的密切程度，这是相关分析的主要目的和主要内容。相关关系的密切程度用相关系数或相关指数来衡量。

回归分析预测是对具有相关关系的变量，在固定一个变量数值的基础上，利用回归方程测算另一个变量的取值的平均数。它是在相关分析的基础上，建立相当于函数关系式的回归方程，以反映或预测相关关系变量的数量关系及数值。

所以，相关分析与回归分析都是研究变量之间相互关系的分析方法。从广义上讲，两者都可统称为相关分析。从狭义上讲两者的差异如上所述。

（2）回归预测法的一般步骤。

1）确定相关关系。

正确确定相关关系对回归分析预测具有决定性作用。确定相关关系，至少应做好以下工作。

①确定相关变量。相关关系必然体现在若干变量之间，确定相关变量要找出具有相关关系的具体的变量。就销售预测而言，销售量（销售额）或需求量的目标必定是因变量，其确定并不困难。所以，确定相关变量的难点和重心是确定自变量，即确定影响和制约预测目标（因变量）的因素。确定自变量，既要对历史资料和现实调查资料进行分析，又要充分运用预测人员的经验和知识，进行科学的定性分析。要充分注意事物之间联系的复杂性，用系统思维的方式对复杂的关系进行系统分析，确定哪些是主要的影响因素。

②确定变量之间相关的类型。变量之间的相关关系有多种类型。确定变量之间相关的类型一般可通过绘制相关图直观地看出。相关图是将自变量和因变量的数值对应地绘在直角坐标系中所形成的散点图。根据散点图的形状，大致可以看出变量之间是否相关，是正相关还是负相关，是线性相关还是非线性相关。

③确定变量之间相关的密切程度。确定变量之间线性相关的密切程度，通常可通过测算相关系数进行。相关系数的计算公式为：

$$r=\frac{\sum(x-\bar{x})\ (y-\bar{y})}{\sqrt{\sum(x-\bar{x})^2\sum(y-\bar{y})^2}}$$

式中，x 为自变量的值，$\bar{x}$ 为自变量的平均数，y 为因变量的值，$\bar{y}$ 为因变量的平均数。

2）建立回归方程模型。

建立回归方程，可根据变量之间的相关关系，用数学表达式给予表示。由于变量之间的数量关系不同，回归方程分为线性回归和非线性回归两种。

线性回归方程的一般表达式是：

$$y=a+b_1x_1+b_2x_2+\cdots+b_nx_n$$

当线性回归是一个因变量与一个自变量之间的方程时，称为简单线性回归或一元线性回归，即直线回归，其表达式为：

$$y=a+bx$$

3）求解方程，确定模型参数。

应用回归方程进行预测，首先要计算方程式中的各项参数，比如方程 $y=a+bx$ 中的参

数 a 和 b。通常，回归方程中的参数可用最小二乘法求解，把求得的各项参数值代入回归方程。

最小二乘法的中心思想是通过数学模型，配合一条较为理想的趋势线，使得原数列的观测值与模型的估计值的偏差平方和 Q 为最小。用公式表示为：

$$Q=\sum_{i=1}^{n}(y_i-\hat{y}_i)^2=\text{最小值}$$

式中　y_i——原数据列的观察值（因变量值）；

$\hat{y}_i$——模型的估计值（因变量的预测值）。

$$Q=\sum_{i=1}^{n}(y_i-\hat{y}_i)^2=\sum_{i=1}^{n}(y_i-a-bx_i)^2$$

根据极值定理，为使 Q 具有最小值，则对 a 和 b 分别求偏导数，并令其等于零，即

$$\begin{cases}\dfrac{\partial Q}{\partial a}=-2\sum\limits_{i=1}^{n}(y_i-a-bz_i)=0\\[2ex]\dfrac{\partial Q}{\partial b}=-2\sum\limits_{i=1}^{n}(y_i-a-bz_i)\ x_i=0\end{cases}$$

整理得：

$$\begin{cases}na+b\sum\limits_{i=1}^{n}x_i=\sum\limits_{i=1}^{n}y_i\\[2ex]a\sum\limits_{i=1}^{n}x_i+b\sum\limits_{i=1}^{n}x_i^2=\sum\limits_{i=1}^{n}x_iy_i\end{cases}$$

对以上两个等式联立求解，得到回归系数的估计值为：

$$\begin{cases}b=\dfrac{n\sum x_iy_i-\sum x_i\sum y_i}{n\sum x_i^2-(\sum x_i)^2}\\[2ex]a=\dfrac{\sum y_i}{n}-b\ \dfrac{\sum x_i}{n}\end{cases}$$

为了方便计算，一般定义：

$$S_{xx}=\sum(x_i-\bar{x})^2=\sum x_i^2-\frac{(\sum x_i)^2}{n}$$

$$S_{yy}=\sum(y_i-\bar{y})^2=\sum y_i^2-\frac{(\sum y_i)^2}{n}$$

$$S_{xy}=\sum(x_i-\bar{x})\ (y_i-\bar{y})=\sum x_iy_i-\frac{\sum x_i\sum y_i}{n}$$

式中　$\bar{x}=\dfrac{\sum x_i}{n}$，$\bar{y}=\dfrac{\sum y_i}{n}$。

这样方程组的解也可以写成：

$$\begin{cases}a=\bar{y}-b\bar{x}\\[2ex]b=\dfrac{S_{xy}}{S_{xx}}\end{cases}$$

4）模型拟合效果的评价。

利用回归模型对因变量进行预测后，还要对预测结果的可信程度进行评价。常用的评价方法有相关分析、方差分析等。

相关分析。自变量与因变量之间的因果关系线性关系程度，通常用统计学中说明两变量之间线性关系密切程度的相关系数来描述。相关系数用 r 表示，计算公式为：

$$r=\frac{\sum(x_i-\bar{x})(y_i-\bar{y})}{\sqrt{\sum(x_i-\bar{x})^2\sum(y_i-\bar{y})^2}}=\frac{S_{xy}}{\sqrt{S_{xx}S_{xy}}}$$

$$\text{或者 } r=\frac{n\sum x_iy_i-(\sum x_i)(\sum y_i)}{\sqrt{[n\sum x_i^{\ 2}-(\sum x_i)^2][n\sum y_i^{\ 2}-(\sum y_i)^2]}}$$

相关系数 r 具有以下特性：①相关系数取值范围为$-1\leqslant r\leqslant 1$。②相关系数 r 的符号与 b 相同。当 $r>0$ 时，称为正线性相关，这时 y_i 有随着 x_i 增加而线性增加的趋势；当 $r<0$ 时，称为负相关，这时 y_i 有随着 x_i 增加而线性减少的趋势。③若相关系数$|r|$越接近 1，两个变量之间的线性关系程度就越高；若相关系数$|r|$越接近 0，两个变量之间线性相关程度越低。通常当 $r=0$ 时，回归方程 $b=0$，说明因变量 y 的取值与自变量 x 无关，称 x 与 y 无线性相关关系（但是可能存在其他的非线性关系）；当$|r|=1$ 时，即 $\hat{y}=y$，观察样本所有点都落在回归直线上，称 x 与 y 存在完全确定的线性相关关系；当 $0<|r|<1$ 时，称 x 与 y 存在一定的线性相关关系，其线性相关的密切程度由$|r|$得大小说明。一般$|r|>0.7$ 为高度线性关系密切程度；$0.3<|r|\leqslant 0.7$ 为中度线性相关密切程度；$|r|\leqslant 0.3$ 为低度线性关系密切程度。

由于相关系数 r 是用观察样本资料计算所得，它所说明的线性关系密切程度对总体具有多高的可信度，需要进行相关系数检验。相关系数检验步骤如下：①选择显著性水平 α，通常取 0.05 或 0.1；②根据 α 值和（$n-m-1$）值（n 为观察到的样本量，m 为自变量个数），从相关系数临界值表中查临界值 r_c；③比较 r 与 r_c，当$|r|>r_c$，表明两个变量间的线性相关具有显著性，有（$1-\alpha$）的可信度，适于预测；当$|r|\leqslant r_c$ 时，只能说明计算 r 值纯属偶然，不适合用该模型进行预测。

方差分析。方差分析是指对因变量 y 的变异进行偏差平方和分析（见表 4-2）。目的是了解所拟合的回归线性方程与实际观察值之间的接近程度如何，判明回归效果的好坏。

$$S_T=S_{yy}=\sum(y_i-\bar{y})^2=\sum[(y_i-\hat{y}_i)+(\hat{y}_i-\bar{y})]^2$$
$$=\sum(y_i-\hat{y}_i)^2+\sum(\hat{y}_i-\bar{y})^2$$

表 4-2 方差分析表

偏差来源	自由度	偏差平方和 S	均方和 MS	F
回归 S_R	m	$S_R=\sum(\hat{y}_i-\bar{y})^2=S_{xy}^2/S_{xx}$	$MS_R=S_R/m$	$F=MS_R/MS_E$
剩余 S_E	$n-m-1$	$S_E=\sum(y_i-\hat{y})^2=S_{yy}-S_{xy}^2/S_{xx}$	$MS_E=S_E/(n-m-1)$	
总和 S_T	$n-1$	$S_T=S_{yy}$		

其中，$\sum(\hat{y}_i-\bar{y})^2$ 称为回归偏差平方和，记为 S_R。它反映总偏差平方和中由于自变量 x 与因变量 y 的线性关系而引起的 y_i 的变化，能被自变量 x 变异的回归影响而解释的那部

分偏差平方和。其计算可以简化为：

$$\sum(\hat{y}_i-\bar{y})^2=\sum[a+bx_i-(a+b\bar{x})]^2=b^2\sum(x_i-\bar{x})^2=b^2S_{xx}$$

$$=\frac{S_{xy}^2}{S_{xx}^2}S_{xx}=\frac{S_{xy}^2}{S_{xx}}$$

等式中 $\sum(\hat{y}_i-\bar{y})^2$ 称为剩余偏差平方和，记为 S_E。它可以被认为是除回归方程式中自变量 x 以外的受随机因素产生的偏差平方和。它的大小可以简化为：

$$S_E=\sum(\hat{y}_i-\bar{y})^2=S_T-S_R=S_{yy}-\frac{S_{xy}^2}{S_{xx}}$$

可决系数也是衡量因变量与自变量关系密切程度的指标，它取值界于 0 与 1 之间，并取决于回归模型所解释 y 方差的百分比。可决系数（R^2）的计算公式为：

$$R^2=\frac{S_R}{S_T}=\frac{S_{xy}^2/S_{xx}}{S_{yy}}=\frac{S_{xy}^2}{S_{xx}S_{yy}}=r^2$$

可决系数 R^2 是通过 x 与 y 的相关关系解释的偏差占总偏差的比重，反映了由于使用回归方程预测 y_i 而使总偏差平方和减少的程度。但是，这种分析结果对总体是否显著，具有何种置信度，还需要借助统计学中的 F 检验来判断。

F 检验是将回归分析的回归偏差平方和同剩余偏差平方和并考虑各自的自由度后求得的平均偏差平方和加以比较，所得到的比值为 F 统计量。计算公式为：

$$F=\frac{S_R/m}{S_E/(n-m-1)}=\frac{MS_R}{MS_E}\sim F\ (m,\ n-m-1)$$

式中，m 为自变量个数；MS_R 为平均回归偏差平方和；MS_E 为平均剩余偏差平方和。

F 检验的一般步骤为：①确定检验的显著性水平 α；②根据 α 以及自由度 m 和自由度 $n-m-1$，查 F 分布表的临界值 $F_\alpha(m,\ n-m-1)$；③计算 F 统计量的统计值 F（通过编制方差分析表获得，见表 4-2）；④将 F 与 $F_\alpha(m,\ n-m-1)$ 比较，做出判断。若 $F>F_\alpha(m,\ n-m-1)$，则认为回归预测模型具有显著水平，回归预测模型所含自变量的变化足以解释因变量的变化，在选择显著性水平 α 上，从总体上看回归模型是有效的；若 $F\leqslant F_\alpha(m,\ n-m-1)$，则回归预测模型达不到预定的显著性水平，回归预测模型所含有的自变量的变化不足以解释因变量的变化，在选择显著性水平 α 上，从总体上看，回归模型是无效的。

5）进行预测。

对于任意一个给定的自变量 $x=x_0$，因变量 y 的点估计值 y_0 可由回归方程计算：$y_0=a+bx_0$。预测可以分为点值预测和区间预测。如果所求的预测值是某个具体的数值，称为点值预测。如果所求的预测值有一个数值范围，则称为区间预测。一般而言，点值预测计算方便，而区间预测能更精确地告诉人们所求预测值大致的波动范围。区间预测可以通过下面的公式计算。

在小样本情况下（$n\leqslant30$），y_0 的置信度为 $100(1-\alpha)\%$的置信区间为：

$$\left(\hat{y}_0\pm t_{\frac{\alpha}{2}}\ (n-2)\sqrt{MS_E}\sqrt{1+\frac{1}{n}+\frac{(x_0-x)^2}{S_{xx}}}\right)$$

在大样本情况下（$n>30$），y_0 的置信度为 $100(1-\alpha)\%$的置信区间为：

$$\left(\hat{y}_0 \pm z_{\frac{\alpha}{2}}\sqrt{MS_E}\right)$$

（3）一元线性回归预测举例。

某企业统计了在 40 个地区广告投放的次数与产品在这些地区的销售额，具体数据见表 4-3。

表 4-3 广告投放次数与销售额的关系

编号	广告次数 x	销售额（万元）y	x^2	xy	y^2
1	4	2 205	16	8 820	4 862 025
2	5	2 603	25	13 015	6 775 609
3	5	2 655	25	13 275	7 049 025
4	5	2 701	25	13 505	7 295 401
5	6	2 794	36	16 764	7 806 436
6	6	2 602	36	15 612	6 770 404
7	7	2 861	49	20 027	8 185 321
8	7	3 150	49	22 050	9 922 500
9	7	2 456	49	17 192	6 031 936
10	7	3 680	49	25 760	13 542 400
11	8	3 153	64	25 224	9 941 409
12	8	3 432	64	27 456	11 778 624
13	8	3 185	64	25 480	10 144 225
14	8	2 835	64	22 680	8 037 225
15	9	4 108	81	36 972	16 875 664
16	9	3 436	81	30 924	11 806 096
17	9	3 295	81	29 655	10 857 025
18	9	3 757	81	33 813	14 115 049
19	10	4 036	100	40 360	16 289 296
20	10	3 322	100	33 220	11 035 684
21	10	3 762	100	37 620	14 152 644
22	11	5 651	121	62 161	31 933 801
23	11	4 260	121	46 860	18 147 600
24	12	4 382	144	52 584	19 201 924
25	12	5 561	144	66 732	30 924 721
26	12	3 932	144	47 184	15 460 624

（续）

编号	广告次数 x	销售额（万元）y	x^2	xy	y^2
27	12	4 818	144	57 816	23 213 124
28	13	4 261	169	55 393	18 156 121
29	13	4 504	169	58 552	20 286 016
30	13	5 700	169	74 100	32 490 000
31	14	4 218	196	59 052	17 791 524
32	16	5 700	256	91 200	32 490 000
33	16	5 033	256	80 528	25 331 089
34	16	6 670	256	10 6720	44 488 900
35	17	6 446	289	10 9582	41 550 916
36	17	5 253	289	89 301	27 594 009
37	18	6 206	324	111 708	38 514 436
38	18	4 505	324	81 090	20 295 025
39	19	5 204	361	98 876	27 081 616
40	19	6 183	361	117 477	38 229 489
Σ	436	164 515	5 476	1 976 340	736 454 933

1）作散点图，判断 x 与 y 的关系。

设广告次数为 x，销售额为 y，绘制散点图（见图 4-1），由散点图形状可以看出两者为线性关系。

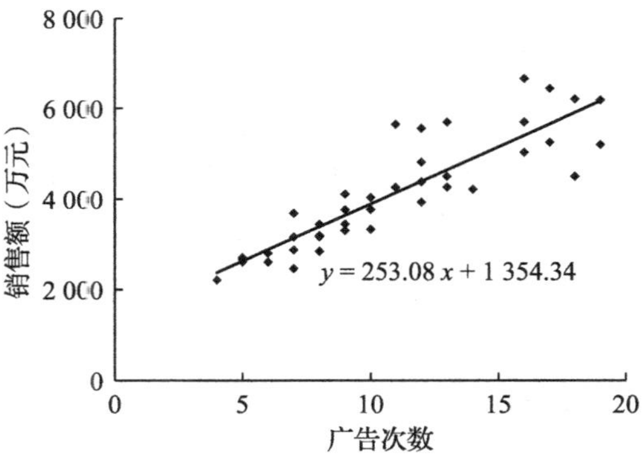

图 4-1 广告次数与销售额的散点图

2）建立一元线性回归模型。

$$\hat{y}=a+bx$$

3）计算回归系数。

$$\begin{cases} b=\dfrac{n\sum x_iy_i-\sum x_i\sum y_i}{n\sum x_i^2-\left(\sum x_i\right)^2} \\ a=\dfrac{\sum y_i}{n}-b\dfrac{\sum x_i}{n} \end{cases}$$

$$b=\frac{n\sum x_iy_i-\sum x_i\sum y_i}{n\sum x_i^2-\left(\sum x_i\right)^2}=\frac{40\times1\ 976\ 340-436\times164\ 515}{40\times5\ 476-436^2}=\frac{7\ 325\ 060}{28\ 944}=253.08$$

$$a=\frac{\sum y_i}{n}-b\frac{\sum x_i}{n}=\frac{164\ 515}{40}-253.08\times\frac{436}{40}=1\ 354.34$$

因此，所求回归预测模型为：$y=1\ 354.34+253.08x$

回归系数 $a=1\ 354.34$，是回归直线在 y 轴上的截距，根据回归模型，从理论上说就是没有进行广告宣传时，该产品的销售额也会达到 1 354.34（万元）；回归系数 $b=253.08$，说明广告次数每增加一次，该地区该产品的销售额就会增加 253.08（万元）。

4）检验线性关系的显著性。

①相关分析。根据公式：

$$r=\frac{n\sum x_iy_i-(\sum x_i)\ (\sum y_i)}{\sqrt{[n\sum x_i^2-(\sum x_i)^2]\ [n\sum y_i^2-(\sum y_i)^2]}}$$

$$=\frac{40\times 1\,976\,340-436\times 164\,515}{\sqrt{(40\times 5\,476-436^2)\ (40\times 736\,454\,933-164\,515^2)}}$$

$$=\frac{7\,325\,060}{\sqrt{69\,263\,342\,077\,680}}=\frac{7\,325\,060}{8\,322\,460.1}=0.880$$

取显著性水平 $\alpha=0.05$，因为 $m=1$，$n=40$，$n-m-1=40-1-1=38$，查表得到 $r_c=0.313$。因为 $r>r_c$，故相关系数 $r=0.880$ 表明两个变量间的线性相关具有显著性，有 95% 的可信度，适于预测。

②方差分析。根据表 4-3 计算相关数据：

$$S_{xx}=\sum(x_i-\bar{x})^2=\sum x_i^2-\frac{(\sum x_i)^2}{n}=5\,476-\frac{436\times 436}{40}=723.60$$

$$S_{yy}=\sum(y_i-\bar{y})^2=\sum y_i^2-\frac{(\sum y_i)^2}{n}=736\,454\,933-\frac{164\,515\times 164\,515}{40}=59\,825\,302.38$$

$$S_{xy}=\sum(x_i-\bar{x})\ (y_i-\bar{y})=\sum x_iy_i-\frac{\sum x_i\sum y_i}{n}=1\,976\,340-\frac{436\times 164\,515}{40}=183\,126.50$$

则：$S_R=\sum(\hat{y}_i-\bar{y})^2=S_{xy}^2/S_{xx}=\dfrac{183\,126.50\times 183\,126.50}{723.60}=46\,345\,100.89$

$$S_T=S_{yy}=59\,825\,302.38$$

$$S_E=S_T-S_R=59\,825\,302.38-46\,345\,100.89=13\,480\,201.49$$

再编制方差分析表，见表 4-4。

表 4-4 方差分析表

偏差来源	偏差平方和 S	自由度	均方和 MS	F
回归 S_R	46 345 100.89	1	46 345 100.89	130.64
剩余 S_E	13 480 201.49	38	354 742.14	
总和 S_T	59 825 302.38	39		

取显著性水平 $\alpha=0.05$，查 F 分布表得 $F_{0.05}(1,\ 38)=4.10$。因为 $F=130.66>4.10$，所以可以认为从总体上讲，广告次数与销售额两变量间线性关系显著，回归分析建立回归方程对总体而言，预测有效性达到 95%。

5）预测。

假定某地区下年度的广告次数为 $x_0=20$ 次，代入方程 $y=1\,354.34+253.08x$，得到 $y_0=1\,354.34+253.08\times 20=6\,415.94$（万元）。置信度为 95% 的置信区间用大样本公式计算为：$(6\,415.94\pm 1.96\sqrt{354\,742.14})$ 即为（7 583.32，5 248.56）。

2. 时间序列预测法

时间序列预测法，又称外推法或历史延伸法，是指将过去的历史资料及数据，按时间顺序加以排列构成一个数字系列，根据其动向预测未来趋势。这种方法的根据是过去的统计数字之间存在着一定的关系，利用统计方法可以揭示出来，而且过去的状况对未来的销售趋势有决定性影响。

（1）影响时间序列数据变动的因素。

1）长期趋势变动（T）。

长期趋势变动是时间序列变量在较长的持续时间内的某种发展总动向。它可以在一个相当长的时间内表现为一种持续向上或持续向下或平稳的趋势。它描述了一定时期的经济关系或市场活动中持续的潜在稳定性。时间序列数据的这种波动不是意外的冲击因素引起的，而是随着时间的推移而逐渐发生的变动。例如，工农业生产的发展、国民生产总值、收入水平等的逐渐增长模式对某类产品销售量的影响。这种逐渐增长趋势模式，如果其过去的社会经济状况在将来仍继续保持不变，那么就可以利用这种趋势模式预测该时间序列变量长期趋势变动的结果。

2）季节变动（S）。

季节变动是指由于自然条件和社会条件的影响，时间序列在一年内随着季节的转变而引起的每年重复出现的周期性变动。例如，我国春节以及黄金周所在的月份，商品零售均有明显的提高；冷饮、服装的消费有明显的季节性；同样，水果、蔬菜等农作物的生产和销售也有明显的季节性。

3）周期波动（C）。

周期波动，又称循环变动，是指时间序列在为期较长的时间内（一年以上至数十年），呈现出涨落起伏。它与长期趋势不同，不是朝单一方向持续发展，而是涨落相间的波浪式起伏变动。与季节变动也不同，它的波动时间较长，变动周期长短不一，也许是几年，或许是数十年，上次出现后，下次何时出现难以预料。

4）不规则变动（I）。

不规则变动，又称随机变动，是指偶发事件导致时间序列出现数值忽高忽低、时升时降的无规则可循的变动。例如，股票市场受到突然出现的利好或利空消息的影响，使股票价格产生波动等。

（2）时间序列分解的模型。

在以上四类因素的影响下，时间序列数据的变化，有的具有规律性，如长期趋势变动和季节性变动；有的不具有规律性，如循环变动和不规则变动。时间序列分析法就是要运用统计方法和数学方法，把时间序列数据作为随机变量 Y 分解为 T、S、C 和 I 四种变动，也就是说 T、S、C 和 I 四种变动的综合作用构成了时间序列 Y 的变动。时间序列 Y 可以表示为以上四个因素的函数，即：

$$Y_t=f\ (T_t,\ S_t,\ C_t,\ I_t)$$

时间序列分解的方法有很多，较常用的模型有加法模型和乘法模型。

加法模型为：

$$Y_t = T_t + S_t + C_t + I_t$$

乘法模型为：

$$Y_t = T_t \times S_t \times C_t \times I_t$$

（3）时间序列预测法的实例。

表 4-5 是某商品过去 10 年各季度的销售量。根据表中的数据，预测第 11 年各季度的销售量。本实例采用乘法模型进行预测。

表 4-5 某商品过去 10 年各季度销售量数据

年份	季度	序号 t	销售量（吨）Y	长期趋势 T	移动平均	中心化平均 TC	$SI=Y/TC$ (%)	季节变动 (%) S	周期变动 $C=TC/T$ (%)	不规则变动 $I=Y/TCS$	预测值 $\hat{Y}=TS$
(1)		(2)	(3)	(4)	(5)	(6)	(7)	(8)	(9)	(10)	(11)
第 1 年	1	1	5 467	15 260.08	—	—	—	39.28	—	—	5 994.38
	2	2	19 233	15 310.20	—	—	—	119.21	—	—	18 251.55
	3	3	27 000	15 360.33	15 900.00	15 887.50	169.94	163.28	1.03	1.04	25 081.02
	4	4	11 900	15 410.45	15 875.00	15 879.25	74.94	78.22	1.03	0.96	12 054.43
第 2 年	1	5	5 367	15 460.58	15 883.50	15 737.63	34.10	39.28	1.02	0.87	6 073.14
	2	6	19 267	15 510.70	15 591.75	15 645.88	123.14	119.21	1.01	1.03	18 490.57
	3	7	25 833	15 560.83	15 700.00	15 833.25	163.16	163.28	1.02	1.00	25 408.40
	4	8	12 333	15 610.95	15 966.50	15 845.63	77.83	78.22	1.02	1.00	12 211.26
第 3 年	1	9	6 433	15 661.08	15 724.75	15 758.13	40.82	39.28	1.01	1.04	6 151.90
	2	10	18 300	15 711.20	15 791.50	15 883.25	115.22	119.21	1.01	0.97	18 729.59
	3	11	26 100	15 761.33	15 975.00	15 895.88	164.19	163.28	1.01	1.01	25 735.79
	4	12	13 067	15 811.45	15 816.75	15 962.63	81.86	78.22	1.01	1.05	12 368.10
第 4 年	1	13	5 800	15 861.58	16 108.50	16 146.00	35.92	39.28	1.02	0.91	6 230.66
	2	14	19 467	15 911.70	16 183.50	16 129.25	120.69	119.21	1.01	1.01	18 968.61
	3	15	26 400	15 961.83	16 075.00	16 208.38	162.88	163.28	1.02	1.00	26 063.17
	4	16	12 633	16 011.95	16 341.75	16 287.50	77.56	78.22	1.02	0.99	12 524.93
第 5 年	1	17	6 867	16 062.08	16 233.25	16 149.88	42.52	39.28	1.01	1.08	6 309.42
	2	18	19 033	16 112.20	16 066.50	16 083.25	118.34	119.21	1.00	0.99	19 207.63
	3	19	25 733	16 162.33	16 100.00	16 158.25	159.26	163.28	1.00	0.98	26 390.56
	4	20	12 767	16 212.45	16 216.50	16 345.75	78.11	78.22	1.01	1.00	12 681.77
第 6 年	1	21	7 333	16 262.58	16 475.00	16 670.88	43.99	39.28	1.03	1.12	6 388.18
	2	22	20 067	16 312.70	16 866.75	16 925.00	118.56	119.21	1.04	0.99	19 446.65
	3	23	27 300	16 362.83	16 983.25	16 875.00	161.78	163.28	1.03	0.99	26 717.94
	4	24	13 233	16 412.95	16 766.75	16 650.00	79.48	78.22	1.01	1.02	12 838.61

（续）

年份	季度	序号 t	销售量（吨）Y	长期趋势 T	移动平均	中心化平均 TC	$SI=Y/TC$（%）	季节变动（%）S	周期变动 $C=TC/T$（%）	不规则变动 $I=Y/TCS$	预测值 $\hat{Y}=TS$
（1）		（2）	（3）	（4）	（5）	（6）	（7）	（8）	（9）	（10）	（11）
第 7 年	1	25	6 467	16 463.08	16 533.25	16 433.25	39.35	39.28	1.00	1.00	6 466.94
	2	26	19 133	16 513.20	16 333.25	16 287.50	117.47	119.21	0.99	0.99	19 685.67
	3	27	26 500	16 563.33	16 241.75	16 225.00	163.33	163.28	0.98	1.00	27 045.33
	4	28	12 867	16 613.45	16 208.25	16 191.63	79.47	78.22	0.97	1.02	12 995.44
第 8 年	1	29	63 33	16 663.58	16 175.00	16 162.50	39.18	39.28	0.97	1.00	6 545.70
	2	30	19 000	16 713.70	16 150.00	16 100.00	118.01	119.21	0.96	0.99	19 924.68
	3	31	26 400	16 763.83	16 050.00	16 066.75	164.31	163.28	0.96	1.01	27 372.71
	4	32	12 467	16 813.95	16 083.50	16 150.13	77.19	78.22	0.96	0.99	13 152.28
第 9 年	1	33	6 467	16 864.08	16 216.75	16 162.63	40.01	39.28	0.96	1.02	6 624.46
	2	34	19 533	16 914.20	16 108.50	16 125.13	121.13	119.21	0.95	1.02	20 163.70
	3	35	25 967	16 964.33	16 141.75	16 112.50	161.16	163.28	0.95	0.99	27 700.10
	4	36	12 600	17 014.45	16 083.25	16 200.00	77.78	78.22	0.95	0.99	13 309.11
第 10 年	1	37	6 233	17 064.58	16 316.75	16 516.75	37.74	39.28	0.97	0.96	6 703.22
	2	38	20 467	17 114.70	16 716.75	16 962.63	120.66	119.21	0.99	1.01	20 402.72
	3	39	27 567	17 164.83	17 208.50		—	163.28	—	—	28 027.48
	4	40	14 567	17 214.95	—	—	—	78.22	—	—	13 465.95
第 11 年	1	41	—	17 265.28	—	—	—	39.28	—	—	6 781.80
	2	42	—	17 315.41	—	—	—	119.21	—	—	20 641.70
	3	43	—	17 365.54	—	—	—	163.28	—	—	28 354.45
	4	44	—	17 415.67	—	—	—	78.22	—	—	13 622.54

1）做折线图，了解时间序列数据的变化规律。

从图 4-2 可以看出，该时间序列数据存在明显的季节变动和上升的长期趋势。

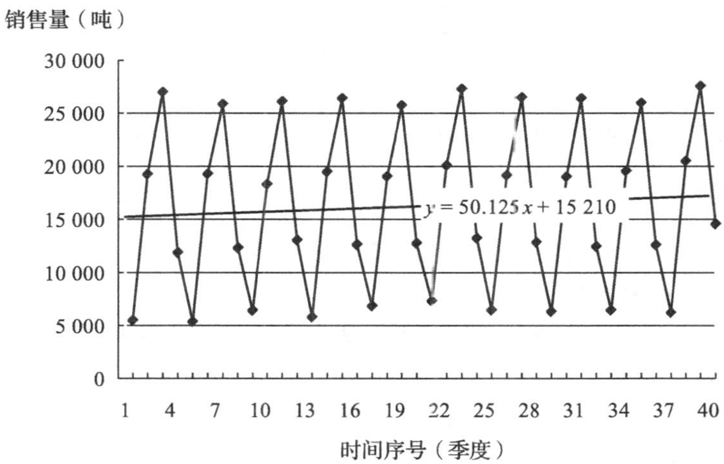

图 4-2 产品销售波动图

2）计算长期趋势 T。

从折线图可以看出，销售量 Y 具有明显的上升趋势，本例用直线趋势拟合，以时间 t 作为自变量，以销售量 Y 作为因变量，建立直线拟合模型：$T_t=a+bt$

利用最小二乘法，估计参数 a 和 b，其公式为：

$$b=\frac{n\sum tY-\sum t\sum Y}{n\sum t^2-(\sum t)^2}\qquad a=\frac{\sum Y}{n}-b\frac{\sum t}{n}$$

其中 $n=40$，得到参数 $a=15\,209.95$，$b=50.13$

因此长期趋势拟合方程为：

$$T_t=15\,209.95+50.13t$$

根据长期趋势方程可以得到各个季度的长期趋势值，如 2015 年第一季度 $t=41$，其长期趋势值为：

$$T_{41}=15\,209.95+50.13\times41=17\,265.28$$

同理，2005 年另外三个季度的长期趋势值如下：

$$T_{42}=15\,209.95+50.13\times42=17\,315.41$$

$$T_{43}=15\,209.95+50.13\times43=17\,365.54$$

$$T_{44}=15\,209.95+50.13\times44=17\,415.67$$

3）计算季节指数 S。

对时间序列数据 Y 进行移动平均后可以消除季节变动（S）和不规则变动（I），剩下变动 T 和 C，然后用序列数据 Y 除以 TC 得到变动 SI，最后再消除不规则变动 I 得到季节变动 S。

先对时间序列数据 Y 进行移动平均，步长 m 取 4（因为一年分为四个季节），得到 Y 的移动平均值，其结果见表 4-5 第（5）栏，其中第（5）栏前面两个数据 15 900.00 和 15 875.00计算如下：

$$\frac{Y_1+Y_2+Y_3+Y_4}{4}=\frac{5\,467+19\,233+27\,000+11\,900}{4}=15\,900.00$$

$$\frac{Y_2+Y_3+Y_4+Y_5}{4}=\frac{19\,233+27\,000+11\,900+5\,367}{4}=15\,875.00$$

因为移动平均值应该放在各移动平均项的中间位置，即第一个移动平均值应放在 $m/2+0.5$ 处，第二个移动平均值应放在 $m/2+1+0.5$ 处。将这两个移动平均值再平均后放在 $m/2+1$ 处，即将$\frac{15\,900.00+15\,875.00}{2}=15\,887.50$ 放在 $t=3$ 处。其他移动平均值这样进行中心化移动平均处理，处理结果见表 4-5 第（5）栏。这样得到了不含季节变动和不规则变动的序列 TC，见表 4-5 第（6）栏。

将 Y 除以 TC 得到只含有季节变动和不规则变动的 SI，见表 4-5 第（7）栏。将序列 SI 按表 4-6 重新排列。根据表 4-6 计算历年同季平均数，因四个季节平均数之和为 400.12，而不是 400，因此需要对同季平均进行修正，其修正系数为 400/400.12 = 1.00。用各季平均数乘以修正系数得到季节指数。将季节指数放入表 4-5 中对应的历年各季中，见表 4-5 第（8）栏。

表 4-6　价格指数计算表

年份	第一季	第二季	第三季	第四季
第 1 年			169.94	74.94
第 2 年	34.10	123.14	163.16	77.83
第 3 年	40.82	115.22	164.19	81.86
第 4 年	35.92	120.69	162.88	77.56
第 5 年	42.52	118.34	159.26	78.11
第 6 年	43.99	118.56	161.78	79.48
第 7 年	39.35	117.47	163.33	79.47
第 8 年	39.18	118.01	164.31	77.19
第 9 年	40.01	121.13	161.16	77.78
第 10 年	37.74	120.66		
同季合计	353.64	1 073.23	1 470.01	704.22
同季平均	39.29	119.25	163.33	78.25
季节指数	39.28	119.21	163.28	78.22

4）计算周期变动 C。

根据前面用最小二乘法得出了长期趋势 T，以及对时间数列数据 Y 进行移动平均后可以消除季节变动（S）和不规则变动（I），剩下序列 TC。因此，将序列 TC 除以 T 就可以得到周期变动因素 C，即 $C=TC/T$。其结果见表 4-5 第（9）栏。

5）计算不规则变动 I。

根据上面对时间序列 Y 的分解，销售量的变动已经被分解出长期变动 T，季节变动 S 和周期变动 C。使用乘法模型 $Y=T\times S\times C\times I$，有不规则变动 $I=Y/TSC$。不规则变动序列 I 见表 4-5 第（10）栏。由于不规则变动是偶然因素引起的，其变动没有规律可循，因此，分解出不规则变动因素对于时间序列的预测没有多少价值。

6）预测。

根据预测模型，若不考虑季节变动和循环变动因素，预测模型简化为 $\hat{Y}_t=T_t\times S_t$。因此，2015 年第一季度的预测值为：

$$\hat{Y}_{41}=T_{41}\times S_{41}=17\,265.28\times 39.28\%=6\,781.80\text{（吨）}$$

同样，可以计算 2015 年其他各季销售量的预测值如表 4-7 所示。

表 4-7　时间序列分解法预测值

年　份	季　度	长期趋势值 T	季节指数 S	销售量预测值
第 11 年	第一季度	17 265.28	39.28	6 781.80
	第二季度	17 315.41	119.21	20 641.70
	第三季度	17 365.54	163.28	28 354.45
	第四季度	17 415.67	78.22	13 622.54

小结

销售管理首先从销售计划开始，销售管理的过程就是销售计划的指导、实施与评价的过程。销售预测是在未来特定的时间和区域内对产品的销售数量与销售金额进行估计。销售计划的编制一般要经历信息收集、设定目标并对目标进行分解、选择并确定策略、编制计划书等阶段。

销售预测的步骤一般包括：①确定预测目标，制订预测计划；②收集和整理相关资料；③选择预测方法，进行预测；④分析预测误差；⑤确定预测值，做出决策。

从方法本身的性质出发，可以将预测方法分为两大类：定性预测方法和定量预测方法。

销售预测定性方法主要有：主观概率法、德尔菲法、个人经验判断法、企业集体经验判断法、领先指标法等。

销售预测定量方法可分为两类：一类是因果分析法，它包括一元回归法、多元回归法和投入产出法。回归预测法是因果分析法中很重要的一种，它从一个指标与其他指标的历史和现实变化的相互关系中，探索它们之间的规律性联系，作为预测未来的依据。另一类方法是时间序列预测法，是以一个指标本身的历史数据的变化趋势，去寻找市场的演变规律，作为预测的依据，即把未来作为过去历史的延伸。

关键概念

销售计划　销售目标　主观概率法　德尔菲法　个人经验判断法　回归预测法
时间序列预测法

复习测试

1. 什么是销售计划？销售计划包括哪些内容？
2. 销售计划有哪些类型？
3. 如何编制销售计划？
4. 何为定性预测方法，何为定量预测方法？
5. 销售预测的程序有哪些？
6. 德尔菲法的预测程序有哪些？
7. 回归预测法的一般步骤有哪些？
8. 影响时间序列数据变动的因素有哪些？

案例研讨

南通品牌啤酒销售预测

江苏大富豪啤酒有限公司是“中国啤酒工业十强企业”，系中外合资企业，由中方持大股。公司中方股东南通富豪酒业有限公司是江苏省高新技术企业，大量应用高新设备与技术，不断改造传统啤酒产业，多次荣获省、市科技进步奖。大富豪系列啤酒还连续多年荣获省免检产品、省重点保护产品、省质量信得过产品、省质量信用产品称号。大富豪啤酒市场覆盖面和占有率每年以30%的幅度提升，产品畅销华东地区，并批量出口日本、俄罗斯，销往中国香港、中国台湾地区。根据对近5年中方股东南通富豪酒业有限公司大富豪啤酒每月销售量资料的整理，利用趋势预测分析，预测第六年啤酒销售量。

1. 资料搜集整理

资料信息见表4-8和表4-9。

表4-8 近5年啤酒每月销售量及季节比重 （单位：吨）

月份	第一年	第二年	第三年	第四年	第五年	月平均	季节比重（%）
1	18	20	27	40	48	30.6	5.90
2	10	12	18	30	36	21.2	4.09
3	4	5	10	18	23	12.0	2.31
4	4	6	9	15	30	12.8	2.47
5	11	25	40	45	78	39.8	7.67
6	15	30	55	80	97	55.4	10.68
7	18	42	90	114	125	77.8	15.00
8	12	21	25	40	47	29.0	5.59
9	10	15	17	35	45	24.4	4.70
10	25	40	75	90	103	66.6	12.84
11	30	72	80	105	128	83.0	16.00
12	31	58	72	73	96	66.0	12.73
合计	188	346	518	685	856	518.6	100

表4-9 近5年啤酒分品种销售量及构成比重 （单位：吨）

年份	瓶装销售量	散装销售量	扎啤销售量	合计	瓶装比重（%）	散装比重（%）	扎啤比重（%）
第一年	86	102	—	188	45.7	54.3	—
第二年	182	164	—	346	52.6	47.4	—
第三年	293	205	20	518	56.6	39.5	3.9
第四年	409	236	40	685	59.7	34.5	5.8
第五年	517	284	55	856	60.4	33.2	8.4

2. 预测分析过程

表4-10 近5年啤酒销售量及增长量 （单位：吨）

年份	第一年	第二年	第三年	第四年	第五年
啤酒销售量	188	346	518	685	856
逐期增长量	—	158	172	167	171

由表4-10可见，啤酒销售逐期增长量大体相同，可拟合线性模型进行趋势预测分析。

讨论问题

请根据上述条件，预测该公司第六年的销售量。

CHAPTER 5

第5章 销售流程与技巧

本章提要

本章从一个完整的销售流程出发，介绍了销售人员应该掌握的销售流程与技巧：销售准备、销售接洽、销售展示、顾客异议处理、促成交易以及销售跟踪与服务等。

引例

人员销售不仅仅是交谈

当销售人员走进房间的时候，采购员方明站了起来。“你好，方先生。”销售人员向方明问好，同时伸出手来。方明和销售人员轻轻握了一下手，在办公桌旁坐了下来。他开始专心致志地翻看起公司的文件来。

销售人员坐了下来，开始他那千篇一律的销售游说：“方先生，我来这里是想向您介绍一下如何能使贵公司的生产成本降低10%。”方明把正在看的文件放在桌子上，身体后倾，双手抱拢，声音低沉地说：“我很高兴听到你的话。你知道吗？年轻人，用不了多久，我们可以不花一分钱就生产出产品了。”销售人员怯懦地看着脚下的地板，喃喃地问：“那是为什么?”“为什么？你是我今天见到的第九个声称能让我们节约10%成本的人了。”

方明站了起来，盯着销售人员慢慢地说：“我认为我这一天所听到的销售宣传已经够多了。”这名刚开始时还热情洋溢的销售人员非常抱歉地说：“如果现在对您来说时间不太合适的话，方先生，我可以过些时候再来。”

这名销售人员所面临的是一个常见的问题：买主整天看到销售人员，通常销售人员都说着同样的话。但是销售人员要知道的是：销售不仅仅是交谈，还涉及销售技巧。

没有拜访就没有销售，但并不是销售人员去拜访顾客就一定能实现销售。销售人员如何做有效的顾客拜访呢？销售人员进行有效的顾客拜访有哪些技巧呢？

成功的销售人员一定要掌握销售呈现技巧。掌握知识很容易，但是要调整自己的行为，调整肢体语言却是一件非常难的事情，需要经常修炼，但技巧上的投入是有回报的，一旦养成好习惯，就会帮助销售人员赢得订单，赢得顾客。所以，销售人员的销售技巧训练就显得尤为重要。

5.1　销售流程概述

销售流程是指销售人员进行销售活动时通常采用的完整的行为步骤。虽然有许多因素会影响销售人员的销售步骤，但是确实存在一系列有逻辑顺序的行为，如果能按这样的步骤去做，将会大大提高销售业绩。从销售人员与其销售对象接触和交往的时间顺序来看，一个完整的销售流程包括 6 个步骤，即销售准备、销售接洽、销售展示、顾客异议处理、促成交易以及销售跟踪与服务，如图 5-1 所示。

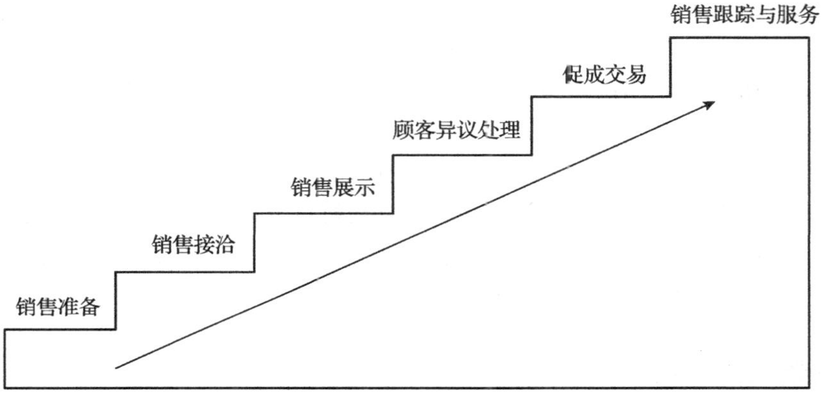

图 5-1　销售流程的 6 个步骤

销售流程中的各个步骤是相互联系、相互渗透和相互转化的，任何一个环节的得失都会影响销售工作的成败。需要说明的是，无论是什么类型的销售，其销售流程总是大同小异，但是并不是所有的销售流程都需要这几步，有些人不用销售陈述，有些人不用促成。所以说，销售流程只是一个一般的流程，成功实现销售所应遵循的销售流程可能因销售人员和特定环境而存在不同。下面具体介绍销售准备、销售接洽、销售展示、顾客异议处理、促成交易和销售跟踪与服务 6 个环节。

5.2　销售准备

案　例　**张某为什么不能成交**

张某是北方某市一家生产特种水泥的国有企业的销售人员，前些年我国启动三峡工程，向工地或施工单位销售水泥等建筑材料是个热门。他买了张飞机票，直达宜昌，并赶到某施工单位，通过多方联系，见到了该施工单位的总经理。

该施工单位的老总对特种水泥很感兴趣，并有意购买，但提出了两个条件：一是我们需要量较大，特种水泥的价格能否大幅度地降一降，降低到与一般水泥的价格差不多；二是由于投资大，需要花钱的地方多，能否采取分期付款的方法。

不料这个问题把销售人员张某难住了，因为他事先没来得及准备，也没有对这些问题进行认真思考。不过，张某还比较灵活，答应马上与厂长联系。他立即向厂长拍了电报，不巧的是厂长正在北京开会，电报未能及时转给厂长。无巧不成书，就在张某焦急等待的时候，南方某水泥厂的销售人员李某也来到此地销售水泥。对方的水泥质量很好，而且价格便宜，并当场同意分期付款。当张某几天后收到“指示”再找到施工单位时，人家的买卖早就成交了。

不难分析，张某不能成交的原因就是其准备不周，对约见中的价格策略和收款问题及细节考虑不细，谋划不当而导致销售失败。由此可见，销售前的准备是必要的。而且要重视细节，考虑可能出现的各种问题，即使有非常丰富的销售经验，也不能骄傲自满。

与顾客第一次面对面的沟通时，有效地拜访顾客，是销售迈向成功的第一步。只有在充分的准备下拜访顾客才能取得成功。“只要肯干活，就能卖出去”的观念已经过时了！取而代之的是“周详计划，省时省力”。

销售准备指的是销售人员在拜访顾客之前所做的准备工作，主要内容是个人礼仪、产品研究、收集并整理目标顾客的有关资料、制订销售计划等。销售对象不同，准备的内容也应有差别。下面将分别从自我礼仪准备、产品分析、潜在顾客寻找、顾客资格审查、潜在顾客资料的准备以及销售访问计划制订等方面进行介绍。

5.2.1 自我礼仪准备

案 例 **一个有关衣着的小试验**

美国著名时装设计师约翰·莫洛伊在其名著《成功的衣着》中讲述了这样一个试验：一位身着普通蓝绿色西服，系印花棉布领带，脚穿一双磨破了的黑色鞋子的男士，要一家公司总部中的50名秘书替他查找文件，其中只有12人满足了他的要求。然而，当此人换了一套昂贵的蓝色西服和白色衬衣，系一条圆点花样的丝绒领带，脚穿一双名牌尖翼形皮鞋之后，再要另外50名秘书替他查找文件时，结果有42人替他查找了他所需要的文件。这一试验表明：在人际交往中，衣着打扮具有举足轻重的作用。

销售其实是一种信息传递与情绪转移，这一过程基本上就是对顾客的说服和教育过程。要使你的顾客，也就是受众接受说服和教育，首先要让他接纳和信任你。信任是一种感觉，顾客最初的信任感很多来自鉴貌辨色的视觉印象。这包括销售人员的服饰、举止、表情以及开关门的动作、走路方式、目光流动、体态、坐姿等给人的整体感受。

而且，销售对象大多是素不相识的陌生人，顾客在与销售人员接触的瞬间，就会产生对其大致的印象，从而决定喜欢、信任抑或是讨厌、排斥——这些将直接影响销售的成败。所以，销售人员上门拜访要想成功，就要选择与个性相适应的服装，以体现专业形象。

一般而言，常见的专业社交礼仪如表5-1所示。这就要求销售人员在正式拜访顾客之前对这些礼仪进行系列准备。与此同时，也要注意那些容易造成负面印象的动态视觉行为（见表5-2）。

表 5-1 常见的专业社交礼仪

礼仪项目	基本常识
进门的礼仪	先敲门，即使顾客的门开着
	进门时必须充满自信，与人有眼神的接触
	注意同时进门时应当让上司、女士先行
握手的方式	与他人见面时，应当先握手以示友好
	握手时应当有力度，但要注意力度合适
	握手时应保持一定时间，但也不可时间过久
自我介绍	向别人介绍时要注意身份高的人要最后介绍：先年轻后年老，先职位低后职位高，先次要后主要，先宾后主
办公室礼仪	保持心态轻松，遇事不可大声喧哗，应尽量保持冷静
	不能长时间聊私人电话
	进出办公室应当注意不要打搅对方
	未经同意不要吸烟。有女士在场必须先争得女士的同意
接发名片的礼仪	接名片时应当双手迎接，并且当场阅读。如面前有桌子，应当将名片放于自己前方
	发送名片时应以顾客能够读懂的文字面朝上，双手呈上。递送的同时应当主动说出自己的姓名、职业等
电话礼仪	应在电话铃响三声以内接听
	和别人谈话时，有电话打入，接听电话前需要向谈话者道歉
	在对方阐述时，要不时使用语气词使对方确认你正在听他讲话
	对于不清楚的方面一定要主动询问
	要养成听完对方表述最后一句话的习惯，不要插话或打断对方

表 5-2 容易造成负面印象的动态视觉行为

目光表情	闪烁的、回避的、顾盼的、游移的、窥探的、盯视的、斜视的、阴郁的目光，并将视线停留在对方两眼与胸部之间的一个假定的三角区域，做亲密注视
动作表情	皱起鼻子、频繁眨眼、板着脸、咬嘴唇、伸舌头、冷笑、干笑、挤眼、蹙眉、噘嘴、撇嘴等
手势	手指某人、挖鼻孔、挖耳朵、搔头皮、摸耳朵、摸鼻子、揉眼睛、打响指、捂嘴、搓手等
体姿	走路摇摆、倚墙而立、手插裤兜、双腿抖动、脚轻击地、坐姿晃动、跨骑椅子、二郎腿、跺脚、叉腰、背手、掌心向下握手、双臂环抱在胸前、双手交叉置于脑后、双臂交叉、双手叉腰等

当然，也应该意识到，销售人员的西装革履和公文包能体现公司形象，在任何时候都是不错的选择。但有时候还是要看被拜访的对象，双方着装反差太大反而会使对方不自在，无形中拉开了双方的距离。如建材销售人员经常要拜访设计师和总包工管理人员，拜访前者当然要衬衫领带以表现专业形象；拜访后者若同样着装则有些不妥。因为施工工地环境所限，工作人员不可能讲究着装，如果销售人员穿太好的衣服跑工地，不要说与顾客交谈，可能连像办公室一样能坐的地方都难找。所以有人提出，最好的着装方案是“顾客+1”。也就是说，只比顾客穿得好“一点”，既能体现对顾客的尊重，又不会拉开双方的距离。

5.2.2 产品分析

1. 分析产品

顾客根据自己的需求来购买需要的产品，因此，对产品的了解和介绍就成了销售人员不可或缺的准备工作。

在销售之前，销售人员需要认真了解自己公司产品的名称、性能、特点等。销售人员只有了解自己的产品，才能详细地向顾客说明产品能带给顾客什么利益，能满足顾客的哪些需要。由产品的质量和功能决定自己销售的产品在满足顾客需求上能达到什么程度。只有了解自己的产品，才能圆满地回答顾客提出的疑问，从而消除顾客的异议；只有了解自己的产品，才能指导顾客如何更好地使用、保管产品，以便顾客重复购买。

一般而言，销售人员应分析产品以下方面的知识：该商品能给顾客带来什么好处；它的生产方法；它的用途和使用方法；它与其他企业同类产品之间、不同类型产品之间的比较（优缺点、价格等）；它的市场状况如何；企业的交易条件、售后服务规定、财务结算等。

2. 掌握产品相关政策

销售人员应掌握公司的产品销售政策、价格政策和促销政策。尤其是在企业推出新的产品销售政策、价格政策和促销政策时，更要了解新的销售政策和促销政策的详细内容，特别是和以往政策相比的变动之处。当企业推出新产品时，销售人员要了解新产品的特点、卖点是什么。不了解新的销售政策，就无法用新的政策去吸引顾客；不了解新产品，也就无法向顾客销售新产品。

3. 将产品销售给自己

首先说服自己。一些销售人员喜欢抱怨自己业绩不好，抱怨顾客有诸多挑剔，可是你有没有试过问问自己，如果你是顾客，你会被自己的解说打动、购买自己的产品吗？例如，一家公司曾举行了一次换位思考的调查，结果90%以上的销售人员都认为如果自己是顾客，不会购买自己的产品。既然自己都不能说服自己，又怎么能说服顾客呢？所以，问题的根源还是在自己的身上。

销售人员可以经常问问自己：“如果我是顾客，销售人员怎样解说我才会购买？”然后就可以按照设想的答案事先演练，这样面对真正的顾客时，就能做到胸有成竹。

其次，扮演最刁钻的顾客。在产品销售的过程中，如何打动顾客非常重要。确实有一些顾客对产品的要求比较高，会对销售人员提出各种问题，有时候让销售人员难以招架。为了更好地完成销售解说，销售人员可以事先让自己扮演最刁钻的顾客，设想顾客可能会提出什么问题，有什么要求，自己应该怎么回答，找出和顾客沟通最有效的途径等。

通过自己扮演最刁钻的顾客，可以让销售人员更清楚地了解顾客的心理，找到最好的解说方式，也有助于消除销售人员临场发挥的紧张情绪，在面对顾客的发问时从容不迫，对产品做出完美的解说。

5.2.3 潜在顾客寻找

销售的基本原则是积极开发新顾客。销售人员必须经常寻找新的潜在顾客的原因有两个：一是扩大销售额；二是取代因时间过久而失去的顾客。因为有数据显示：如果企业不持续进行市场开拓，每年将会失去 30%~40%的顾客。所以说，寻找顾客是销售工作的起点。但是在寻找顾客时，也不能大海捞针般地盲目寻找，除了依靠销售人员自身的努力以外，还必须掌握并正确运用各种基本的方法。

1. 逐户访问法

逐户访问法也叫地毯式访问法，是指销售人员在不太熟悉或完全不熟悉销售对象的情况下，普遍地、逐一地访问特定地区或特定职业的所有个人或组织，从中寻找自己的顾客。该方法是一种古老的销售方法，无遗漏、不放过一个有望成交的顾客是其成功的关键；销售人员在人际交往方面的素质和能力也是成功的关键。

该方法具有多方面的优点：它访问的范围广，涉及顾客广，可借访问机会进行市场调查，了解顾客的需求倾向并挖掘潜在顾客。对于销售人员个人来说，也是练习与各种类型的顾客打交道并积累经验的好机会。但这种方法具有很大的盲目性。一般家庭出于安全方面的考虑，多会拒绝访问，而且该方法需耗费大量的人力，若赠送样品则成本更高。

该方法适用范围包括日常生活用品及服务，如小家电、化妆品、保险、家政服务等；也适用于工矿企业对中间商的销售或某些行业的上门销售。

2. 广告搜寻法

广告搜寻法是指利用各种广告媒体来寻找顾客的销售方法，又称为“广告开拓法”。具体地说，它是利用广告媒体来发布产品信息，并对产品进行宣传，由销售人员对被广告吸引来的顾客进行销售。该方法具有传播速度快、传播范围广的优点，比较节约人力、物力和财力。但是，广告费用也日益昂贵，且企业难以掌握顾客的反应。这种方法成功的关键一方面在于选择针对目标顾客的适当的媒介；另一方面，广告的制作效果也极其重要。

3. 连锁介绍法

连锁介绍法是指通过老顾客的介绍来寻找有可能购买该产品的其他顾客的一种方法，又称为“介绍寻找法”或“无限寻找法”。该方法已成为企业常用的一种行之有效的销售方法。

连锁介绍法的优点在于可以减少销售流程中的盲目性，而且由于经人介绍，销售人员易取得信任感，因而成功率较高。该方法一般适用于寻找具有相同消费特点的顾客，或在销售群体性较强的商品时采用。

4. 名人介绍法

名人介绍法是指在某一特定的销售区域内选择一些有影响的人物，使其成为自己的顾客，并获得其帮助和协作，将该范围内的销售对象转变为目标购买者的销售方法，又称为“中心开花法”。名人介绍法的关键在于中心人物（即名人），是利用名人的影响力来扩大本企业及商品的影响力。因为名人往往是在某方面有所成就，因而为人尊重甚至崇拜的人物。名人具有相当的说服力，对广大消费者具有示范效应，因而容易取得他们的信任。但完全将成交的希望寄托在某一个人身上，风险比较大，而且选择恰当的人非常重要。该方法的适用范围包括新产品、高级消费品或为企业创造名望的产品。

5. 会议寻找法

会议寻找法是指销售人员利用参加会议的机会，与其他与会者建立联系，寻找顾客的方法。在人际交往中使用这种方法时要注意技巧，以获得对方的信任（可暂时不提或婉转提出销售意图）。该方法有时易引起对方的反感。

6. 电话寻找法

电话寻找法是指以打电话的形式来寻找顾客的方法。采用该方法一定要注意谈话技巧。要能抓住对方的注意力并引发其兴趣，否则极易遭到拒绝。另外，通话的时机和时间长短也非常重要。

7. 信函寻找法

信函寻找法是指以邮寄信函的方式来寻找目标顾客的方法。这种方法覆盖的范围比较广，涉及的顾客数量较多。但成本较高，时间较长，而且除非商品有特殊的吸引力，否则一般回复率较低。

8. 资料查询法

资料查询法是指通过查阅各种有关的情报资料来寻找顾客的方法。目前，我国可供查询的有关资料有工商企业名录、商标公告、产品目录、各类统计年鉴、银行账号、专业团体会员名册、市场介绍、专业书报杂志、电话号码簿、邮政编码册等。

采用资料查询法，可以较快地了解大致的市场容量和准顾客的情况，成本较低，但是时效性比较差。

9. 市场咨询法

市场咨询法是指销售人员利用市场信息服务机构所提供的有偿咨询服务来寻找顾客的方法。在信息时代，充斥着大量的信息，社会上出现了许多专门搜集市场信息的咨询机构，通过这些机构往往能获得许多有价值的信息。

利用市场咨询法寻找顾客，方便快捷，可节省销售人员的时间，但要注意咨询机构的可靠性。另外，咨询费用也是一个重要的因素。

10. 个人观察法

个人观察法是指销售人员通过自己对周围环境的分析和判断来寻找顾客的方法。这种方法具有成本低的优点，但对销售人员的观察能力和判断能力要求较高，且要求判断时要尽可能客观。

11. 代理寻找法

代理寻找法是指利用代理人来销售商品，寻找顾客的方法。具体地说，是由代理人代理销售主体企业寻找顾客并销售商品，并从中提取中介费用。

12. 委托助手法

委托助手法是指企业委托与顾客有联系的专门人士协助寻找顾客的方法。具体地说，受托人找到目标后，会立即联系进行销售访问或洽谈。

委托助手法可节省销售人员的时间，减轻其工作量。但助手的人选不易确定，而确定适当的助手又是该方法成功的关键。该方法适用于寻找耐用品和大宗货物的顾客，例如房地产、大批灯具、大批西瓜等。

13. 竞争插足法

竞争插足法是指渗透到竞争对手的销售市场中，与之争夺顾客的一种寻找顾客的方法。该方法易引起竞争者的报复行为。

14. 行业突击法

行业突击法是指选择一些容易触发购买动机的行业作为销售访问的对象，进行集中性销售访问来寻找顾客的方法。

采用该方法要求销售人员关注经济发展的态势、关心国民经济产业结构的现状及其未来的发展趋势。若选择得当，使用得法，能够挖掘出大批的潜在顾客。

15. 停购顾客启动法

停购顾客启动法是指销售人员在寻找潜在顾客时要搞清哪些顾客已经停购，分析停购的原因，把具有重新购买可能的顾客列入潜在顾客名单，通过启动措施，使他们成为目标顾客的方法。

5.2.4 顾客资格审查

专题 **销售漏斗理论**

是否所有的潜在顾客都能变成现实顾客？并不是这样。销售漏斗理论告诉我们，只有少数潜在顾客能成为现实顾客，如图5-2所示。如果销售人员选择使用销售漏斗，就能知道潜在顾客、准顾客和顾客的数目，还能获知自己的销售活动的焦点指向哪里。

由图5-2可以看出，潜在顾客徘徊在漏斗的顶部，等待销售人员用标准一一过滤，然后将合格者推到下一层。在漏斗中第一层的潜在顾客经过销售人员的拜访与说服，会更加接近做出购买承诺，但必须有一定的购买力支持。漏斗变得越来越窄，反映出这样一个事实：很大一部分潜在顾客被淘汰掉，即有一定的筛选率。

这时，一些潜在顾客变成了准顾客。销售人员应采取必要步骤，如销售陈述、处理异议、促成交易等，将这些准顾客向下移或移出漏斗，使准顾客变成真正的顾客；漏斗变得越来越窄，同样表示有一些准顾客从漏斗中分离出去，现实顾客与顾客的比值即为成交率。通过销售人员的持续努力，走出漏斗的最终顾客可变为长期的支持者或合作伙伴。

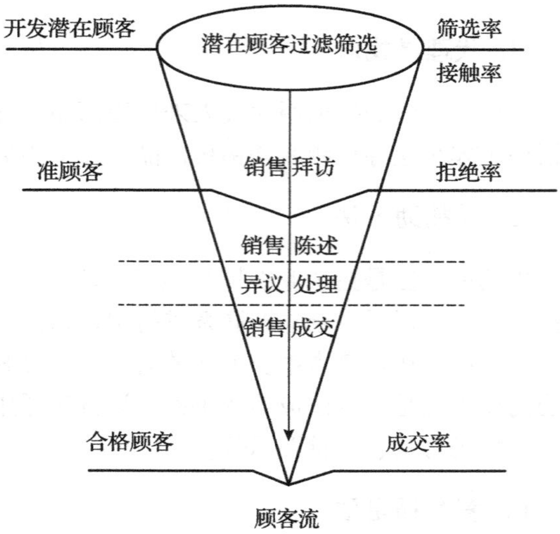

图 5-2 销售漏斗示意图

顾客资格审查是对已选定的顾客按一定的标准进行评审，以确定适当的目标顾客的行动，也就是销售人员在正式拜访之前，要判断出真正的销售对象，选出最有可能购买的顾客，避免做无用功，又称为“顾客评价”。

现代销售学认为，合格顾客是由金钱（money）、权力（authority）和需要（need）这三个要素构成。只有三个要素均具备，才是合格的顾客。所以，一般而言，顾客资格审查包括顾客购买能力审查、顾客购买需要审查和顾客购买决策权审查这三方面的内容。

（1）顾客购买能力就是顾客购买产品时的支付能力。支付能力是判断一个准顾客能否成为目标顾客的首要条件。审查顾客的购买能力可以分为审查个人或家庭的支付能力和审查企业的支付能力两种。前者主要调查消费者个人或家庭的经济收入状况；后者主要调查企业的经营状况和财务状况。购买能力调查难度较大，许多销售人员是自行做判断。当然，销售人员可以设法自行调查或者让对方提供信用保证或担保。

（2）顾客购买需要审查是指销售人员通过对有关资料的分析，确定某一顾客是否真正需要销售的产品。审查的内容主要围绕是否需要、何时需要、需要多少等问题来进行。

（3）顾客购买决策权审查。销售人员在向顾客销售产品时，一定要清楚谁是购买决策者。如果事先不对潜在顾客的购买决策权进行鉴定，就有可能事倍功半。

对于个人消费者是否具有决策权，销售人员可以审查谁在家庭购买行为中起关键作用，谁是购买产品的倡议者，谁是购买产品的使用者。对于企业集团消费，销售人员必须了解团体顾客内部的组织结构、人际关系、决策系统与决策方式，掌握其内部管理者的相对权限，向有决策权的管理者销售产品。通常根据产品的属性、购买量的多少来确定谁是购买决策人。

5.2.5 潜在顾客资料的准备

1. 个体准顾客的资料准备

约见个人购买者，最重要的是对其个人背景资料有一定的掌握，具体来说，应包括以下几个方面。

（1）个人基本情况。个人基本情况主要是指姓名、年龄、性别、民族、出生地、文化、性格、居住地、邮政编码、电话号码等。尤其是在爱好和忌讳的有关方面，更应注意尽量投其所好，避免冒犯顾客。

（2）家庭及其成员情况。这方面是指所属单位、职业、职务、收入情况和家庭成员的价值观念、特殊偏好、购买与消费的参考群体等资料。尤其要调查该家庭最有影响力的人物的好恶情况。

（3）需求内容。这方面是指购买的主要动机、需求详细内容、需求特点、需求的排列顺序、可能的购买能力、购买决策权限范围、购买行为规律等。

对于个体准顾客的资料准备，重点应放在需求内容和顾客的爱好和忌讳上。一般而言，销售人员可以通过“顾客资料卡”来进行资料准备。常见的“顾客资料卡”如表5-3所示。

表5-3　顾客资料卡

<table>
<tr><td>姓名</td><td colspan="2"></td><td>性别</td><td></td><td>年龄</td><td></td></tr>
<tr><td>住址</td><td colspan="2"></td><td>邮编</td><td></td><td>电话</td><td></td></tr>
<tr><td>工作单位</td><td colspan="2"></td><td>职务</td><td></td><td>民族</td><td></td></tr>
<tr><td rowspan="2">家属</td><td>姓名</td><td>关系</td><td>年龄</td><td>职业</td><td colspan="2">备注</td></tr>
<tr><td></td><td></td><td></td><td></td><td colspan="2"></td></tr>
<tr><td>特长爱好</td><td colspan="6"></td></tr>
<tr><td>性格</td><td colspan="6"></td></tr>
<tr><td>销售方法</td><td colspan="6"></td></tr>
<tr><td>访问记录</td><td colspan="6"></td></tr>
<tr><td>备注</td><td colspan="6"></td></tr>
</table>

案　例

销售人员小刘每次拜访顾客前，都会大量搜集顾客的资料，因为这是打开谈话僵局的重要手段。一般来讲，他会在互联网上用搜索引擎查阅资料，将与顾客有关的资料都调出来，仔细地研究一下。掌握了相关资料后，他又通过各种方法了解要接触的顾客的个人资料，看他是哪里人，家庭怎么样，今年的工作目标是什么，等等，为创造好的开场白做准备。

2. 组织市场准顾客的资料准备

组织市场购买行为更为复杂，更有价值。组织市场准顾客主体同时兼有法人代表与个人代表两种社会角色，进行购买决策时会同时考虑组织与个人两方面的利益。因此，销售人员准备的资料应比个体准顾客更充分。

（1）组织基本情况。这方面包括法人购买者的机构名称、品牌商标、营业地点、规模等。此外，销售人员还应了解法人顾客的所有制性质、注册资本、职工人数、交通条件、成立时间及姓名、电话号码、传真号码等。

（2）了解组织顾客的生产经营情况。组织顾客的生产经营情况对其购买行为有着较为直接的影响。因此，在接近组织顾客之前，销售人员应尽可能全面地了解其生产经营情况，包括其生产经营范围、生产能力、资信与财务状况、设备技术水平及技术改造方向、企业的市场营销组合、市场竞争以及企业发展方向等方面的内容。

（3）了解法人购买者的采购习惯。一般来说，法人顾客有各自不同的采购习惯，包括采购对象的选择、购买途径、购买周期、购买批量、结算方式等方面都可能有差异。在准备工作的过程中，销售人员要对组织顾客的采购习惯进行认真、全面、细致的分析，再结合销售产品的特征和性能，确定能否向顾客提供新的利益以及组织顾客对所销售的产品采购的可能性。

（4）了解法人购买者的组织结构和人事状况。销售人员不仅要了解法人顾客的近远期目标、规章制度和办事程序，而且要了解它的组织结构和人事状况、人际关系以及关键人物的职权范围与工作作风等方面的内容。在接近组织顾客之前，了解和掌握机构的组织结构和人事状况，有针对性地开展销售接洽工作，对促进销售活动的进一步顺利进行显得非常重要。

3. 老顾客的资料准备

老顾客是销售人员熟悉的、比较固定的买主。保持与老顾客的密切联系，是销售人员保证顾客队伍的稳定，取得良好销售业绩的重要条件。对老顾客的接近准备工作，不同于寻找新的目标顾客的准备工作，因为销售人员对老顾客已经有一定程度的了解，主要是对原有资料的补充和调整，即是对原有资料错漏、不清楚、不确切等方面进行的及时修订和补充，是对原有顾客关系管理工作的延续。那么，在约见老顾客前，销售人员应该做哪些准备呢？

（1）重温老顾客的基本情况。应该注意和重视在见面之前对老顾客原有情况进行温习与准备。通过温习，在见面时可以从这些准备好的内容入手进行寒暄，会使顾客感到很亲切。

（2）密切关注老顾客的变动情况。对原来档案中的资料，最重要的就是审查一下是否有变动。因此，各项资料都应逐一审查，并加以核对。

（3）掌握老顾客的反馈信息。对于销售人员而言，再次拜访老顾客前，应该先了解老顾客（无论是个体顾客还是团体顾客）上一次成交后的情况反馈。顾客反映的内容是多方面的，主要包括产品价格、产品质量、使用效果和售后服务等。

5.2.6 销售访问计划制订

销售计划管理既包括如何制订一个切实可行的销售目标，也包括实施这一目标的方法。制订销售计划有助于销售人员合理安排时间，也有助于建立信心，可以帮助销售人员在买卖方之间营造友好的氛围，还可以节省时间并增加销售额。

1. 确定销售拜访目标

顾客拜访目标分为销售目标和行政目标。销售目标包括要求老顾客增加订货量或品种，向老顾客推荐现有产品中尚未经营的产品，介绍新产品，要求新顾客下订单等。行政目标包括收回账款、处理投诉、传达政策、建立客情关系等。

2. 访问时间和访问路线的安排

拖延不会给销售人员带来任何好处，所以销售人员每天应拿出一定的时间用于寻找潜在顾客，例如每天一小时，并把它列入每天的工作计划中。在与现有顾客接触之余，销售人员也可以挤出时间来与潜在顾客保持联系。销售人员要制订潜在顾客拜访计划，以保持一定的销售额增长率。此外，销售人员还应该对访问路线进行安排，以达到最短时间内访问到尽可能多的顾客。一般来说，访问时间能够预约安排下来将有助于成功，而访问地点与环境应具有不易受外界干扰的特点。

案　例

百事公司销售人员拜访顾客前的准备

计划性拜访顾客是百事可乐最为独特的服务策略之一。百事公司的直销销售人员（小店销售代表），一般每个人都拥有大约 100 家以上（不同地区顾客拥有量有所不同）稳定成熟的小店顾客。而像小型食杂店、冷饮摊点、餐厅等这一类的小店顾客，由于自身的经营规模、资金都有限，因此要求的单位进货量就比较低，但对进货频率的要求却非常高。

百事可乐公司要求所有的销售人员在每天的销售过程中，必须按照公司制订的深具规范性和模式化的"计划拜访八步骤"来拜访小店顾客。"拜访八步骤"是百事可乐服务顾客、制胜终端的犀利武器，被喻为计划性拜访顾客为"天龙八步"。而其中第一步就是非常重要的销售准备工作。

销售人员每天在拜访顾客前，都要做好相应的准备工作。这些工作主要包括以下几个方面。

(1) 检查个人的仪表。销售人员是公司的"形象大使"，百事公司要求销售人员的外表和服装要整洁，男生胡子要刮干净，不得留长发，皮鞋要擦亮，夏天不准穿凉鞋和拖鞋，手指甲要干净，不留长指甲，同时还要保持自身交通工具（百事公司配发的摩托车、自行车等）的清洁等。

(2) 检查顾客资料。百事公司采用的是线路"预售制"销售模式，所以销售人员每天都要按照固定的线路走访顾客。这样，销售人员在拜访顾客之前就需要检查并携带今天所要访问顾客的资料，这些资料主要包括当天线路的顾客卡、线路拜访表、装送单（订单）、业绩报告等。

(3) 准备产品生动化材料。主要包括商标（品牌贴纸）、海报、价格牌、促销牌、冷饮设备贴纸，以及餐牌 POP 广告。销售人员在小店内充分、合理地利用这些生动化材料，可以正确地向消费者传递产品信息，有效地刺激消费者的购买欲望，从而建立百事品牌的良好形象。

(4) 准备清洁用品。带上干净的抹布，来帮助小店清洁陈列的百事产品。

销售人员做好这些准备工作后，接下来就可以离开公司，按照计划拜访的路线开始一天的工作了。

3. **拟定现场作业计划**

这是针对一些具体细节、问题和要求来设计一些行动的提要。销售人员在对产品有了深入了解的情况下，不妨将产品的功能、特点、交易条款以及售后服务等综合归纳为少而精的要点，作为销售时把握的中心，设想对方可能提出的问题，并设计回答。经验不丰富的销售人员一定要多花一些时间在这上面，做到有备无患。

4. **制订销售工具清单**

“工欲善其事，必先利其器。”一位优秀的销售人员除了具备锲而不舍的精神外，一份完整的销售工具清单是绝对不可缺少的战斗武器。调查表明，销售人员在拜访顾客时，利用销售工具，可以降低50%的劳动成本，提高10%的成功率，提高百分之百的销售质量！

在销售介绍时除了要带上自己精心准备的产品说明书、企业宣传资料和各种资料（如样品、宣传品、纪念品、照片、鉴定书、有关剪报、录像带、价格表）等，还要带上介绍自我的材料（如名片、介绍信、工作证、法人委托书、项目委托证明）等，带上证明企业合法性的证件或其复印件也是非常必要的。最后，还应放上一些达成交易所需材料，如订单、合同文本、预收定金凭证、计算器、笔记本、签字笔等。

5.3 销售接洽

5.3.1 约见顾客

约见顾客是指销售人员实现征得顾客同意的接近活动。其主要目的，一是为接近顾客铺平道路，避免贸然闯入而遭拒绝的情况；二是为了提高访问效率，避免等待时间的浪费。

1. **约见顾客的内容**

（1）确定销售访问对象。要进行销售访问，首先要确定访问对象，即确定与对方哪个或哪几个人接触。销售人员应尽量设法直接约见顾客的购买决策人，或者是对购买决策具有重要影响的人物，避免在无权与无关的人身上浪费时间。销售人员还应尊重接待人员，为能顺利地约见主要人物，销售人员应尊重有关的接待人员。销售人员应在言行中把接待人员当作同等重要的人，从而取得他们的合作与支持。

（2）确定销售访问事由。确定访问事由是约见的重要内容。顾客通常根据销售人员的访问事由来决定是否见面。当然，任何销售访问的目的都是为了最终销售产品。但每次访问的目的是不一样的，可能是投石问路、留下印象、市场调查、签订合同、提供服务、收取货款、联络感情，或者是为进一步交往而寻找借口。除非确实知道顾客正需要这种产品，否则销售人员不会把销售产品作为约见顾客的理由，而是会选择其他事由，这样顾客易于接受。销售人员应该根据自己的实际情况、公司情况、顾客情况，选择最有利的约见事由。

（3）确定销售访问时间。销售人员尽量替顾客着想，最好由顾客确定或由顾客主动安排时间。销售人员还应根据访问对象的特点确定见面时间，避免在顾客最忙碌的时间内约见顾客。销售人员应视所销售产品与服务内容特点确定约见与访问时间，使时间更能衬托产品的优势与服务内容的重要性，如能结合顾客的心境状态则更好。当顾客的时间与销售人员的时间安排有矛盾时，应尽量迁就并尊重顾客的意图。如销售人员与另外的顾客有约在先而发生时间上的冲突时，应如实向前面的约见对象说清楚。约见时间与规定一旦明确，销售人员应立即用笔记录，并且应严守信用，克服困难，准时到达约见地点。此外，销售人员还应根据不同的拜访目的选择日期与时间，见面的具体时间应在考虑交通、地点、路线、天气以及人物活动规律后再确定。

（4）确定销售访问地点。在什么地方见面也是约见时要确定的主要内容之一。销售人员应按约见对象的要求去选择合适的地点，可以选择一些公共场所，如展览厅、订货会、货栈、洽谈室等，也可以把公共娱乐场所作为约见地点，如咖啡厅、音乐茶座等。但太嘈杂或来往人太多之地只能作为礼节性拜访、初次认识、联络感情的场所，绝不能作为实质性谈判的地方。

专题

销售人员的最佳拜访时间

不少销售人员的失败不在于主观不努力，而是由于选择的约见时间欠佳。要掌握最佳的时机，一方面要广泛收集顾客的信息资料，做到知己知彼；另一方面要培养自己的职业敏感，择善而行。下面几种情况，可能是销售人员最佳拜访顾客的时间：

（1）顾客刚开张营业，正需要产品或服务的时候；

（2）对方遇到喜事吉庆的时候，如晋升提拔、获得某种奖励等；

（3）顾客刚领到工资，或增加工资级别，心情愉快的时候；

（4）节日、假日之际，或者对方厂庆纪念、大楼奠基、工程竣工之际；

（5）顾客遇到暂时困难，急需帮助的时候；

（6）顾客对原先的产品有意见，对你的竞争对手最不满意的时候；

（7）下雨、下雪的时候。在通常情况下，人们不愿在暴风雨、严寒、酷暑、大雪冰封的时候前往拜访，但许多经验表明，这些正是销售人员上门访问的绝好时机，因为在这样的环境下前往销售，往往会显示诚意。

2. 约见顾客的方法

（1）书信约见。书信约见是销售人员利用各种信函约见顾客的一种联系方法。这些信函通常包括个人书信、会议通知、社交请柬、广告函件等，其中采用个人通信的形式效果最好。

销售人员在进行书信约见时，要注意以下问题：①文辞恳切。一封言辞恳切的信函，往往能博得顾客的信任与好感，也使对方同意与你见面的机会大大增加。②简单明了。销售人员用书信与顾客约见时，应尽可能做到言简意赅，只要将预约的时间、地点和理由向对方说清楚即可，切不可长篇大论。③投其所好。约见书信必须以说服顾客为中心内容，投其所好，供其所需，以顾客的利益为主线，劝说对方接受约见要求。

（2）电子邮件。在当今互联网越来越普及的时代，电子邮件为销售人员提供了新的销售手段。电子邮件约见的前提是要知道对方的电子邮箱。当今，有许多人的名片上都留有电子邮箱。销售人员充分利用这一新兴的联系手段，或许会得到意想不到的收获。另外，网上联系不仅成本低，方便快捷，而且可在邮件中附上产品或服务的简介。特别是电子邮件不受上班时间的限制。很多公司负责人是在闲暇时，心情比较好的时候上网查看邮件，这也有利于提高约见的成功率。

需要注意的是，一定要突出最能吸引对方的特点，不可像做广告一样发送电子邮件。另外，电子邮件配合电话等工具，可能会收到更好的效果，因为在电话中很难把事情讲得翔实，但电话可以提醒对方去查看电子邮箱。

（3）电话约见。电话约见是现代销售活动中常用的方法，它最能突破时间与空间的限制，迅速、方便，与书信相比可节省大量时间及不必要的费用。由于顾客与销售人员之间缺乏相互了解，电话约见也最容易引起顾客的猜忌，所以销售人员必须熟悉电话约见的原则，掌握电话约见的正确方法。一个有效的约见电话应该注意以下几个方面。

①一个简单明确的对打电话原因的陈述。这个陈述必须注意：第一，清楚表明事实；第二，必须用尽可能少的词句，不要在电话中讨论业务。

②用一个对目标顾客的问话结束。这样做的目的一是可以使谈话继续下去，使顾客顺着销售人员的话题来进行；二是避免遭受顾客的盘问。

③把需要问的问题排列好。避免销售人员忘记重要内容。

④对所有顾客可能提及的问题准备好回答。即兴回答问题，失败的可能性将增加10倍。经过仔细考虑的回答，才能轻松、可信、更有效。

（4）当面约见。这是销售人员对顾客进行当面联系拜访的方法。这种约见简便易行，也极为常见。销售人员可以利用各种与顾客见面的机会进行约见，如在列车上与顾客相识的时候、在被第三方介绍熟悉的时候、在起身告辞的时候，都可以成为与对方约见的机会。在许多场合，当面约见是在顾客不知其事、毫无准备的情况下进行的。

5.3.2 销售接近

接近顾客是销售流程中的最难点，因为销售人员是带着销售的目的去接近一个陌生人的。但是销售人员成功地完成接近工作，就为销售工作的顺利完成奠定了良好的基础。

所谓销售接近，就是实质性洽谈之前，销售人员运用技巧和智慧与顾客做最直接的面谈，以缩短销售人员与顾客的距离。这包括两个层次的含义：一是指销售人员和顾客之间在空间距离上的接近；二是指销售人员和顾客之间消除了感情上的隔阂，逐步趋于同一目标。

作为整个销售流程的一个阶段，销售接近环节的主要任务主要包括验证销售准备过程中所收集到的信息，引起顾客的注意，培养顾客的兴趣，顺利转入实质性洽谈等方面。一般而言，销售接近的过程如图5-3所示。

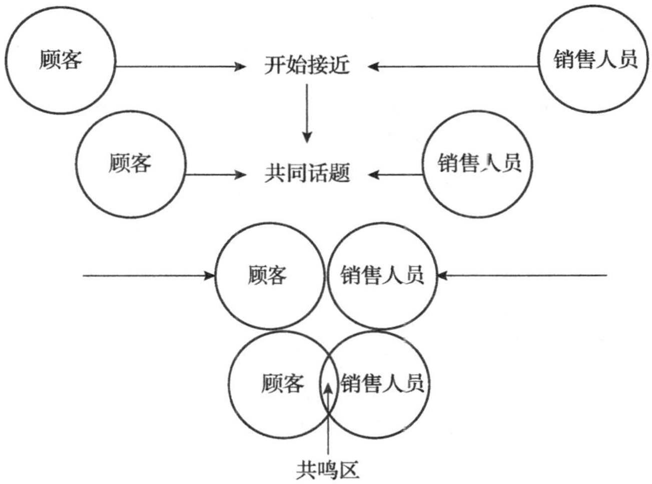

图 5-3　销售接近过程示意图

一般而言，销售接近有以下方法。

（1）产品接近法。

产品接近法是指销售人员利用产品的某些特征来引发顾客的兴趣，从而接近顾客的方法。这种方法对产品的要求比较高，产品应具有某些吸引力突出的特点，最好能便于携带，使销售人员能以有形的实体产品展示给顾客。

（2）介绍接近法。

介绍接近法是通过销售人员的自我介绍或他人介绍来接近顾客的方法。介绍的内容包括姓名、工作单位、拜访的目的等情况。例如："您好，张小姐，我是四通集团公司的代表严强。"为获取顾客的信任，一般应递交名片、介绍信等相关证明材料。

在介绍时应注意言语简练，语调适中。该方法的缺点是接近顾客太突然，双方没有感情基础和同化目标的中介，因此，销售人员的仪表和言谈举止显得尤为重要。由他人介绍的方式往往更有利于接近顾客，取得顾客的信任。

（3）社交接近法。

社交接近法是通过与顾客开展社会往来而接近顾客的方法。采用这种方法一般不开门见山地说明用意，而是尽量先与顾客形成和谐的人际关系。

（4）馈赠式接近法。

馈赠式接近法是销售人员通过赠送礼物来接近顾客，以引起顾客的注意和兴趣的方法。馈赠礼物比较容易博得顾客的欢心，取得他们的好感，从而拉近销售人员与顾客的关系，而且顾客也比较乐于合作。但赠送礼品不要过于贵重，是为了表示祝贺、慰问、感谢的心意，并不是为了满足某人的欲望。在选择所赠送礼品之前，销售人员要了解顾客，投其所好。值得指出的是，销售人员赠送礼品不能违背国家法律，不能变相贿赂。例如："罗小姐，这个高质量的高露洁牙膏是免费给你的，我只想占用你 5 分钟时间。"

（5）赞美接近法。

美国心理学家威廉·詹姆斯说："人类本性中最深的企图之一是期望被赞美、钦佩和尊重。”渴望被赞美是每个人内心的一种基本愿望。赞美接近法是销售人员利用一般顾客的虚荣心，以称赞的语言博得顾客的好感，接近顾客的方法。

赞美准顾客必须要找出别人可能忽略的特点，而让准顾客知道你的话是真诚的。赞美的话若不真诚，就成为拍马屁，这样就会引起顾客的反感。赞美比拍马屁难，它要先经过思索，不但要有诚意，而且要选定既定的目标与诚意。例如：“王总，您这房子真漂亮。”这句话听起来像拍马屁。而“王总，您这房子的大厅设计得真别致。”这句话就是赞美了。

（6）反复接近法。

反复接近法是指销售人员在一两次接近不能达成交易的情况下，多次进行销售访问来接近顾客的方法。该方法在交易较大的重点生意中经常被采用。采用该方法，一方面要求销售人员有恒心、有信心；另一方面要特别注意与顾客建立起良好的人际关系。通过重复接近，将交易关系变成朋友关系，促进交易的达成。

（7）服务接近法。

服务接近法是指销售人员通过为顾客提供有效并符合需要的某项服务来博得顾客的好感，赢得顾客的信任而接近顾客的方法。具体的服务内容如维修服务、信息服务、免费试用服务、咨询服务等。采用这种方法的关键在于服务应是顾客所需要的，并与所销售的商品相关。

（8）利益接近法。

利益接近法是指销售人员能以商品或服务为顾客带来的实际利益引起顾客的兴趣并接近顾客的方法。采用这种方法时，销售人员应把商品能给顾客带来的利益放在第一位，以引发顾客的兴趣，增强购买信心。例如，一位文具销售人员在介绍产品时说：“我们公司生产的账册、簿记比其他公司的产品便宜三成。”

从顾客关心的重点入手，引起顾客对所销售产品的兴趣。这种利益接近法迎合了大多数顾客的求利心态，销售人员抓住这一要害问题予以点明，突出了销售重点和产品优势，有助于很快达到接近顾客的目的。

（9）好奇接近法。

好奇接近法是销售人员通过引发顾客的好奇心来接近顾客的方法。现代心理学表明，好奇是人类行为的基本动机之一。那些顾客不熟悉、不了解、不知道或与众不同的东西，往往会引起他们的注意，销售人员可以利用人人皆有的好奇心来引起顾客的注意。

销售人员在采用该方法时，应注意新奇，但不荒诞，并要注意在恰当的时机，将谈话引入正题。要使用好好奇接近法，不妨将自己放在顾客的地位思考一个问题：究竟是什么因素使顾客认真听取销售人员的介绍。

案　例

日本的一位人寿保险销售人员在名片上印着“76 600”的数字，顾客感到奇怪，就问：“这个数字什么意思？”销售人员反问道：“您一生中吃多少顿饭？”几乎没有一位顾客能答得出来，销售人员接着说：“76 600 顿吗？假定退休年龄是 55 岁，按照日本人的平均寿命计算，您还剩下 19 年的饭，即 20 805 顿……”，这位销售人员用一张新奇的名片吸引住了顾客的注意力。

（10）求教接近法。

求教接近法是销售人员通过请顾客来帮忙解答疑难问题，从而接近顾客的方法。例如，销售人员问："李工程师，你是机电产品方面的专家，你看看与同类老产品相比，我厂研制并生产的产品有哪些优势？"销售人员采用这种方法主要是利用对方好为人师的特点。注意一定要问对方擅长的问题，并在求教后及时将话题导入有利于促成交易的谈话中。

（11）问题接近法。

问题接近法是指销售人员通过直接向顾客提问的方式来接近顾客的方法。采用这种方法时，要注意所提出的问题必须是对方所关心的，可以循序渐进地提出一系列问题，也可以在一个问题之后迅速转入销售主题。在提问时，切忌含混不清、模棱两可，而要语气恳切、明确具体。

案　例

有一位销售书籍的小姐，平时碰到顾客和读者时总会从容不迫、平心静气地提出两个问题："如果我们送给您一套关于经济管理的丛书，您打开之后发现十分有趣，您会读一读吗？""如果读后觉得很有收获，您乐意买下吗？"这位小姐的开场白简单明了，也使一般的顾客找不出说"不"的理由，从而达到接近顾客的目的。

（12）调查接近法。

调查接近法是指销售人员利用市场调查的机会接近顾客的方法。这种方法现在为许多企业所采用。它既可以帮助企业了解顾客需求的状况，又可以借调查之机扩大企业产品的知名度并进行宣传和销售。这种方法对销售人员的相关专业知识水平要求较高，如此才能打消顾客的戒备心理，从而进行深入调查。

（13）表演式接近法。

表演式接近法有时也称为戏剧化接近法，是指销售人员利用各种表演活动引起顾客注意，从而接近顾客的方法。在利用表演式接近法的时候，为了更好地达成交易，销售人员还要分析顾客的兴趣爱好、业务活动，扮演各种角色，想方设法接近顾客。

这个方法应该小心操作，要选择有利时机，表演自然，不出大失误，尤其是产品质量、性能方面的差错，否则将适得其反。如果有可能，应该事先想好出现差错时的应急措施，或在操作过程中随机应变，将坏事变为好事。如果能让潜在顾客参与表演，效果会更显著。表演中的道具最好是与销售活动有关的物品，这样更利于顺利转入实质性洽谈。

例如，一位消防用品销售人员见到顾客后，并不急于开口说话，而是从提包里拿出一件防火衣，将其装入一个大纸袋，旋即用火点燃纸袋，等纸袋烧完后，里面的衣服仍完好无损。这一戏剧性的表演，使顾客产生了极大的兴趣。

5.4 销售展示

案 例 **玻璃销售的故事**

有一家销售玻璃的公司，年底公司颁奖的时候，一位销售人员得了第一名，公司内的很多人都纷纷为他喝彩，并向他请教销售经验。他说："我向顾客介绍说我们的玻璃很好，砸都砸不破，顾客不相信，我就拿铁锤砸给他看，果真砸不破，这样一来顾客自然就信服地买下了。"第二年颁奖大会，又是这个销售人员第一名，大家就觉得很奇怪，我们都学习了他的经验，可还是这个销售员的业绩最好。这个销售人员又向大家介绍说："以前都是我亲自砸玻璃来演示给顾客看，今年到顾客那边去，我就把锤子交给顾客砸。"

从这个案例中，我们可以看出，第一年他运用了一种让顾客看得见的感觉，第二年让顾客不仅有看见的感觉，同时还有一种参与的感觉。这时就成为你和顾客共同参与的一种活动，大家彼此互通信息来沟通了解，加深了对产品的认同。

销售是顾客和你共同参与的活动，当你销售一个实物产品时，你的表现要像一个游戏节目的主持人。顾客愿意投入时间来观看你的展示，表示确实有潜在需求，这一时刻，你要把握住机会。展示不是做产品特性的说明，而是要激起顾客决定购买的欲望。

案 例 **80%综合征**

有统计显示，在销售中有一种叫作"80%综合征"的现象：当买卖双方相遇，80%是卖方首先开腔，80%的时间是卖方在陈述，陈述内容的80%是有关产品的优点而与顾客的兴趣无关。如果销售人员喜欢在顾客面前喋喋不休地炫耀自己的口才，则应该立即反省：销售人员不是播音员，如果只靠说话的多少和音质的好坏，那么他在专业的销售领域将难以为继。

5.4.1 销售展示的含义

销售展示是指销售人员利用语言陈述、可视辅助手段和各种方式，让顾客充分地了解产品的外观、操作的方法、具有的功能以及能给顾客带来的利益，并说服顾客购买的过程。简单地说，销售展示就是用完整的一段话向顾客介绍自己、介绍自己的产品。一般来说，销售展示主要有两类：一类是销售陈述（又称为劝导性沟通），另一类是销售演示。

5.4.2 销售陈述的技巧

好的销售陈述所产生的效果要大于公司和产品的知名度对顾客的影响。因此，销售人员不必因为自己产品的知名度低而产生畏惧的心理，实际上完全可以凭借自己的专业销售陈述来成功地打动顾客。

销售陈述的目的有三点：①顾客通过销售陈述能清晰地了解到什么；②创造了怎样的氛围，让顾客有什么样的感觉；③听完以后顾客要做些什么。在销售陈述之前，销售人员心中要有明确的目的，充分地做好事先准备，从顾客角度出发，以顾客为中心进行销售陈述，才能获得成功。

在销售陈述的过程中，销售人员应该注意一些销售陈述的技巧，即销售提示法的运用。销售提示法是销售人员通过言语和行动，使顾客产生购买动机，促使其做出购买行为的销售展示方法。通常有以下一些类型。

1. 直接提示法

所谓直接提示法，就是销售人员开门见山，直接劝说顾客购买其所销售的产品。这是一种被广泛运用的销售洽谈提示方法。这种方法的特征是：销售人员接近顾客后，立即向顾客介绍产品，陈述产品的优点与特征，然后建议顾客购买。因而这种方法能节省时间，加快洽谈速度，符合现代人的生活节奏，所以很具优越性。

在运用直接提示法时应注意：提示要抓住重点，提示的内容要易于被顾客理解，提示的内容应符合顾客的个性心理。

2. 间接提示法

间接提示法是指销售人员运用间接的方法劝说顾客购买产品，而不是直接向顾客进行提示。例如，可以虚构一个顾客，可以一般化地泛指。使用间接提示法的好处在于，可以避免一些不太好直接提出的动机与原因，因而可以使顾客感到轻松、合理，从而容易接受销售人员的购买建议。

运用间接提示法的一般步骤为：先虚构或泛指一个购买者，不要直接针对面前的顾客进行提示，从而减轻顾客的心理压力，开展间接销售。接下来，使用委婉温和的语气与语言间接地讲述购买动机与购买需求，尤其是对于一些比较成熟、自认为聪明、自视清高的顾客。最后，主要是在洽谈后期采取直接提示法，以更好地把握机会。例如，针对一个脸上长青春痘的年轻人，销售人员会说："那些油性皮肤的人，都在使用这种洗面奶。"而不会说是顾客的油性皮肤导致青春痘。

在运用间接提示法时，销售人员应根据不同类型的顾客、不同的购买动机，有针对性地区别使用。

3. 动意提示法

动意提示法是指销售人员建议顾客立即采取购买行动的洽谈方法。当一种观念、一种想法与动机在顾客头脑中产生并存在的时候，顾客往往会产生一种行为的冲动。这时，销售人员如果能够及时地提示顾客实施购买行动，效果往往不错。例如，当一个顾客觉得某款产品不错时，销售人员应觉察到并及时提示顾客："这种款式很好卖，这是剩下的最后一件了。"只要提示得及时、合理，效果一般都不错。

在运用动意提示法时应注意：动意提示的内容应直接诉诸顾客的主要购买动机；为了使顾客产生紧迫感，即增强顾客的购买动机，语言必须简练明确；应区别不同的顾客，对于那些内向、自尊心强、个性强的顾客，最好不使用动意提示法。

4. 明星提示法

明星提示法是指销售人员借助一些有名望的人来说服、动员顾客购买产品的方法。明星提示法迎合了人们求“名”的情感购买动机，另外由于明星提示法充分利用了一些名人、名家、名厂等的声望，可以消除顾客的疑虑，使销售人员和销售产品在顾客的心目中产生明星效应，有力地影响了顾客的态度，因此，销售效果比较理想。

在应用明星提示时应当注意以下几点：第一，提示所指的明星（名人、名家等）都必须有较高的知名度，为顾客所了解；对于生产资料市场的销售，所提示的企业亦应是该行业真正的市场领导者。第二，所提示的明星必须是顾客公认的，而且是顾客所崇拜尊敬的。第三，所提示的明星与其所使用及消费的产品都应该是真实的。第四，所提示的明星与所销售的产品应有必然的内在联系，从而为销售洽谈气氛增加感染力与说服力。

5. 逻辑提示法

逻辑提示法是指销售人员利用逻辑推理劝说顾客购买的方法。它通过逻辑的力量，促使顾客进行理智思考，从而明确购买的利益与好处，并最终做出理智的购买抉择。逻辑提示法符合购买者的理智购买动机。

逻辑推理是围绕三个部分而设计的展示。这三个部分是：大前提、小前提和结论。下面是一个例子。①大前提：所有生产商都想降低成本、提高效率。②小前提：我的设备能降低你的成本，提高你的效率。③结论：因此，你应该购买我的设备。

如果完全按照这种直来直去的方式进行介绍的话，这个逻辑公式未免太唐突，潜在顾客可能会产生抵触心理。但是，你可以构想一个陈述的框架或者要点，用以确定潜在顾客是否对降低成本、提高效率感兴趣。如果感兴趣，向对方介绍一下价值分析过程，证明你的产品所能提供的利益优于其他产品。利用销售展示组合的各种要素，以劝导性方式，可以对诸如性能数据、成本、服务以及送货情况进行介绍。

在运用逻辑提示法时应注意以下几点：逻辑提示法的适用顾客必须具有较强的理智购买动机；要针对顾客的生活与购买原则进行销售演示；做到以理服人；不符合科学伦理的强词夺理是不能服人的；把科学的、却显得有点儿干巴巴的逻辑推理与说服艺术地结合起来，对顾客既晓之以理，又动之以情。

6. 积极提示法

积极提示法是销售人员用积极的语言或其他积极的方式劝说顾客购买所销售产品的方法。所谓积极的语言与积极的方式可以理解为肯定的、正面的提示，热情的语言，赞美的语言等会产生正向效应的语言。例如：“欢迎参加我们社的旅游团，安全又实惠，所看景点又多又好”“你看，这是摩托车手参加比赛的照片，小伙子们多神气！他们戴的是我们公司生产的头盔。”

在运用积极提示法时，应注意以下几点：第一，可以用提示的方式引起顾客注意，先与顾客一起讨论，再给予正面的、肯定的答复，从而克服正面语言过于平坦的缺陷；第二，坚持正面提示，绝对不用反面的、消极的语言，只用肯定的判断语句；第三，所用的语言与词句都应实事求是，可以证实。

7. **消极提示法**

消极提示法是指销售人员不是用正面的、积极的提示说服顾客，而是用消极的、不愉快的，甚至是反面的语言及方法劝说顾客购买产品的方法。例如："听说了没有，过了 60 岁，保险公司就不受理健康长寿医疗保险了，到那时要看病可怎么办?"

消极提示法包括遗憾提示法、反面提示法等，它运用了心理学的褒将不如贬将，请将不如激将的道理，因为顾客往往对"不是""不对""没必要""太傻了"等词句的反应更为敏感。因此，运用从消极到不愉快，乃至反面语言的提示方法，可以有效地刺激顾客，从而更好地促使顾客立即采取购买行为。

实施消极提示法时应注意以下几点：第一，此方法只适用于自尊心强、反应敏感、爱唱反调的顾客，而对反应迟钝的顾客不起作用。但是对于特别敏感的顾客又会引起争执与反感；第二，语言的运用要特别小心，要做到揭短而不冒犯顾客，刺激而不得罪顾客，打破顾客心理平衡但又不令顾客恼怒；第三，销售人员应在反面提示后，立即提供一个令顾客满意的解决方案，将洽谈引向交易。

8. **联想提示法**

联想提示法是指销售人员通过向顾客提示或描述与销售有关的情景，使顾客产生某种联想，进而刺激顾客购买欲望的洽谈方法。

联想提示法要求销售人员善于运用语言的艺术去表达、描绘，避免刻板、教条的语言，也不能采用过分夸张、华丽的辞藻。这样，提示的语言方能打动顾客、感染顾客、让顾客觉得贴切可信。

案 例

一位化妆品女销售人员来到顾客家销售化妆品，接待她的正好是一位脸上长着雀斑的女主人。当销售人员在向女主人介绍产品时，故意强调其对面部雀斑有特殊的效果，并拿出几张宣传照片让女主人看。然后说："她们几位脸上有这么明显的雀斑，使用了这种化妆品后，根本就看不见了，面部如镜，真是增色不少，何况像您这么年轻漂亮的姑娘，使用后效果就会更理想了。"女主人听后，心里非常明白销售人员的好意，知道她是在保全自己的面子，没有点破自己长有雀斑的事实，而是采用暗示的方法，有针对性地介绍了产品。于是，女主人很高兴地买了几瓶这种化妆品。

5.4.3 销售演示的方法

心理研究表明，人们所接受的外部信息中，有 87%是通过他们的眼睛接受的，只有 13%的信息是通过其他四种感官接受的。这就是说，销售人员使产品介绍最大限度地可视化，才能真正打动顾客的心，直接刺激顾客的购买欲望。演示法正是很好地抓住了人们

“百闻不如一见”的这种心理。

演示法是销售人员通过操作示范或者演示的途径介绍产品的一种方法，根据演示对象即销售工具的类别主要分为产品演示法、行动演示法、文字或图片演示法、证明演示法和顾客参与演示法等。

1. 产品演示法

产品演示法是指销售人员通过直接向顾客展示产品本身，说服顾客购买的洽谈方法。销售人员通过对产品的现场展示、操作表演等方式，把产品的性能、特色、优点表现出来，使顾客对产品有直观的了解。

产品演示法的作用有两个方面：一是形象地介绍产品，有助于弥补言语对某些产品，特别是技术复杂的产品不能完全讲解清楚的缺陷，产品演示法通过产品本身生动形象地刺激顾客的感觉器官，使顾客从视觉、嗅觉、味觉、听觉、触觉等感觉途径形象地接受产品，起到口头语言介绍所起不到的作用；二是起证实作用。产品演示法可以制造一个真实可信的销售情景，直观了解，胜于雄辩。

运用产品演示法时应注意：第一，应根据产品的特点选择演示的内容和方式；第二，应根据顾客的特点，特别是顾客的购买动机与利益需求来选择演示重点内容、方法、时间、地点等；第三，应根据销售洽谈进展的需要，选择适当的时机进行演示；第四，应注意演示的步骤与艺术，最好是边演示边讲解，并注意演示的气氛与情景效应；第五，积极鼓励顾客参与演示，使顾客亲身体验产品的优点，从而产生认同感与占有欲望；第六，在运用产品演示法时，销售人员要坚持产品实体的展示，并且要求演示的产品具有优良的质量，演示时要重点突出销售产品的特殊功能与主要的差别优势，以取得良好的演示效果。

但是，产品演示法的运用也有一定的局限性，对于过重、过大、过长、过厚的产品以及服务性产品等，不适合采用实际产品现场演示法，但可以采用产品模型或样本演示的方式。

2. 行动演示法

行动演示法是指销售人员运用非语言化的形式向顾客展示产品的优点，以提示顾客采取购买行为的一种方法。这一方法的运用，不仅能吸引顾客的注意和兴趣，而且能通过现场展示与使用销售产品，给顾客一种真实可信的感觉，很直观地暗示与激励顾客采取购买行为。但是，行动演示法只适合那些简单的、便于携带、便于表演的产品。

3. 文字或图片演示法

文字或图片演示法是指销售人员展示用以赞美与介绍产品的图片或文字等，劝说顾客进行购买的方式。在不能或不便直接展示产品的情况下，销售人员通过向顾客展示产品的文字、图片、图表、音像等资料，能更加生动、形象、真实可靠地向顾客介绍产品。在借助音像影视设备来展示产品时，会做到动静结合、图文并茂，收到良好的效果。

使用这种方法展示应该注意：销售人员应注意收集有关产品与销售的文字资料，要做好资料的整理与展示准备工作。

4. 证明演示法

证明演示法是指利用证明材料进行展示的方法。产品的生产许可证、质量鉴定书、获奖证书都是证明演示法的好材料，顾客的表扬信、产品消费前后的对比资料和追踪调查统计资料、产品销售证明、企业曾经做过的项目清单都可作为证明材料，也可用演示来证明产品的优势。例如，一位销售人员所销售的玻璃是防震的，为了证明这一点，在销售展示时，他用一个圆头锤子锤玻璃，玻璃裂了，但是并没有被打得碎落满地。这样的演示形象地告诉顾客，玻璃是防震的。

应用证明演示法时应注意：销售前准备好有针对性的证明资料，一方面是注意收集有关证明资料，另一方面是每次销售前应准备好具有专业水平的、权威性的、足够的证明资料；所有证明资料必须是真实、有效的，包括一切书面证明资料、口头证明资料和实物证明资料等，都必须科学合理。

5. 顾客参与演示法

顾客参与演示法是指让顾客参与演示的展示方法。通过让潜在顾客参与，可以抓住顾客的注意力，减少顾客对购买的不确定性和抵触情绪。

通常有四种方法能诱使顾客参与：①提问。通过提问，从顾客那里获得对演示的正面的反馈，如："操作真的很容易，是吗?"②使用产品。让潜在顾客亲自使用产品，会给顾客很高的可信度。如：汽车——让顾客亲自开一圈；衣服——让顾客摸、穿；食品——让顾客看、闻、尝；音响——让顾客听。③用图片、音像等辅助工具吸引。④参加示范表演。让顾客在表演中担当一定的角色。例如，卖防震玻璃时，让顾客用锤子砸玻璃；卖洗衣粉时，让顾客将演示布块弄脏。

以上是在销售陈述中可以采用的销售演示方法，当然，要做好一个成功的销售演示，销售人员还应注意以下几点：

（1）实体展示。

凡是可以随身携带的产品，销售人员应不怕麻烦与辛苦，坚持随身携带，以便随时随地让顾客看到真实的产品。在向顾客销售一些技术性比较复杂、外观差别很大的优良产品，如保健药品、保健用具、名牌化妆品时，销售人员若只是带了产品的图片和广告向顾客推荐，凭自己的口才来打动顾客，效果则会差得很远。

（2）演示的产品应完美无缺。

销售人员向顾客展示的产品一定要完美无缺，不论是其内在质量，还是外在包装、附件及外观设计等方面都不能有任何疏忽，让顾客做一些简单的、失败可能性小的事情，否则就会引起围观群众的嬉笑，导致销售工作的失败。

（3）强调产品的特色。

由于受环境、地点、时间及顾客素质等多种因素的影响，销售人员在向顾客推荐产品时，应着重介绍商品的特色，明确向顾客表示该产品的特殊功效，该产品和市面上流行的同类产品的区别及其优势，特别是要让顾客参与那些与重要购买动机联系最紧密的性能的演示。

(4) 展示应由浅入深。

先向顾客展示哪个部位或什么特点，后向顾客介绍哪个性能与作用，都应事先安排。配合展示而进行的宣传，更应该语言生动，引人入胜。展示的顺序应先易后难，由浅入深。不可一开始就向不太内行的顾客介绍深奥的专业知识。特别忌讳销售人员在向顾客介绍产品时，夸夸其谈，不顾听众的反应，甚至做出一些哗众取宠的不实宣传，这些非但不能起到争取顾客的作用，反而会引起顾客的反感，失去信誉，影响产品销售。

5.5 顾客异议处理

专题

一个销售代表突然来访，他本身就是一位不速之客，因而遭到拒绝是理所当然的。那么，有没有真正的拒绝原因呢？

日本销售专家二见道夫曾对378名销售人员进行调查，调查他们“在进行销售访问时，是如何被拒绝的”。调查的结果如表5-4所示。

表5-4 顾客拒绝统计表

序号	回答内容	人数	比例（%）
1	无理由，条件反射式拒绝	178	47.2
2	没有明显理由，随便找个借口拒绝	64	16.9
3	以忙为理由拒绝	26	6.8
4	有明显的拒绝理由	71	18.7
5	其他	39	10.4

从表5-4可以看到，前三项均表明顾客没有明确的拒绝理由，其和为70.9%，这说明有七成顾客并不真正知道自己为什么而拒绝，而只是想随便找个借口把销售人员打发走。

这种拒绝的实质是拒绝“销售”这一行为本身，我们把其称为防卫型拒绝。这种拒绝常常不是真实性的，只要销售人员耐心地对顾客进行说服教育，使其克服心理上的障碍，销售活动是可以顺利进行下去的。成功的销售正是从克服这种拒绝开始的。

5.5.1 顾客异议的含义

在销售流程中，顾客的任何一个举动或顾客对销售员在展示过程中的说法提出的不赞同、反对、质疑等都统称为顾客异议。它表明潜在顾客对销售人员所提出的产品很感兴趣。

从接近顾客、调查、产品介绍、示范操作、提出建议书到签约的每一个销售步骤，顾客都有可能提出异议；越是懂得处理异议的技巧，销售人员就越是能冷静、坦然地化解顾客的异议，每化解一个异议，就摒除了其与顾客的一个障碍，也就相应地更接近顾客一步。

专题 被拒绝平均所得法：克服被拒绝的沮丧心理的妙方

被拒绝是销售人员随时随地都会碰到的销售窘境。据统计，一次销售成功的可能性只有不到8%。如果一名销售人员一次访问了100位顾客，其中8位愿意购买他的产品就算不错了，其他的90多位会用各种各样的方式拒绝销售产品。

被拒绝是一件令人沮丧的事情。尤其对于销售人员来说，它往往意味着为成交而进行的大量前期准备工作和说服工作付诸东流，功亏一篑。但被拒绝其实并不可怕，关键是对它抱持一个正确的态度，并掌握一些克服沮丧情绪的心理技巧。

被拒绝平均所得法，被许多经验丰富的销售人员誉为克服被拒绝的沮丧心理的妙方。这个方法实施起来很简单，只需做一些小小的计算。

有经验的销售人员都知道，成功的交易是由失败堆积起来的。当然，不同的销售人员由于能力高低有别，销售成功的概率是不一样的，有的成功率是10%，有的可达到20%~30%。不管成功率是多少，都可用下述三个步骤克服由于成交失败所带来的沮丧心理。

第一步，了解每一次交易大概能赚多少钱。假设每成交一笔，销售人员能得300元的佣金。

第二步，估计一次销售成功的概率是多少。也就是说，估计达成一笔交易须拜访几位顾客。比如，销售成功的概率是1/10，即平均每访问十位顾客，可达成一笔交易。

第三步，计算每次访问所得。如上例，每次成交得300元，每成交一笔须访问十次，则有：每次访问得300/10=30元。

于是，我们得出结论：每次访问，尽管十有八九被拒绝，对方都会说“不”，但这每一个“不”等于30元。经过这样的计算，相信每一个销售人员都会明白：一个人之所以能赚300元，并非他拜访的那一位顾客带给他的，而是他拜访的十位顾客一起带给他的。明确了这个道理，销售人员就能够坦然地去接受一次次地被拒绝，当然也会因此得到一个又一个的“30”元。

5.5.2 顾客异议的类型

1. 按照顾客异议的性质分类

（1）真实的异议。

真实的异议是指顾客不愿意购买的真正原因。当顾客提出真实异议时，也就意味着销售人员推荐的商品带给顾客的吸引还不够充分，或者顾客根本不感兴趣。这主要表现在：顾客表达出目前没有需要，对你的商品不满意或对你的商品抱有偏见。面对真实的异议，销售人员要做的是积极洞悉顾客的心理。

（2）虚假的异议。

虚假的异议是指顾客对销售人员介绍的商品有兴趣，但是因为价格、信心等原因而不愿意购买。虚假异议包括以下四种理由：

第一，价格理由，即对价格的抱怨。对于这种异议，在讲价时，销售人员可采取“化整为零法”，也就是在对顾客讲解时，将付款总额拆散成较小的份额，这样可以化解顾客心里的价格压力。

第二，拖延理由，即潜在顾客想推迟购买。如果顾客用拖延的理由来拒绝，销售人员不要步步紧逼，还是要像朋友一样与顾客保持联系。因为顾客现在不买，不等于以后不买，销售人员保持与顾客的关系，就等于保留了以后向顾客销售的机会。

第三，隐藏理由，即潜在顾客给出的理由不是真正的理由，而是一个借口。对于这种异议，销售人员可用开放式的问题来发问。

第四，信心理由，顾客不愿意购买的多数理由是信心理由，即顾客对销售人员的承诺或商品没有信心。当顾客对销售人员的承诺或商品缺乏信心时，首先，销售人员应该向顾客表述，自己的信誉一向良好，所有商品都有保障；其次，介绍商品时要态度诚恳，实事求是，以取得顾客的信赖。同时，还要注意建立自己的专业形象，这样才取得顾客的信任和好感。

如果顾客提出虚假异议，销售人员就要分析其原因，并采用相应的对策。此外，当顾客提出虚假异议时，只要销售人员做好充分的准备，就能够消除这些顾客的虚假异议。

2. 按顾客异议产生的原因分类

一般来说，按照异议产生的原因，顾客的异议主要表现为以下几种类型。

（1）需求异议，指顾客认为产品不符合自己的需要而提出的反对意见。当顾客对你说："我不需要"或"我已经有了"之类的话时，表明顾客在需求方面产生了异议。顾客的需求异议存在两种可能：一是顾客确实不需要或已经有了同类产品，这种情况下，销售人员应立刻停止销售，转换销售对象；二是这只是顾客想摆脱销售人员的一种托词而已。

（2）商品质量异议，指顾客针对产品的质量、性能、规格、品种、花色、包装等方面提出的反对意见，也称为产品异议。这是一种常见的顾客异议，其产生的原因非常复杂，有可能由于产品自身客观存在的不足，也有可能源于顾客自身的主观因素，如顾客的文化素质、知识水平、消费习惯等。此种异议是销售人员面临的一个重大障碍，且一旦形成就不易说服。

（3）价格异议，指顾客认为价格过高或价格与价值不符而提出的反对意见。在销售流程中，销售人员最常碰到的就是价格方面的异议，这也是顾客最容易提出来的问题。

因为价格与顾客的切身利益密切相关，所以顾客对产品的价格最为敏感，一般首先会提出价格异议。即使销售人员的报价比较合理，顾客仍会抱怨"你这价格太高了"。在顾客看来，讨价还价是天经地义的事。

当然，顾客提出价格方面的异议，也是顾客对产品感兴趣的一种信号，说明顾客对产品的其他方面，如性能、质量、款式等比较满意。因此，销售人员应把握机会，可适当降价，或从产品的材料、工艺、售后服务等方面来证明其价格的合理性，说服顾客接受其价格。

（4）服务异议，指顾客针对购买前后一系列服务的具体方式、内容等方面提出的反对意见。这类异议主要源于顾客自身的消费知识和消费习惯，处理这类异议，关键要提高销售人员的服务水平。

（5）购买时间异议，指顾客认为现在不是最佳的购买时间或对销售人员提出的交货时间表示的反对意见。当顾客说“我下次再买吧”之类的话时，表明顾客在这一方面提出了异议。这种异议的真正理由往往不是购买时间，而是价格、质量、付款能力等方面存在问题。在这种情况下，销售人员应抓住机会，认真分析时间异议背后真正的原因，并进行说服或主动确定下次见面的具体时间。此外，由于企业生产安排和运输方面的原因，或正处于销售季节，可能无法保证货物的及时供应。在这种情况下，顾客有可能对交货时间提出异议。面对此种异议，销售人员应诚恳地向顾客解释缘由，并力图得到顾客的理解。

(6) 进货渠道异议，指顾客对产品的来源提出的反对意见。在销售展示过程中，顾客经常会这样说：“你们的产品质量不行，我宁愿去买另一家企业的产品。”这就属于进货渠道方面的异议。消除这类异议，一方面要靠销售人员有技巧的劝说，另一方面是加大广告宣传的力度，把企业推向市场，让顾客和其他公众了解，树立企业的良好形象。

(7) 销售人员异议，指顾客对销售人员的行为提出的反对意见。这种异议往往是由销售人员自身造成的。销售人员态度不好，自吹自擂，过分夸大产品的好处，或礼貌用语欠佳等都会引起顾客的反感，从而拒绝购买产品。因此，销售人员一定要注意保持良好的仪容仪表，举止得体，并注意自身素质的提高，给顾客留下良好的印象，从而顺利地开展销售工作。

(8) 支付能力异议，指顾客由于没有资金购买而提出的反对意见。这种异议往往并不会直接地表现出来，而是间接地表现为质量方面的异议或进货渠道方面的异议等，销售人员应善于识别。一旦觉察顾客确实存在缺乏支付能力的情况，应停止销售，但态度要和蔼，以免失去其成为未来顾客的机会。

5.5.3 顾客异议产生的原因

1. 顾客的原因

(1) 拒绝改变。多数人对改变都会习惯性地产生抵触情绪，因为销售人员的工作或多或少会给顾客带来一些改变。例如，从目前使用的A品牌转换成B品牌；从目前可用的预算中拿出一部分来购买未来的保障等。

(2) 情绪处于低潮。当顾客的情绪正处于低潮时，可能没有心情来谈，也容易提出异议。

(3) 没有意愿。顾客的意愿没有被激发出来，产品没有能引起他的注意及兴趣。

(4) 无法满足顾客的需求。顾客的需要不能充分被满足，因而无法认同企业的产品。

(5) 预算不足，因而产生价格上的异议。

(6) 借口、推托。顾客不想花时间来和销售人员交流。

(7) 顾客抱有隐藏的异议：顾客抱有隐藏的异议时，会提出各式各样的异议。

2. 销售人员原因

(1) 销售人员无法赢得顾客的好感，如举止态度让顾客反感。

(2) 做了夸大不实的陈述。如以不实的说辞哄骗顾客，结果带来了更多的异议。

(3) 使用过多的专门术语。如专业术语过多，顾客觉得自己无法胜任、使用并提出异议。

（4）事实调查不正确。销售人员引用不正确的调查资料，引起了顾客的异议。

（5）不当的沟通。销售人员说得太多或听得太少都无法把握住顾客的需求点，因而产生许多异议。

（6）展示失败。展示失败会立刻遭到顾客的质疑。

（7）姿态过高，处处让顾客词穷：销售人员处处说赢顾客，让顾客感觉不愉快，而提出许多主观的异议。

只有了解异议产生的可能原因，销售人员才可能更冷静地判断异议产生的真正原因，并针对原因"有的放矢"，如此，才能真正有效地化解异议。

5.5.4 顾客异议处理的方法

1. 转折处理法

转折处理法是根据有关的事实和理由来间接否定顾客的异议。应用这种方法时，首先要承认顾客的看法有一定的道理，也就是向顾客做出一定让步才讲出自己的看法。例如，顾客说："你这个金额太大了，不是我们马上能够支付的。"销售人员可以回答说："是的，我想大多数人跟您都是一样的，不容易立刻支付，如果我们能够看到您的收入状况，在您发年终奖金时多支一些，其余配合您每个月的收入，采用分期付款的方式，是不是来得一点儿都不费力。"

销售人员应该尽量减少使用"但是"，而实际交谈中却包含"但是"的意见，这样效果会更好。在表达不同意见时，尽量利用"是的……如果"的句法，软化不同意见的口语。"是的……如果……"源自"是的……但是……"的句法，因为"但是"的字眼在转折时过于强烈，很容易让顾客感觉到你说的"是的"并没有含着多大诚意，你强调的是"但是"后面的诉求。因此，销售人员使用"但是"时要多加留意，以免失去处理顾客异议的原意。

2. 转化处理法

转化处理法又叫利用处理法或自食其果法、太极法，此法是利用顾客异议本身，用销售有利的一面来处理异议，把顾客拒绝购买的理由转化为说服购买的理由。基本做法是，当顾客提出某些不购买的异议时，销售人员能立刻回复说："这正是我认为你要购买的理由！"也就是销售人员能立即将顾客的反对意见直接转换成为什么他必须购买的理由。

这种方法能处理的异议多半是顾客通常并不十分坚持的异议，特别是顾客的一些借口，转折处理法最大的目的是让销售人员能借处理异议迅速地陈述他能带给顾客的利益，以引起顾客的注意。采用此法要谨慎，语言应尽可能诙谐风趣，态度一定要诚恳，以免使顾客觉得销售人员是在抓他们的话柄，钻他们的空子而感到有损自尊，且一般不适用于与成交有关的或敏感性强的反对意见。

案 例

有一名销售人员，代表斯通公司销售高质量的复印机。一天，他走进张先生的办公室，交谈中才知道张先生是斯通公司的老主顾。

销售人员一开始就陷入了困境。张先生说："两年前，我们买了一台斯通复印机，它的速度太慢了，我们只得抛出去。用你们的复印机，我们损失了不少宝贵的工作时间。"在这种情况下，一般的销售人员通常会进行争辩，说斯通复印机速度同其他复印机一样快。这样的争辩很少能有结果，常常会得到这样的回答："好啦，我听到了，但是我们不再想要斯通复印机。谢谢光临，再见。"

然而，这位销售人员却没有这么做，而是把斯通公司董事长的帽子戴到了张先生的头上，说："张先生，假定您是斯通公司的董事长，已经发现复印机速度慢的问题，您会怎么办呢？"张先生说："我会让工程技术部门采取措施，促使他们尽快解决这个问题。"接着，销售人员笑着说："这正是斯通公司董事长所做的事情。"

异议被突破了！张先生继续听完销售人员的介绍后，又订购了一台高质量、高速度的斯通复印机。

3. 以优补劣法

以优补劣法又叫"抵消处理法"或"补偿处理法"，是销售人员利用商品的某些长处来对异议所涉及的短处加以弥补的一种处理方法。它与"转折处理法"的主要区别在于后半部分，转折处理法的后半部分是紧接着否定顾客异议，而补偿处理法的后半部分则是指出产品的优点，用以补偿顾客感觉到的不足。

例如，顾客说："你这个皮包设计的颜色非常棒，令人耳目一新，可惜啊，这个皮子品质不是最好的。"销售人员回答说："先生，您眼力真的特别好，这个皮料的确不是最好的，若选最好的皮料的话，价格可能就要比现在这个价格高出好几倍了。"

世界上没有十全十美的东西，在顾客异议的确是事实时，可采用此法，先承认其异议的正确性，然后指出产品的优点以弥补产品的缺点，以便顾客在心理上达到一定程度的平衡，认为购买商品是值得的。这样，既保持了良好的人际关系，又突出了优点，有利于排除障碍，促成交易。

4. 委婉处理法

销售人员在没有考虑好如何答复顾客的反对意见时，不妨先用委婉的语气把对方的反对意见重复一遍，或用自己的话复述一遍，这样可以削弱对方的气势。有时转换一种说法，会使问题容易回答得多，但销售人员只能减弱而不能改变顾客的看法，否则顾客会因歪曲他的意见而产生不满。销售人员可以在复述之后问一下顾客："您认为这种说法确切吗？"再说下文，以求得顾客的认可。

例如，顾客说："价格比去年高多了，怎么涨幅这么高！"销售人员可以回答说："是啊，价格比起前一年确实高一些。"然后再等顾客的下文。

5. 合并意见法

合并意见法是将顾客的几种意见汇总成一个意见，或者把顾客的反对意见集中在一个时间讨论，总之是要削弱反对意见对顾客所产生的影响。

但是注意不要在一个反对意见上纠缠不清，因为人们的思维有连带性，往往会由一个意见派生出许多反对意见。要在回答了顾客的反对意见后马上把话题转移开。

6. 反驳处理法

与“转折处理法”相对应，反驳处理法也叫直接否定法，是销售人员根据有关事实和理由来直接否定顾客异议而进行针锋相对、直接驳斥的一种处理方法。

从理论上讲，应该尽量避免使用反驳处理法。但如果顾客的反对意见是对产品的误解，不妨直言不讳。这种方法最好用于回答以问句形式提出的异议或不明真相的揣测陈述，而不宜用于表达己见的声明或对事实的陈述。

反驳处理法最大的缺点是直言不讳、毫无顾忌，容易使气氛僵化而不友好，使顾客产生敌对心理，用得不当会使顾客下不了台，甚至会激怒顾客。所以，使用时一定要注意：必须摆事实、讲道理，并注意语气委婉、态度友好，而不能强词夺理；表达否定意见时，态度一定要真诚而殷切，不要像是在发动攻势，绝不能露出想发脾气的样子，那样会毁了自己正在做的事。

7. 冷处理法

对于顾客的一些不影响成交的反对意见，销售人员最好不要反驳，采用不理睬的方法是最佳的。对于一些“为反对而反对”或“只想表现自己的看法高人一等”的顾客意见，销售人员如果认真地处理，不但费时，还有节外生枝的可能，因此，销售人员只要让顾客满足了表达的欲望，转而谈销售人员要说的问题即可。千万不能当顾客一有反对意见时，销售人员就反驳或以其他方法处理，那样就会给顾客造成销售人员总在挑他毛病的印象。

例如，一个销售人员去拜访服装店的经销商，老板一见到销售人员就开始抱怨说：“哎呀！你们这个广告为什么不找明星拍呢？如果你们找比较有名的明星的话，我早就向你进货了。”这个销售员只是面带微笑地说：“您说得对。”然后接着向经销商介绍自己的产品。

常用的方法有微笑点头（表示“同意”或“听了你的话”），说“你真幽默”“嗯！高见！”等。

8. 强调利益法

强调利益法是指销售人员通过反复强调产品能给顾客带来利益的方法来化解顾客的异议，一般适用于具有某种特点又能为顾客带来某种突出利益的产品。例如，若某种品牌的冰箱在节电方面的特点比较突出，销售人员可以反复强调该冰箱能给顾客带来的这方面的利益，从而使这一特点在顾客的心目中不断突出，超越顾客的不满而占据上风。

9. 比较优势法

比较优势法是指销售人员将自己产品与竞争对手产品相比较，从而以突出自己产品的优势来处理顾客异议。例如，在顾客提出某一异议时，销售人员可以如此回答："您说得很有道理，这是此类产品的通病，目前国内还没有哪家企业能够彻底解决这个问题。但是，与其他同类产品相比，我们的产品在这方面做得是最好的。"

10. 价格分解法

价格分解法是当顾客提出有关价格的异议时，销售人员可以化解计量单位，以此来改变顾客的错误看法，化解顾客异议的方法。比如，顾客说："你们的产品也太贵了，我看到××公司也卖这样的产品，比你们便宜将近一半，每千克只卖 50 元。"销售人员可以根据自己的推测这样说："您大概看错了，是 500 克吧。我们的产品每千克 90 元，500 克才 45 元，比您看到的还便宜。"听了这句话，顾客很可能已不确定了，并对销售人员的说法将信将疑。销售人员应进一步说明价格或强调产品的其他优点，使顾客更倾向于接受销售人员的说法。

案　例　**价格分解法使价格异议变得无足轻重**

美国销售大师汤姆·霍普金斯讲过一段自己成功地销售高速办公复印机的经历。

一天，汤姆走进一家公司，当公司老板拉比听到高速复印机的价格是 1 万美元时，说："价格太贵了。"汤姆问："那么你能接受的价格是多少呢？"拉比回答说："8 000 美元左右。"这是当时一般复印机的市场价格。这个例子中的价格异议只是 2 000 美元，而不是 1 万美元了，也就是说，无须再谈这 1 万美元的价格。那么这个差额就成为异议的焦点。汤姆说："拉比，实际的问题是 2 000 美元，不是吗？那好，我认为应当认真地把这个问题放到适当的位置上进行探讨。"

他把计算器递给拉比，继续说："假定您拥有这种高速复印机，您认为能用 5 年吗？"拉比说："差不多这样。"汤姆说："好，2 000 美元除以 5，每年就是 400 美元，复印机在你们公司每年能使用 50 周，那么每周就是 8 美元，对吗？"汤姆接着说："我了解贵公司周末还有许多工作，需大量加班，因此我认为每周使用 7 天是比较合理的。这样，8 除 7 等于多少？"拉比说："1.14 美元。"汤姆微笑着说："您觉得是不是因为每天需要多花 1.14 美元，就不应该购买超能复印机来增加利润、增加产量、扩大生产能力吗？"拉比回答说："这个……我不知道。""拉比，我能问一下这里的打字员最低工资是多少？""大约每小时 3.5 美元，这大概是最低的工资。""是 3.5 美元，那么这 1.14 美元就等于您的最低工资的助手工作 20 分钟的报酬。要这么算，是 20 分钟的报酬。"汤姆说："拉比，让我再问你一件事，这种高速机器连同它所拥有的现代化生产能力和节约时间的特点及我们所讲到的效用，在一天内为公司创造的利润，不会比打字员在 20 分钟内创造的多吗？"拉比回答说："不，我想会更多。"

汤姆接着说："我们意见一致了，是吗？顺便问一下，哪天交货最能适合您的计划？1 号还是 15 号？"交易促成了！

11. 反问处理法

反问处理法又称询问处理法或质问处理法，是用对顾客提出的异议进行反问或质问的方法答复顾客的异议。这种方法常用于销售人员不了解顾客异议的真实内涵，即不知是寻找借口还是真有异议时，是主动了解顾客心理的一种策略。

例如，一位顾客对销售吸尘器的销售人员说："你的机器太重。"销售人员便可反问："你为什么说它太重?"这样就迫使对方给出几个理由，并使销售人员获得一次实际展示机器的机会，以说明他的机器并不很重。

反问处理法在处理异议中扮演着两个角色。首先，透过询问，可以把握住顾客真正的异议点。其次，通过询问，可以直接化解顾客的反对意见。有时，销售人员也能通过顾客提出反问的技巧，直接化解顾客的异议。

凡是顾客提出异议，销售人员必须回答，若以陈述句的形式摆出一些事实，往往会引起进一步异议；若以反问的形式回答异议，不但不会引起新的异议，还能使顾客自己回答自己的问题。

此法的优点主要在于，它能迫使销售人员仔细听顾客说话，了解顾客的真实需要，又能摆脱困境，迫使顾客不得不放弃借口。但是，它也有一个最大的缺点，就是使用不当，会引起顾客的反感和抵触。所以，在运用时应使用商量和征求意见的口吻。

专题

分析中国人的个性，开始着手处理拒绝

使用拒绝处理的技术，要从分析中国人的个性开始着手。中国人个性中的优点和缺点，都是成交的机会点。

■ 中国人的记性奇好，所以对顾客的承诺一定要兑现，否则这辈子都恐怕没有机会成交。

■ 中国人爱美，所以销售人员给人的第一印象很重要。

■ 中国人重感情，所以销售要注重人与人的沟通。

■ 中国人喜欢牵交情，所以销售人员要和顾客牵交情——"哎呀，小王啊，是你同学啊，他是我邻居啊。"这样关系可以立刻拉近。

■ 中国人习惯看脸色，表情都写在脸上，所以要注意察言观色。

■ 中国人喜欢投桃报李，所以一定要懂得相互尊重。

■ 中国人爱被赞美，所以要逢人减岁，逢物加价。

■ 中国人爱面子，所以要给足顾客面子。

■ 中国人不容易轻信别人，但是，对于已经相信的人深信不疑，所以销售最重要的是获得顾客的信任。

■ 中国人太聪明，所以销售人员不能被顾客的思路带着走，销售的每个环节由谁来主导，决定了最后是否能成交或是被顾客拒绝。

■ 中国人不爱"马上"，怕做第一，知而不行，喜欢话讲一半，所以，在适当的时机，要懂得让顾客做决定。

■ 中国人喜欢马后炮，要表示对顾客意见的认同。

■ 中国人不会赞美别人，所以要学习赞美。

所以，结论是，异议处理技巧的关键是抓住人性，懂得分析顾客拒绝背后的真正问题。

5.6 促成交易

案 例 **煮得八成熟的鸭子居然飞了**

小王是某配件生产公司的销售人员，他非常勤奋，沟通能力也相当不错。前不久，公司研发出一种新型的配件，较之过去的配件有很多性能上的优势，价格也不算高。小王立刻联系了他的几位老顾客，这些老顾客都对该配件产生了浓厚的兴趣。

其中一家企业的采购部主任表现得十分热情，反复向小王咨询有关情况。小王详细耐心地向他解答，对方频频点头。双方聊了两个多小时，十分愉快，但是小王并没有向对方索要订单。他想，对方还没有对自己的产品了解透彻，应该多接触几次再下单。

几天之后，他再次和对方联系，同时向对方介绍了一些上次所遗漏的优点，对方很是高兴，就价格问题和他仔细商谈了一番，并表示一定会购进。这之后，对方多次与小王联络，显得非常有诚意。

为了进一步巩固顾客的好感，小王一次又一次地与对方接触，并逐步和对方的主要负责人建立起了良好的关系。他想："这笔单子已经是十拿九稳了。"

但一个星期后，对方的热情却慢慢降低了，再后来，对方还发现了他们产品中的几个小问题。这样拖了近一个月后，快到手的单子就这样黄了。

小王为什么会失败？是缺乏毅力、沟通不当，还是该产品缺乏竞争力？都不是。

关键在于小王没有把握好成交的时机。过于追求完美、过于谨慎，让他错失了良机。很多销售人员之所以得不到订单，并非是因为他们不够努力，而是因为他们不懂得瞬间成交的道理，不能领悟"快"字的重要性。他们对自己的介绍缺乏信心，总希望能给对方留下一个更完美的印象，结果反而失去了成交的大好时机。

5.6.1 促成交易概述

1. 促成交易的含义

所谓促成交易（简称成交），是指顾客接受销售人员的销售建议及销售演示，并且立即购买销售产品的行动过程，也就是顾客与销售人员就销售产品的买卖商定具体交易。

只有成功达成交易，才是真正成功的销售。成交是整个销售工作的核心，其他各项工作都是围绕这一核心进行的。因此，成交是销售流程中最重要、最关键的阶段之一。

成功促成交易的步骤如图 5-4 所示。先向顾客介绍产品的优点、特点，然后设法征得顾客对优点的认同，再提出成交要求。一旦提出成交要求，销售人员要保持一段时间的沉默，至少 30 秒钟的时间。这需要销售人员的勇气，毕竟双方沉默的时候，销售人员是不舒服的，但这对成交有利。如果成交失败，销售人员就应该返回第一步，就新的优点和特点进行介绍。然后再次征得认同，提出成交要求，直到成交为止。

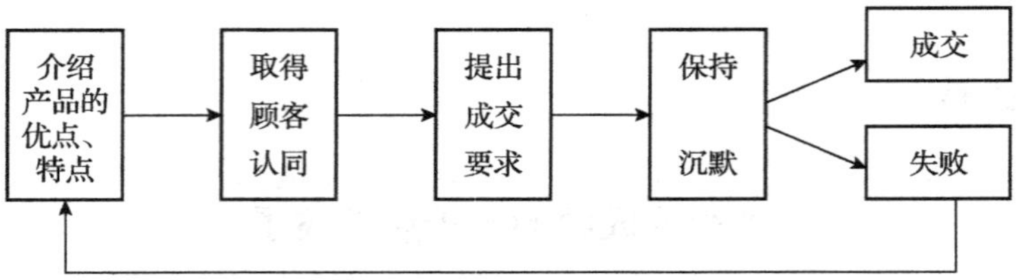

图 5-4 促成交易的步骤

2. 促成交易的障碍

有许多障碍使得销售人员在销售实践中无法最终促成交易，这些障碍尽管比较复杂，但也不是不可消除的。成交的障碍来自顾客和销售人员两方面。

（1）来自顾客方面的成交障碍。

来自顾客方面的成交障碍主要是顾客对购买决策的修正、推迟和避免行为。在成交阶段，顾客常常受其风险意识的影响，修正、推迟已做出的购买决策，或者避免做出购买决策，从而使销售人员的努力付诸东流。在顾客的潜意识里，因为无法确定购买行动的后果如何，所以都存在一定程度的风险，风险的大小根据投入购买成本的多少，商品属性的不确定程度和顾客的自信程度而定。为了降低风险或回避风险，顾客很自然地要修正、推迟、避免购买决策，从而导致交易难以达成。降低顾客的风险意识，要求销售人员有极大的耐心，谙熟顾客的心理和促成交易的方法。

（2）来自销售人员方面的成交障碍。

来自销售人员方面的成交障碍主要是销售人员的成交心理与态度不正确，洽谈不充分，技巧不熟练。主要表现在以下方面。

1）害怕失败。

有时候，销售人员越想成交就越害怕提出成交要求，害怕顾客说“不”；也有时是害怕促进成交时过于勉强而冒犯顾客，故而面部表现过于紧张，让顾客也觉得不舒服，造成成交失败。

事实上不会这么严重。因为销售人员一旦发现顾客尚未准备好，还可以返回重新推荐商品，再次争取成交。一项研究表明，销售人员第一次提出成交要求就获得成功的买卖，只占成交量的1/10。更多的是在遭遇了一两次甚至好几次、几十次拒绝之后才成交的。而且由于销售人员害怕主动提出成交，对自己缺乏信心，从而感染到顾客，使顾客也变得疑虑重重、犹豫不决。这些顾客在心里想：“当我准备购买的时候，他为什么还要继续介绍下去呢？他一定有什么事瞒着我。”结果，销售人员说得越多，成交的机会就越小。

其实销售人员应该明白，顾客与你一样需要成交，有一个恰当的结果。你不提出成交而他提出，像他求你买东西似的。而且，顾客也希望再次得到保证，希望证明他们的决策是正确的，“买下它，没问题。”若把成交看成是满足买主的需要和购买欲望的话，那成交就更轻松了。

2）急于成交。

销售人员过早地要求顾客采取购买行动，也是导致成交失败的原因之一。销售人员经过接触初访、介绍产品、商洽、议价等阶段，当然期望能够顺利签约，但是若无法判断各阶段顾客的需求、顾客购买的时间或对成交操之过急，甚至用威胁性的语言如“不赶快签约，下月就会涨价”，或者“公司将缺货，无法准时交货”等逼迫顾客签约，这种急躁情绪可能使顾客感到不被尊重，可能使顾客讨厌销售人员，还可能使顾客对产品产生怀疑，从而导致交易失败。

3）惊慌失措或喜形于色。

有的销售人员看到顾客准备采取购买行动时，表现出颤抖、出微汗等神经质动作，会使顾客重新产生疑问和忧虑，如果顾客因此失去信心，那么交易就会失败。一般来说，经过努力而获得成功是件令人兴奋的事情，但在硕果将至的时候，勿喜形于色是非常关键的。讨价还价后签约是销售的一个部分，此时的一笑一颦可能会使顾客怀疑你谈成生意的概率较低，再继续推论下去就是，你的商品一定有什么缺点，或是你在这次交易中获利一定很多。这会使即将到终点的销售过程不得不重新回到起点。尤其是新销售人员，得意忘形无异于自酿苦酒，所以必须控制自己兴奋的情绪。

4）言谈内容消极。

终结成交时应向顾客传达积极的消息，不做否定性的发言，尽量使顾客心情舒畅地签约。此时，既然已经准备终结成交，说明顾客的异议基本上得到了圆满的处理，在此关键时刻应谨慎从事，避免因任意开口而节外生枝，使顾客提出新的异议而导致成交失败。

5）成交方法不恰当。

促成交易是整个销售流程中最具挑战性的环节，需要销售人员掌握特定的方法和技巧。只有经过大量的实践，并根据具体的环境有针对性地运用恰当的成交方法，才能顺利达成交易。而不合适的成交方法往往会断送即将达成的交易。

6）单项沟通。

销售人员像做广告一样一个人滔滔不绝，说个没完，没有试探性地询问问题，没有注意购买信号，这就是所谓的单项沟通。双方缺乏交流，自然难于成交。

5.6.2 促成交易的时机和信号

案 例

王强是一家大型体育用品商店的销售人员，这家商店最近在报纸上做了大量的广告，并在公司内举办了一个产品展览会。星期三下午，一名顾客进了展厅，开始仔细查看展出的帐篷，王强认为他是该产品的一名潜在顾客。

王强：“正如您所见，我们有许多种帐篷，能满足任何购买者的需求。”

顾客：“是的，可选的不少，我都看见了。”

王强：“这几乎是一个万国展了，请问您喜欢哪种产品？”

顾客：“我家有 5 口人，3 个孩子，都 10 岁以下，我们想去南方度假，因此打算买个帐篷。但不能太贵，度假花销已经够多了。”

王强："这儿的许多产品都能满足您的需求。例如这种，里面很大，可容纳下像您家那么大规模的家庭；质地很轻，而且不用担心，它是防水的；右边的窗子可以很容易地打开，接受阳光；地面是用强力帆布特制的，耐拉、防水；能很容易地安装和拆卸，您在使用中不会有任何问题。"

顾客："看上去不错，多少钱？"

王强："价格合理，985元。"

顾客："旁边那个多少钱？"

王强："这个圆顶帐篷是名牌，比前一个小一点，但够用，特性与前面一个相差无几，价钱是915元。"

顾客："好的，现在我已经了解了许多，星期六我带妻子来，那时再决定。"

王强："这是我的名片，如果有问题可以随时找我，我从早上开业到下午6点都在这儿，我很高兴星期六能与您和您妻子谈谈。"

从案例中不难看出，在促成交易阶段，销售人员不仅要充分注意顾客的言行，捕捉成交信号，而且应灵活运用成交策略与技巧，促成交易的最终达成，实现销售目标。

1. 促成交易的时机

促成交易环节中最重要的是：善于掌握成交时机。太快了，对方跟不上（甚至引起戒意）；太慢了，对方的购买意愿顷刻之间就会消失殆尽。所谓最好的成交时机，是准顾客的态度有了变化的时候。

（1）顾客心情非常快乐时。

当顾客心情非常快乐、轻松时，销售人员恰到好处地提出成交要求，成交的概率会很大。例如，顾客开始请销售人员喝咖啡或吃蛋糕时，销售人员要抓住这样好的请求时机。此时，顾客的心情非常轻松，会愿意购买。

（2）介绍完商品说明后。

销售人员完成商品说明和介绍之后，要抓住时机，询问顾客需要产品的型号、数量或者颜色等外表特征，这时是提出成交请求的最好时机。

（3）解释完顾客异议意见后。

出现顾客异议非常正常，当顾客提出异议时，销售人员要开始向顾客解释，解释完之后，征求顾客意见，询问顾客是否已完全了解产品说明，是否需要补充，当顾客认可销售人员的说明时，销售人员就要抓住这一有利时机，询问顾客选择何种产品。当销售人员解释完顾客提出的异议后，可以直接成交。

找出很好的成交时机，要依靠销售人员敏锐的洞察力。在进行销售的过程中，销售人员自始至终都要非常专注，了解顾客的一举一动，尤其是要识别顾客成交的信号。

2. 识别成交信号

（1）成交信号的含义。

成交信号是指顾客在语言、表情、行为等方面所表现出来的打算购买的一切暗示或提示。在实际销售流程中，顾客出于所处地位的特殊心态，为了保证自己所提出的交易条件，往往不愿意提出成交。但是，顾客的购买意向总会有意或无意地通过各种方式表现出来，有时这种信号是下意识地发出的，顾客自己也许并没有强烈地感觉到或不愿意承认自己已经被说服，但他的语言或行为会告诉销售人员可以和他做交易了。因此，销售人员必须善于观察顾客的言行，善于捕捉稍纵即逝的成交信号，抓住时机，及时促成交易。

（2）成交信号的类型。

销售人员也可以通过观察顾客的动作和神态来识别顾客是否有成交的倾向。因为一旦顾客拿定主意要购买产品，会出现与销售人员介绍产品时完全不同的动作和神态。购买信号的表现形式是复杂多样的，一般可分为语言信号、行为信号和表情信号。

语言信号是顾客在言语中流露出来的意向。语言信号种类很多，销售人员必须具体情况具体分析，准确捕捉语言信号，顺利促成交易。

行为信号是顾客在举止行为上所表露出来的购买意向，如细看说明书、要求销售人员展示样品，不断用手触摸商品并不住点头，拍拍销售人员的手臂或肩膀，做出身体自然放松的姿势等，均是有意成交的表现。

表情信号是顾客的心理状态在面部表情中的反映。

一般而言，除了以上的语言信号、行为信号和表情信号以外，有时候顾客表现出来的一些表示友好的姿态也是销售人员应该注意的促成交易的重要信号。

5.6.3 促成交易的方法

1. 请求成交法

请求成交法又称直接成交法，是指销售人员在接到顾客购买信号后，用明确的语言向顾客直接提出购买建议，以求适时成交。若正确运用这种方法，则能有效地促成交易，并且可以充分利用各种成交机会，避免顾客在成交的关键时刻故意拖延时间、贻误成交时机，从而节省销售的时间，提高销售活动的效率。此外，这种方法还可以体现销售人员灵活、机动、主动进取的销售精神。

但是使用这种方法也有一定的限制，主要体现在：第一，若销售人员急于成交，就会使顾客以为销售人员有求于自己，从而使销售人员失去了成交的主动权，使顾客获得心理上的优势。第二，可能使顾客对先前达成的条件产生怀疑，从而增加成交的困难，降低成交的效率。第三，如果应用的时机不当，可能给顾客造成压力，破坏成交的气氛，反而使顾客产生一种抵触成交的情绪。

2. 假定成交法

假定成交法也可以称为假设成交法，是销售人员在假定顾客已经接受销售建议，同意购买的基础上，通过提出一些具体的成交问题，直接要求顾客购买销售品的一种方法。例如，“张总您看，假设有了这样设备以后，你们是不是省了很多电，而且成本也有所降低，效率也提高了，不是很好吗？”就是把拥有产品后的那种视觉现象描述出来。

这种方法可以为销售人员节省销售时间，并提高销售效率。而且在整个销售流程中，顾客随时可能流露出成交意向，若销售人员能及时觉察，就可正确使用假设成交法，将成交信号转化为成交行动，及时促成交易。

但是，销售人员若在时机把握上出现偏差，盲目假设顾客已有了成交意向而直接明示成交，很容易给顾客造成过高的心理压力，导致可能成功的交易走向失败。此外，若使用不当，还会使顾客产生种种疑虑，使销售人员陷于被动，增加成交的难度。

所以，对销售人员而言，应适时地使用假定成交法。一般只有在发现成交信号，确信顾客有购买意向时才能使用这种方法，否则会弄巧成拙。而且还应有针对性地使用假定成交法。使用这种方法时，销售人员要善于分析顾客。一般来说，对于依赖性强、性格比较随和的顾客以及老顾客，可以采用这种方法。但对那些自我意识强的顾客，则不应使用这种方法。

3. 选择成交法

选择成交法也称有效选择成交法，是销售人员为顾客设计出一个有效成交的选择范围，使顾客只能在有效成交范围进行成交方案选择的一种成交技术。比如："我们星期二见还是星期三见？"

当销售人员直接将具体购买方案摆到顾客面前时，顾客会感到难以拒绝，从而有利于交易。从表面上看来，选择成交法似乎把成交的主动权交给了顾客，而事实上是让顾客在一定的范围内进行选择，有利于销售人员掌握主动权，可以有效地促成交易。而且避免顾客对购买感到难以下定决心，使顾客掌握一定的主动权（即选择权），从而比较容易做决定。

但是，不可否认的是，有时采用选择成交法会让顾客感到无所适从，从而丧失购买信心，增加新的成交心理障碍；有时也会让顾客感到压力较大，从而产生抵触情绪，并拒绝购买。所以，在使用这种方法时，销售人员应该注意，所提供的选择事项应该能让顾客从中做出一种肯定的回答，而不要给顾客拒绝的机会。应避免向顾客提供太多的方案，最好是两项，最多不超过三项，否则就不能达到尽快促成交易的目的。不要让顾客回答"要或者不要"的问题，而应该让顾客回答"要 A 还是要 B"的问题。

案　例

销售情景 1

以小汽车销售人员为例：

销售人员："以车身的颜色来说，你喜欢灰色的还是黑色的？"

顾客："嗯，如果从颜色上来看，我倒是喜欢黑色的。"

销售人员："选得不错！现在最流行的就是黑色的！那么，汽车是在明天还是后天送来呢？"

顾客："既然要买，就越快越好吧！"

经过这样一番对话，顾客等于说要买了，所以这时销售人员就可以说："那么明天就送货吧。"这样就可很快结束交易了。

4. 小点成交法

小点成交法又称次要问题成交法、局部成交法，或者叫作避重就轻成交法，是销售人员利用成交小点来间接促成交易的方法。如：“这件衣服你穿多合适，你看我给你包装好了，你就带走吧。”而不去提价格、质量问题。

这种方法在顾客犹豫不决时不直接提出成交，避免给顾客造成心理压力，而是通过一系列的试探性提问逐步消除顾客心中的疑虑，循序渐进、积少成多，逐步接近目标。此外，这种方法也有利于销售人员合理利用各种成交信号，有效地促成交易。

但是，小点成交法若使用不当，将提示的小点集中在顾客比较敏感的或比较不满的地方，使顾客将注意力集中在销售人员不希望其注意的地方，很容易使顾客只看到其缺点或扩大了缺点，不利于成交。若销售人员急于减轻顾客压力，盲目转移顾客的注意力，还容易引起顾客的误会，不利于双方的交流。而且这种方法一般需要多个回合才能解决问题，销售时间较长，会降低成交效率。

案　例

销售情景 2

一个办公用品销售人员到某办公室销售一种纸张粉碎机。办公室主任听完产品介绍后摆弄起这台机器，并自言自语道：“东西倒是很适用，只是办公室这些小青年，毛手毛脚，只怕没用两天就坏了。”

销售人员一听，马上接着说：“这样好了，明天我把货送来时，顺便把纸张粉碎机的使用方法和注意事项给大家讲一下。这是我的名片，如果使用中出现故障，请随时与我联系，我们负责修理。主任，如果没有其他问题，我们就这么定了？”

案例中该销售人员采用的就是小点成交法。销售人员在假定顾客已经做出购买决定的前提下，就纸张粉碎机的使用和维修与主任达成协议，而避开了重大的成交问题，使办公室主任轻松地接受了成交。办公室主任很容易地接受了这个条件，实际上他也接受了销售人员的销售建议。

5. 优惠成交法

优惠成交法又称让步成交法，是销售人员通过提供优惠条件促使顾客立即购买的一种方法。如：“张总，我们这段时间有一个促销活动，如果您现在购买产品，我们可以给您提供免费培训，还有三年免费维修。”

正确使用优惠成交法，利用顾客的求利心理，可以吸引并招揽顾客，有利于创造良好的成交气氛。而且利用批量成交优惠条件，可以促成大批量交易，提高成交的效率。

但是，这种方法是通过给顾客让利来促成交易的，必将使销售成本上升。若没有把握好让利的尺度，还会减少销售收益。此外，采用这种方法，有时会让顾客误以为优惠产品是次货而不予信任，从而丧失购买的信心，不利于促成交易。

6. 保证成交法

保证成交法是销售人员直接向顾客提供成交保证来促使顾客立即成交的一种方法。所谓成交保证，是指销售人员对顾客所允诺担负的交易后的某种义务。如：“您放心，这个服务完全是由我负责，我在这家公司已经有 5 年的时间了。我们有很多顾客，他们都接受我的服务。”

通过提供保证，可以消除顾客的成交心理障碍，增强成交的信心，从而使顾客可以放心购买产品。此外，若销售人员能出示有关的销售证据，则更有利于增强说服力和感染力，促使顾客做出购买决策。

但是，如果销售人员不能针对顾客的顾虑提出保证，不但不能达到销售的目的，而且容易使顾客产生反感。而且如果销售人员言而无信，结果无法实现，必将失去销售信用，不利于与顾客发展长久的关系。

保证成交法主要适用于以下一些情况：第一，产品的单价过高，缴纳的金额比较大，风险比较大，顾客对此种产品并不是十分了解，产生心理障碍，成交犹豫不决时；第二，顾客对这种产品的销路尚无把握，或是在顾客的心目中，属于规格、结构、性能复杂的产品时；第三，顾客对交易后可能遇到的一些问题还有担忧。如运输问题、安装问题等。

7. 从众成交法

从众成交法也叫排队成交法，是销售人员利用顾客的从众心理促使顾客购买所销商品的一种方法。从众是一种普遍的社会现象。顾客在购买一件产品前，往往会询问销售人员买这种产品的人多不多。销售人员也往往利用人们的这种从众心理来敦促顾客下定购买决心。

案　例

销售情景 3

销售人员：“王小姐，我们的产品在质量上可以放心，刚才我也给您看了我们的客户名单，这都是我们一些大的顾客。××公司有 100 多个销售人员，他们买了 4 套管理培训课程。您可以放心地使用。我也想通过这次交谈使我们能成为很好的朋友，当然我更希望您给我介绍更多您的好朋友来分享这些培训课程。”

这种方法可以减轻顾客所担心的风险，增加顾客的信心，尤其对新顾客而言更是如此。由于销售的产品已经取得了一些顾客的认同，使得销售人员的说辞更加具有说服力。

但是，若销售人员错误运用从众成交法，可能引起顾客的逆反心理，从而拒绝购买。如果销售人员所列举的“众”不适当的话，非但无法说服顾客，反而会制造新的销售障碍，失去成交的机会。

所以，销售人员运用从众成交法时应该注意以下几点：第一，销售人员必须针对顾客的从众心理动机，选择和使用具有一定影响力的基本顾客或中心顾客；第二，销售人员必须讲究职业道德，不能利用虚假的成交气氛来欺骗顾客；第三，要将这一方法与有关的广告宣传相结合，以提高企业及其产品的知名度，扩大社会影响，进而吸引大批从众顾客。

8. 最后机会成交法

最后机会成交法也叫无选择成交法、唯一成交法、现在成交法，是销售人员通过告知顾客现在是最有利的购买时机来促使顾客立即购买销售商品的一种成交方法。它利用了顾客害怕失去获得某种利益机会的心理而做文章，将购买时的压力变为成交动力。如："我们这款机器只剩下三台了，我们最后的优惠时间只有一个星期了……"

使用这种方法的关键在于把握有利的时机，若使用得当，往往具有很强的说服力，产生立竿见影的效果，并能节省销售时间，提高销售效率。但是这种方法最忌讳的是欺骗顾客。在以下两种情况下，可以使用最后机会成交法：第一，当顾客已被销售人员说服，但却未能决定购买时；第二，当所销售的产品数量不多时，如果顾客仍犹豫，销售人员就可以提醒他最好马上就做决定，否则没机会了。

不过，在运用机会成交法时应注意以下问题：第一，通过各种宣传造成一定的成交氛围，强调成交机会千载难逢，失去机会等于损失更多的利益。第二，销售人员应直接向顾客提示成交机会，诱发顾客的购买动机，刺激顾客对销售品急切的占有欲望，以促使顾客立即采取购买行动。第三，所选择和利用的机会一定要属实，不能欺骗顾客，应该让顾客认识到你提示最后的机会是在向其提供重要的信息，目的是帮助顾客做出理智的决定。

9. 克服异议成交法

克服异议成交法也称处理异议成交法、大点成交法，是销售人员利用处理顾客异议的机会，直接向顾客提出成交要求，促使顾客成交的一种方法。

因为顾客提出的异议，尤其是顾客认为重要的异议，大多是购买的主要障碍。销售人员可以把异议看成一种成交信号，将其转变为成交行为，有利于其抓住一切成交机会。在处理顾客异议后立即提出成交，就不会失去如何一个成交的机会。

案　例

销售情景 4

顾客：我现在没有办法决定是否一次买 4 套培训光盘。

销售人员：××小姐，我非常理解您的心情，我相信您要购买这个产品，一定要经过您的上级主管来批示，是不是？但是您想想看，您只购买一套这种课程，而您有 60 多名销售人员，60 多人挤在一个小办公室来看这套课程，是不是很拥挤？而且不同层次的销售人员应该看不同层次的教程，是不是？您购买 4 套的理由应该是可以成立的。对不对？

10. 总结利益成交法

总结利益成交法是销售人员将顾客关注的产品的主要特色、优点和利益在成交中以一种积极的方式来成功地加以概括总结，以得到顾客的认同并最终获取订单的成交方法。总结利益成交法的三个基本步骤是：在销售展示中确定顾客感兴趣的产品的核心利益；总结这些利益；向顾客提出购买建议。

总结利益成交法能够使顾客全面了解商品的优点，激发顾客的购买兴趣，最大限度地吸引顾客的注意力，使顾客在明确自己既得利益的基础上迅速做出决策。

但是采用此法，销售人员必须把握住顾客确实的内在需求，有针对性地汇总阐述产品的优点，不要“眉毛胡子一把抓”，更不能将顾客提出异议的方面作为优点加以阐述，以免遭到顾客的再次反对，使总结利益的劝说达不到效果。

11. 小狗成交法

小狗成交法又称试用促成法，是销售人员请求顾客试用小包装的商品，如请顾客购买远比正常包装小得多的产品，先行试用，以减少风险，如果顾客试用后对商品感到满意的话，以后就会有更多量的购买。

有统计表明，如果准顾客能够在实际承诺购买之前先行拥有该产品，交易的成功率将会大大增加。试用的商品有的时候是免费赠送的，这里既包括在商场专柜里的赠送，或是在闹市街头上的派发，也包括销售人员有针对性地上门赠送。

使用小狗成交法需要注意以下几个问题：第一，销售人员应相信顾客，允许顾客在试用不满意时退还产品，而不必承担任何责任；第二，顾客试用期间，销售人员应帮助顾客总结使用心得，指导顾客科学合理地使用产品；第三，顾客有疑虑的时候，销售人员要对企业及产品有信心，鼓励顾客先试用，再决定是否购买。

总之，销售成交的方法还有许多种，如赞扬法、特殊让步法、请求签名法等，在此不再一一介绍。需要指出的是，在销售流程中，销售人员在坚持一定的成交原则的同时，要适时灵活地根据顾客的不同类型和顾客的心态来灵活而巧妙地调整成交方法。各种方法也可以搭配使用，如第一次要求成交使用克服异议成交法，第二次要求成交时可以使用选择成交法等。只有这样才能成功地促成交易，完成销售任务。

5.6.4 促成交易后的注意事项

（1）切忌突然在顾客面前拿出空白订货单，这样可能会增加销售的阻力。因为这时顾客可能会提醒自己：“空白订货单出来了，当心一点儿。”销售人员应该很自然地、不在意地拿出来，使顾客不会有突兀之感。

（2）在销售人员已知准顾客接纳了交易建议之后，不应直接说：“那么，你买吧，好吗？”其实，完全可以这样问：“你需要多少？”“什么时候要货？”“你需要什么规格的？”等。

（3）由于完成一笔交易，或者由于与一位特别艰难的顾客谈妥一笔交易，必然会引起销售人员心情上的兴奋，这最好加以掩饰。当顾客正准备购买时，如果销售人员显得非常兴奋，那必将使顾客怀疑销售人员所达成交易的概率很低，再继续推论下去就是商品一定有什么缺点，或者销售人员在这次交易中获利一定很多。那么，可能下次交易就不存在了，甚至还有可能牵连到本次交易。

（4）留住人情。交易顺利达到，销售人员千万不要让顾客感觉出态度开始冷淡。一旦买卖做成，就开始敷衍顾客，会让顾客失去安全感。因此一定要让顾客记住销售人员的情义，感到购买商品是明智的决定，是幸运的。

为了做到这一点，在商品出售后必须稳定顾客的情绪，让他保持平静，找一些大家共同关心的问题聊一小会儿（当然最好不要提商品），这样会使顾客的心理平和下来。在成交之后不要急于道谢，在临别时不妨感谢顾客几句，但不要太过分，使人感觉亲切就可以了。在道别的同时最好与顾客握手以表达谢意。记住，一些充满情义的举动会使顾客对销售人员及其企业留下美好的印象。销售人员做事一定要善始善终。

（5）寻求引见。成交的顾客往往会和与他有类似需求的其他潜在顾客有某种联系。聪明的销售人员在交易成功后，往往不会忘记请顾客给自己介绍其他与之有联系并可能具有类似需求的顾客，并请顾客代为引见或约见。这样，销售人员可扩大自己的销售范围，确定准备进行下一步销售的对象。

（6）抓紧时间。最后需要说明的是，在整个销售流程中，销售人员都需要抓紧时间，提高工作效率。节省顾客的时间无疑是送给对方的一份小礼物，而这份礼物可以无偿地送给每一位顾客。记住，不要让顾客感到耽搁了许多时间，让他们觉得销售人员在分秒必争是相当重要的。

5.6.5 促成交易失败的注意事项

销售人员在经过种种销售努力后，并不是每次都会成功，大多数销售努力都是以失败告终。因此，销售人员不但要学会在成交成功情况下的做法，而且要清楚成交失败后需要注意的一些事项。

1. 避免失态

交易成功了，销售人员容易做到与顾客再沟通、再交流，而一旦交易不成，许多销售人员往往草草收场。成功的销售人员一定要做到“买卖不成人情在”，对拒绝自己的顾客依然彬彬有礼，感谢他们给自己的机会，并向他们致歉，说耽误了他们宝贵的时间。一般的销售工作往往要几次上门方能成功，因此销售人员的耐心是一方面的因素；同时与顾客保持良好的人际关系尤为重要，千万别将不能成交的顾客撇开，只顾自己一时痛快。

一般来说，销售人员在成交失败的情况下，难免会有失望沮丧的情绪，但注意不要让这种消极情绪流露出来，更不要对顾客表现出怨恨情绪。而要注意保持良好的风度，可适当表示出一点儿遗憾，使对方产生一些悔意，如有可能，要留下些材料或礼品，为再次销售成功铺路。

2. 请求指点

在费尽九牛二虎之力，但最后仍未取得成功交易的情况下，销售人员应主动向顾客请教，了解顾客认为在自己的销售工作方面或产品方面需要做出哪些改进。

对产品，顾客一般会直言不讳地指出他不满意并希望得到改进的方面，但对于销售人员的工作，顾客未必想要指手画脚。在这种情况下，销售人员应态度诚恳，表明只是想请顾客以客观的态度来评价自己的工作，从而使自己的工作得到不断的改进。

3. 分析原因，吸取教训

销售人员经历销售失败，尤其是在经过一番努力仍以失败告终，确实是一件令人非常沮丧的事情。但事后，销售人员应仔细回想销售工作的每一个环节以及顾客当时的反应，如表情、语言、行动等，认真分析未能成交的原因。这样做一方面可以积累经验，改进自己以后的工作；另一方面可以在再次拜访该顾客时有针对性地解决上次销售中遗留的或潜在的问题，争取达成交易。

在分析原因、总结经验后，最重要的是从失败的经历中吸取教训，并在以后的工作中避免重蹈覆辙，犯类似的错误。

5.7 销售跟踪与服务

乔·吉拉德是美国的一名汽车经销商，世界上最伟大的销售人员之一，他连续 12 年荣登世界吉斯尼纪录大全世界销售第一的宝座，他所保持的世界汽车销售纪录——连续 12 年平均每天销售 6 辆车，至今无人能破。他因售出 13 000 多辆汽车，创造了产品销售最高纪录而被载入吉尼斯大全。他曾经连续 15 年成为世界上售出新车最多的人，其中 6 年平均每年售出汽车 1 300 辆。

“我坚信，销货始于售后。”这是吉拉德的著名信条。吉拉德工作十几年来，每年卖出的新车比任何其他经销商都多。解释成功的秘诀时，吉拉德说：“我每月要寄出 13 000 张以上的卡片。”他通过每月寄出明信片来主动征求顾客意见，及时解决顾客在使用中出现的问题。当顾客需要服务时，他必尽全力提供最佳的服务。

5.7.1 销售跟踪

对于销售人员而言，销售是一个持续不断的过程。当销售人员将一位潜在的顾客转变为真正顾客时，他可以开始和顾客建立长期的关系，而这样的关系可能远远超过了你的想象。要建立这样的关系，其关键在于销售后对每一位顾客进行不断的跟踪服务。

所谓销售跟进是指在成交阶段后（无论成交与否），销售人员对顾客所持的一种态度和进一步提供的服务，希望顾客能对销售人员及公司留下美好深刻的印象，为今后销售成功创造机会的行为过程。

在销售陈述中，销售人员时常面临两种结果：要么与潜在顾客达成交易，要么成交失败。对销售人员而言，达成交易固然可喜，成交失败也不必气馁。成交后还有很多工作需要销售人员去做；成交失利，也并不代表从此永无成交的可能。只要处理得当，仍能创造出成交机会。所以，销售人员无论是否与顾客达成交易，都要进行销售跟进。

销售人员进行销售跟踪，可以从建立顾客资料卡、制订服务跟踪计划、联络顾客感情、监控顾客满意度和提供最新产品资料等方面来进行。

案　例　**80%的销售来源于第 4～11 次跟踪**

记得 1995 年在欧洲工作的时候，我先前的美国老板对我说：“嗨，伙计，做销售，你得学会跟踪。”为进一步说明问题，老板举了一个生动的实例：有个人看到我们的招聘广告，在应聘截止最后一天，他向我们投来简历（最后一天投简历的目的是使他的简历能放在一堆应聘材料的最上面）。一周后，他打电话来询问我们是否收到他的简历（当然是安全送达）。这就是跟踪。4 天后，他打来第 2 次电话，询问我们是否愿意接受他新的推荐信（西方人对推荐信格外重视），我们的回答当然是肯定的。这是他的第 2 次跟踪。又过了 2 天，他将新的推荐信传真至我的办公室，紧接着他的电话又跟过来，询问传真内容是否清晰。这是第 3 次跟踪。我们对他专业的跟踪工作印象极深。他现在在我们的美国公司工作。

从那时起，我体会到跟踪工作的重要性。直到一星期前，我看到美国专业营销人员协会和国家销售执行协会的统计报告后，对销售的跟踪工作重新进行了一番反思。

请看生动的统计数据：2%的销售是在第 1 次接洽后完成的；3%的销售是在第 1 次跟踪后完成的；5%的销售是在第 2 次跟踪后完成的；10%的销售是在第 3 次跟踪后完成的；80%的销售是在第 4~11 次跟踪后完成的！

几乎形成鲜明对比的是，我们在日常工作中发现，80%的销售人员在跟踪 1 次后，不再进行第 2 次、第 3 次跟踪。少于 2%的销售人员会坚持到第 4 次跟踪。

跟踪工作使顾客记住你，一旦顾客采取行动时，首先想到你。

跟踪的最终目的是形成销售，但形式上绝不是我们经常听到的“您考虑得怎么样了？”

跟踪工作除了注意系统连续外，更需注意正确的策略：采取较为特殊的跟踪方式，加深顾客的印象；为每一次跟踪找到漂亮的借口；注意两次跟踪的时间间隔，太短会使顾客厌烦，太长会使顾客淡忘，我们推荐的间隔为 2~3 周；每次跟踪切勿流露出强烈的渴望，想做这一单。

调整自己的姿态，试着帮助顾客解决其问题，了解顾客最近在想些什么，工作进展如何。

请记住：80%的销售是在第 4~11 次跟踪后完成的！

1. 建立顾客资料卡

进行“销售跟踪”，首先必须建立顾客档案资料，即“建档管理”。建档管理是将顾客的各项资料加以科学化地记录、保存，并分析、整理、应用，借以巩固双方的关系，从而提升销售业绩的管理方法。其中，“顾客资料卡”是一种很重要的工具。通常，顾客资料卡中应包括顾客管理的内容中的基础资料、顾客特征、业务状况、交易现状四个方面。

销售人员应在第一次拜访顾客后开始整理并填写顾客资料卡（见表 5-5），随着时间的推移，销售人员应注意对其进行完善和修订。填写的顾客资料卡应适当保存，并在开展业务过程中充分加以利用。充分利用顾客资料卡的功能可以有效地提升业绩。

2. 制订服务跟踪计划

销售人员忙起来的时候，跟踪工作可能就被抛到脑后，为此需要最后拟定一个简单的跟踪计划，如表 5-6 所示。顾客都喜欢受到注意和支持，虽然可能是数月后的电话联系或者寄一些邮件。重要的是，这些接触会给销售带来再次交易的机会，是帮助销售人员联系顾客的好办法。

表 5-5 顾客资料卡

<table>
<tr><td colspan="2">顾客名称</td><td colspan="4"></td><td colspan="1">地址</td><td colspan="3"></td></tr>
<tr><td>电话</td><td colspan="2"></td><td>邮编</td><td colspan="2"></td><td>传真</td><td colspan="3"></td></tr>
<tr><td>性质</td><td colspan="9">A. 个体 B. 集体 C. 合伙 D. 国有 E. 股份公司 F. 其他</td></tr>
<tr><td>类别</td><td colspan="9">A. 代理商 B. 一级批发商 C. 二级批发商 D. 重要零售商 E. 其他</td></tr>
<tr><td>等级</td><td colspan="9">A 级 B 级 C 级</td></tr>
<tr><td>人员</td><td>姓名</td><td>性别</td><td>出生年月</td><td>民族</td><td>职务</td><td>婚否</td><td>电话</td><td>住址</td><td>素质</td></tr>
<tr><td>负责人</td><td></td><td></td><td></td><td></td><td></td><td></td><td></td><td></td><td></td></tr>
<tr><td>影响人</td><td></td><td></td><td></td><td></td><td></td><td></td><td></td><td></td><td></td></tr>
<tr><td>采购人</td><td></td><td></td><td></td><td></td><td></td><td></td><td></td><td></td><td></td></tr>
<tr><td>售货人</td><td></td><td></td><td></td><td></td><td></td><td></td><td></td><td></td><td></td></tr>
<tr><td colspan="2">工商登记号</td><td colspan="2"></td><td colspan="3">税号（国税）</td><td colspan="3"></td></tr>
<tr><td colspan="2">往来银行及账号</td><td colspan="8"></td></tr>
<tr><td colspan="2">资本额</td><td colspan="2"></td><td>流动资金</td><td colspan="2"></td><td>开业日期</td><td colspan="2"></td></tr>
<tr><td colspan="2">营业面积</td><td colspan="2"></td><td>仓库面积</td><td colspan="2"></td><td>雇员人数</td><td colspan="2"></td></tr>
<tr><td colspan="2">店面</td><td colspan="2">☐自有 ☐租用</td><td>车辆</td><td colspan="5"></td></tr>
<tr><td colspan="2">运输方式</td><td colspan="8">☐ 铁路 ☐ 水运 ☐ 汽运 ☐ 自提 ☐ 其他</td></tr>
<tr><td colspan="2">付款方式</td><td colspan="2"></td><td>经营额</td><td colspan="5"></td></tr>
<tr><td colspan="2">经营品种及比重</td><td colspan="8"></td></tr>
<tr><td colspan="2">辐射范围</td><td colspan="8"></td></tr>
<tr><td colspan="3">开发日期及开发人</td><td colspan="7"></td></tr>
</table>

表 5-6 销售人员周跟踪计划示例

星期	联系顾客名称	联系方式（电话、信函、拜访）
星期一		
星期二		
星期三		
星期四		
星期五		
星期六		
星期日		

3. 联络顾客感情

与顾客联络感情的方法通常有以下几种。

（1）拜访。

销售人员经常去拜访顾客非常重要，拜访并不一定是为了销售，主要目的是让顾客感觉到销售人员和企业对它的关心，同时也是向顾客表明企业对销售的产品负责。

销售人员拜访顾客时不一定有明确的目的，也许只是为了问好，也许是顺道拜访。主要把握一个原则，即尽可能使拜访行为更自然一些，不要使顾客觉得销售人员的出现只是有意讨好，更不要因拜访而干扰顾客的正常生活。

（2）书信电话联络。

书信、电话都是联络感情的工具，在日常生活、工作中被广泛使用。当有些新资料需要送给顾客时，可以附上便笺，用邮寄的方式寄给顾客；当顾客个人、家庭或工作上有喜忧婚丧等变故时，可以致函示意，如邮寄各种贺卡，通常，顾客对收到函件会感到意外和喜悦。

用打电话的方式与顾客联络也是一种很好的方式，偶尔几句简短的问候会使顾客感到高兴，但对于这些友谊性的电话，要注意语言得体、适当，不能显得太陌生，也不能表现得太肉麻、离谱。

案 例

服务跟进

据《中国经济时报》报道：武汉景明大楼的业主近日收到一份来函，告知该楼已超期服役，并提请有关方面注意。谁曾想到这份来函竟是来自远隔万里的英国，一家设计单位在经历了漫长的82年之后，至今仍念念不忘他们20世纪初在长江和汉水河畔设计的一幢大楼。这座当初由英国人设计、位于武汉鄱阳街53号的景明大楼建于1917年，共有6层楼，现已被武汉市列为历史优秀建筑保留。英国这家设计院的做法，对我们销售人员来说是一个很大的启示。“真正的销售始于售后”，销售人员在签完订单后，不是就了事了，而是应该对顾客服务到底。

（3）赠送纪念品。

这是一种常见的操作手法。成功的销售机构和销售人员会为其顾客提供包括赠送纪念品在内的各种服务。这种方式至少可以起到两种作用：一是满足人们喜欢小礼物的心理；二是可以借此作为再次访问及探知情报的手段或窗口，这是成功销售的一种技巧。

IBM公司曾经做过一项调查，研究老顾客为什么选择离开。调查的结果显示，顾客的需求得不到关注，抱怨得不到及时处理，以及长期对产品有抱怨情绪，占顾客离开的78%。不难看出，要保证老顾客继续留在身边，非常重要的一点就是要求销售人员做好销售后的顾客跟踪。

4. 监控顾客满意度

每次顾客完成购买，他们的购后感受会各不相同。如果满意，那么可想而知，在将来有新的需求的时候，他们会成为销售人员的回头客。否则，在下次购买时，顾客会另找其他的企业及其销售人员。因此，对于使用过产品的顾客，销售人员及时收集、反馈顾客的购后感受是非常重要的。

对于消费型产品，有必要调查顾客的使用情况。一般而言，销售人员可以通过“顾客意见反馈表”（见表5-7）获得顾客对产品售后服务满意度的评价。

5. 提供最新产品资料

使顾客了解产品的最新情况是销售人员的一项重要工作。在说服顾客购买之前，销售人员通常将产品的简介、使用说明及相关文件资料递交给顾客参考，而在顾客购买以后，却常疏于提供最新的资料，这是一种很不妥当的做法。

表 5-7 ××公司顾客意见反馈表

亲爱的××用户：

您好！感谢您使用××产品，××公司愿为您提供一流的产品和售后服务，为了能更好地为您服务，请对我们的售后服务做出您公正的评价。

1. 您认为我们的售后服务是否及时：

A 非常及时　B 比较及时　C 一般性　D 不够及时　E 很不及时

2. 您认为我们的维修质量：

A 非常好　B 比较好　C 一般性　D 不太好　E 很差

3. 我们的服务人员的态度：

A 非常好　B 比较好　C 一般性　D 不太好　E 很差

顾客签名：____________ 电话：____________

（以下由服务人员填写）

顾客姓名：____________

地　　址：____________

服务范围：____________

服务时间：____________ 服务人员签名：____________

销售人员向顾客提供最新的资料一般包括以下两种：

（1）产品商情报道资料。

有许多产品的销售资料常以报道性的文件记载，销售人员用它作为赠送顾客、联络感情的工具是最好不过的。如卖钢琴的销售人员每月给顾客邮寄一份音乐及乐器简讯，这样可以给顾客提供参考资料，同时也可以借此报道商情，这样的做法可以使顾客对产品有持续的好感。而且，通过不断为其提供资料，也能起到间接的宣传效果，往往会引导出更多的顾客。

（2）产品本身的资料。

产品售出后，顾客基于某些理由，常常希望了解产品本身的动态资料。以药品销售为例，销售人员应及时将产品在成分、规格、等级等方面的变动的资料提供给药房或药店。

5.7.2 售后服务

人们通常认为将产品销售出去，销售活动就结束了，至于出售以后的事，便漠不关心。像这样的销售，实际上已经犯了严重的错误，那就是忽略了产品的售后服务。售后服务并不是指一定要等被销售产品发生了故障或问题时才需要，任何一类产品一旦售出，销售人员就应主动跟踪。售后服务是一个完整的销售流程中必不可少的一个组成部分。

售后服务是指企业及其销售人员在产品到达顾客手里后继续提供的各项服务工作。售后服务是销售活动的一个重要组成部分，通过开展售后服务可以满足顾客的另外一些需求；同时，通过售后服务，还可以起到联络感情、搜集情报的作用。售后服务的目的是为顾客提供方便，提高企业的信誉，促进企业的销售工作。

对于销售人员而言，良好的售后服务不仅可以巩固已争取到的顾客，促使他们继续购买、重复购买，还可以通过这些顾客的宣传，争取到更多的新顾客，开拓新市场。因此，每名销售人员都必须认真研究售后服务的技巧。从目前来看，售后服务主要包括下列内容。

（1）送货服务。对购买大件产品，或一次购买数量较多，自行携带不便以及有特殊困难的顾客，企业均有必要提供送货上门服务。这种服务原来主要是提供给生产者用户和中间商的，如今已被广泛地应用在对零售顾客的服务中。例如，在激烈的市场竞争中，一些家具经销商十分重视及时送货上门。这种服务大大方便了顾客，刺激了顾客的购买。

（2）安装服务。有些产品在使用前需要在使用地点进行安装。由企业的专门安装人员上门提供免费安装，既可当场测试，又可保证产品质量。同时，上门安装还是售后服务的一种主要形式。例如，海尔公司销售空调机后，会为顾客提供免费安装，安装人员为了不给顾客带来麻烦，会自带鞋套，自带饮水，并在空调机安装完毕后帮助顾客将室内收拾整齐，同时为顾客仔细讲解使用、保养方法，耐心解答顾客的疑问，深受顾客欢迎。

（3）包装服务。产品包装是在产品售出后，根据顾客的要求，提供普通包装、礼品包装、组合包装、整件包装等的服务。这种服务既为顾客提供了方便，又是一种重要的广告宣传方法。如在包装物上印上企业名称、地址及产品介绍，能起到很好的信息传播作用。

（4）“三包”服务。“三包”服务是指对售出产品的包修、包换、包退的服务。企业应根据不同产品的特点和不同的条件，制定具体的“三包”方法，真正为顾客提供方便。

包修指对顾客购买本企业的产品，在保修期内提供免费维修，有些大件产品还提供上门维修服务，用户只需一个电话，维修人员就马上上门提供维修服务。有无保修，对顾客来讲是非常重要的，顾客在购买有保修制度的产品时，能减少许多顾虑，放心购买。包换是指顾客购买了不合适的产品可以调换。包退是指顾客对所购买的产品不满意时，可提供退货的服务。销售与退货是对立的，从表面上看，退货是对已实现的销售的一种否定，对企业而言是不利的。但从长远来看，这样做可以得到顾客的信任，有利于企业今后的产品销售。

（5）帮助顾客解决他所遇到的问题。销售人员必须向对待自己的问题那样对待顾客的问题。因为从长远看，只有顾客获得成功，销售人员才能再次与顾客进行交易，以扩大自己的成交额。同时，销售人员处理顾客所遇到的问题的速度，也体现了对顾客的重视程度。

案　例

奔驰汽车公司的销售服务

德国著名的奔驰汽车公司的销售服务措施，简直就是撒向全国乃至全世界的两张网。它的第一张网是销售服务网：任何一位顾客或潜在的顾客在它的销售处或销售人员那里，都可以对其汽车的样式、性能、特点等得到全面的了解。而且，根据顾客的不同需求和爱好，对诸如车型、空间设备、车体设备、车体颜色，甚至不同程度的保险钥匙等，都可以分别给予满足。他们常常在厂里未成型的汽车上挂一块牌子，牌子上写着顾客的姓名、车辆型号、式样和特殊要求等。

第二张网是维修网：在德国的公路上，平均不到25公里就有一个奔驰汽车的维修站。维修站的工作人员，技术娴熟，态度热情，修车速度快。在任何一条公路上，汽车出了故障，车主只要向就近的维修站打个电话，维修站就会派技术人员来帮助修理，或者将车拉到站里进行修理，一般的修理项目当天就能完成，不影响车主使用。

由于该厂良好的售前服务，在能源出现危机，世界汽车市场竞争激烈之时，尽管奔驰车的价格比日本汽车的价格要高出一倍，但奔驰车的销售工作仍然进展顺利。

小结

成功的销售人员一定要掌握销售呈现技巧。而这些技巧具体体现在销售流程中的各个环节中。从销售人员与其销售对象接触和交往的时间顺序来看，一个完整的销售流程包括：销售准备、销售接洽、销售展示、顾客异议处理、促成交易以及销售跟踪与服务等六个环节。

销售准备是顺利完成一次销售拜访活动必不可少的工作。具体来讲，销售准备包括：销售人员自我礼仪准备，对所销售的产品进行分析，寻找到潜在的顾客并进行资格审查，搜集准顾客资料，制订正式销售拜访计划等方面。销售人员的销售准备越充分，其拜访成功的可能性也就越大。

作为专业的销售人员，除了做好销售拜访前的准备工作以外，还要熟悉约见顾客和接近顾客的方法。约见顾客的内容包括：确定销售访问对象、确定销售访问事由、确定销售访问时间、确定销售访问地点。约见顾客的方法包括：书信约见、电子邮件、电话约见和当面约见。接近顾客是销售流程中的最难点，因为销售人员是带着销售的目的去接近一个陌生人。但是销售人员成功地完成接近工作，就为销售工作的顺利完成奠定了良好的基础。接下来，就要进行销售陈述和销售演示，以此来吸引顾客注意并让顾客产生兴趣。

当然，在进行销售展示的过程中，常常会遇到顾客提出的不赞同、反对、质疑等。面对顾客异议，销售人员需要先分清顾客提出的异议类型及产生原因，并掌握处理顾客异议的各种方法，以此来顺利处理顾客的异议，然后将销售活动引入销售成交环节。

在成交环节，销售人员常常也会遇到一些来自顾客和自身双方的障碍，所以销售人员要学会克服这些障碍，在销售洽谈过程中，准确及时地把握住成交的时机和信号，通过合适的成交方法达成交易。

但是，销售人员需要注意的是，产品成交后，并不意味着销售活动就此结束。售后服务和销售跟踪工作仍是销售流程中必不可少的一个环节。售后服务并不是指一定要等被销售产品发生了故障或问题时才需要，任何一类产品一旦售出，销售人员就应主动跟踪。作为专业的销售人员，进行销售跟踪可以从建立顾客资料卡、制订服务跟踪计划、联络顾客感情、监控顾客满意度和提供最新产品资料等方面来进行。

关键概念

销售流程　销售准备　销售接洽　销售展示　顾客异议处理　促成交易　销售跟踪与服务

复习测试

1. 销售人员在拜访顾客之前应该做哪些方面的准备工作？
2. 销售接洽的方法有哪些？
3. 顾客异议的类型及处理方法有哪些？
4. 促成交易的信号和方法有哪些？
5. 促成交易后和促成交易失败的注意事项有哪些？
6. 销售人员进行销售跟踪，可以从哪些方面进行？
7. 售后服务主要包括哪些内容？
8. 请给出一种以上应对下列顾客异议的理由（或答复），以演练处理顾客异议的各种方法。

(1) 顾客 A 说：“产品很好，谢谢你向我们介绍。如果我们决定要买，就跟你电话联系。”

(2) 顾客 B 说：“很遗憾我们现在买不起，6 个月以后再来吧。”

(3) 顾客 C 说：“我不能进你们昂贵的美容美发用具，我的顾客大多数是工薪阶层人士，不是公司的 Office 小姐。”

(4) 顾客 D 说：“再度和贵公司往来，我确实有点担心，三年前我们曾经上过你们的当，我不希望那种不愉快的事再度发生。”

(5) 顾客 E 说：“虽然你们的机器有一些优点，但我更喜欢我现在的机器。”

(6) 顾客 F 说：“不错，这是很漂亮的家庭影院系统，但对我来说太复杂了，可能需要一名技术员来为我说明如何使用它。”

(7) **销售人员：**“……我们公司经营的吊带比其他品牌的吊带更具安全性。”
顾客 G：“当然，安全对我来说是很重要的，但是我怎么知道你们的吊带就如你所说的那么安全呢。”

9. 阅读以下情景（一名销售人员正在和顾客进行销售谈判），指出这位销售人员在说服顾客的过程中错过了哪些购买信号。

顾客：“这正是我们要买的东西。”
销售人员：“是吗？那太好了。”
顾客：“它们看上去质量很好。”
销售人员：“是的，太太，是很好，是很好。”
顾客：“那么……”
销售人员：“如果有什么损坏也容易拿回来修理，对不对？”
顾客：“嗯，我们过去给你们添了很多麻烦。”
销售人员：“哦，不，不，不。我想那些不是我们的产品吧？”
顾客：“噢，不是你们的。”
销售人员：“哦，是吗？我想我该走了，再见。”

10. 阅读以下案例，并回答问题。

华联超市采购部的李经理给你邮来一份关于五金用具的询价单，涉及螺丝刀、老虎钳、钉锤和钉子。你马上与负责进货的销售人员林强联系上了，并约定了时间。与进货员林强见面时，你给他做了一个展示。你说已经访问了他们的几家商店，具体讨论了旋转式零售品陈列，它包含了李经理在询价单上提到的这四种产品的不同搭配方式，并把陈列的优势和特点对林强进行了详细说明。

在展示中，林强听着，但没说什么，也没给你任何购买信号。不过看起来他有兴趣，对你的价格没有意见，也没有提出别的什么异议。展示接近尾声，是提出成交的时候了。事实上，你已经说了能想到的任何事情。

问题：

（1）下面哪种是向林强提出订货要求的最佳方式？（　　）

A. 你认为我们的产品怎么样，林先生？

B. 你喜欢哪种搭配，A 式还是 B 式？

C. 我们可以签订合同了吗？

D. 如果你同意这个订单，林先生，我们可以在两周之内让你们每一家商店都收到陈列。

（2）对回答问题（1）后剩余的选项进行讨论（或评价），并从好到坏排列，如果销售人员用这些方式提出成交，请说明会出现怎样的情况，并说明在问题（1）中你所选择的答案的原因。

案例研讨

列车上十分钟成功推销术

经常乘坐列车的朋友总有一种感觉，那就是火车上的产品价位较高。因此，在列车上推销产品，是不占优势的。而当笔者在列车上亲历了一次售货员成功的推销术之后，故有的印象彻底改变了：原来，流动的列车上也有无限的商机！

一日，郑州开往北京的特快列车上，当旅客在途中闲暇无事，或看报刊、或闲聊、或打盹……突然传来一阵流利、甜润而响亮的普通话声音。旅客们回头向着发出声音的方向望去，一名穿着整齐得体列车员制服的漂亮女孩，站在车厢的过道上，面带微笑开始演讲式的推销。

“各位领导、旅客朋友，大家好！打扰各位了。我是本次列车的售货员，利用这个时间给大家介绍我们列车广告推广的产品——袜子。没错，就是袜子。我给大家介绍的袜子与市场上卖的袜子是不一样的，它的面料特殊，不是化纤，这是我们与生产厂家联合推出的列车广告试销产品，市场上还没有。这种袜子有两大优点：一是穿不破，二是透气性好、吸汗不臭脚。”抑扬顿挫的几句演讲词，勾起一节车厢中多数乘客的好奇心。

售货员不失时机地拿起一双洁白的袜子，开始边介绍边示范。“大家都知道，袜子穿在脚上，最易磨损的部位就是脚拇指和脚跟，这两个地方损坏了，再好的袜子也成了破袜子，对吧！我给大家介绍的袜子是非常耐磨的袜子。下面我给大家做个示范，就能证明这种袜子的耐磨性。”

“这位大哥帮忙拽一下。”售货员向坐在一边的男子递上袜子的一端，自己拽着一端，另一只手拿着已准备好的一根钢针：“大家想想，用钢针在袜子上来回划，会有什么样的结果呢？”随即售货员拿起钢针用力地在袜子面上划来划去。“大家看看袜子有没有坏，没有！丝毫无损，钢针都划不破的袜子，这就是真正穿不破的袜子。”边说边让周围的人看个究竟，证明钢针划过的袜子无损的真实性。

她接着介绍说："我再给大家介绍袜子的第二大优点——穿这种袜子不臭脚。日常生活中，为什么很多人会臭脚呢？据专家研究分析，臭脚是因为脚在出汗后再加上袜子的透气性差，久而久之就被闷臭了。解决这个问题很简单，最好的办法就是让脚处在透气的环境中，这样就不会再臭了。我们推广的这种袜子就有这个优点，可做一个示范，证实袜子的透气性好。"售货员仍在旁坐的旅客帮助下，双手将袜子抻成平面状展示。从口袋中掏出一只打火机，打着火后迅速将打火机移动至袜面的底部，打火机的火苗穿过袜面燃烧着。这个举动令车厢的乘客惊奇不已，问："这和袜子不怕烧吗？"售货员笑笑答："钢铁都有熔化的时候，何况是袜子呢！我做这个实验的目的是告诉大家，我们推广的袜子透气性好，面料特殊可吸汗，穿这种袜子不会闷脚、臭脚。"

售货员的演说和象征性的实验，勾起了旅客购买袜子的欲望。"我把袜子样品发到每排座，请大家看看面料，摸摸手感，感觉一下！"随即将所带的许多袜子分发给车厢里的乘客，很多旅客争相观看。推销术进入了实质性阶段。

"这么多优点、这么好的袜子，大家想问，价格一定很高吧，贵不贵？告诉大家，因为我们是与生产厂家联合推广试销品，限量派送，大家赶上了就是机遇。在商场，普通袜子也得十元、八元一双，我们推广产品，便宜！十元一包。包装有两种：一种是一包三双的，一种是加厚型的一包装两双。价格都是十元一包，相当于一包香烟的价格，买的是货真价实的穿不破、不臭脚的袜子。大家赶上这个机遇，不要错过了，谁想要赶紧说话啊！"

笔者与许多乘客一样，被这形象生动的推销术所感染，很舒心地选购了两包袜子，直到现在仍感觉物有所值。该售货员在本车厢演说和示范的时间约为十分钟，成功地售出近百包袜子。无疑，售货员的推销术是成功的，不仅为生产厂家带来了经济效益、提高了知名度，旅客也欣然接受了这种面对面的推销方式，为旅途增添了乐趣。

讨论问题

(1) 该售货员成功的关键因素是什么？

(2) 该售货员运用了哪些产品展示策略？

(3) 该售货员的产品演示有哪些值得借鉴的地方？

CHAPTER 6

第6章 销售人员招聘与选拔

本章提要

销售人员的招聘和选拔对公司具有相当的重要性。本章介绍了优秀销售人员的必备素质，销售人员的职责，销售人员的岗位分析和岗位描述方法，销售人员的招聘渠道，以及面试的方法、辅助性测试方法等。

引例

宝洁分销商销售人员的招聘

宝洁公司的销售体系是比较特殊的，经销商组建宝洁产品专营小组，由厂方代表负责该小组的日常管理。在宝洁公司的分销商渠道中，销售人员起着非常重要的作用。宝洁为中国快速消费品行业培养了最早的一批销售人员，称宝洁公司为消费品市场的黄埔军校毫不为过。

众所周知，宝洁的成功很重要的原因之一就是它有一个让同行敬佩、富有效率的销售网络。而分销商的销售人员是这个网络中最敏感的神经末梢。这些末端神经的数量多少，工作业绩的好坏，都会直接影响到公司这个神经中枢对市场反应的顺利运作。因此招聘足够数量的销售人员是销售工作顺利开展的重要环节。因而，招聘这一工作就显得特别重要。

宝洁一般认为，不管是零售覆盖，还是郊县拓展，销售人员应具备一些最基本的条件：积极进取，踏实肯干，吃苦耐劳，身体健康，学历原则上高中毕业或以上，年龄在18~30岁之间，同时具有良好的沟通技巧。以上几点是考虑到销售工作本身的艰苦性、挑战性，同时也考虑到接受培训时人员的接受能力，以及发展潜力而制定的。

与分销商一起制定招聘政策

当和分销商确定好要招聘的人数和条件后，公司就要开始制定相关政策和整个招聘计划。招聘政策主要指要招聘人员的工资福利政策，以及招聘活动中各种有关费用的控制。工资福利政策在整个招聘前期的准备工作中占有非常重要地位。工资福利政策不合理，对有效鼓励以及奖勤罚懒，防止人才流失都会有很大的消极影响。

在宝洁公司中，销售人员是作为分销商的雇员的，宝洁需要和分销商协商确认销售人员的工资福利和待遇。那么，如何制定工资福利政策呢？宝洁的意见是：

（1）工资福利的总额要参照当地同行业人才的市场工资水平，高于竞争对手。

（2）要参照目前在职销售人员工资福利水平，避免差距太大或太小。起薪太高，会造成以后销售人员的不满足感以及激励不够。起薪太低，显而易见，无法留住比较优秀的人才。

（3）确定工资/奖金方法。在和分销商初步确定工资总体水平后，还要根据对销售人员的工作期望，将他应承担的职责纳入工资奖金系统中。一般来讲，工资制度有以下几种：固定薪水制，薪水+佣金，薪水+奖金，以及薪水+奖金+佣金制。这几种方法各有利弊，宝洁建议分销商可实行薪水+奖金制，这样既可以保持一定程度的稳定性，又有一定的灵活性，一般比例为70%：30%较为合适。主要工资奖金结构可分为：基本工资、销售提成、分销奖金、工龄奖金、突出贡献奖等。

（4）要有一定的福利政策。由于目前公司招聘的销售人员越来越多，特别是所有的销售人员并不是宝洁公司员工，或许也只是分销商的临时员工，所以对这批人员的管理和激励有很大难处。因而，宝洁公司遵守《中华人民共和国劳动法》的规定，要求分销商为招聘的新员工购买各种保险。特别是人身意外伤害保险等，必须单独购买，不能纳入工资中。

人员招聘途径

宝洁招聘销售人员的途径很多，主要有以下几种。

（1）通过报纸、电视台、电台刊登招聘广告。它的特点是传播覆盖面较广，可吸引众多的应征者，其中报纸招聘是最常见也较容易实现的一种途径。它比较适合大规模招聘，比如，当地刚建经营部，需要大店、小店等各种销售人员。

它目前存在的主要问题是：费用较高；位置不醒目，篇幅内容千篇一律；招聘来源数量不稳定。为了解决以上问题，提高效率，宝洁公司选择刊登媒体时，尽量选择当地发行量大的报纸。招聘广告一般刊登在分类广告版上，因为其他版面效果较差。刊出日期一般在周五、周六、周日，这几天效果较好。招聘方式和期限：对于宝洁公司来讲，一般要参与分销商招聘销售人员，这样能充分满足双方的需要。首先要安排面试，所以一般要求应聘者先寄回简历，初步筛选后再安排面试，应聘期限一般为1~2周。此外，宝洁还注意准备要充分，各项工作井井有条，以免应聘者有不良印象。面试地点一般安排在公司经营部。

（2）当地定期举办的招聘会或人才交流会。各地区每年都要组织几次大型人才交流会。因为参加单位很多，因而规模和针对性都较强，而且时间短、见效快。参加这种招聘会，宝洁认为应注意以下几点：要尽量安排醒目的招聘台，同时要较充分地准备公司宣传材料，安排人员接待，解答应聘者的问题。

（3）大中专院校及职高、技校。这是招应届毕业生人才的主要途径，对有些分销商定期补充人才有很大帮助。分销商可以有选择地去某校物色人才，派人与学校开展招聘会，为鼓励学生到企业中工作，向学生详细介绍企业情况及工作性质和要求。但学校及学生需注意分销商没有能力解决应届毕业生当地生源的户口、档案接洽落实等工作。

（4）职业介绍所。这种方法的特点是简单易行，费用较低，适于小规模招聘。但这类介绍所的待业者有些是因能力差而不易找到工作的人。不过如果有详细工作说明，让介绍所专业顾问帮助挑选，也能找到合适人选。

（5）内部同事和朋友。内部职员既可自行申请适当位置，又可推荐其他人。比如小店中优秀者提升为批发或大店人员，这样做既可以调动员工工作积极性，又可以降低招聘费用。但是要注意有严格的标准，以免营私舞弊，将来产生由裙带关系引起的纠纷。

(6) 其他。通过业务和工作中接触到的顾客供应商，非竞争同行及其他各类人员，都可以成为销售人员的可能来源。

人员挑选过程和录用

分销商销售人员的素质高低以及稳定性，直接关系到宝洁公司分销覆盖任务。好的开始是成功的一半，因此，分销商分销人员的挑选，是宝洁公司业务在当地发展好坏的非常重要的一环。

宝洁公司的工作人员会先阅读简历，通过年龄、性别、体格、教育状况淘汰一批。接着是面试，是整个挑选过程的核心部分。其目的是进一步相互了解情况。可以先从简历上所述的资料询问更多相关情况。对简历的资料有不明或疑问，可以通过面试证实并加以讨论。此外，透过应聘者的表现，可以判断其未来的实际工作情形。

宝洁的面试原则：①准备好问题，即问题应明确和简短，并且有针对性。②让应聘者有更多时间向你表达，而不是听你滔滔不绝。③收集资料完整后再进行评估。

宝洁招聘合格的应聘者还有重要的一项：实地工作。耳听为虚，眼见为实。公司相关人员与通过面试的应聘者到商店，让他们每人做一个简单的销售访问，这样可以进一步观察其主动精神，言语表达能力，以及发展潜力。同时，也让应聘人员对他即将承担的工作有一个感性的认识，让他在一个真实的基础上做出抉择。

一旦录用，就要开始履行下列手续：由分销商发录用函，由分销商与录用者讨论工资待遇，由分销商和应聘者签订劳动合同，办好机关人事行政、工资关系，办理各类保险。

最后录取的工作也不可忽视。因为从这一步开始，分销商要履行对应聘人员工资、福利等各项待遇的责任。若不能准确到位，很可能造成接受率低或流失率很高。特别要注意，按照国家有关劳动用工政策办事，尽量劝说分销商为录用者办理相应保险，如人身意外伤害保险和养老保险，以及挂靠关系等，否则新招聘人员很难踏踏实实地尽快工作。

作为一名销售经理，无论是完全新建一个区域销售队伍，还是接受一个业已存在的区域销售队伍，都会碰到招聘销售人员和组建销售队伍或者是重新组建销售队伍的问题。那么，一名新上任的销售经理，应该如何开始组建区域销售队伍的工作呢？要组建一支强有力的销售队伍，要从不同背景和能力的销售应聘者中招聘和选拔出公司最合适的销售人员。

6.1 销售人员招聘的重要性

许多企业存在着这样的现象：从市场上招聘来的销售人员，流失率极高。一份近 10 年国内销售型企业人员管理咨询统计的资料表明：销售人员的年流失率在 30%~80%，同时，平均每流失一名销售人员，企业遭受的直接与间接损失是该流失人员月薪的 4 倍以上（其中最大损失是该员工的不良情绪对团队和客户产生的影响）。

由此可见，对于企业来讲，招聘到合适的销售人员，并留住优秀的销售人员，是企业销售管理工作中至关重要的一环。

专题 **员工离职的232原则**

众多的公司经过分析比较，发现有三个员工离职较为集中的时间段，即入职的第2周、3个月试用期届满及在公司工作了2年的老员工，这就是员工离职的232原则。

第一个“2”即两周。为什么员工到公司两周就辞职不干了？百分之百的原因是招聘时欺骗了他，在公司工作了2周，一些基本的情况他已了解了，发现与应聘时介绍的完全不同，于是他就不会再等了，提出辞职。

第二个“3”是3个月试用期。为什么员工在试用期之内就辞职了？这有很多的原因，如招聘人员曾许诺员工到岗后任什么职位，参加什么培训，享有什么福利，将有什么发展机会等，然而3个月时间过去了，什么都没有发生。或者是应聘时，招聘人员描述的公司企业文化如何如何，然而3个月下来，员工深入地了解了公司的企业文化，发现招聘人员的描述太夸大了。这时员工就会重新思考，就不会在试用期过了以后再等待或适应下去。

这前面两个原因都与招聘有关系。最后一个“2”是两年。员工在一个公司做了两年，我们都称其为老员工了。对于老员工而言，既然在这个公司工作了两年的时间，那么他从心里是认可这家公司的，他热爱这份工作。然而经过两年的时间，他希望在自己目前的工作岗位上能够实现一个突破，能够得到学习新知识和新技能的机会，想要升职或者进行工作轮换，这时若公司不能给他提供这个机会，不能将他的工作扩大化，到两年这个节骨眼上，老员工也就留不住了。

1. 销售是企业经营的最后一个关键环节

企业经营者去研究及了解顾客的需求和欲望，生产出符合消费者的产品，建立自己的分销渠道及设计包装，但是如果没有合适的销售人员，产品就很难销售出去，变不成商品。因此，销售是企业运营中最后一个关键环节，也是决定企业运营成败的关键。只有通过销售人员把商品销售到消费者的手上，企业才可以获取收益，实现企业的利润目标。

2. 销售人员代表企业与顾客建立良好的关系

销售人员在销售产品、洽谈业务时，代表的是企业，这些人员对企业的成败负有重大的责任。出色的销售人员能认清并解决顾客的疑难问题，为顾客提供优质服务，使企业与顾客之间建立起良好的关系。

3. 销售人员能够为企业创造良好的外部环境

企业成功的关键之一是使顾客了解企业，在这里，企业形象起着至关重要的作用。销售人员身在销售第一线，通过他们的销售活动和宣传活动，能促进顾客发生实际的购买行为，使产品顺利到达消费者手中，为企业赚得更多的利润。销售人员能为企业赢得社会和广大顾客的信任，在顾客心目中树立企业的美好形象，从而提高产品的信誉，为扩大产品的销量和长远的销售成功创造了良好的外部条件。

4. 销售人员能促进产品的研制与开发

要保持企业的发展，研发和创新是必不可少的，但几乎每一种产品的问世都需要有朝气、有创新性的销售方案和销售队伍，才能使企业的销售活动达到理想水平。另外，销售人员深处市场，与顾客打交道，能够了解到各方面的经济信息和市场的具体情况，既可以了解企业的一般环境，也可以了解企业的作业环境，调查竞争对手产品质量的优劣，从而收集到市场的第一手资料，把握市场行情和发展变化趋势。尤其是在与顾客的接触中，销售人员能得到顾客对产品的评价和一些改进意见，为企业改造老产品、开发新产品提供决策依据。

5. 销售人员是战胜竞争对手的砝码

现代企业间的竞争在于人才的竞争，由于技术的进步，企业之间产品差距越来越小，此时销售人员就成为影响竞争成败的主要因素。销售人员能适时有效地拜访潜在顾客，为顾客提供满意服务，创造销售业绩，从而能使企业战胜竞争对手。

因此，销售人员是企业销售的一个非常重要的部分，必须重视销售人员的招聘和选拔，用好销售人员，加强销售人员的绩效管理和评价，以实现人力资源的最优配置。

某集团公司的华东分公司，一年前曾经面向社会招聘来一位总经理，这位总经理管理理论丰富，并有多年市场开拓经验，在面试过程中深得集团高层赞许。但一年多过去了，此人在工作中的表现与其在面试中相比简直判若两人。其管理和协调能力较差，导致华东分公司人心涣散，内耗严重，销售业绩连连滑坡。新一年的销售旺季就要到来。如果再这样下去，公司将最终失去整个华东市场。于是，公司决定解聘此人，再度面向社会公开招聘华东分公司总经理。但令公司高层担心的是，此次招聘是否会再出现一年前的结果，再聘来一个“说”和“做”相差甚远的经理人。

看看身边的例子似乎并不让人乐观：中国民营企业最早的职业经理人、原华帝集团总经理姚吉庆宣布离开华帝集团；曾经最风光的“空降兵”TCL 集团副总裁、TCL 信息产业集团总经理吴士宏悄然淡出 TCL 集团；曾经风光一时的“八大空降兵”之一、原“上广电”副总经理兼销售中心总经理陆强华在黄宏生（原创维集团董事长）的盛邀之下就任创维中国区销售总经理一职，最后双方的合作在不太愉快的氛围中结束，陆强华带领 100 多名手下集体跳槽……种种现象暗示着一个问题：“招聘失真”。“招聘失真”是很多国内企业，特别是民营企业频频遇到的问题。如何破解“招聘失真”的难题显得异常重要而迫切。

6.2 优秀销售人员必备的素质

不是所有人都适合做销售，也不是所有做销售的人都能够成功。普通销售人员和高效率销售人员之间的水平有很大差异。一项对 500 多家公司的调查结果表明：27%的销售人员创造了 52%的销售额，同时大多数公司只有 68%的销售人员能坚持工作到当年年底，而留下的人中，仅有 50%是公司希望在下一年中继续聘用的。因此，选用和留用优秀的销售人员，其重要性不言而喻。

那么，一个优秀的销售人员应该具备哪些素质呢？

1. 心理素质

美国有关研究机构的抽样调查表明，销售业绩优秀的人群与销售业绩一般的人群之间的平均智商值是基本相当的，而反差最大的是心理素质，即销售业绩优秀人群的心理素质大大高于销售业绩一般的人群。可见，做到销售业绩好的主要原因并不是头脑聪明，而是良好的心理素质。

良好的心理素质是指抵抗挫折的能力很强，遇到困难与失败时，能保持情绪稳定，以高昂的精神状态去面对环境的压力。销售是最容易遭遇挫折的职业。销售人员经常受到冷落、拒绝、嘲讽、挖苦、打击与失败，每一次挫折都可能导致情绪的低落，自我形象的萎缩或意志的消沉，最终影响销售工作的拓展，或者干脆退出竞争。此外，销售人员肩上扛着巨大的销售指标，身后有主管经理一次次的催促，面临的却是客户的冷漠与拒绝。所以，良好的心理素质是一名合格销售人员必备的素质之一。

2. 专业素质

销售人员要靠专业知识而不是只靠经验做市场。在千变万化的市场上，过去的成功经验常常会成为今天成功的最大障碍。

销售人员要具备专业能力，如掌握产品知识、销售技巧、消费心理、促销策略、经销商管理、渠道管理、终端管理、市场运作、谈判等方面的知识和实务能力，才能在面对市场挑战时应对自如。销售人员如果具备很强的专业能力，使客户感觉到自己是在与一名解决自己需求问题的专家而不是一个急于让自己掏钱买产品的销售人员打交道，其销售业绩一定是骄人的。

3. 市场悟性

良好的“悟性”是成为一个优秀销售人员的充分条件。在这个世界上，没有任何东西能替代销售人员的市场敏感性和良好判断力。

所谓“悟性”，就是销售人员发现问题和机会，并利用机会解决问题的能力。“悟性”包括销售人员对市场的敏感性和良好的判断力。如果没有市场敏感性，就会对市场上出现的市场机会视而不见、充耳不闻，白白坐失良机；如果没有良好的判断力，就不能及时解决市场上出现的问题，从而导致事情的恶化。“悟性”好的表现可能是销售人员的灵机一动、心有灵犀、举一反三、触类旁通、去伪存真，甚至是未卜先知。但“悟性”不是玄学，是可以培养出来的。

上海实施分时电价，夜间用电便宜一半。这个政策立即引起海尔公司华东区销售人员的注意。经过与顾客的沟通后，他们发现顾客在购买电器时对产品耗电性比较关注，于是立即建议公司为电热水器设计一项定时功能，使它可以在夜间加热，白天使用。赶制的分时家电推出后，两个月销量就翻了一番。良好的悟性使销售人员从政府政策中发现了新的市场机会。

4. 价值取向

价值取向代表个人对特定事物的重要性的判断。例如面子、权力、生活地域、生活方式等。对销售工作而言，有一种价值取向很重要：功利主义的价值取向。具有这种价值取向的个人，十分看重对自己努力的物质回报。他们同时也十分重视保护自己的物质回报，不能容忍他人分享自己的努力，有时甚至会表现为吝啬。

这种价值取向与销售工作的物质导向和个人主义性质相吻合。需要指出的是，功利主义不是简单的自私自利，而是强调自己的努力必须得到物质回报，并且不容许他人侵占。但他们不去侵占别人的利益，而且在自己的物质回报得到确认后，并不排除与需要的人们分享的可能性。

5. 个人动机

个人动机是影响销售能力的最为关键的一个因素。它影响到销售工作的每个方面。这个因素反映的是一种发自内心的，追求特定目标（例如金钱、名誉、地位、创新等）的欲望。当欲望达到一定的强度，一个人就会有足够的内在动力和敏感性去捕捉可以实现特定目标的机会，并在实现目标的过程中投入足够的努力和韧性。

任何一种销售工作，个人动机都是必须具备的关键性条件。它与销售工作中的热情、努力程度、韧性、敏感性都有关系。这个因素直接影响到一个人是否能在压力下保持自觉工作，是否追求在工作中发挥个人作用，是否追求以客观的物质标准来衡量自己的工作结果，是否对沟通对象的情感变化有足够的敏感性和自发的应对能力，是否有足够的热情和动力根据外部环境的变化及时调整自我等。

案 例

老林是一家著名的通信设备公司的销售人员，她具有比较强的成就动机。在接手一个区域后，她发现几个主要客户对公司有很大的敌意。而这种敌意与前任销售人员的行为有很大的关系。因为前任销售人员在处理客户关系时，对客户的许多要求总是简单地以不符合公司的规定或超出自己的职责范围为理由加以拒绝。客户的敌意给老林的工作造成了很大的困难。客户甚至都不愿意和她见面。

面对困难，她并不气馁，而是想办法创造各种机会接近客户。例如，她了解到一位客户喜欢摄影，她就去参加摄影培训，学习摄影知识。并且邀请客户一起去户外摄影。对于客户提出的要求，她在不伤害公司利益的前提下，都尽可能地加以满足。例如，在一次假日期间，客户希望公司能够派出技术人员协助值班。虽然这个要求不符合公司规定，老林并没有简单地拒绝。她了解到，客户担心如果假日期间出问题，调动资源不方便，会造成很大的麻烦。因此，她主动与公司的有关方面协调，最终满足了客户的要求。结果客户非常高兴，而且还很感激。在老林的努力下，到年底时，该区域的业绩翻了一番。公司与客户的关系也非常好。

6. 洞察力

洞察力，即洞察他人心理活动的能力，或善于站在对方的立场上考虑问题的能力。这首先要求销售人员善于倾听，能察言观色。其次，要能设身处地地为客户着想，帮他们解决各种困难。如果不能清楚地察觉到消费者内心的真实想法，又怎么能将产品销售给客户呢？在商业谈判过程中，销售人员应该从对方的谈话用词、语气、动作、神态等微妙的变化去洞察对方的心理过程，这对销售成功至关重要。

敏锐的洞察力表现在销售人员特别善于倾听。在谈判与销售过程中，“倾听”其实比“劝说”更加重要，善于倾听的销售人员能充分调动对方的积极性，让对方产生如遇知己的感觉。善于倾听的要则在于：销售人员的肢体语言与口头语言和顾客说话的内容高度配合一致。比如顾客在讲述他艰苦奋斗的创业史，善于倾听的销售人员就会表露出敬佩的表情，甚至适当地睁大眼睛并用一些感叹词来配合顾客的述说，肯定对方从而调动顾客说话的积极性，为深入交谈创造条件。

案　例

某家小型咨询公司因业务发展的需要，希望内部实现现代化办公及信息化管理，在为每位员工配备电脑的同时，在公司内建立局域网。为此，该公司的采购人员咨询了中关村多家著名经销商，却得到十分类似而并不适用的解决方案。

几周后，一家小公司的销售人员却拿到了这份订单。仔细分析他的成功，我们发现其原因在于，当这位销售人员进行客户拜访时，他发现这家公司已经购买了不同配置、不同品牌的计算机产品。他了解到，这些都是该公司在不同时期购进的产品，目前在使用上没有问题。因此，这位销售人员想到，这家公司对解决方案始终不满意的原因不在于这批机器。经过询问他发现自己的猜测是正确的，该公司为了节约成本，希望能够将现有的机器加以充分利用。了解到客户真正的需求，这位销售人员自然可以很顺利地拿到订单。

7. 表达能力

表达能力对销售工作的重要性可以说不言而喻。但是通常在分析这个因素时容易出现一个误区，就是把话多与表达能力好画等号。其实能够滔滔不绝地说话并不等于具有良好的表达能力。对销售工作而言，首先是要能把话说清楚，别人要能听懂。其次是要有逻辑性，不要自相矛盾。

有了基本的表达能力，接下来的要求就是表达的通俗性与生动性。通俗性就是能够使用大众化的语言表达自己的想法。生动性反映一个人在表达时能否使用多种表达方式（例如手势、表情、肢体动作、音调变化、使用比喻、讲故事等）。另外还有一些重要的要求，如表达的积极性与礼貌性。积极性表现在总是以正面的、促进的、爱护的语调和用词来表达自己的看法。礼貌性表达则会表现为避免使用令对方不快或反感的词汇或语调。

8. 组织能力

销售人员的组织工作能力具体体现在一系列销售活动中，要通过策划、安排形成有序合理的时间序列链和事物序列链，使整个活动的运行能够有条不紊，充分发挥效能。因为销售人员掌握着大量的顾客信息、产品信息、行业信息和经济信息，所以每种信息都必须以可用的方式组织起来。

销售工作中常开展产品推介会、商品展销会、用户联谊会等大型活动，这需要销售人员有良好的组织才能。要把握好为什么要做（why）、在什么地点（where）、什么时间（when）、做什么事（what）、何人参加（who）、如何做（how）、即5w1h。此外，如何处理信息，安排时间和日常工作都反映出销售人员的组织能力。安排得好，工作条理清晰，故障率低，个人、顾客双方满意；反之杂乱无章，又忙又乱，会严重影响工作的有效性。

9. 社会交往能力

卡耐基基金为期五年的研究表明：一个人获得工作，维持工作，提升工作，15%取决于他的知识，85%取决于他与人打交道的能力。作为一名销售人员，在日常工作中，会接触到形形色色的客户，遇到各种各样的社交场合，面对的客户有着不同的知识背景，不同的社会阅历、生活习惯和风俗礼仪，所以就要求销售人员具有较强的社交能力，能在各种场合应付自如，相机行事。

社交能力是衡量一个销售人员是否适应现代开放社会和做好本职工作的一条重要标准。销售人员要善于与各界人士建立亲密的交往关系，而且必须懂得各种社交礼仪、宴会礼节和公共场合礼节。在与顾客进行洽谈的过程中，往往有些问题在正式洽谈场合不能得到解决，而在社交场合能得到解决。

当然，社交能力的提高不是一蹴而就的，它往往需要一定的社会经验和社会阅历的积累，此外，还要占有大量的信息，寻找一个双方都感兴趣的话题，在自己周围吸引一批忠实的听众朋友。

案　例

“卓越公司”眼中的“优秀”销售人员

如果一个公司不知道到底什么人适合做公司的销售，他需要哪些基础的素质及技能，那么他组织起来的营销队伍，到底会是什么样就非常难以预料。纵观所有成长起来的知名企业，它们都有自己的优秀销售人员的标准，这个标准的存在，无疑为建设一支强大的销售队伍提供了必要的指导。

施乐公司——成熟、理智

施乐公司销售人员的标准为：进取心和激情、沟通技巧、成就、思维的理智性、成熟。从这五点来看，施乐公司似乎更加偏重个性与素质方面的标准。在个性方面突出冲动性，但同时兼顾性格的成熟，具有相对矛盾的性格定位，这样的人员往往会集中在30岁左右的男人身上。除了性格之外，施乐公司对销售素质的要求更多集中在沟通以及个人的思维能力上，就是说销售人员应当能够慎重而严密地思考，同时能够有效把握自己与别人的意图。

这样的销售人员标准与施乐公司的文化，以及产品特性有关系。施乐公司的复印机产品销售模式比较复杂，有大客户销售，有零售销售，还有渠道销售，合同数额一般不大，且需要大量的客户拜访。尽管合同绝对金额不是很大，但是客户对产品的选择，仍需要相对复杂的决策过程，销售人员面对的销售环境比简单的直销复杂得多。从这个方面可以理解，积极主动地工作，以及善于沟通，并且表现出沉稳的个性特点，可能更利于这类产品的销售。

雅芳——激情+实干

雅芳销售人员的标准为：诚实、有进取心、实干、适应变革、领导力、传承六项内容。由于雅芳是直销模式，所以销售人员的标准与施乐有很大的不同。雅芳的销售为典型的效率型销售，需要员工不断重复千篇一律的销售动作，并且要适应无数次的拒绝，因此它对于销售人员的忍耐力有极高的要求。高级销售人员培养初级销售人员的能力非常关键，故而领导能力很关键。这里的领导能力应当更多地理解为组织能力以及说服能力。按照雅芳自己的描述应当是“设立标准、公正执行”。传承是雅芳特有的特点。传承的概念是“按照公司的要求做”。雅芳要求所有的雅芳小姐必须进行亲身示范，并且指导自己的下属也要亲身示范，这就是传承。通过对雅芳销售人员的标准分析，我们发现，雅芳强调的除了销售人员的自觉性之外，更重要的是强调严格按照程序完成动作。这种标准对于重复性的效率型销售来说，应当是非常合适的。

家乐福——执行

家乐福销售人员的标准为：热情、勤勉、诚实、服从、整洁。作为中国境内最成功的外资商业连锁机构，家乐福对于销售人员的要求也是非常值得其他企业学习的。家乐福的销售人员基本上就是导购员，而导购人员是典型的效率型销售，但与雅芳的效率型销售相比，技能上的要求要简单得多，多数情况下需要重复。由于是典型的服务型企业，所以家乐福对销售人员的持久性、耐性有着极高的要求：其中热情、勤奋、服从就是这个要求的直接体现，而且更偏重于执行的色彩，强调执行命令、上级对下级的绝对领导等，这与导购人员自身的基础素质有密切的关系，面对持续、枯燥的导购销售，以服从命令为导向的人员标准不失为一种比较好的选择。

除了行为上的执行导向，在个人品质上，家乐福更注重诚实的重要性。事实上，不光家乐福是这样，多数成名企业对诚实的认识，甚至远远超过了所有的品质。家乐福就是一个范例。

6.3　销售人员的职责

虽然由于销售对象的差别，对销售工作和销售人员的要求不同，销售人员的具体活动也不尽一致，但一些基本的销售工作是绝大多数销售人员都应该完成的，属于销售人员的职责范围。一般而言，销售人员的工作流程及主要职责如图6-1所示。

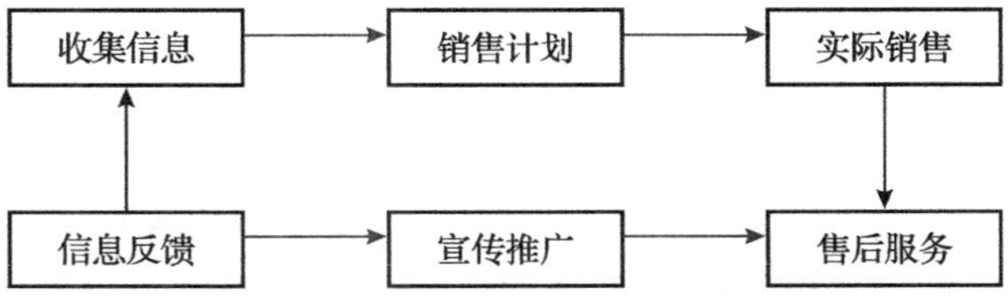

图6-1　销售人员的工作流程及主要职责

6.3.1 收集信息

在销售人员编制计划和向潜在的顾客进行实际销售之前，必须先收集有关的信息资料，其中包括有关本企业、产品、竞争对手和市场现状及发展趋势等方面的信息资料。

销售人员必须了解本企业的基本销售目标、销售哲学、经营方式和各项策略，特别要掌握与销售工作密切相关的资料，如信贷条件和交货期限等。

产品知识是取得销售成功的关键，因此，销售人员必须掌握有关产品的全部知识，包括本企业产品与竞争对手的产品有什么不同和为什么不同，以及使用本企业产品所能得到的效益、产品的售后服务情况等。

任何一位训练有素的销售人员都知道，了解竞争对手的情况，对自己的企业来说具有非常重要的意义。一般来讲，销售人员可通过年度报表、报刊杂志、顾客、交易市场和对方的广告等渠道去获取竞争对手的情报。应该了解的情况主要包括：①产品资料；②价格资料；③与本企业产品的主要区别；④对方销售人员的战略和战术；⑤对方产品的销售收益；⑥对方市场营销战略和战术的变化趋势。

进入市场的前提是，对以上信息有足量的收集与准确的分析。销售人员对产品市场方面的情况掌握得越多，就越能把销售工作做好。

6.3.2 销售计划

销售人员掌握了必需的信息资料之后，就应着手制订销售计划。这包括预计可能购买、安排销售访问、拟定访问计划及确定合理有效的访问路线等。

（1）预计可能购买。根据购买者的潜在购买量和购买的可能性程度，把购买者划分成若干等级。顾客购买产品的可能性取决于多种因素，其中主要包括产品的特征和效益能满足购买者需求的程度、购买者对现有产品的满意程度等。

（2）安排销售访问。凡是优秀的销售人员都能在销售之前妥善地安排销售访问。销售人员应确定重点访问对象，尽量排除那些不可能达成交易的洽谈，尽量减少无谓的时间浪费，有重点地确定潜在顾客的需求。

（3）拟定访问计划。有了确定的销售对象并做好了顾客的预计工作，便可编制访问计划，以保证销售工作的顺利进行。要做好向顾客充分介绍特征的准备；制定访问的程序、步骤和方式等，甚至要逐字逐句地准备好访问洽谈的内容和发言提纲。

（4）确定访问路线。销售人员在制定销售洽谈的旅行路线时，要尽量减少旅途时间，这样既可节省差旅费，又能增加销售活动时间。

6.3.3 实际销售

在实际销售过程中，销售人员要争取引起购买者的注意和兴趣，促进购买者的购买欲望；利用提供产品鉴定证明、示范使用产品、请购买者亲自试用产品等方法取得顾客信任；善于正确处理反对意见；并运用一些策略和技巧达成交易。

（1）引起购买者的注意和兴趣。主要方法是说明本企业的产品如何能满足他们最主要的需求。

（2）促进潜在购买者的购买欲望并获得购买者对企业的信任。需求和信任可使预计购买者做出购买决策。通常提供事实和具体指标是争取顾客需求和信任的最好办法，提供产品鉴定书也是必要措施之一。

（3）正确处理购买者的反对意见（或顾客异议）。只要销售人员能尽力地为预计购买者提供满意的产品，反对意见就可能减少到最低程度。处理反对意见的有效办法是先表明同意这种意见，然后再设法使之转变为有利条件。

（4）达成交易。这是指预计购买者已经决定要购买。销售人员可以尝试用各种方法促成交易；大胆地向对方请求订货；在洽谈中用试探成交的语言；注意对方准备达成交易的信号，如询问价格、安装和维修等问题；尽量促使对方赞同产品的特征和优点；设法减少对方可能选择的方案；运用产品的各种保证书和担保条件；运用以往的经验来确定应该采取的最佳销售方式。

6.3.4 售后服务

服务是赢得顾客、巩固并扩大客户的重要手段。在产品销售出去之后，销售人员必须与顾客保持经常的联系并继续为其服务，用最大的努力去追求顾客的满意。

首先，及时、勤奋地回访顾客是巩固、稳定和提升顾客关系的最佳途径。销售人员经常与顾客联络，才能及时发现顾客对产品的意见，及时采取有效的改进措施，获得顾客的大力支持。其次，愉快接受顾客的退货，维持企业信誉。最后，销售人员应充分履行安装、维修服务方面的保证。

6.3.5 宣传推广

销售人员还应该掌握一些常用的宣传推广手段。如地域促销活动、口碑宣传、卖场气氛等。地域促销活动主要指区域内的各种促进销售的推广活动，要求考虑全面，组织缜密，执行到位，并有及时的跟踪和评估。口碑宣传则是销售人员应运用面对面的宣传，建立、扩大、强化良好的口碑宣传网络。此外，卖场气氛往往也能极大地促进销售。卖场气氛主要的组成要素有售点（point of purchase，POP）广告、色彩、音乐以及服务人员的行为等。在良好的 POP 广告设计和布置之外，选用良好的色彩音乐组合，而且通过培训、激励服务人员，使服务人员的行为成为活的景观。通过 POP、色彩、音乐、服务人员行为组合构成良好的卖场，也是销售人员的重要职责。

6.3.6 信息反馈

销售人员要时刻注意搜集各种信息，并不断丰富完善顾客档案。顾客档案包含顾客的经济性质、规模、顾客经营网络范围、主营绩效、资信、经营管理者的个人背景等。在顾客档案中尤其值得一提的是，必须建立顾客拜访记录簿、顾客进销记录簿、顾客通讯录等。如此才能有效掌控顾客资料，并为后续的工作做好充分准备。

案 例 **是不是销售部门的责任**

佳华化工公司是生产销售卫生面材的，销售经理谢兵在与客户的接触中发现客户经常抱怨几件事：①该材料在生产线上加工时，对员工的技术要求较高，拉力太大或太小都会影响最终产品的质量，同时在调试的过程中，也增加了材料的浪费；②售出的材料质量不稳定；③时有交货不准时的现象。

面对这种现象，谢兵组织了一次部门会议，征求各销售人员的意见。销售员王强认为，这几个问题都不是本部门所能解决的，最多只能把情况反映上去。销售员张辉认为，应该直接与生产部、技术部和运输部联系，以取得相关部门的支持。其他几名销售员也认为这不是销售部的责任。作为销售经理，谢兵应该如何去做呢？

谢兵在仔细考虑之后，决定以书面报告的形式直接向公司总经理汇报。总经理李先生看到报告后，立即把营销副总经理郑先生找来，要他负责解决这些问题。郑总看了报告后把谢兵找来，先责备为什么不向他报告，后又指示谢兵与相关部门直接联系以解决这些问题。谢兵根据郑副总经理的指示先后与储运部、生产部、供应部、财务部等部门进行联系，得到如下答复：

储运部：“因为没有成品，生产跟不上，找生产部门去。”

生产部：“原材料供应不及时，影响生产进度，找供应部门去。”

供应部：“没有足够的资金，找财务部。”

财务部：“因为销售部回款不力，应收款占用大量资金。”

技术部：“可以为客户提供技术支持。”

质管部：“质量控制太严，更无法交货。”

问题绕了一圈，又回到谢兵这里，可是谢兵也有话说：“就是因为这些问题，顾客才不按期付款的呀！”

思考题：

问题的关键在什么地方？谢兵现在该怎么做呢？作为销售经理，如何履行职责？

6.4 销售人员的招聘

6.4.1 岗位分析和岗位描述

1. 岗位分析

工作与销售人员的匹配是招聘优秀销售人员的关键，对某项工作的理解是招聘过程的起点。每个公司的销售职位都是不同的，销售经理在聘用人员前，要通过对每个特定职位需求相关的特点进行分析。企业的招聘人员在确定一个选择销售人员的标准后，就要进行具体的岗位分析。

岗位分析是对组织中某个特定工作岗位的目的、任务、责任、权力、隶属关系、工作条件、任职资格等相关信息进行收集和分析，以便对该工作岗位的职责做出明确的规定，并确定完成该工作所需要的行为、条件和人员的过程。

通过工作分析能够明确各项工作的要求、责任，掌握工作的静态的特点，提出任职人员的心理、生理、技能、知识和品格要求。在此基础上确定任用标准，招聘工作就有了明确的选择依据，就可以通过素质测评等工作，选拔和任用符合工作要求的合格人员。

岗位分析要考虑市场、产品线、任务和责任、权限范围等。①市场：这些销售人员与谁打交道？市场是由批发商和最终用户构成的吗？销售人员是否只需拜访购买者？其他人（比如工程师）对购买决策是否有影响？②产品线：产品线的技术程度如何？一个人将负责多少种不同的产品？产品是通用的吗？产品是否必须满足每位顾客的特殊要求？③任务和责任：这项工作是否需要特殊的技能？包括哪些类型的出差？销售人员履行服务时如何与公司保持联系，与谁联系？④权限范围：个人所具有的决策权有多大，如何与上司相处？

2. 岗位描述

企业针对每一个岗位进行分析后，下一步就是对其做详细的岗位描述。岗位描述是在工作分析的基础上进行的，岗位描述的正式书面结果为工作说明书（job description），包括工作内容与特征、工作责任与任务、工作权力、工作目的与结果、工作时间与地点、工作岗位与条件、工作流程与规范等。其中最重要是工作职责与任务，包括销售和服务的职责、计划、报告、公司联系、日常行政事务及内容处理。

工作说明书因不同的产品或服务、用户购买行为、销售形式和公司文化而不同。相同职务在不同区域、产品和客户之间，对销售人员的要求也有区别。销售经理要详细分析目标市场，研究在新老客户、主次区域、高低档产品之间最佳的时间分配结构，明确每个所需销售人员的工作重心，以便认识对候选人在经历、技能、知识和个性特征的不同要求。销售经理定期分析、检查并修改工作说明书以反映产品或服务、竞争、用户、环境和战略的变化。

岗位描述为招聘销售人员提供了很好的参照标准。有了这个岗位描述，不管谁去招聘，选择的人员都会基本相同，这是一个标准化的问题。

案 例 **用友软件高级客户经理的岗位描述及岗位要求**

岗位描述

1. 开发、建立和维护与行业内重要客户长期的沟通和合作关系。

2. 负责制备销售预测报告、大客户登记及项目机会分析报告，负责项目前期开发、跟踪，协调销售资源。

3. 创造高层交流的机会。

岗位要求

1. 大学本科或以上学历，计算机或理工科专业背景。

2. 有3年以上软件销售经验，其中国内外或财务软件或ERP软件企业销售经验一年以上，最好有大客户销售经验（包括HR、CRM、SCM、BI、DW等）。

3. 具有丰富的行业经验，至少有以下一种从业经验或向以下行业提供管理解决方案（离散制造业、烟草、化工制药、电子电器、汽车及配件生产、快速消费品、商贸物流运输业等）。

应聘者应具有的特质

敬业、坚韧、敢于承受压力、团队合作意识强、良好的沟通和协调能力、专业性的语言表达能力。

6.4.2 有效的申请表设计

对申请者的挑选过程，是在人力资源部门收到申请表以后开始的。销售职位申请表格是获取应试人员基本资料的关键，设计的内容与结构是否科学将直接影响初试的质量。

求职申请表没有统一的格式，它可以要求申请人填写与工作内容有关的情况。但是，因为申请表所反映的资料在招聘者对申请人的能力、资历的判断中有极其重要的作用，所以申请表的设计一定要科学、认真，以便能全面反映所需要的信息。

虽然每个公司的销售类型不同，招聘岗位的具体职责也不尽相同，但只要在设计时能够把握关键，是可以有效提高招聘效率，降低用人风险的。一份填写完整的申请书可以为招聘者提供如下信息：第一，通过申请表所反映的资料，可以对应聘者的有关资料做出一定的判断；第二，可以对应聘者以前的发展及成长情况得出初步结论；第三，通过应聘者在申请表中所显示出的工作经历，可以看出其是否经常变换工作，以判断其工作的稳定性。

一般而言，申请表应包括下列全部或者部分内容。

（1）个人资料：姓名、性别、年龄、健康情况、婚姻状况、兴趣、住址、联系方式等；

（2）教育程度：学校、专业、学位；

（3）学术及专业活动情况：学术成果、参加何种学术团体；

（4）技能：技能证书、进修培训经历；

（5）工作简历：单位、职位、主要职责、离职原因等；

（6）个人要求：薪酬、住房、休假等。

总的来说，企业在设计销售人员职位申请表时，要注意以下要点。

（1）对英语等外语有较高沟通要求的销售职位，一定要求提供中英文两种简历，借此考察申请人的基本英语应用能力；

（2）某些销售工作要求长时间出差和加班，应设立专门的问题供申请人选择；

（3）对某些在外貌上有特殊要求的销售岗位，要求申请人提供照片和身高体重等资料；

（4）提供销售业绩证明资料或证明的对象，对于申请“高级销售管理”职位的人员，还要求提供直接管理的人数及汇报的直接上级姓名及联系方式；

（5）工作经历栏目中，要求申请人对每份工作提供证明人或咨询人，包括其姓名、具体头衔和联系电话等，以备今后取证；

（6）在申请表格的结尾，应声明所有填写信息均真实准确，如经过调查发现信息失真，企业有权对申请人做出解职处理。并请申请人签名，以确认此声明生效。

6.4.3 销售人员的招聘渠道

选择优秀的销售人员，要求企业寻找多种多样的招聘渠道，所以企业要清楚每种招聘渠道的优缺点，以便根据具体情形正确选择。一般而言，招聘渠道可以分为四大类，如表6-1所示。

表6-1 招聘渠道的类型及内容

招聘渠道	内 容
内部招聘	现有人员推荐、非销售部门、公司数据库
公开招聘	招聘会、媒体广告、网络招聘、校园招聘
委托渠道	职业介绍所、人才交流中心、专业协会、猎头公司
隐秘招聘	供应商、客户、竞争者

1. 内部招聘

企业内部竞聘的优势很明显。首先，应聘者熟悉产品类型和公司运作，能够更好地理解职位的要求，同时对企业文化也更加认同。其次，因为省掉了广告费、会务费等，内部招聘比外部招聘成本低。再次，企业对应聘者往往较为了解，很容易选择到一些有发展潜力和对企业有较高忠诚度的销售人员。另外还容易使所有员工感觉到，企业为大家提供了广阔的发展空间，增加了员工的工作满意度。但是内部招聘也存在一些不足。如：可能缺少适合岗位的人选，应聘者被拒绝后可能不满意，应聘者对销售工作有误解，应聘者在转向销售工作时有一段困难的适应期。

内部招聘的形式有：现有人员推荐、非销售部门、公司数据库等。内部招聘流程如图6-2所示。

（1）现有人员推荐。

公司现有人员特别是销售人员，往往可以推荐优秀的销售人员。被推荐人一般有丰富的经验，理解岗位要求，对职位有浓厚的兴趣。若接受被推荐人，公司会给推荐人奖励并根据后期业绩追加奖励。若不接受或接受后又解雇，则应当给推荐人适当解释，并继续鼓励其推荐新的人员。

（2）非销售部门。

考虑从公司内部调研、策划、设计、生产、财务、人力等部门挑选人员，挖掘内部潜力，让人才各得其用。公司可以短时间、低费用地获得熟悉产品、公司、顾客、竞争对手、行业状况的候选人。但其可能缺乏销售技巧，并倾向形成帮派，造成管理困难。

（3）公司人才数据库。

这种渠道适用于大中型公司。销售经理协同人力资源部查询公司数据库中保存的文件，选择符合任职条件的候选人。他们大多是忠诚度高的销售人员。

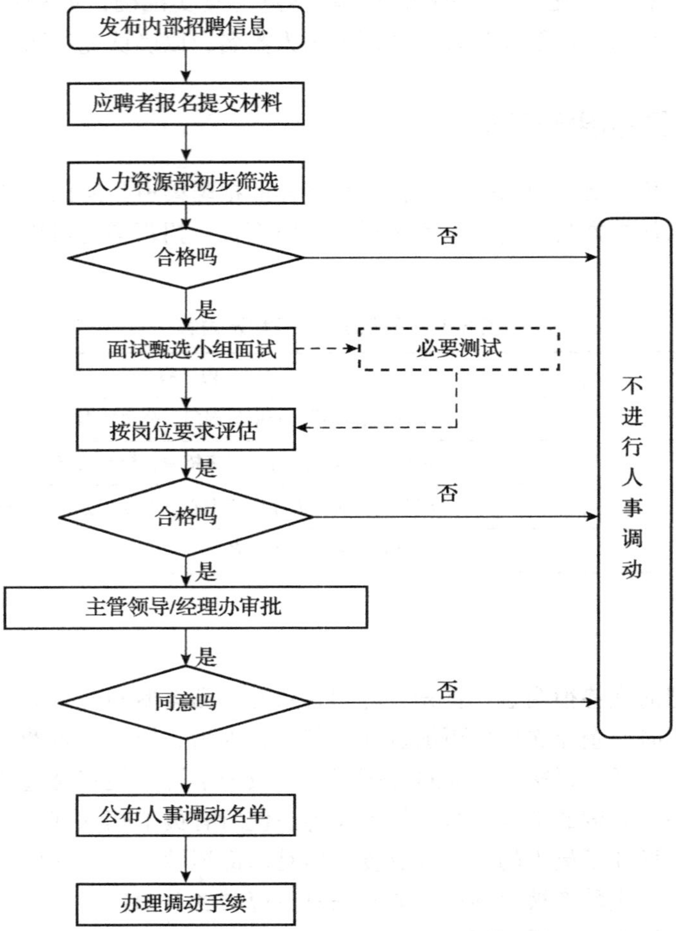

图 6-2　内部招聘流程

2. 公开招聘

（1）招聘会。

这种途径的优点是：能与面试者面对面交流，提高招聘质量，甚至可以减少初试流程；能很好地介绍和展示公司实力，更容易吸引应聘者；可以按标准招聘，减少私人偏见，节省时间和成本，直接获取候选人的详细资料；节省招聘时间，很容易一次实现招聘目的；能更好、更直接地了解其他公司的招聘策略和招聘方法。

这种途径的不足是：对优秀销售人员招聘难度很大，因为优秀的销售人员往往不愿去招聘会找工作；应聘人员容易在了解公司要求后填写简历，造成简历失真。

（2）媒体广告。

传统的媒体广告有广播、电视、报纸、杂志。

1）随着科学的发展和时代的进步，接触广播和听广播的人越来越少，所以在广播上做宣传，有时难以达到理想效果。

2）随着电视的普及，电视广告成了大家喜闻乐见的一种形式。但电视广告的费用高、播放时间短，又存在可选择性，所以也不是首选。而且，优秀的销售人员看电视的时间很有限，未必在播出的时间内得以观看。但对于知名企业的招聘，电视广告往往是一个一石二鸟的好方法，既达到了招聘的目的，又做了很好的企业宣传。可是中小型企业和知名度不高的企业需慎用。

3）报纸宣传是现阶段企业常用的招聘方式之一。因为企业的招聘往往带有地域性，和报纸的特征极其相似，此乃其一。各地方往往又有专业的招聘类型报纸或专刊，有效的阅读性较强，此乃其二。具体了解地方性招聘类型的报刊往往以周为发行单位，相对时效性较好，此乃其三。相对来说，报纸的价位较低，性价比较好，此乃其四。对企业的侧面宣传作用较好，此乃其五。

4）专业杂志的广告对招聘较高级人才效果较佳，但需对本企业做一定的形象介绍，才能吸引人才。但是使用这种方式容易出现候选人来源、数量不稳定，广告内容单调，广告位置不醒目，且费用逐步上涨的问题。

（3）网络招聘。

现阶段，随着互联网的普及和应用，网络招聘也随之兴起。

网络招聘具有超常的时效性、速度快、效率高、成本低、费用省、覆盖面广、招聘方式灵活等优势。但该渠道存在虚假信息，信息处理难度大。这种方式往往对使用的群体有限制，所以其效果还要看具体的招聘岗位。如互联网及其相关行业、管理类、销售类企业的效果相对较佳。

（4）校园招聘。

企业选择招聘大专院校或职业学校中具有营销理论基础的应届生，是由于企业能够在校园中找到足够数量的高素质人才，应聘者的学习愿望和学习能力一般比较强，可塑性较强，更容易培训；应聘者渴望开始工作，工作热情高，展示了建立和完成目标的能力；与具有多年工作经验的人比起来，新毕业大学生的薪酬比较低；应聘者很年轻，有更多的精力投入到工作中，更具适应性，愿意被重新分配，老销售人员则更乐于出差。

招收应届毕业生要注意的是，一般来讲，应届毕业生的心理素质、社会适应力、个人期望值等都有一个适应成熟的过程；缺少工作经验，可能并不完全理解销售工作的要求，需要进行一定的培训才可以胜任工作；可能在一定程度上不成熟，新销售人员比老手有更高的销售拒绝率；很多大学生在刚刚进入社会时，往往对工作有着过于理想化的期待，对自身的能力也有不现实的估计，由此往往容易产生对工作的不满意，在毕业后的前几年可能会有较高的更换工作频率，而销售工作是一项实践性很强的工作，对人的心理成熟度要求较高，需要沉下心去做；此外，在大学进行的招聘需要经过系统的策划，在组织方面也需要付出较大的努力。

3. 委托渠道

（1）职业介绍所。

该渠道的候选人大多是能力相对较差且不易找到工作的人员。企业提供详细的工作说明书及求职条件，请介绍所的专业顾问帮助筛选，以简化工作程序，获取合格的候选人。

（2）人才交流中心。

交流中心储备了大量的候选者信息，并代为推荐和选择优秀的销售人员。鉴于国内人才交流中心体制还待完善，企业可选取北京、上海、广州、深圳、武汉等影响力较大的人才中心。

（3）专业协会。

专业协会组织了解行业情况和销售特点，他们经常拜访厂商、经销商、销售经理和销售人员，请他们代为联系或介绍销售人员。

（4）猎头公司。

猎头公司是现阶段招聘中高级人才的非常有效的途径。猎头公司往往掌握了很多中高级人才的详细资料，可以给招聘单位提供较多的选择性。同时节省招聘单位人力资源部门的招聘和初选的过程，大大节省了时间成本。而且，猎头提供的人员具有较强的专业性和职业性，职业道德普遍较好，能满足企业对人才快速使用的需求。

但猎头招聘也有很大的局限性。首先，在职位上，大多数只限于主管以上职位，即中高级职位。对于一些需要较低职位的企业，很难达到理想的招聘效果。其次，猎头招聘的服务费较高，一般是招聘岗位年薪的20%～50%，对于一些小型企业难以负担。再次，由于猎头公司之间的竞争，猎头公司在实施人员操作中也经常运用一些手段和技巧。最后，猎头公司推荐的人才往往都在职，所以面试成功后的后续工作较多，容易形成等待，影响公司人力资源招聘计划的实行，甚至影响正常运营。

4. 隐秘招聘

（1）供应商。

供应商的人员了解产品质量、性能及使用方式，但费用高、培训难。许多零售商聘请供应商的销售人员，因为他们可以熟练地展示产品使用技巧。

（2）客户。

客户了解市场及产品，知晓购买产品的决策者，拥有客户关系基础，但可能缺乏谈判技巧或销售品质。销售经理最好征得候选人主管的同意，采取谨慎态度，否则将永远失去客户。产品销往政府机构的企业，往往聘请曾就职政府部门尤其是采购部门的人员，以获得更好的销售业绩。

（3）竞争者。

优点是应聘者是销售老手，并了解他们的企业，了解购买公司产品的客户的类型，对销售工作有实际的理解，应聘者已建立了客户群，并可能带来客户，具有可供评价的销售记录，可能对公司产品有所了解。

缺点是雇用费用更高，可能不忠于一家公司，已养成了固定的工作方式；难以再培训，应聘者离开时可能带走客户，与年轻人相比，不易于流动。

如果公司有很多空缺职位，没有时间培训新员工，又要求较高的销售业绩，从竞争对手处挖掘人才是最有效的方式。很多销售经理每月拜访竞争对手的卖场，不是为了了解价格，而是为了寻找优秀的销售人员。

案　例　宝洁：校园招聘的标杆

与其他外企强调有工作经验不同，宝洁只接收刚从大学毕业的学生。由于只有每年7月份才有毕业生，宝洁才不得不接收少量的非应届毕业生。在中国，宝洁90%的管理级员工是从各大学的应届毕业生中招聘来的。1988年宝洁刚刚进入中国，第二年就开始在高校中招聘应届毕业生。宝洁的校园招聘在理念、程序与方法，以及招聘人员配置等方面，都具有一套独特的系统与做法。另外，宝洁的校园招聘也为宝洁带来了品牌价值，成就了宝洁最佳雇主的名号，的确增加了其在人才市场上的竞争力。

那么，宝洁为什么如此重视校园招聘？宝洁的校园招聘是如何具体实施的？他们又是如何选到合适的人？他们的招聘人员是怎么配置的？宝洁对新人的培养究竟怎样呢？

策略和理念

宝洁公司选人是有明确的策略和坚实的理念的。宝洁把校园招聘作为人力资源管理的根基来经营，这是由宝洁本身的组织发展策略决定的。他们的用人策略是内部培养，这是一种非常昂贵的策略。比如，如果中国区空出了一个总监的位置，宝洁会先看自己在中国区的这些副总监有没有比较合适的，如果没有太合适的，就会考虑从集团其他公司引进一个总监，其实这比在本土市场上请猎头公司帮忙招一个总监贵得多，因为外籍员工的工资是相对较高的。但是，宝洁却一直坚持这种有效的方式。这种内部培养的组织发展策略在宝洁内部是有惯性的。比如说宝洁的前任总裁，一直强调新人是关键的，一定要培养他们。对于那些对来宝洁还在犹豫的优秀应聘人，人力资源总监会亲自跟他们面试，如果总裁方便的话也会来见一见。

宝洁公司对人才的重视来源于三个根基的企业理念。这个根基理念呈三角形，顶端是公司的客户，即消费者，然后是最基本的两个基座，一个是品牌，另一个就是员工。宝洁前总裁讲过这样一段话：你现在把我的钱、设备、厂房全部拿走，但留下我的人，十年之后我还可以卷土重来。但是，如果你把人拿走，只把东西留下来，我可能就很难做起来了。因此，员工是公司最重要的财富。

另外，宝洁的核心价值观有五个：领导才能、信任、主人翁精神、积极求胜和诚实正直。从选人开始，宝洁就很注意比较候选人在这些方面的潜质以及目前的情况与公司的期望值和需求是否一致。在宝洁，应届大学生一届一届地进来，他们每人都有自己不同的特点、个性，但宝洁希望他们一届一届都能传承企业文化上的DNA，也就是说，基本上都应认识到公司的终极目标，并在做事的原则、工作的方式等方面与公司保持一致。

程序与方法

从方式上来讲，宝洁是很传统的。从网上申请开始，宝洁会组织一些校园的宣讲会，由各个用人部门的高级经理介绍各自的部门是做什么的，而人力资源部则具体介绍对人有什么偏向性的要求。然后，公司把选择部门的权利交给应聘者，而不是由人力资源部来分配。同时，每个用人部门的协调委员会要做招聘计划，由人力资源部安排相应的人员帮助当地的招聘队伍开展工作。

基本程序是先网上申请，然后安排一些笔试，目前有两种笔试，一种是认知能力测试（不是性格测试），另一种是英语测试。笔试过后，还会有两轮面试。

网上申请不是简单的投简历，在应聘者递交简历的时候，宝洁会根据胜任力模型的要求，让他回答一些问题，并在网上设计一定的程序，由系统自动打分。然后根据评分筛选出相对符合要求的人参加笔试。笔试相对来讲是不带任何感情色彩和文化倾向的，主要看应聘者的认知能力和英文水平。当然，这也是宝洁人应当具备的最基本的素质。

从面试环节开始，宝洁会更加紧密地根据其胜任力模型来进行评价。比如说领导才能，宝洁会根据领导才能的不同等级，做出一些具体的行为描述，把能够细化或者具体化的东西都和应聘者的具体行为联系起来。这就是宝洁评价人的一把尺子，它是完全中立的。然后，宝洁会对面试官进行培训，让他们熟悉面试的套路和这把尺子。

所以宝洁会和来面试的学生说，参加我们的面试，要好好思考一下自己过去做过的事情，整理一下成功的经验。在介绍自己时，一定要讲具体的行为事例，如果只和招聘人员谈感想，可能会帮助招聘人员理解他，但对最后的评分没有太大帮助。

6.5 销售人员的选拔

6.5.1 面试

面试是销售人员招聘和选拔过程中一个重要的环节，通过精心设计的面试来测量应聘者的岗位胜任能力和个性特征。通常的做法是：由主考官根据面试设计向应聘者进行系统提问，几位训练有素的面试考官再用客观化评分表对应聘者进行量化评价。

一些研究表明，在满足下列条件时，面试是比较有效的：①面试仅限于与工作有关的内容，且这些内容经分析证明是对工作成败至关重要的；②面试按一套具体规则进行，使面试者的行为规范化；③面试考官经过训练，能够客观地评价应聘者的行为。

1. 面试的优缺点

面试能够在销售人员招聘中占很重要的地位，在于它有许多其他测试方法没有的优点，主要体现在以下方面。

(1) 核对申请表上所述资料，询问更多的相关情况。面试考官对申请表上的资料有不明白及怀疑之处，均可利用面试加以讨论与验证，并且可借此了解申请表上没有的更多情况，如兴趣、爱好、以往的工作经验等。面试人可据此估计申请人的潜能。

(2) 面试人可对公司及未来工作的情况予以介绍。使应聘人员对公司、工作、报酬、提供培训和发展机会等有更详细的了解，并澄清以前可能误解的地方。

(3) 可以直接了解应聘者的体貌特征、性格特点、对事物的分析判断能力、口才和社交技巧等。例如假定应聘人员会见顾客时将怎样展示自己的商品，面试人可借此判断应聘者的思维、态度、声音及谈话能力。

(4) 通过应聘者的表现，判断他未来实际工作的情形。面试即面对面的交谈，实际上是销售工作最重要的部分。应聘者会把自己视同为任何其他商品，向客户即考官推销自己，这有利于考官对他未来在销售工作方面的能力进行准确预测。

面试虽然有上述优点，但是它也存在一些不容忽视的缺点。

（1）时间较长。面试往往是一个应聘者要由至少一个考官来进行的测试。因此，如果大规模的人员招聘运用面试，效果就不会理想；而如果面试时间太短，不容易了解到足够的信息，面试也就失去了意义。

（2）费用比较高。因为面试需要聘请专家，而且时间比较长，这样面试的费用就不得不增加。

（3）可能存在各种偏见。不管面试的专家如何高明，都会存在一定的偏见，因此偏见在面试中是不可能完全排除的障碍。

（4）不容易数量化。面试数据往往可以定性，但不容易定量，因此在统计的时候比较困难。

2. 面试的方法

根据面试时所提问题，面试可以分为结构化面试和非结构化面试两种。

（1）结构化面试。

在结构化面试中，每个应聘者被询问一组预先准备好的相同问题，这种方法对无面试经验的考官来说是再好不过的。标准化的提问可以指导面试考官提出比较全面的涉及与销售工作有关的问题，而且询问相同的问题，能容易比较出各个应聘者的优缺点。

结构化面试的不足体现在考官可能机械地掌握已准备好的提问，容易导致不能发现应聘者潜在的优点和缺点。

结构化面试一般包括四类问题：情景问题提出了一个假设的工作情景，以确定应聘者在这种情况下的反应；工作知识问题探索应聘者与工作相关的知识，这些问题既可能与基本的教育技能有关，也可能与复杂的科学或管理技能有关；工作样本模拟问题包括一种场景，在该场景中要求应聘者实际完成一项样本任务；当这种做法不可行时，可以采用关键工作内容模拟。

结构化面试中采用的另一类问题涉及工作要求。工作要求问题旨在确定应聘者是否愿意适应工作要求。例如，面试考官可能问应聘者是否愿意从事重复性工作或迁往另一城市。这种问题的性质是实践工作的预演，并可能有助于应聘者自我选择。

（2）非结构化面试。

在非结构化面试中，面试考官不是预先准备好要提的问题，而是会提出探索性的、无限制的问题，让应聘者围绕主题自由发表意见，考官只是引导谈话不离开主题。这种面试是综合性的，面试考官鼓励应聘者多谈。这种方法可以通过让应聘者发表意见，洞察其个人特征和动机。采用非结构化面试方法，需要考官具有一定的经验和洞察力。

由于在非结构化面试中没有一套事先准备好的问题，考官可能忽略或忘记某些重要内容，或难以比较不同的回答。而且一般比结构化面试耗时更多。

专题 **用行为性STAR面试法检验真伪**

当有丰富的面试经验、做好充分准备的应聘者对答如流，而且回答也非常“漂亮”、对口时，就会让自认为有经验的面试人员产生错觉，被应聘者的表象所迷惑。以至于销售人员真正被招进来后，却发现他的实际表现与面试表现相差很远，这让面试人员感到非常困惑。

通过行为性 STAR 面试法可以有效检验应聘者话语的真伪和背后的信息。STAR 面试法中的问题要由四个要素组成：情境（situation）、任务（task）、行动（action）、结果（result）。

STAR 面试法一般是这样的：用一个引导性的问题让应聘者讲述一个重要的事例，他举的事例要符合几个条件，一是有情境，当时在怎样的情境下发生的；二是有任务，事例的任务或目标是什么；三是有行动，他采取了哪些步骤，关键时刻是怎么处理的；四是有结果，有没有达成，有何经验教训等。

假如应聘人曾经销售业绩优秀，采用 STAR 原则是较好的方式。考官首先询问是在什么情境进行的，包括地域特点、客户情况、销售渠道等；再而询问具体任务，包括销售额、汇款量、客户关系；接着询问应聘人采用了何种行动，包括计划、谈判技巧、促销措施；最后询问结果，包括是否达到与其目标、收获，如何在以后的工作中避免。

考官根据应聘者的回答进行一连串适当的追问，让应聘者对关键过程和细节进行详细陈述，通过应聘者的回答确定其背后信息。由于这些问题，特别是细节性的追问都是随机的，而且层层抽丝剥茧、顺藤摸瓜、打破砂锅问到底，应聘者无法准确预测，也无法进行充分的事先准备，只能据实以答。这样就极大减少了应聘者说谎的机会，其真实水平和诚实度也会充分体现。

例如，应聘岗位需要应聘者具备团队合作能力，考官可以设计如表 6-2 所示的问题来检验。

表 6-2　团队合作能力测评问题

序号	问题	要素
1	请讲述一个实际例子来说明你具有团队合作能力	情境
2	当时团队的目标是什么？你在团队中的角色是什么	任务
3	你和团队中其他成员的关系如何	
4	请你描述一下你们的团队是怎样完成任务的？工作结果如何	行动
5	在团队完成任务的过程中，你做了哪些贡献	
6	你与团队其他成员有没有意见冲突情况，你是怎么克服的	
7	你认为团队合作中最大的困难是什么	
8	通过此次团队合作，你最大的体会是什么	结果

如果应聘者确实具有团队合作能力，做过这些事情，相信他肯定会侃侃而谈，把事情的详细经过、心得体会一五一十地描述清楚。如果应聘者在撒谎，一开始可能会编得有鼻子有眼，随着问题的逐步深入，到后来可能就会支支吾吾，不能自圆其说，答到最后可能会面色苍白，冷汗直流。

3. 面试注意事项

（1）紧紧围绕面试的目的。

这一点十分重要，有的考官在面试时往往会岔开主题，这样就达不到目标，有的时候应聘者也会主动或无意识地把目标引开。

（2）制造和谐的气氛。

一般来说，面试的气氛较和谐，考官了解的信息会比较准确。除非为了了解在压力状态下应聘者的心理素质，可以利用一些压力气氛。在一般情况下，考官尽可能在面试刚开始时，和应聘者聊聊家常，缓解面试的紧张气氛，使应聘者在从容不迫的情况下表现出其真实的心理素质和实际能力。

（3）避免重复谈话。

面试应该规定一个基本的时间界限，不要一次面试持续过长时间，这样既影响了以后的面试，又使面试的内容不容易集中。

（4）避免过于自信。

有些考官过分自信，自己已经有了定式，不管应聘者反应如何，都根据事先已经考虑好的东西去判断，这样就会造成失误。

（5）对每个应聘者要前后一致。

也就是说不能先紧后松，或者先松后紧，这种现象在面试时经常会出现。刚开始时由于考官精力较旺盛，思想较集中，提问较仔细，对应聘者测评比较准确；而长时间的工作，考官有可能疲倦，就草草了事，这样面试的结果就不够理想。

（6）对应聘者要充分重视。

有时考官在面试中会表现出对应聘者一种漫不经心的态度，这样使应聘者感觉到自己受冷落，就会不积极地反映，这样就不能了解应聘者真正的心理素质和潜在能力。

（7）提问时围绕主题。

问的问题尽量要与工作有直接的关系，不要问与工作无关的问题，这样才能够紧紧围绕面试的目标进行。

（8）要防止"与我相似"的心理因素。

"与我相似"这种心理因素是指当考官听到应聘者的某种背景和自己相似时，会对他产生好感、产生同情的一种心理活动。例如，听到应聘者是某地人，考官一想是老乡，就产生一种"与我相似"的感觉。因此，考官在面试时要尽量防止"与我相似"因素的影响。

（9）避免刻板印象。

刻板印象是指有时对某个人产生一种固定的印象。例如，认为穿牛仔裤的人一定是思想开放的人。这种刻板印象往往会影响考官客观、准确地评价应聘者。

（10）注意非语言行为。

人们的语言行为往往是通过深思熟虑后才讲出来的，尤其在面试的时候，应聘者往往事先做过充分准备，他讲话的时候往往把最好的一面反映出来。但是要真正了解应聘者的心理素质，有时应该很仔细地观察应聘者的非语言行为，包括他的表情、动作、语调等。

案　例

宝洁公司的面试

宝洁公司的面试是分为两轮进行的。第一轮为初试，一位面试经理对一个应聘者进行面试，一般用中文进行。考官通常是有一定经验并受过专门面试技能培训的公司部门高级经理，而且基本上是应聘者所报部门的经理，面试时间为30~45分钟。宝洁公司会出资请通过第一轮面试的学生到宝洁中国公司总部参加第二轮面试，也是最后一轮面试。第二轮面试大约60分钟，面试官至少3人。为确保招聘到的人才是各部门所需要的，复试都由各部门高层经理亲自主持。

宝洁的面试过程主要可以分为以下四个部分：

第一，相互介绍。相互介绍并创造轻松交流气氛，为面试的实质阶段进行铺垫。

第二，交流信息。这是面试中的核心部分。面试官持有一张人力资源部门提供的题目清单，他会根据实际需要评估的能力要素，挑选其中的一些问题要求应聘者做出回答。应聘者在讲述个人经历的时候，需要辅以具体的事例，并向面试官陈述一些关键细节，事件要达成的目标，自己所扮演的角色，遇到的困难，如何应对，最后达到的成果，在整个过程中如何处理各种关系，以及得到的启示等。高度的细节要求让个别应聘者感到不能适应，没有丰富实践经验的应聘者很难很好地回答这些问题，而编造故事的应聘者也会原形毕露。同时，面试官会通过应聘者对这些问题的回答来评估其行为能力。比如说领导才能，考官会根据领导才能的不同等级，做出一些具体的行为描述，把能够细化或者具体化的素质要求都与应聘者的具体行为联系起来。

第三，应聘者提问。讨论的问题逐步减少或合适的时间一到，面试就会被引向结尾，这时面试官会给应聘者一定时间，由应聘者向主考官提几个自己关心的问题。

第四，面试评价。面试结束后，面试官会立即整理记录，根据应聘者回答问题的情况及总体印象做评定。

以下是宝洁公司一般采用的面试题目：①请举例说明你在一项团队活动中如何采取主动性，并且起到领导者的作用，最终获得你所希望的结果。②请举一个例子，说明在完成一项重要任务时，你是怎样和他人进行有效合作的。③请介绍一下你共事过的“最难相处”的同事。为什么和他难以相处？你怎样才能和他共同工作？④怎样统一不同意见？当与别人甚至你的领导有矛盾时，你怎样解决？如果是你的领导，你敢不敢挑战他？

根据以上这些问题，面试时每一位面试官当场在各自的“面试评估表”上打分。评估分为三等：1~2分（能力不足——不符合职位要求；缺乏技巧、能力及知识），3~5分（普通至超乎一般水准——符合职位要求；技巧、能力及知识水平良好），6~8分（杰出应聘者——超乎职位要求；技巧、能力及知识水平出众）。具体包括说服力/毅力评分、组织/计划能力评分、团队合作能力评分等项目。

在面试评估表的最后一页有一项“是否推荐栏”，有三个结论供面试官选择：拒绝、待选、接纳。在宝洁公司的招聘体制下，聘用一个人，须经所有面试经理一致通过方可。若是几位面试经理一起面试应聘人，在集体讨论之后，最后的评估多采取一票否决制。任何一位面试官选择了“拒绝”，该应聘者都将从面试程序中被淘汰。

面试是基于宝洁的核心价值观，对应聘者的行为能力进行评估。考官可以通过连续发问，及时弄清报考者在回答中表述不清的问题，从而提高考察的深度和清晰度，并减少报考人通过欺骗、作弊等不正当手段获得通过的可能性。

6.5.2 辅助性测试

企业为了准确发现优秀的销售人才，运用合适的面试，同时对应聘者进行有关方面的辅助性测试是必要的。通过辅助性测试可以了解其销售动机、人际敏感性和沟通技能、失败承受性等职业心理特性，从而使人员录用的失误率大幅度降低。

最常见的销售人员辅助性测试方法有以下几种。

1. 心理测试

使用系列心理测量量表来测量一个人的潜能和个性特点。如基础职业能力、价值取向、进取意识、创新能力、风险承受能力等。通常的做法是：让受测者在答题卡或在计算机上作答一些客观性试题，然后对作答结果进行系统评价，并出具相应的职业心理素质测评报告。

案　例　**从需求出发定位销售人才**

上海罗氏制药有限公司（简称罗氏）将研究公司的需求视为招到适用人才最重要的一个环节。罗氏销售系统包含三类职责分明的销售人员，各自发挥不同的职能，包括医药代表（负责调研药物的产品临床应用效果、产品支持等）、商业代表（即传统的销售人员，负责合同谈判、市场开发等）和零售店代表（开发非处方药市场），公司对不同层次的销售人员有不同的要求。罗氏通过研究公司的人才需求，事先定好招聘职位的素质要求，进行严格界定，这样在筛选和面试时，可针对不同职责的职位，运用不同的标准和方法。罗氏副总经理兼处方药品部总监李欣认为这一点非常重要，“一旦需求不明确，或将所有销售人员笼统地归为一类，采用一个标准，就会导致决策上的不明朗。”要求和目的明确，在招聘时就能相对高效和节省资源，迅速定位恰当的人才。如果笼统地将不同职责的销售人员归为一个群体，对于一个相对庞大的体系来说，就可能导致发现进来的人才不是公司所需要的。

为控制招聘的质量，确保公司获得真正需要的销售人才，罗氏从招聘程序的上游进行控制。罗氏对销售主管和经理有一个“性向”测试，但这个测试并不对普通销售人员做。该测试从性情、品格和经验等方面把握销售主管和经理的特质，使他们能与公司的销售战略保持一致。每种职责的销售人员在应聘时都要经过其未来直接主管的面试。这样，通过相对简单的程序就能确保销售人员“性向”上下一致。在未来的业务操作中，上下更可能齐心协力。罗氏公司缘何如此重视“性向”？李欣举了个例子，他们非常重视销售人员的“主动性”，“因为销售人员的工作是从家直接到客户，没有很好的主动性是难以想象的”。

在招聘的程序上，罗氏有两条平行的路。一条是根据内部各部门的需求反馈进行招聘，每个职位的申请都要填写非常正式的申报单，对职位的需求进行严格、详细的描述。另一条是每半年在几个大城市定期进行招聘，补充新鲜血液。“我还鼓励经理们非正式地不断到市场上看看有什么合适的人才。”李欣说。

2. 情景模拟

情景模拟，也称角色扮演，是指根据应聘者可能担任的职务，编制一套与该职务实际情况相似的测试项目，将应聘者安排在模拟逼真的工作环境中，要求应聘者处理可能出现的各种问题，用多种方法来测评其心理素质、沟通和解决问题等方面的实际工作能力的一系列方法。

情景模拟法既是要求应聘者扮演一个特定的管理角色，来观察其多种表现，了解其心理素质和潜在能力的一种测评方法，又是通过情景模拟，要求其扮演指定行为角色，并对行为表现进行评定和反馈，以此来帮助其发展和提高行为技能的一种最有效的培训方法。

例如，你在组织中获得了一个提升机会，你已被提名这一职位，但是还有一些其他的候选人。一份备忘录放在你的桌上，是来自人事经理的：鉴于已有多名候选人的情况，我们决定通过采取一种竞争方式来产生一名最好的候选人，评选小组由三至四名高层管理人员组成，要求每位候选人发表一次演讲以支持自己的资格。

每个人只有 10 分钟的发言机会，时间定在明日。你发现备忘录的日期是昨天，正巧电话铃也响起来了，是人事经理打来的。他通知你，评审将在 15 分钟后开始。你现在只有 15 分钟来准备讲话提纲。记住，你要问自己四个问题：为什么要讲？讲给谁听？准备讲些什么？准备如何讲？

3. 演讲

应聘者按照给定的材料组织自己的观点，并且向考官阐述自己的观点和理由。例如，请你谈谈对“一山难容二虎”这句话的理解。有时，在应聘者演讲之后，考官要向应聘者提问。这种方法可以考察应聘者的分析推理能力、语言表达能力以及在压力下反应的能力。

应聘者拿到一个演讲题目后准备 5 分钟，开始演讲，正式演讲的时间大约为 5 分钟。有时演讲的方法还和其他的评价方法结合起来使用。比如演讲和小组讨论结合，先由小组共同讨论一个问题，再派一个代表做演讲；或者将演讲与公文处理结合起来。

4. 无领导小组讨论

小组讨论包括有领导小组讨论和无领导小组讨论，其中无领导小组讨论更为常用。无领导小组讨论（leaderless group discussion，LGD）是让应聘人员以 5~8 人为一组，不指定任何人当领导。针对某些争议性较大的问题，例如额外补助金的分配、任务分担、干部提拔等问题进行自由讨论，发表自己的观点，提出解决方案，努力统一大家的看法，并推选一名成员向评委汇报。主考官只是通过安排应聘者的活动，观察每位应聘者的表现，对照事先确定的指标来对应聘者进行评价，判断他是否表现出所需要的能力特征。这种方法特别适用于对人际能力要求较高的销售人员的招聘。

这实质上是一种采用情景模拟的方式对应聘者进行集体面试的方法。无领导小组讨论的目的，是考查应聘者在需要小组成员共同合作才能完成的任务中表现出来的各种综合能力特征，如组织协调能力、口头表达能力、分析判断能力、决策能力、团队领导、人际影响力、情绪稳定性、处理人际关系的技巧等。无领导小组讨论选拔优秀销售人员的评价要素如表 6-3 所示。

表 6-3　无领导小组讨论选拔优秀销售人员的评价要素

评价要素	观察要点	评分 1 2 3 4 5 6 7
沟通能力	☆口头表达清晰，流畅清楚 ☆善于运用语言、语调、目光和手势 ☆敢于主动打破僵局 ☆能够倾听他人的合理建议 ☆遇到人际冲突时保持冷静，并能够想出缓和的办法	
分析能力	☆了解问题的本质 ☆解决问题的思路比较清晰，角度新颖 ☆能够综合不同的信息，深入自己的认识 ☆有悟性、领会新问题的速度快	
应变能力	☆遇到压力和矛盾时，积极寻求解决方法 ☆情景发生变化时能够调整自己的行事方式 ☆遇到挫折时仍然积极客观面对 ☆在难题面前能够多角度思考问题	
团队精神	☆很快融入小组讨论之中 ☆为小组整体利益着想 ☆有独立的观点，但必要时会妥协 ☆为他人提供帮助 ☆尊重他人，善于倾听他人意见	
人际影响力和自信心	☆观点得到小组成员的认可 ☆小组成员愿意按照其建议行动 ☆不靠命令方式说服他人 ☆善于把大家的意见引向一致 ☆积极发言，敢于发表不同意见 ☆强调自己观点时有说服力	
销售业务知识	☆善于运用先进的销售理论来解决实际问题 ☆对销售理论理解透彻 ☆能充分考虑工作情景中可能遇到的各种实际难题并提出解决方案	

5. 管理游戏

管理游戏是一种以完成某项“实际任务”为基础的团队模拟活动，大多通过游戏的形式进行，并侧重评价管理潜质。管理游戏采用小组形式进行，数名应聘者集中在一起，按照要求就给定的材料、工具共同完成一项游戏任务，并在任务结束后就某一主题结合游戏进行讨论交流；考官通过观察应聘者在游戏中的行为表现，对预先设计好的某些能力与素质指标进行评价。

管理游戏通常既包括可见行为（如一定的体力活动），也包括不可见的、更为复杂的决策过程；同时，在管理游戏测评过程中，由于应聘者处于一种更为放松的状态，其行为表现会更加真实，可以减少掩饰的机会，提高测评的效度。这种方法可测评的指标包括：

团队领导能力、沟通能力、创新意识、主动性等。

6. 案例分析

在案例分析中，考官让应聘者先看一些有关某个组织管理中的问题材料，案例中的问题一般是财务、制度或流程分析。应聘者通过对商业案例、数据报表等原始材料进行分析，试图解决某个实际问题，并提出方案或拟定一份商业计划。然后向高层领导提出一个分析报告和一系列的建议，可以是书面报告，也可以是口头演讲。书面案例分析是考察被评价者的战略思维、市场意识、行业远见、问题解决、综合分析、判断决策、创新意识、口头或书面表达能力等方面能力的有效工具。

需要强调的是，有效地使用以上的测试方法（包括其他未列出的方法）有个前提条件，就是考官对需要考查的因素有明确的认识。并且有充分的证据表明这些因素确实对销售能力有显著的影响。否则，使用这些测试工具就会陷入盲目的猜测。最终，考官只能凭个人的主观感受判断应聘人员的销售能力，仍然停留在感性招聘的阶段，从而失去了使用辅助性测试工具的意义。

专题

外企招聘面试出奇招

1. 做管理游戏

做管理游戏，是用人单位面试的常用方法。在这类活动中，小组成员各自被分配一定的任务，必须合作才能较好地完成。有时引入一些竞争因素，如两三个小时，同时进行销售和市场占领，考官通过应试者在完成任务过程中表现出来的行为，来测评应试者的素质。

例如“小溪任务”这种游戏就是给一组应试者滑轮、铁管、木板、绳索，要求他们把一根粗大的圆木和一块较大的岩石移到小溪的另一端。这个任务只有通过应试者的努力协作才能完成，主考官可以在客观的环境下，有效地观察应试者的领导特征、能力特征、智慧特征和关系特征等。做管理游戏的优点是能够突破实际工作情景时间与空间的限制，模拟的内容真实感强，且富有竞争性，更具有趣味性。

2. 看情景考察

（1）分拣跳棋子。

有的外企在招聘员工时，为测试应聘者的手脚灵活程度，给每个人放一堆跳棋子，要求其在1分钟之内挑出混杂在一起的跳棋子，并按各色分别排列好，如在规定的时间内没有按要求完成，即被淘汰。

（2）看图说话。

有的外企招聘员工时，需测试应聘者的反应能力：在转动的机器上装上彩色图画，画面上有动物、植物、建筑物、交通工具、家用电器、山水等，在应聘者面前按一定的速度移过，要求应聘者在规定的时间内说出自己所看到的内容。

（3）分蛋糕。

有一家外企招聘员工面试时，出了这样一道题：要求应聘者把一盒蛋糕切成8份，分给8个人，但蛋糕盒里还必须留有一份。面对这样的难题，有些应聘者绞尽脑汁也无法完成；而有的应聘者却感到此题实际很简单，把切成的 8 份蛋糕先拿出 7 份给 7 个人，剩下的 1 份连蛋糕盒一起分给第 8 个人。由此，应聘者的创造性思维能力就显而易见了。

（4）顶着烈日长跑。

考察应聘者的意志、吃苦耐劳精神，常常是外企招聘面试时的一项重要内容。有一家外企从应届技校毕业生中招聘一批员工。面试时要求应聘者头顶烈日，跑到近郊的一座山后再返回。测试结果，有的应聘者投机取巧，未跑到目的地就返回了；有的应聘者虽然跑到目的地，但在返回途中却搭乘出租车；也有的应聘者按规定跑到目的地后再跑回。外企公布录取名单时，前两种人榜上无名，后一种人被录用为员工。

（5）在雨中打伞。

一家外企招聘员工时，要求应聘者冒雨到附近指定地点后返回，但只给一半的应聘者发雨伞。应聘者在这场面试中出现这样的情况：有的有雨伞的应聘者会主动与无雨伞的应聘者搭档，风雨同行；有的无雨伞的应聘者则与有雨伞的应聘者协商，合用一把伞；还有的有雨伞的应聘者只顾自己、不顾别人，独自用一把伞。结果，独自用一把伞的人被淘汰，而合用一把伞的人被录用。

3. 乐观测试

20 世纪 80 年代中期，美国一家人寿保险公司雇了 5 000 名销售人员，人均支出培训费 3 美元。可是，1 年后一半人“跳槽”，4 年后只剩下 1 000 人。销售人员“跳槽”的主要原因是：他们在上门销售人寿保险的过程中，一次又一次地被拒之门外，十分尴尬。为解决这一问题，公司请来了宾夕法尼亚大学的心理学教授马丁·塞利格曼。塞利格曼教授认为，乐观精神对一个人的成长尤为重要。在塞利格曼教授的帮助下，该公司对员工进行了入围资格的测试和乐观程度测试，并对测试结果进行了追踪调查。追踪调查表明，“超级乐观主义者”的工作任务完成得普遍出色，与“一般悲观主义者”相比，他们第一年的销售额高出 21%，第二年的销售额高出 57%。

小结

招聘和选拔优秀的销售人员是企业销售人员管理的一项重要任务。销售是企业经营的最后一个关键环节，只有通过销售人员把商品销售到消费者的手上，企业才可以获取收益，实现企业的利润目标。而且销售人员为企业创造良好的外部环境，也能促进产品的研制与开发，为企业在竞争中战胜其对手提供了坚实保证。

一个优秀销售人员应该必备的素质，一般而言，可以从心理素质、专业素质、市场悟性、价值取向、个人动机、洞察力、表达能力、组织能力、社会交往能力等方面来进行考察。

虽然由于销售对象的差别，对销售工作和销售人员的要求不同，销售人员的具体活动也不尽一致，但一些基本的销售工作是绝大多数销售人员都应该完成的。一般而言，销售人员的主要职责包括：收集信息、销售计划、实际销售、售后服务、宣传推广和信息反馈。

在确定一个选择销售人员的标准后，接下来需要对销售人员的岗位进行分析，以确定特定工作岗位的目的、任务、责任、权力、工作条件、任职资格等，并形成书面形式，即工作说明书来对具体岗位进行描述。

对申请者的挑选过程，是在人力资源部门收到申请表以后开始的。销售职位申请表格是获取应试人员基本资料的关键，设计的内容与结构是否科学将直接影响初试的质量，所以申请表的设计一定要科学、认真，以便能全面反映所需要的信息。

当然，在进行正式招聘前，企业还需要清楚销售人员的招聘渠道。选择优秀的销售人员，要求企业寻找多种多样的招聘渠道，所以企业要清楚每种招聘渠道的优缺点，以便根据具体情形正确选择。一般而言，招聘渠道可以分为四大类，即内部招聘、公开招聘、委托渠道、隐秘招聘等。

面试是销售人员招聘和选拔过程中一个重要的环节，通过精心设计的面试来测量应聘者的岗位胜任能力和个性特征。但是，面试既具有优点，也具有缺点。在实际的运用过程中，有结构化面试和非结构化面试两种面试的方法可供选择。

除了面试以外，为了准确发现优秀的销售人才，企业同时还需要对应聘者进行有关方面的辅助性测试。最常见的测试方法有：心理测试、情景模拟、演讲、无领导小组讨论、管理游戏、案例分析等。

关键概念

岗位分析　岗位描述　结构化面试　非结构化面试　心理测试　情景模拟　演讲　无领导小组讨论　管理游戏　案例分析

复习测试

1. 对于企业来讲，招聘到合适的销售人员有什么重要性？
2. 优秀的销售人员往往需要具有哪些必备素质？
3. 销售人员的职责通常有哪些？
4. 岗位分析和描述在销售人员的招聘和选拔中的作用是什么？
5. 试评价销售人员招聘的各个不同渠道。
6. 在招聘销售人员的面试中，应该注意些什么？
7. 在招聘销售人员的过程中，有哪些辅助性测试？

案例研讨

天翁公司的人才招聘

浙江上虞发展公司于1995年生产出系列饮品，拟在全国范围内招聘国内市场部经理，并许诺年薪50万元人民币。此举引起当地新闻界的关注，被舆论界称为天翁公司招聘“中国第一打工仔”。

天翁公司的招聘引来了108名应聘者，经过有关专家、企业领导的层层测试、把关，最后上海复旦大学毕业，持有经济学学士学位的W君脱颖而出。1995年4月14日，天翁公司在浙江省钱江电视台现场举办了一场招聘揭晓晚会，并请来中央电视台某著名主持人做主持，使揭晓晚会增色不少。之后，W君正式走马上任。

不料，时隔不到半年，10月4日天翁公司下文，决定免去W君的全国市场部经理的职务。此举又引起了新闻界的关注，记者和所有关注者迷惑不解。对此，记者进行了追踪采访。

天翁公司总经理孙尧忠认为，当初在全国范围内招聘国内市场部经理，是因为公司必须有一位走全国一盘棋的能人。天翁公司解聘W君的最主要原因有两个：一是W君上任后干了两件事，即开辟杭州和苏南市场。但是，4~9月，天翁饮料在杭州销售不足100万元，而温州却近200万元。苏南市场发货达110万元，广告等费用开支32万元，而返回货款只有17.8万元。经济效益很不理想。二是W君以每片0.18元的价格向一名个体户订了价值8万元的“天翁餐饮纸”。孙尧忠认为这种餐饮纸每片只值0.10元。并且，9月W君未同公司打招呼，开车去了苏南和上海，一走十来天。为此，天翁公司被迫做出解聘决定。

W君对总公司免去他的职务表示惊讶。他认为开拓苏南市场是成功的，公司出具的数字需要重新核实。至于做餐饮纸一事，他说是他同意让部里的人办的，跑了5家厂，最低就是这个价。

对于年薪支付问题，天翁公司10月9日晚召开了董事会，决定按50万元年薪的日平均数付给，从4月到10月约为25万元。但25万元必须由公证处指定打到某一银行，一年后待W君的财务账全部结清后支付。W君表示，不是他的他不拿，是他的不去拿也是对不起自己。“天翁事件”继续被媒体追踪报道。

2个月后，经上虞市劳动争议仲裁委员会调查，调解后，双方达成了协议。11月28日下午，天翁公司在杭州天翁大厦举行了“天翁兑现高薪情况发布会”，会上天翁总经理和W君都做了发言。本着互谅的原则，W君向天翁公司表示感谢。孙总则说，天翁说话是算数的。双方签字后，公证员将14万元（扣除所得税）现金当场交给W君。国内新闻界包括《人民日报》《中华工商时报》《中国贸易报》《文汇报》《浙江日报》以及省市电视台的50余名记者参加了发布会，并对此进行了广泛报道。

讨论问题

1. 天翁公司的招聘大大提高了其知名度，但中途解聘会不会对其美誉度有影响？

2. 从人才招聘的方式、方法、途径来看，此次招聘是否有其科学性？年薪50万的依据是什么？

3. 如果你是天翁人，是否同意中途解聘W君？有没有更好的处理方法？如私了、因健康或其他原因让其自动辞职、明升暗降、分权架空、去国外开拓市场等？

4. 你认为针对该公司的有效招聘应该是什么样的？

CHAPTER 7

第7章 销售人员培训与激励

本章提要

本章主要内容包括：销售人员培训的目标、内容和流程，从组织分析、任务分析、个人分析三个层面对销售人员培训的需求进行分析，销售人员培训计划的制订、实施及效果评估，销售人员激励的问题及原因，激励形式和销售人员不同阶段的期望与激励重点，设计销售人员薪酬的原则、基本模式和建立的程序。

引例

汽车行业销售人员的激励机制

销售是汽车行业的命脉，所以激励销售人员是汽车厂商提高销量的重要手段之一。外资品牌汽车的销售激励机制极大地鼓舞了其销售人员的积极性，带来了销量的快速增长。

日系一汽丰田汽车销售人员的激励方案

一汽丰田汽车销售有限公司，是中国第一汽车集团公司和丰田汽车公司多年合作的结晶。一汽丰田2010年全年累计销量为49.98万辆，在全国汽车企业销量排名中名列第8。据2011年1月汽车企业销量排行来看，一汽丰田单月累计销量为4.83万辆，同比增长9.10%，在汽车企业全国销量排名中也位于第8位。以2011年1月的数据来看，一汽丰田占丰田销量的66.16%。一汽丰田目前的激励制度主要包括积分奖励和竞赛评比两种形式，奖励对象主要是销售顾问和销售部长，奖励形式主要包括现金、购物卡和旅游等。积分由基础积分和岗位积分构成，根据目标达成情况设置了不同的积分系数，销售顾问和销售部长所采用的积分计算方法也完全不同。一汽丰田内部还设置了一个网络积分商城，商品品种繁多，销售人员可以根据自身积分情况任意兑换商品。

德系宝马汽车销售人员的激励方案

宝马汽车1994年正式进入中国市场，现在中国是宝马全球第三大市场，宝马汽车在中国的销量位居豪华车品牌第二位。2010年宝马汽车在中国共销售16.9万辆，销售增长率高达86.7%。宝马厂商对一线销售人员的直接激励基本上是通过培训、竞赛等形式实现的。销售人员每卖出一辆车，宝马厂商都设置了单车提成奖励，对于一些促销款车型也会提供额外奖励。

宝马还设立各种奖项，奖励杰出的销售人员或团队。宝马厂商每年都会举办全国性和区域性的销售冠军竞赛，对销售人员的销售绩效、销售技能和销售知识等进行综合性考核，以奖金或赴德国进修的形式来激励销售人员的工作积极性。除此之外，宝马厂商每年会组织一些新车上市的培训，安排在旅游城市，相当于旅游福利。而且宝马还为每位销售人员设计了一本宝马护照，并制定相应的福利政策，以此来提高销售人员的工作积极性和工作稳定性。只要销售人员参加厂商规定的培训，通过考试后即可获得护照，持有护照的销售顾问可以在全国宝马经销商网内自由转岗。

美系汽车通用别克销售人员的激励方案

20世纪90年代，美国通用汽车携手上海汽车工业（集团）总公司，将通用汽车旗下的别克品牌率先引入中国，别克开始踏上中国新时期的旅程。别克作为上海通用汽车的支柱品牌，2010年全年累计销售量已突破55万辆。别克厂家主要通过在线软件和网络平台来了解一线销售人员的销售情况，但并未设立基于这一平台的积分机制或者长期激励体系。由于别克经销商在销售人员管理上有较大的自主权，各经销商可以制定自己的一线销售人员薪酬制度。基本工资是随着销量递增的，比如销售人员卖了2辆车，这个月的基本工资就是1 000元；卖了3辆车，基本工资就是1 200元。销售人员的奖金主要是单车奖，公司奉行的是多奖少罚的理念，比如公司规定，销售人员每个月必须卖出1辆二手车，完成了就会奖励500元/辆，如果没有完成则会扣400元/辆。当销售团队销量达到一定程度，还会获得销售团队奖励。别克厂商较少直接激励经销商的一线销售人员，通常是为了消化库存而制定一种临时性奖励政策。奖励对象一般是团队，奖励方式是现金或实物奖励，奖励频次大约半年一次。别克厂商每季度会举行一次销售评比。全年还有金牌销售员评比，且分全国性和区域性，得到的奖励程度将不同。别克厂商和经销商每年都会组织人员培训、人员评级等激励活动，但各自的工作重点不同。别克厂商更多关注中高层销售管理人员，而经销商在中低层销售人员管理上具有较多决定权。

资料来源：杨英. 汽车行业销售人员的激励机制［EB/OL］. http://blog.sina.com.cn，2011-08-19.

7.1　销售人员培训

7.1.1　销售人员培训概述

销售培训是指企业或相关机构组织的围绕销售人员自身素质、销售产品、目标客户、销售技巧等开展的专题培训活动。

1. 销售人员培训的目标

（1）培养销售技能。销售技能分为基本能力和解决实际问题的能力的培养。基本能力是员工从事岗位所需要的基础知识和技能，解决实际问题的能力包括心理素质、理解能力、判断能力、创造能力、组织能力和协调能力等。

（2）灌输企业文化理念，凝聚共同理想。企业文化是企业所拥有的共同的价值观和经营理念，企业文化在增强组织的凝聚力、指引员工自觉行动、协调团队合作以及提升企业形象方面有着非常重要的作用。

（3）开发和利用现有人力资源潜能。通过培训和开发，可以提高销售人员的知识、技能水平，发掘人才，使企业对人力资源的利用达到最佳状态，增强销售员工对企业的归属感。

（4）提高工作效率，降低成本。通过培训，使销售人员不但要熟练地掌握销售岗位上所需要的知识和技能，还要了解和掌握企业或本行业的最新科学技术动态，以增强在实践中的销售能力，使企业在激烈的市场竞争中有较强的竞争能力。

2. 销售人员培训的内容

（1）企业知识。企业历史、现状、文化、规章制度、远景规划；企业员工的晋升空间与发展机会。

（2）产品知识。产品或服务的基本应用（规格标准、使用保养等）、设计及服务理念、竞争产品信息。

（3）市场知识。市场的分布及其容量、潜力、特点和企业在相关市场的强弱分布；主要竞争对手及其分布，竞争对手的产品、价格、品牌、促销手段及其他销售政策、策略，本企业与竞争对手相比的优劣势。

（4）销售基础知识。销售人员的基本职责、素质、技能；市场调研，销售过程与技巧；销售学的基本理论框架；渠道建设与管理；销售战略、策略。

（5）法律知识。合同法简介；合同纠纷及坏账、呆账的防范及处理技巧。

（6）质量知识。质量标准（国际、行业标准、企业标准）；质量缺陷种类、成因以及对使用的影响；实地讲解、对照实物讲解分等检验方法。

（7）管理知识。管理基础知识；主管人员职责、素质与工作技能；人际沟通与团队建设。

（8）销售制度。定价制度及产品出厂价；市场保护政策；保护价及客户奖励政策；业务报告制度、销售例会制度；费用管理制度、赊销管理制度；业绩奖惩、考绩制度；岗位职责、权力说明；出货审查制度；退、换货制度；销售人员守则、手册；基本业务流程。

（9）财务与结算知识。财会基础知识；销售人员的财务管理职责与技能。

（10）销售计划与销售策略。年度销售计划、策略；中长期销售战略。

3. 销售人员培训的流程

销售人员培训的流程主要包括培训需求确认、制订培训计划、教学设计、培训实施和培训反馈五个阶段，具体见图 7-1。

培训需求确认主要是企业销售管理人员根据企业理想的销售业绩需求与现实工作的差距，由培训部门及相关人员对组织的任务及销售人员的知识、技能等进行鉴别与分析，以确定是否需要培训的过程。

制订培训计划主要包括：确定培训内容、时间、方式、受训人员、培训教师、费用核定与控制等 6 个具体的步骤。

教学设计是以培训教师为主要执行人员而进行的工作。具体包括：培训内容分析，选择（购买或编辑）教学大纲和教材，受训人员分析，确定培训形式和方式。

培训反馈是组织管理中对培训修正、完善和提高的必要手段。这是企业组织与管理必不可少的一个程序。主要包括培训教师的考核、培训组织管理的考评、应用反馈、培训总结、资料归档等环节。

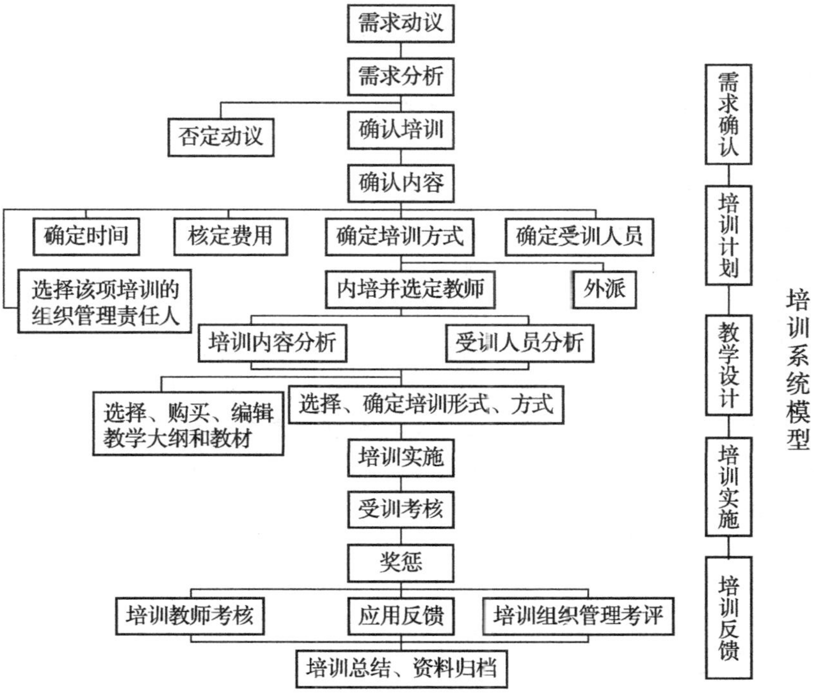

图 7-1　销售人员培训流程

案　例

IBM 公司的销售人员培训

国际商用机器公司（International Business Machines Corporation，IBM）追求卓越，特别是在人才培训、造就销售人才方面取得了成功的经验。具体来说，IBM 公司决不让一名未经培训或者未经全面培训的人员到销售第一线去。

IBM 公司的销售人员和系统工程师要接受为期 12 个月的初步培训，主要采用现场实习和课堂讲授相结合的教学方法，其中 75%的时间是在各地分公司中度过的；25%的时间在公司的教育中心学习。分公司负责培训工作的中层干部将检查该公司学员的教学大纲，这个大纲包括从学员的素养、价值观念、信念原则到整个生产过程中的基本知识等方面的内容。学员们利用一定时间与销售人员一起访问用户，从实际工作中获得体会。

此外，培训负责人还经常让新学员在分公司的会议上，在经验丰富的销售代表面前进行他们的第一次成果演习。有时，有些批评可能十分尖锐，但学生们却因此增强了信心，并赢得了同事们的尊敬。

销售培训的第一期课程包括 IBM 公司经营方针的很多内容，如销售政策、市场营销实践以及计算机概念和 IBM 公司的产品介绍。第二期课程主要是学习如何销售。在课程中，学员了解了公司的后勤系统以及怎样应用这个系统，研究竞争和发展一般业务的技能。学员们在逐渐成为合格的销售代表或系统工程师的过程中，始终坚持理论联系实际的学习方法。学员们到分公司时，可以看到他们在课堂上学到的知识的实际部分。

现场实习之后，学员们还要进行一段长时间的理论课程学习：紧张的学习每天从早上8点到晚上6点，而附加的课外作业常常要使学员们熬到半夜。他们必须学会合理安排自己的时间。课程开始之前，公司会像在学校那样，对学员分班，分班时的考试是由他们的知识水平决定的。

经过一段时间的学习之后，考试便增加了主观因素，学员们还要进行销售学习，这是一项具有很高价值和收益的活动。一个用户判断一个销售人员的能力时，只能从他如何表达自己的知识来鉴别其能力的高低，商业界就是一个自我表现的世界，销售人员必须做好准备去适应这个世界。

一般情况下，学员们在艰苦的培训过程和长时间的激烈竞争中迅速成长。每天长达14~15小时的紧张学习压得人喘不过气来，然而很少有人抱怨，几乎每个人都能完成学业。

IBM公司营销培训的一个基本组成部分是模拟销售角色。在公司第一年的全部培训课程中，没有一天不涉及这个问题，并始终强调要保证学习或介绍的客观性，包括为什么要到某处推销和希望达到的目的。

同时，学员对产品的特点、性能以及可能带来的效益要进行清楚的说明和学习。学员要学习问和听的技巧，以及如何达到目标和寻求订货等。假若用户认为产品的价钱太高，就必须先看看是否是一个有意义的项目，如果其他因素并不适合这个项目的话，单靠合理价格的建议并不能使销售人员得到订货。

该公司采取模拟销售角色的方法，学员们在课堂上经常扮演销售角色，教员扮演用户，向学员提出各种问题，以检查他们接受问题的能力。这种上课接近于一种测验，可以对每个学员的优点和缺点进行评判。

另外，教员还在一些关键的领域对学员进行评价和衡量，如联络技巧，介绍与学习技能，与用户的交流能力以及一般企业经营知识等。对于学员们扮演的每个销售角色和介绍产品的演习，教员们都给出评判。特别应提出的是，IBM公司为销售培训所发展的具有代表性、最复杂的技巧之一就是阿姆斯特朗案例练习，它集中考虑了一种假设的、由饭店网络、海洋运输、零售批发、制造业和体育用品等部门组成的复杂的国际间业务联系。

通过这种练习，可以对工程师、财务经理、市场营销人员、主要的经营管理人员、总部执行人员等形象进行详尽分析。这种分析使个人的特点、工作态度，甚至决策能力等都清楚地表现出来。

由教员扮演阿姆斯特朗案例人员，从而创造出一个非常逼真的环境。在这个组织中，学员需要对各种人员完成一系列错综复杂的拜访。面对众多的问题，他们必须接触这个组织中从普通接待人员到董事会成员的几乎所有的人员。

由于这种学习方法非常逼真，每个“演员”的“表演”都十分令人信服。所以，每个参与者都能像IBM公司所期望的那样认真地对待这次学习机会。这种练习的机会就是组织一次向用户介绍发现的问题，提出该公司的解决方案和争取订货的模拟用户会议。

7.1.2　销售人员培训需求分析

1. 培训的需求分析步骤

进行销售人员培训的需求分析，一般来说应从组织分析、工作分析（或任务分析）、人员分析（或个人分析）三个层面着手，如图 7-2 所示。

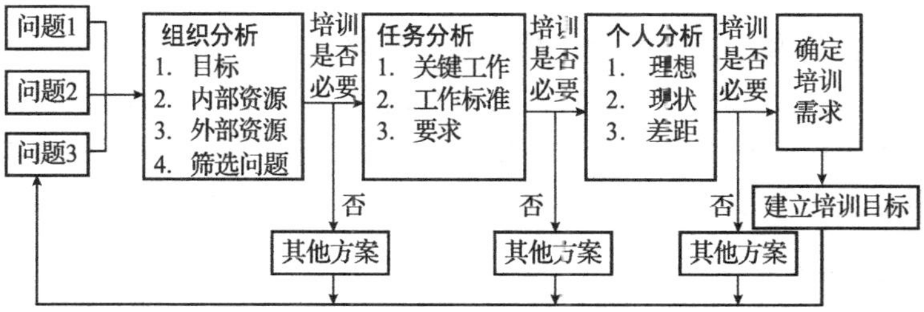

图 7-2　培训的需求分析步骤

2. 组织层面需求分析

组织层面的需求分析是指通过对组织经营发展战略的分析，确定相应的培训，并由组织整体层面为培训提供相应的资源支持。对组织层面的需求分析目的是更好地认识组织的目标与特征，从宏观角度将销售人员培训纳入组织发展战略的整体规划中，从而更准确地确定什么地方需要培训，以及完成这些工作的背景条件。组织层面分析的主要内容具体如下所示。

（1）组织发展战略。任何时候，任何企业的组织战略都是培训目标确立的根本依据。明确组织的战略目标对培训的规划与设计起着决定性的作用。

（2）组织培训环境。培训环境是指能够直接影响培训活动的各种外部因素。在适应环境的要求和变化的过程中，培训工作者一方面要面对现实，充分利用现有的有利条件，注意克服不利条件，扬长避短，积极地协调培训条件；另一方面要对环境引起的组织培训需求变化有足够的敏感性和适应性，及时调整。

（3）组织特征。组织特征分析主要是对组织的系统结构、文化、信息传播情况的了解。系统结构特征分析即审视组织运行系统能否产生预期效果，组织结构是否需要改变以及是否有相应的培训需求等。它能使培训组织者系统地面对组织，避免组织分析中以偏概全的现象。文化特征分析是指组织的软硬件设施、规章制度、组织运营运作的方式、组织成员行为和价值观等，文化特征分析能使培训组织者深入了解组织，而非仅仅停留在表面。信息传播特征分析是指组织部门和成员搜集、分析和传递信息的分工与运作方式，信息传播特征分析能使组织者了解组织信息传递及沟通的风格和特性。

3. 工作层面需求分析

工作层面的需求分析是指系统地收集关于销售工作及相关信息的方法，其目的是达到最优的绩效，确定重点的工作任务以及从事该项工作的员工需要学习的内容。工作层面分析的结果通常会包括工作的绩效标准，符合这些标准的员工应具备的知识、技能、态度，以及其他所需的特征等。工作层面需求分析主要从以下几方面展开。

（1）销售工作的复杂程度。这主要是指销售工作对思维的要求，是要求抽象思维还是形象思维或者兼而有之，是需要更多的创造性思维还是要按照有关的标准严格执行等。

（2）销售工作的饱和程度。这主要是指销售工作量的大小和工作的难易程度不同，以及工作所消耗的时间长短等。例如，销售部的工作大多是琐碎而繁杂的，但是工作时间相对不固定，弹性大。

（3）销售工作内容和形式的变化。公司经营战略和业务的不断发展，可能会使销售部门的工作内容和形式的变化较大。因此，公司在进行培训需求分析时应注意这一点，对于未来所发生的工作变化应有一定的前瞻或预测，从而使公司在其不断的发展过程中，能够坦然应对，而不至于在衔接或过渡中出现问题。

4. 人员层面需求分析

销售人员分析指的是评估执行销售工作的员工执行各项任务的情况，如果希望进一步改善员工的绩效情况，就必须分析他所具备的知识、技术、能力是否足够，着重分析组织成员目前所具备的知识、技术、能力程度。销售人员层面分析的具体内容如下。

（1）员工的知识结构。在对公司员工的知识结构进行分析时，一般从文化教育水平、职业教育培训和专项短期培训三个方面进行。

（2）员工的专业（专长）。进行专业（专长）结构分析时，主要应解答以下问题：有多少员工在从事和自己专业对口或不对口的工作，有多少员工在从事自己喜欢或不喜欢的工作，有多少员工认为自己有必要换岗位并认为这样会有更大的能力发挥余地。

（3）员工年龄结构。培训是一种投资。因此员工的年龄越小，相对来说，企业预期的投资回收期也就越长。同时，年龄的大小与个人的接受能力有着非常直接的关系，因此，在培训需求分析时应考虑合理的年龄搭配，并以此决定岗位的培训内容。

（4）员工个性。员工个性分析要明确这样的问题：某一岗位的工作特点要求任职者相应的个性。在有些工作中，为了提高工作效率，必须考虑员工的个性。

（5）员工能力分析。员工能力分析即分析员工实际拥有的能力与完成工作所需要的能力之间的差距。例如，小王是一位出色的销售人员，但是自从晋升为销售经理后，销售总部的业绩却有所下降，员工的抱怨也有所增加。经过能力分析发现，小王在团队合作及协调、领导等方面能力欠佳。

组织、工作、人员三个层面的培训需求分析是一个有机的系统，缺少任何一个层面都不能进行有效的培训需求分析。在现实中，组织、工作、人员三方面的需求往往不完全一致，而是呈交叉现象。组织确立培训需求应取组织整体、工作业务单位及个人三方的共同需求区域，并以此作为组织的培训目标。

7.1.3 人员培训计划制订及实施

一旦培训需求确定，就可以开始着手编制人员培训计划，一个良好的培训计划能够使受训者真正学有所获，而且激起受训者学习的渴望，从而促进培训过程的良性循环。培训计划是根据企业的近、中、远期的发展目标，对企业员工培训需求进行预测，而后制订培训活动方案的过程。

1. 培训计划的内容

（1）培训目的。培训计划中的培训项目均需要达到一种什么样的培训目的、目标或结果。

（2）培训对象。培训计划中的培训项目均是对什么岗位的任职人员进行的，他们的学历、经验、技能状况怎样。

（3）培训内容。培训计划中每个培训项目的内容是什么。

（4）培训时间。培训时间包括：本培训计划的执行或者有效期；培训计划中每个培训项目的实施时间或者培训时间；培训计划中每个培训项目的培训周期或者课时。

（5）培训地点。培训地点包括：每个培训项目的实施地点；实施每个培训项目时的集合地点或者召集地点。

（6）培训方式。培训方式是外派培训还是内部组织培训，是半脱产培训、脱产培训还是业余培训等。

（7）培训教师。这个计划中每个培训项目的培训教师由谁来担任，是内聘还是外聘。

（8）培训组织人。培训组织人包括：培训计划的执行或者实施人；培训计划中每个培训项目的执行人或者责任人。

（9）考评方式。每个培训项目实施后，对受训人员的考评，分为笔试、面试、操作，笔试又分为开卷和闭卷，笔试和面试的试题类型又分为开放式或者封闭式试题。

（10）培训费预算。培训费预算包括：整体计划的执行费用预算；每个培训项目的执行或者实施费用预算。

2. 培训计划实施前的准备

（1）确认和通知学员。在学员入学前，首先，应该再一次确认参加本次培训的学员类型、人数，以便安排合适的培训场地以及食宿等问题。其次，要对本次培训的目的、内容、时间安排、学员事先需要准备的事项、预先发给的资料以及培训费用等问题通知学员，以便使他们在培训前做好准备。另外，还可以借此机会了解学员对培训课程安排的意见，以便及时调整和改进。

（2）培训场所的选择。对在职培训来说，只有在舒适的环境中，受训者才有可能集中精力学习。培训场所布置应考虑的细节具体如表7-1所示。

表7-1 培训场所布置应考虑的细节

噪声	检查空调系统噪声，临近房间和走廊及建筑物之外的噪声
色彩	轻淡柔和的色彩
房间结构	使用近于方形的房间。过宽的房间会使受训者彼此难以看见、听见并参与讨论
照明	光源应主要为日光灯。白炽灯应分布于房间的四周，并且在需要投影时作为弱光源

（续）

墙与地面	会议室应铺地毯，使用相同的色彩，避免分散受训者的注意力。只有与会议有关的资料才可以贴在墙上
会议室的椅子	椅子应有轮子、可旋转，并有靠背可支持腰部
反光	检查并消除金属表面、电视屏幕和镜子的反光
天花板	天花板最好有3米高
电源插座	房间里每间隔2米设置一个电源插座，电源插座旁边还应有一个电话插头，使受训者能够方便地使用电源插座
音响	检查墙面、天花板、地面和家具反射或吸音的情况，与三四个人共同调试音响，调节其清晰度和音量

（3）培训前与教师联系。首先，在培训前，应该经常与各类有关的专家学者保持联系，最好编制一个教师信息库，以供培训时选择。其次，选择教师后，应就有关培训课程内容、形式、时间以及酬金等事项与教师达成共识。再次，为了保证培训教师如期到达，预防万一，主办者应在上课之前，将教师来上课的接送方式、时间、用餐等事项明确地传达给教师。另外，还要与教师说明有关教室的场所、设备及其布置状况等准备情况。

（4）有关资料的编印。包括培训课程和日程安排、培训生活须知、分组讨论的编组名单等。

3. 人员培训的管理及相关注意事项

（1）对受训人员的管理。加强课堂受训期间出勤、纪律及态度的管理考核，加强课下群体性安全事故的预防管理。

（2）培训后的考试。一般而言，技能类培训要通过考试检验培训效果，并对学员的学习成绩进行评价；理论培训可采取写心得、论文、项目的形式进行考试。实践中，理论培训采用闭卷考试的形式并不多见。

（3）培训的激励效果。在许多企业里，员工把培训看作是一项“任务”，缺乏主动性和积极性。建立培训激励制度的关键是把培训与个人利益紧密结合起来，将员工是否参加培训、培训成绩如何与物质奖惩、职务晋升等联系起来，或与个人职业生涯发展联系起来。

（4）培训实施中需要考虑的因素。

1）充分准备。准备工作包括培训材料的确定和选择、培训方式的选择、培训教师和学员的选择、后勤保障（如时间、地点的安排、教学辅助用具的准备）等。

2）授课效率。培训组织者一定程度上已经充当了培训师的角色，培训实施中关键的一环就是要提高授课效率，调动学员的积极性，作为一个优秀的培训师，要充满激情，精心设计每一堂课。授课时要注意与学员的沟通交流，充分调动学员的积极性，集中学员的注意力，避免照本宣科、漠视学员的态度等。

3）学员参与。在培训过程中调动学员参与的积极性，是使培训工作取得成功的关键之举。当一个学员全身心地投入学习时，学习过程就开始了，参与程度越高，学习效果就越好。调动学员参与的方法有很多，例如提问，体验性操练，角色扮演，记住每一位学员的姓名并使用它们，在培训中提供信息反馈，让学员参与讲授，书面练习，签订学习合同，进行个别访谈等。

7.1.4　人员培训效果评估

1. 培训效果与培训评估的概念

培训效果是指企业和受训者从培训当中获得的收益。对于企业来讲，培训效果是由进行培训而获得的绩效提升和经济效益。对于受训者来讲，培训效果则是通过培训学到各种新知识和技能，培训所带来的绩效提高以及获得未来担任更高职位的能力。

培训效果评估是依据组织目标和需求，运用科学的理论、方法和程序，从培训项目中收集数据，以确定培训的价值和质量的过程。这一过程首先会涉及如下四个关键性问题：①有没有发生变化？②这种变化是否由培训引起？③这种变化与组织目标的实现是否有积极的关系？④下一批受训者完成同样的培训后，是否还能发生类似的变化？

2. 培训效果评估的内容

（1）学员学习成绩。

对学员学习成绩进行评估包括：①培训结束时对学习成绩进行检验。这种评估一般在培训结束后进行，主要考察学员对所学知识和技能的掌握情况如何；②培训结束后，考察培训对学员回到工作岗位后的工作是否产生作用，主要考察学员的工作态度、工作方法和工作业绩等有无改善和提高。

（2）培训教师的评价。

对培训教师的评估可在培训前和培训后进行。培训前可以采用试讲或审查教材等方法；培训后可采用访谈、问卷调查等方法，评估主要考虑：课程的内容是否符合培训目标的要求，课程的形式是否被学员接受，培训方法是否适当，培训教师的语言表达如何，课程还需要进行哪些改进。

（3）培训组织管理。

对培训组织管理的评估在培训课程结束后进行，许多情况下常与培训教师的评估结合在一起进行。评估的内容主要有：培训时间安排是否合适，培训场所的环境如何，培训使用的设备或器材准备如何，学员的生活和娱乐活动安排如何，学员的投入和情绪反应如何。

（4）组织培训的效益。

对培训的经济效益进行评估，主要考虑：①核对培训办班的预算，检查是否超支；②计算培训的投入产出比，检查办班的效率和效益，比如投资利用率、投资收益率；③培训办班直接取得的经济效益或收入。

3. 培训评估的方法

（1）访谈法。

访谈法是评估者与被培训者、培训者或被培训者上级进行详细面谈并调查培训效果的方法。访谈前评估者对访谈内容应有相当的了解和把握，注意引导话题的方向。最好事先对访谈者进行一定的评估培训动员，由评估者设计一定的访谈模式，依此模式进行访谈，进而保证访谈的有效性。

访谈法的最大优势是，评估者可以设计各种与培训相关的问题，激起被培训者、培训者或被培训者上级的反馈，从被访者对大量开放式或封闭式问题的回答中获得可用于评估培训的信息。但这种评估方法所获得的评估结果受评估者对话题的把握程度、洞察力强弱的影响较大。

（2）对比法。

对比法是首先选择与学员各方面情况相似或相同的对照组（接受此次培训的员工除外），在培训过程中或培训之后将这组员工的工作态度、工作行为和工作业绩与受训员工进行比较，从二者的差距中判定培训的成效和员工的培训效果。

对比法客观、实用和便捷的优点使其应用广泛。对比法既可用于短期培训效果的评估，也可用于长期培训效果的评估。但运用这个方法进行培训效果评估有一个前提：不能让双方知道彼此是对照组，一旦知道，双方展开竞争，评估就会失败。

（3）个体评估法。

1）自我评估。自我评估法是由学员对自己的培训效果进行评估的一种常用评估方法。通过学员对自己的培训效果进行评估，能够督促学员改进学习方法，增强培训效果。这种方法存在的问题是：评估对象对自己进行的评价往往要高于他们的主管人员或同事对其做出的评价。因此自我评估应当慎重使用。

2）同事评估。通过同级部门或同事之间的评定，可以了解同事们对评估对象的意见和看法，特别是可以获得协调能力、社交能力、素质水平等有关考核内容的信息。

3）上级评估。上级评估主要是直线主管人员对下属的评估。由直接主管人员进行评价是大多数评估制度的核心所在，这是因为从一位主管人员那里获得对下属员工的评价相对容易，主管人员对评价的内容通常也较为熟悉。

4）下级评估。这主要是下级对上级的评估。下级评估最能反映出领导者的素质和有关能力。如果采用书面形式进行下级评估，应该是无记名的，这样做可以让参加评估人员反映真实的看法，因而下级评估对上级领导又有一种鞭策和促进作用。

（4）关键事件法。

这种方法是指主管人员将员工在完成某项任务中表现出来的特别有效的行为和特别无效的行为记录下来。此方法为向下属解释绩效评价结果提供了一些确切的实施证据，并且这些依据是在一定时期内累积下来的。此方法有助于相互沟通和员工培训，但难以在员工间就工作情况进行比较，主管人员也难以对员工的工作行为进行较长时间的连续记录。

（5）行为观察法。

行为观察法是通过观察员工受训后行为的变化考察培训效果，包括角色扮演法和情景模拟法。运用此方法进行培训效果评估时，培训者要注意与学员随时沟通，根据学员的行为变化适时调整教学方法，以取得良好的培训效果。

（6）工作检查法。

工作检查法是指评估者通过在某些时候对被培训者的工作状况进行检查，以发现培训活动是否达到预期的效果。在应用此方法检查工作效果时，要将培训对象的工作情况同培训目标进行对比，对于发现的问题要仔细研究，找出产生问题的原因，研究其是否是由培训工作没有达到效果所造成的。

（7）客户调查法。

客户调查法是指通过征询客户意见来判断培训是否提高了组织的绩效。如我们可以在培训前后，通过客户调查法了解员工对产品情况的掌握是否达到组织的培训目标，也可以通过客户调查来了解员工的服务情况是否达到了组织的培训要求。

（8）成本收益分析法。

成本收益分析法又称投入产出分析法，是通过会计核算决定培训的经济收益的方法。成本收益分析可有两种判断途径。

1）计算培训项目的培训效益。

①培训效益的构成。培训效益包括两部分：产量或销售量增加的价值，成本和费用减少而产生的价值。第一，因培训而增加的产量或销售量的价值，实际上就是增加的这部分产量或销售的利润。而利润的增加额是产量或销售量的增加额与单位产量或销售量的平均利润的乘积。第二，成本和费用减少的价值。包括因原材料、燃料和消耗减少而产生的价值；因人工成本节省而产生的价值；因生产的残次品减少而节省的费用；因员工流失率降低而节省的费用；因生产事项的减少而节省的费用；因机器设备维修费用的减少而节省的费用。

②培训成本。培训成本包括直接成本和间接成本。直接成本包括：第一，培训对象的工资。如果是脱产培训，培训对象的工资全部要计入培训成本；如果是半脱产或在职培训，培训对象工资的一部分应计入培训成本。第二，其他人工开支。包括培训教师、培训管理人员、培训后勤服务人员的工资及外聘教师的费用等。第三，培训设施、设备的折旧费、日常维护与修理费，培训教材、辅导资料的费用及外租培训场地的费用。第四，一切因培训而发生的交通费、水、电、通信等费用，以及其他费用。间接成本主要指在培训期间，员工如果不参加培训，在工作岗位上为企业创造的价值总额。

③培训项目收益的定量分析法。培训项目的经济收益是指培训所获得的总收益减去总成本之后所得到的净收益，培训收益越高，培训项目的经济效果越好。我们可用下面的公式表示培训项目的收益。

$$\Delta U = T \times N \times d_t \times \mathrm{SD}y - \mathrm{N} \times C$$

式中　ΔU——培训收益；

T——培训将产生效益的时间（年）；

N——受训者数量；

d_t——效用尺度，即接受培训者与未受培训者工作成果的平均差（公式中的 $d_t = \dfrac{\overline{X}_e - \overline{X}_c}{\mathrm{SD}\sqrt{R_{YY}}}$，式中 $\overline{X}_e$ 为已培训者的平均工作效率，$\overline{X}_c$ 为未接受培训者的平均工作效率，SD 为未接受培训者平均工作效率的标准差，$\sqrt{R_{YY}}$ 为工作效率评价过程的可行性）；

SD_y——未受培训者工作成绩的差别（标准差，约等于年工资的40%）；

C——人均培训成本。

案　例

某企业检验员培训项目收益分析

某企业对100名质量检验员进行培训，培训结束时对他们进行了测试。方法是让这些人对一个已知缺陷数量的标准件限时进行检验，找出缺陷位置。同时，还选择了100名年龄、教育水平等条件基本相同的未接受过培训的检验员做同样的测试，这两类人员测试的结果见表7-2（同时假定培训产生的效果将维持三年，检验员年工资为2 000元）。

表7-2　检验员培训前后工作情况

项　目	受训者	未受训者
工人数	100	100
已检验出的缺陷平均数	7.5	5.1
标准差	1.72	2.3
人均培训费用	800	
评价者评分相关程度	0.9	

根据已知条件，套用上述公式进行推算，可以得到：

$$d_t = \frac{7.5 - 5.1}{2.3 \times \sqrt{0.9}} = 1.16$$

$$\Delta U = 3 \times 100 \times 1.16 \times 800 - (100 \times 800) = 198\,400(\text{元})$$

根据上面的计算，如果对100名检验员进行培训，企业将取得经济效益约为198 400元，分摊到每个职工，平均每人创造经济效益1 984元，这相当于其培训费用（800元）的2.5倍，可见职工培训投资对于企业来说是有利的。

2）计算培训项目的投资回报率。

培训的投资回报率是指用于培训的每个单位投资所获得的收益，可以作为衡量培训成果的一个指标。投资回报率越高，培训效果越好。培训项目投资回报率可用下列公式计算。

$$IR = \frac{TE}{C} \times 100\%$$

式中　IR——投资回报率；

TE——培训净收益；

C——培训成本。

假如某公司一年培训的各项成本之和为150 000元，各项收益之和为375 000元，那么该公司该年的培训投资收益率就为：

$$375\,000 \div 150\,000 \times 100\% = 250\%$$

7.2 销售人员激励

企业需要给销售人员更多的激励以确保其努力工作。这是因为销售工作大多艰苦而烦琐，往往需要付出较大努力才能获得成功；销售人员大多独自工作，经常面对陌生人并遭受冷遇和挫折；销售人员面对顾客或客户时常常处于不利的地位，他们需要时刻保持激情与主动；在销售活动中，他们还要时刻面对竞争对手的挑战和威逼。所以，只有通过特别的激励，才能促使销售人员全力以赴地做好销售工作。

销售人员激励最主要的目的就是充分发挥销售人员的主观能动性和独立自主性，激发销售人员的工作热情和潜力，从而使销售人员与企业成为相向而行的利益共同体。

7.2.1 销售人员激励的共性问题及原因

1. 销售人员激励的共性问题

（1）以物质激励为主，缺乏精神激励。根据马斯洛的需求层次理论，人的需求分为不同层次，低层次的需求得到满足后，会有更高层次的需求出现，并且只有在需求得到满足后，才会产生激励。目前切合企业高层次战略规划的高素质销售人员供不应求，企业吸引他们的最主要方式就是丰厚酬劳。但对于高素质销售人员，他们不但注重个人收入水平，而且同样注重职业发展及自我才能的展示，需要企业为其搭建发展的舞台。

（2）短期激励为主，缺乏长期有效的激励措施。欺诈行为在经营领域中仍然存在，在商业领域的表现就是诚信缺失。这样的市场生态环境造成了销售人员的短期行为，即便部分企业采取年薪制或员工持股制等激励手段，试图建立企业的长期激励机制，但效果并不十分理想。因为年薪制未能与股权激励机制有机契合，员工持股操作具有一定的复杂性，缺乏股权激励的长期作用，一定程度上仍然容易出现销售人员因追逐高额利润而大肆窜货、盲目承诺、不考虑企业长期利益，而出现影响企业整体营销政策的短期行为。

2. 企业销售人员激励不足的原因

（1）激励方式单一。过分依靠货币等物质激励手段而忽视精神激励的重要作用，销售人员没有归属感，缺少团队凝聚力。即使在物质激励方面，也是“佣金制”与“提成制”占据主导地位，收入的多少完全依赖销售额或利润额，无视地区差异及个人实际投入程度，激励不公现象普遍。

（2）晋升制度僵硬。论资排辈，使得一定程度上资历的重要性强于能力，甚至出现私人关系影响业务水平的客观评判。

（3）注重短期激励，缺乏长期激励。销售人员只能沦为纯粹的打工人员，缺乏主人翁精神，在个人利益与短期激励的驱动下，容易在实际工作中出现不考虑企业利益的举动。

（4）传统思想的影响。传统的“官本位”“不患寡而患不均”“大锅饭”思想在市场经济条件下仍然存在于部分企业中，潜移默化地主导着部分企业管理者的思想，使现代激励机制难以完全发挥作用。

（5）现代薪酬管理理念、方法与技术导入不足。目前国内销售人员的思维方式与行为模式与世界发达国家销售人员具有的营销行为与营销理念存在一定程度的背离。销售人员在一定程度上较难摆脱传统的注重投机而非能力比拼的桎梏，其客观素质难以与先进的销售理念匹配，理念不能指导行为，激励机制自然不能充分发挥作用。

（6）缺乏行之有效的评价机制和约束机制。由此难以形成企业和销售人员共同认可并自觉遵守的行为准则，销售人员频繁更换就职公司，公司也难以尽心为员工提供长远可行的职业生涯规划。

7.2.2 销售人员激励的形式

企业可以选择和运用组织奖酬去引导销售人员的行为，以实现组织的目的。组织奖酬可以分为物质性奖励和非物质性奖励。

1. 物质性奖励

物质性奖励指对获得优秀业绩的销售人员给予晋升、奖金、奖品和额外报酬等实际利益的奖励，以调动销售人员的积极性。研究发现，物质性奖励对销售人员的激励作用最强烈。

2. 非物质性奖励

非物质性奖励指对获得优异业绩的销售人员给予非物质回报，如口头表扬，颁发奖状，授予荣誉称号，发展提升机会等，以激励销售人员更上进和努力。

（1）改变薪资结构。

对于多数企业来说，高薪吸引销售人才已经使企业工资结构线出现偏离，导致公司的薪酬政策难以体现科学性。薪酬设计要兼顾长期激励和短期激励相结合的原则，根据企业所处的成长阶段选择相应策略。处于迅速发展阶段的企业可采取高弹性模式，以高奖金促发展；处于正常发展或成熟阶段的企业要增加持股比例，保证企业稳定发展。因此薪酬设计可包括基本薪资、业务奖金、员工持股、保险和福利几部分，根据企业发展阶段调整各部分比例，实现短期激励与长期激励的有机结合。

（2）增加培训深度。

中小型企业的销售培训一般每月底举行一次，培训内容无外乎对上月任务完成情况进行总结，对上月市场上存在的问题加以讨论并找出解决办法，对上月的促销活动加以回顾，对下月市场加以规划，对下月任务加以分解。以上五个问题如果每个月重复讲，必然会影响销售人员的兴趣，削弱培训效果。企业可以以看电影的方式对培训会加以延伸，增加培训的深度，把培训会开得更灵活。类似这种形式很多，如一些游戏比赛等。

（3）改善学习环境。

销售工作本身就需要广博的知识和经验的积累。学习环境对销售人员来讲至关重要。销售人员每月一般在外工作的时间为20~25天，能够坐下来安心“充电”的时间很少。企业可以成立阅览室，改善销售人员的学习环境。有了这些设施，销售人员回到公司后，可以及时学习交流，逐步提高业务素质，对于公司发展也会起到促进作用。

（4）完善娱乐活动。

一般中小型企业设有一些娱乐场所，如篮球场、乒乓球室等，但仍不够完善，其表现为：很少组织开展娱乐活动，娱乐场所无人管理，设备陈旧。公司销售人员在公司的时间很短，他们长期奔波在市场一线，思想压力大，在市场上根本无法放松自己，需要承受多重压力。因此企业可以多组织一些有益的娱乐活动，比如拔河赛、篮球赛等。这样既可活跃公司气氛，又能让销售人员释放压力。

（5）解决后顾之忧。

中小型企业的管理者对销售人员的家庭往往关注甚少。销售人员出差后，家庭一旦出现问题，难免会影响工作的开展。所以，正处于发展期的中小型企业要使销售人员安心地工作，就需要把销售人员的家庭问题解决好，这也是一项重要的激励措施。例如，鹤壁天元公司为解决其销售人员的后顾之忧，专门设立了一个销售人员后顾办公室，具体有两项工作，一是开通两部热线电话，销售人员家里一旦发生紧急问题，可以拨通电话，工作人员立即上门服务；二是工作人员定期跟踪服务，如为销售人员的家庭换煤气、买煤球等。

案　例　**北京某国际贸易公司激励体系的评估与设计**

北京某国际贸易公司主要向国外出口产品，能否获得业务单是公司生存与发展的关键，公司业绩的高低就以是否成单作为衡量的标准。

公司在获取业务的时候，通常是以项目模式体现，即项目开发人员所开发的项目越多，所获得的收入越高，提成也越高。而业务往往有波峰与波谷的区别，当公司业务单较多的时候，项目开发人员的收入往往会很高，但是当公司业务单较少的时候，大家的收入自然也就降低下来，这种随着业务量的变化而变化的现象，导致人员的收入也在不断地发生变化。此时，业务量的多少所导致的收入高低差别很大，在业务不多的时候，如何留住员工，在业务较多的时候，如何合理平衡各自的收入就成为该贸易公司管理人员烦心的事情，如何设计合理的薪酬激励体系，成为他们关注的焦点。

根据该贸易公司的业务特点，其能够持久发展首先是其业绩的不断提升，因此，有效的业绩管理既是该公司发展的需要，也是其倡导的一种现实文化特征。所以，业绩导向是薪酬激励体系设计的出发点之一。同时，作为一个快速发展的贸易企业，由于原有业务分配模式虽然鼓励了项目开发，但是缺乏战略导向，缺乏风险与责任对等，长此以往，个人收益与组织收益会产生严重不平衡。在现有资源基础上鼓励大项目，鼓励成套项目，支持和实现组织的持久与稳定发展，是企业发展与个人发展的真正需要。所以，鼓励大项目，鼓励成套项目导向是薪酬激励体系设计的第二个出发点。另外，合理拉开差距，建立有序的关键岗位晋升通道，即各类岗位收入按组织定位重新评估，确定相应价值，实现基本收入与个人能力风险责任挂钩，浮动收入与业绩大小挂钩，这是薪酬激励体系设计的第三个出发点。

通过前期的专业诊断，在分析公司特点和所存在的问题后，公司聘请的华恒智信顾问团队提出了相应的薪酬激励体系设计方案，主要特色体现为以下几个方面。

(1) 鉴于公司是以业务为主，做业务的人员大多是以能力为导向的，结合该公司业务特点及人才鼓励方向，对员工进行任职资格评价，设计人才发展通道，将员工的能力等级与发展通道有机结合，实现合理拉开员工差距，明确工作方向的目的。

(2) 变单一负责制为团队作业制，区分不同角色责任，确定不同工作侧重点。根据任职资格评价的结果，将员工能力加以区分，从而确定每名员工在项目中承担的角色责任；由原来的单兵作战转变为项目小组形式，由项目主开发人员、项目支持人员和项目参与人员构成，不同人员在项目中负责的重点不同，依照主辅分开的原则，实现团队绩效最大化。

(3) 不同角色、不同能力的人员的分工分配模式不同。在项目团队中，由于彼此的能力不同，所承担的角色责任也就不同，所获得的收益自然会有差别。根据每名销售人员所发挥的作用，进行合理的分配。如：对可以收集到客户信息，但是不具有较强的成单能力的人员，就采取对这类具有信息资源的人员进行一次性奖励补偿的方式，获得其信息，然后将信息交给成单能力强的人员去谈单，从而保证项目成功率提高。

(4) 不同情况下销售人员的提成调整系数不同。对于不同的项目，采取不同的分配比例，因为产品类型不同，分配方式也不同；同质类产品投入产出风险不同，分配方式也不同。影响销售人员提成的主要因素包括：行业利润率、风险大小、市场饱和度、项目周期长短等。根据这些因素以及该贸易公司的特点，其业务收益采取“六个分开”的原则，即成套与单机分开、开发与执行分开、新老项目分开、资源使用大小分开、风险大小分开、账期大小分开。这样，在不同的情况下，采取不同的提成系数，以体现差别。

(5) 部门奖金采取内部量化分配，设立部门发展基金。设立部门发展基金的目的主要是实现内部分配的公平性，鼓励核心人才向项目（市场）开发转化，实现组织长久发展与局部短期利益的有机平衡。部门当月核算发放的奖金主要分为：部门经理奖金、市场开发奖金、部门储备金和特殊奖金几部分。其中，部门经理奖金是经过上级副总领导评估后发放，可调奖金修正10%；市场开发奖金仅发送给市场人员，采取先期预发，待开发成功后，在领取前扣除；部门储备金是以丰补歉的方式，仅作为部门存钱罐，在效益不好时使用。对于部门储备金，可采取“自取自支、以丰补歉、自我管理”的管理原则，由部门经理结合各阶段需要调剂使用。

华恒智信顾问团队根据该公司销售人员的核心工作职能和工作特点所制定设计的薪酬激励体系，充分体现了销售人员的能力与收入相挂钩的特点，将每名销售人员的优势发挥了出来，提升了公司整体的业务水平，为实现组织利益与个人利益的双赢奠定了基础。

7.2.3 销售人员不同阶段的期望与激励重点

激励的关键是要与被激励者的期望相符，否则再好的激励也没用。每个人的期望各不相同，在每个阶段的期望也不同。所以在对销售人员进行激励时，首先要弄清楚销售人员的期望。销售人员随着从事销售工作时间的增长，其心态和期望一定会产生变化，所以相应的激励重点也必须随之调整，详见表7-3。

表 7-3　销售人员各阶段的期望与激励重点

阶段	从业时间	特　　点	通常的期望	激励的重点
1	1 年之内	销售人员刚开始从事销售工作，热情迅速高涨，但没有任何工作经验，缺乏物质基础	迅速掌握销售技能，在工作上迅速取得成绩并得到认可	他们这时是公司的潜在力量，公司应当给予他们有效的帮助，使他们较快具有独立工作的能力
2	1~3 年	工作热情仍在上升，但速度相对变缓，逐步积累了一定的工作经验，开始获得物质回报	进一步扩大销售业绩，拥有稳定的工作和收入	他们这时是公司的希望力量，公司应在提供有效帮助的同时，不断激励，使其尽快成为业务骨干
3	3~5 年	工作热情达到顶峰，并能相对保持，有时也会有所下降。已有大量的工作经验，并取得了相当丰厚的物质回报	保持销售的持续性，得到升级或升职	他们这时是公司的中坚力量，在有效激励的同时，要适当减压
4	5 年以上	工作热情逐渐下降，并保持在一定的程度上，拥有丰富的工作经验，物质回报也达到了较好的程度	得到升职、认同感及成就感	他们这时是公司的元老，还要继续激励，同时让他们帮带新的销售人员，发挥其更大的作用

7.3　销售人员薪酬

薪酬是销售经理管理销售人员的有效手段之一。好的薪酬制度一方面能稳定销售队伍，另一方面能提高管理效率，调动销售人员的积极性，从而达到企业的销售目标。

7.3.1　销售人员薪酬的含义及构成

销售人员薪酬是指销售人员通过在某组织中从事销售工作而获得各种形式的酬劳，包括直接以现金形式支付的工资和间接的通过福利（如养老金、医疗保险）以及服务（带薪休假等）支付的薪酬。其实质是一种公平的交易或交换关系，是销售人员在向单位让渡其劳动或劳务使用权后获得的报偿。

销售人员薪酬通常包括以下几个部分：

（1）基础工资。基础工资是公司根据销售人员所承担或完成的工作本身或者是销售人员所具备的完成工作的技能向其支付的稳定性薪酬，是员工收入的主要部分，也是计算其他收入的基础。基础工资通常由职务、岗位及工作年限决定，是销售报酬的基础，是确定退休金的主要依据。

（2）津贴。津贴是指工资无法全面、准确反映的政策性补充部分。用以弥补由于劳动条件、社会环境、社会评价、物价浮动等对员工造成的损失。例如，对有高级销售职称的人员给予职称津贴、岗位津贴、工龄津贴、地区补贴、国家规定的价格补贴等。

（3）佣金。又称销售提成，这是根据销售员工的销售业绩给予的报酬。对销售员工来讲，佣金一般是销售报酬的主体。

（4）福利。通常销售员工均能享受的福利，与其销售能力和销售业绩关系不太大，是一种源自销售人员的组织成员身份的福利性薪酬。如企业的文化体育设施、托儿所、食堂、医疗保健、优惠住房等。福利一般是根据国家政策来给予的。当前福利已日益成为薪酬的重要方式，它对于吸引、保有员工有着不可替代的作用。

（5）保险。这是指企业在销售员工受到意外伤害或失去劳动能力以及失业时为其提供的补助，包括工伤保险、医疗保险、失业保险等。

（6）奖金。奖金就是为了奖励那些已经（超标）实现销售业绩标准的销售人员，或为了激励销售人员去完成某些预定的销售绩效目标，而在基础工资的基础上支付的可变的、具有激励性的薪酬。包括超额奖、节约奖、合理化建议奖、销售竞赛奖、年终综合奖、荣誉奖等。

由此可见，销售人员报酬不仅仅限于薪金，而且包括其他方面的回报。销售人员的薪酬构成形式没有固定统一的模式和组合比例，不同地区和不同类型的企业应根据实际需要和可能的条件，制定自己的薪酬标准。

7.3.2 销售薪酬的作用

销售人员的薪酬直接影响他们为企业所做的一切，由此决定着企业对销售人员管理是否有效的问题，因而销售薪酬的作用是十分明显的。

1. 激励员工，保证企业营销目标顺利实现

销售薪酬不仅决定销售人员的物质生活条件，也是一个人社会地位的决定因素，是全面满足销售人员生理、安全、社交、自尊及自我实现需要的经济基础。因此，薪酬是否公平合理，对销售人员积极性的影响很大。适度的销售薪酬能激发销售人员的工作热情，他们会超额完成任务，从而保证企业利润目标的实现。因此，适度薪酬成为许多企业制定薪酬制度的出发点。

2. 保证销售人员利益的实现

一般来讲，销售人员利益的实现主要来源于销售薪酬。销售人员的薪酬追求动机是比较复杂的，他们既要获得物质利益（保障生活稳定），又要获得职位的升迁和人际关系的改善。因此，企业制定销售薪酬制度，能达到稳定销售队伍，完成企业销售目标的目的。

3. 简化销售管理

合理的销售薪酬制度能大大简化销售管理工作。销售活动是一种复杂的经营活动，涉及的费用方式也比较复杂，如果没有一定的薪酬制度，势必会使销售费用和销售人员薪金的管理非常复杂，操作起来也很费劲。所以，有了合理的薪酬制度，可以使这些复杂的管理工作变得简单，销售经理会有更多的时间加强对销售活动的管理，提高工作效率。

销售薪酬是否合理关系到一个企业（部门）能否吸引、保持高素质的销售员工队伍，能否有效调动销售员工积极性的重大问题。销售薪酬不合理会引起一系列后果（见图 7-3）。因此，企业管理人员必须高度重视销售薪酬工作，力争制定合理的销售薪酬工作制度。

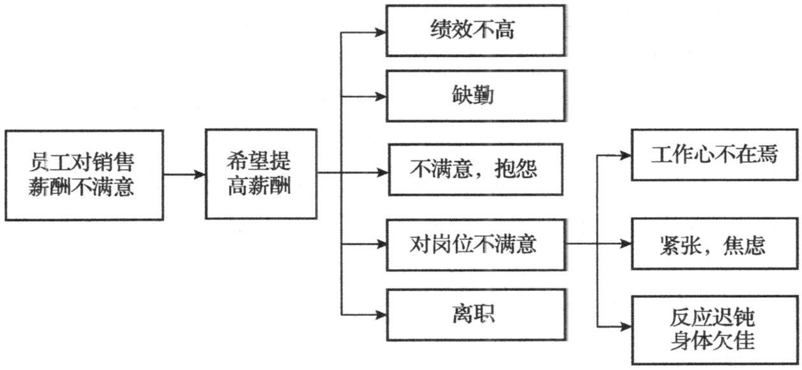

图 7-3　销售薪酬不合理产生的后果

7.3.3　销售人员薪酬的影响因素

一般说来，影响和决定销售人员薪酬的主要因素包括企业内部因素、企业外部环境因素和销售人员个人因素。分析销售人员薪酬的影响因素，可以为全面、系统、科学地设计销售人员薪酬形式打下基础。

1. 影响销售人员薪酬的企业内部因素

（1）企业战略。

企业战略是对企业发展具有全局性、长期性、根本性问题进行的统筹规划和深刻思考。人力资源战略是企业战略的重要方面，而薪酬战略是人力资源战略的主要内容，它由一定阶段的企业战略决定，同时又为企业战略服务。在实践中，越来越多的企业在探讨如何通过加强销售人员薪酬战略与组织战略目标之间的联系，使企业的经营变得更有效率。

（2）企业文化。

企业文化决定企业薪酬理念，其核心是企业的价值观，因此其对销售人员薪酬有很大的影响。企业文化在某种程度是企业家理念的一个折射，它对销售人员的薪酬有着重要的影响。例如，以平均主义为导向的企业文化与以绩效为导向的企业文化在对薪酬激励影响方面就存在明显的差异，如表 7-4 所示。事实上，不同的企业文化会直接影响到薪酬的方方面面，包括对外部竞争性、内部公平性、薪酬结构、福利等的不同看法。

表 7-4　绩效导向文化与平均主义文化的差异

特征项目	公司文化	自我	员工	奖励制度	奖励目标	奖励基础	提薪基础
绩效导向文化	以市场为主	现实的自我	单个员工	公平竞争	最优化	值得	绩效
平均主义文化	以集体为主	将来的自我	团体	平均分享	牺牲	需求	论资排辈

销售文化是企业文化的重要组成部分，是销售人员的价值观念、信仰、态度和习惯的融合，是企业在创立和发展过程中形成的，根植于销售人员头脑中并支配其全部活动与行为的文化观念体系。它是实施企业销售管理战略的重要工具，也是影响销售人员薪酬的重要因素。销售人员薪酬体系不仅是一套对销售人员贡献予以承认或回报的方案，更是一套

将企业的战略及文化转化为具体行动方案以及支持员工实施这些行动的管理流程。

（3）企业的发展阶段。

企业针对自身处于不同的发展阶段而制定不同的战略目标，战略目标的不同直接决定了企业的价值取向。不同的发展阶段，企业的赢利能力也不同，因此，企业销售人员的薪酬也会受到影响，如表 7-5 所示。例如，企业在创立阶段，往往采用低工资、高奖金、低福利的薪酬模式；企业在成熟阶段，往往采用高工资、低奖励、高福利的薪酬模式。

表 7-5　企业不同发展阶段的销售人员薪酬体系

<table>
<tr><th colspan="2">企业发展阶段</th><th>创立阶段</th><th>成长阶段</th><th>成熟阶段</th><th>衰退阶段</th><th>再造阶段</th></tr>
<tr><td colspan="2">销售薪酬的外部竞争性</td><td>强</td><td>较强</td><td>一般</td><td>较强</td><td>较强</td></tr>
<tr><td colspan="2">销售薪酬的刚性</td><td>小</td><td>较大</td><td>大</td><td>较大</td><td>小</td></tr>
<tr><td rowspan="5">销售薪酬结构</td><td>基本工资</td><td>低</td><td>较高</td><td>高</td><td>较高</td><td>较低</td></tr>
<tr><td>绩效工资</td><td>较高</td><td>高</td><td>较高</td><td>低</td><td>较高</td></tr>
<tr><td>福利</td><td>低</td><td>较高</td><td>高</td><td>高</td><td>低</td></tr>
<tr><td>长期薪酬</td><td>高</td><td>较高</td><td>高</td><td>低</td><td>较高</td></tr>
<tr><td>非物资薪酬</td><td>低</td><td>较高</td><td>高</td><td>较高</td><td>较低</td></tr>
</table>

（4）产品生命周期。

销售人员售出产品的生命周期一般被考虑用来决定他们的薪酬绩效测量标准。在产品导入阶段，企业要鼓励能够产生最大销售额的行为，绩效测量集中于销售额（佣金的基础）。到了成长阶段，销售人员致力于保持现存客户，开发新客户。绩效测量标准是现存客户的增加比例和新客户的开发数量，以及总体的客户满意度。在衰退/再造阶段，市场竞争激烈，企业为市场份额和成本控制而努力。绩效测量标准是销售人员如何在企业内其他方面的专家的帮助之下实现产品和服务的增值。重点不在于产品价格，而在于产品质量以及客户需要的相关服务。成熟阶段是销售人员重新以核心产品为重点，分析客户群，确定什么样的客户可以得到最佳服务，努力提高客户满意度和对客户需求的反应能力。这可能要放弃某些客户，使企业更有效率地服务于核心客户。这一阶段的绩效测量标准不需要改变，但决策过程会变得分散。

（5）企业的经营绩效。

企业在确定销售人员薪酬制度时，都会将其与企业的经营绩效紧密相连。企业的市场效益对销售人员薪酬的支付能力具有重要的作用，市场经营状况的好坏直接决定着销售人员的薪酬水平。如果销售薪酬超过企业的支付能力，则可能导致企业财务状况恶化；反之，如果销售薪酬水平过低，成本虽然有所节约，但又会影响企业对人才的吸引，最终可能导致优秀销售人员的流失和市场份额的下降。因此，企业在销售薪酬支付和经营绩效方面，需要在认真权衡后做出选择。

2. 影响销售人员薪酬的外部环境因素

（1）企业所处的行业。

行业环境影响企业销售人员薪酬的因素主要有行业生命周期、行业竞争程度、行业的性质等。根据行业的发展特性和竞争特性等指标，可将一个行业划分为引入期、成长期、成熟期和衰退期4个基本的生命周期。在不同的行业生命周期，需要不同的薪酬制度与之匹配。行业竞争因素主要指行业竞争的激烈程度、行业竞争的类型和行业竞争的策略等方面。另外，由于不同行业技术含量、熟练工人的比例、人均资本占有量、产业集群程度等因素不一样，薪酬制度与薪酬水平有较大的差异。

（2）企业的所有制形式。

企业所有制形式对企业的销售人员薪酬激励模式的设计也有一定的影响。据资料显示，不同所有制企业的相同岗位，其薪酬也不一样。例如，三资企业的员工工资会相对高一些，学习和晋升机会相对多一些，而福利会相对低一些；国有企业的员工工资会相对低一些，而福利会相对高一些。

（3）法规政策。

政府的许多法规政策会影响销售人员薪酬激励模式的设计，例如，对员工最低工资的规定；员工的所得税比例；工厂安全卫生规定；女职工的特殊保护；员工的退休、养老、医疗保险等。

（4）人才市场。

人才市场和企业的销售人员薪酬激励模式的设计关系十分密切，当人才资源充沛时，企业的薪酬会相应降低；当人才资源匮乏时，企业的薪酬会相应提高。

（5）当地的经济发展状况。

一般来说，当地的经济发展处在一个较高水平时，企业员工的薪酬会较高；反之较低。目前，我国各地区的经济发展不平衡，沿海地区经济发展水平较高，大城市经济发展水平较高，因此，这些地区企业销售人员的薪酬较高。

（6）当地的生活指数。

由于销售人员薪酬激励模式与销售人员的生活息息相关，因此，当地的生活指数较高时，销售人员的薪酬也会相应提高。反之，当地的生活指数较低时，销售人员的薪酬也会相应降低。

3. 销售人员个人因素对薪酬的影响

（1）人力资本价值。

销售人员的人力资本价值主要体现在他们的销售技能，长期以来的稳定绩效，市场价值等方面。销售技能主要体现在客户关系的建立和管理，销售过程中运用的技能，了解客户的行业和业务，为客户的业务提供建议并评估其业务水平，产品和服务的有关知识，了解所在公司的业务和行业态势，与公司其他部门协作，在吸引新顾客方面的创新、交流，对竞争对手的了解，组织能力等。长期以来的稳定绩效主要体现在一直与销售指标相符合，成功处理与业务区域的潜力相关的较大指标。销售人员的能力越强、经验越丰富，其绩效也可能越好，薪酬也就应该越高。这同时也是企业录用销售人员的最主要的指标。

（2）销售业绩。

由于能力和良好的销售业绩之间存在着相关的联系，因此许多企业常把销售人员的薪酬与能力的获得与培养联系在一起。企业根据他们的销售业绩来决定其薪酬，使销售人员除了基本薪酬以外的浮动薪酬部分主要由其销售业绩来决定。

（3）岗位和职位差别。

这要求必须针对不同行业、不同企业类型、不同规模企业中的销售人员所处岗位和职位的不同特点，采取不同的薪酬形式。岗位和职位差别主要包括销售人员服务的区域、市场和职务差异。不同的岗位和职位级别反映了影响力、经验和此岗位、职位被定义的重要性等级。不同的岗位和职位是企业在确定销售人员的基本工资时必须考虑的重要方面，也是充分考虑他们从事工作的价值而采取不同薪酬形式的重要依据。一个良好的销售人员薪酬激励方案总是能够检验出岗位和职位内容是否清晰以及重点是否明确。

4. 销售工作的特征对销售人员薪酬的影响

销售队伍是企业和客户之间联系的纽带，是决定企业成长和赢利的核心要素。与企业的其他工作相比，销售工作主要具有以下四个方面的重要特征。

（1）灵活性很大的工作时间和工作方式使企业很难对销售人员的工作进行监督。由于外部市场环境以及客户、竞争对手的情况时刻都在发生变化，因此销售工作本身的灵活度也非常高。销售人员的工作时间和地点以及工作的方式往往没有一个定式，管理部门很难对销售人员的行为实施直接的监督和控制。销售人员往往是基于个人的知识、经验、社会联系、销售技巧等开展工作，他们往往是在得不到指导和监督的情况下自己安排工作日程，自己反省自己的工作，因此，想要通过对销售人员的工作态度、行为或者工作时间来进行考核并确定其薪酬，难度是相当大的。

（2）销售人员的工作业绩通常可以用非常明确的结果指标来衡量。销售人员的工作结果通常比较容易衡量，这一点与从事日常行政事务工作、职能管理工作甚至技术工作的其他员工存在相当大的差异。销售人员的工作结果通常可以用销售额、回款率、客户保留率、销售利润率、销售费用以及售后服务等方面的工作结果来进行衡量。这就使企业对销售人员的绩效评价很自然地以结果为导向，而不是以过程为导向。

（3）销售人员工作业绩的风险性很高。由于销售人员所面临的工作环境（产品、客户以及竞争对手）本身是瞬息万变的，因此，在销售人员的日常工作中，很大的一个挑战就是要应付风险和不确定性的问题。在通常情况下，他们的工作和努力所获得的结果并不具有一致性和持续性。此外，不能从管理者处得到及时的反馈，只关注结果和产出，得不到关于如何履行职责清晰的指导，无法充分参与组织的决策制定等多方面的因素，都大大增强了销售人员工作中的不确定性。在大多数企业的销售部门，销售人员都极为关注公司的销售人员薪酬计划。在确定销售人员薪酬的时候，企业应当力图设计出一种既让销售人员乐于承担风险，同时又能对他们所承受的风险提供合理回报的一种薪酬和奖励制度。

（4）销售人员所从事的工作并非是一种单纯的销售活动。除了获取信息、分析信息、寻找订单、物色客户、服务客户、提供反馈、达成交易等销售行为之外，几乎所有的销售工作都要求员工履行一定的管理职责，如提供销售报告以及竞争对手的活动情况汇报、客户反馈意见等。同时，也并非所有的销售活动都是由销售人员来完成的，销售活动通常还要求来自组织内部各个部门事务性的、管理性的或技术性的支持。事实上，现代企业中与销售任务有关的部门已经日趋多样化，销售人员的薪酬管理工作无疑变得复杂了。

7.3.4 销售人员薪酬设计的原则

即使企业建立了一套比较好的薪酬制度，而经过若干时间之后，还是会发生变化。但是如果经常加以调整，不但实施起来比较困难、费用较高，而且会令销售人员感到无所适从，因此销售薪酬制度的建立应遵循一定的原则。

1. 公平性原则

薪酬制度应基于客观现实，使销售人员感到他们所获得的薪酬公平合理，企业的销售成本也不至于过大。只有这样才能使销售费用保持在既现实又较低的程度上。销售人员的公平感受来自：①与外部其他类似企业销售岗位相比较所产生的感受；②销售人员对本企业薪酬系统分配机制和人才价值取向的感受；③将个人薪酬与公司其他类似职位的薪酬相比较所产生的感受；④对企业销售人员薪酬制度执行过程的严格性、公正性和公开性所产生的感受。因此，薪酬制度要使销售人员的薪酬与其本人的能力相称，并且与企业内其他人员的薪酬相称，不可有任何歧视之嫌。

2. 激励性原则

一个科学合理的薪酬系统对销售人员而言，是最持久也是最根本的激励。薪酬制度必须能给予销售人员一种强烈的激励作用，以便促使其取得最佳的销售业绩，同时又能引导销售人员尽可能地努力工作，对公司各项活动的开展起积极作用。当销售表现良好时，销售员期望能获取特别的薪酬。企业除了给予销售人员稳定的岗位收入以外，要善于依据其贡献大小而在其总体薪酬上进行区分，给予数额不同的额外薪酬（奖励）。这是销售薪酬制度真正实现激励作用的关键。当然，至于额外薪酬的多少，要依据综合因素进行评定，但不能采取简单化的做法，认为奖励越高，激励也就越大。激励性原则还表现在销售薪酬制度必须富有竞争性，给予的薪酬要高于竞争对手的规定，这样才能吸引最佳的销售人员加入本企业的销售组织。

3. 灵活性原则

薪酬制度的建立应既能满足各种销售工作的需要，又能比较灵活地加以运用。即理想的薪酬制度应该具有变通性，能够结合不同的情况进行调整。实际上，不同企业的组织文化、经营状况、期望水平、市场风险存在很大的差异，导致不同行业或企业之间薪酬要求的不同。因此，企业在具体的薪酬方式的选择上，应对各种相关因素进行综合评估，并进行科学决策。这样的薪酬制度可以引起销售人员对顾客兴趣的注意，也易于执行。

4. 稳定性原则

优良的薪酬制度要能使销售人员每周或每日有稳定的收入，这样才不至于影响其生活。因为销售量常受一些外界因素影响，销售员期望收入不会因这些因素的变动而下降至难于维持家计的水平。企业要尽可能地解决销售人员的后顾之忧，除了正常的福利之外，还要为其提供一笔稳定的收入，而这笔收入主要与销售人员所工作的销售岗位有关，而不与其销售业绩发生直接联系。

5. 控制性原则

销售人员的薪酬制度应体现工作的倾向性，应能为销售人员的努力指引方向。薪酬制度应能使销售人员发挥潜能，提高其访问效率。因此，薪酬制度的设立应能实现企业对销售人员的有效控制。企业所确立的销售人员薪酬制度，不能以牺牲必要的控制能力为代价，这是企业保持销售队伍的稳定性并最终占有市场的关键。为了实现这一点，企业必须承担必要的投入风险，而不能把绝大部分风险转嫁给销售人员。

7.3.5 销售人员薪酬的基本模式

企业在选择销售人员的薪酬模式时，一方面必然会涉及各种薪酬模式可能会给企业带来的人力成本，另一方面也会影响到销售人员的工作积极性，从而影响企业的整体经营业绩。因此，企业所选择的薪酬模式既要能调动销售人员的工作积极性，保证高业绩者高收入，同时又要满足企业工资总量水平的控制。在我国的企业实践中，销售人员的薪酬模式可以划分为以下几种基本模式。

1. 纯基本工资制

销售人员的薪酬收入由其基本工资构成。这种薪酬模式的设计是以岗位为基础的，在企业内部同样的岗位享受同样的工资。销售部门按岗位划分一般分为销售业务员、业务经理、企业销售经理等。这种薪酬模式在我国商业企业应用非常广泛。

这种薪酬模式的优点：①能较好地体现企业内部的公平性。高岗位价值对应了较高的薪酬水平，低岗位价值对应了较低的薪酬水平；②比较直观，确定岗位薪酬结构和薪酬水平的逻辑性强、简便易行，在薪酬水平调整、岗位设置变化等情况发生时，很容易对已有的薪酬体系进行修改；③有效避免了一些销售人员因自身能力不能提高而影响收入的风险，从而增强其工作的稳定性。

这种薪酬模式的缺点：①将员工的工作局限于详尽或粗陋的岗位描述，强调员工照章办事，做好分内工作，而不鼓励员工进行创新，尝试新的工作方法、新的工作内容和新的工作岗位；②对岗位评价的合理性、公正性和准确性的要求很高；③在这种薪酬模式中，如果一个销售人员长期得不到晋升，尽管其工作越来越出色，但其收入水平很难有较大的提高，也就影响了销售人员工作的积极性；④由于纯基本工资模式更看重内部销售岗位的价值，在选聘较出色的销售人员时，很可能由于企业内部薪酬体系的内向性而满足不了优秀销售人才的薪酬要求，也就吸引不到出色的销售人才。

2. 基本工资+奖金

这种薪酬模式是指企业按期向销售人员支付一定数目的固定薪酬，即基本工资（也称为底薪），用以保证销售人员的基本生活开销，而奖金通常是在销售人员完成既定的销售目标之后才发放，该既定销售目标是一定的销售额或销售利润。企业在奖金的分配过程中还会综合考虑销售人员在新市场的开拓、客户服务质量、回款率、销售增长率、销售费用等多方面的因素。

这种薪酬模式的最大优点就是确保销售人员有一个稳定的收入，特别是一些新来的销售人员。另一个优点是它有一定的激励作用。当然，这种薪酬模式也有一些缺点，例如，企业出于保留销售人员的目的，为他们设定了比较高的基本工资，奖金对个人收入的影响比较低，对于那些不太努力的销售人员来说，所获底薪也能养家糊口，这势必增强他们的偷懒习性，而不愿意花更多的精力去获得不太容易得到的奖金。因此，该销售模式的激励性不强。另外，在制定奖金标准与享受资格时也很难做到符合市场化。

3. 基本工资+业务提成

基本工资加业务提成模式是指企业按期向销售人员支付一定数目的底薪，同时根据销售人员的销售业绩，在期末（可以按月份、季度或年度来核算）按照一定比例发放业务提成的一种薪酬模式。业务提成通常以销售额一定的百分比来提取，该提成百分比的大小通常取决于企业产品的价格、销售量以及产品销售的难易程度等。在该薪酬模式中，销售人员享有一定的基本工资，但基本工资占其工资总额的比例非常小，约为15%~25%。一般来说，企业会为销售人员按销售额的大小来设置相应的提成比例。

这种薪酬模式的优点：①体现公平性。这种薪酬模式在销售人员的收入（产出）与其可量化的绩效目标实现情况（投入）之间建立起了正相关关系，多投入多产出；②激励与约束并存。企业对那些业绩较高的销售人员给予一定的业绩提成，这实际上就是对他们业务能力的肯定与奖励。同样，如果销售人员不努力工作，取不到较好的业绩，则不能获得较高的薪酬，而只能拿很低的基本工资，对这些人则会产生一定的约束作用；③突出激励重点，节约人工成本。企业对销售业绩较好的销售人员提供较可观的业绩提成，激励的重点显而易见，要想获得高薪就必须做出较高的业绩来。④指引努力方向，培育企业文化。

这种薪酬模式的缺点：①对新业务人员不利。对那些刚到企业不久的销售人员来说，要做出较好的业绩，难度是非常大的；②对团队合作可能有不利影响。销售人员为取得好的个人业绩，很可能会减少合作；③努力工作未必能获得高业绩。销售工作同其他工作有很大的不同，很多时候工作成绩的好坏不只是由销售人员自己控制，因此，销售人员很难完全控制自己的工作业绩。

4. 基本工资+业务提成+奖金

这种薪酬模式同时利用了业务提成和奖金这两种手段来刺激销售人员的工作积极性，但业务提成和奖金的发放依据是不同的，二者的激励目的也不同。一般说来，业务提成是鼓励销售人员实现更高的销售额，以便提高公司产品的市场占有率，而奖金则多是与销售人员完成的销售额所能带来的利润或回款率挂钩，鼓励销售人员改善销售的利润率和购货款回收状况。因此，业务提成侧重于销售带给企业好处的量，而奖金则更侧重于销售带给企业好处的质。

与“基本工资+业务提成”模式相比，这种薪酬模式中销售人员所能获得的业务提成额在同等条件下一般会比前一种模式小。但这种薪酬模式增加了“奖金”项，从而使得销售人员同企业的关系更加紧密，企业归属感增强。由于“奖金”多是年底发放，且“奖金”的多少有很大差距，这势必影响销售人员工作周期的延长，光靠一两个月的高业务量不能获得较高的收入。同时，这种薪酬模式限制了销售人员过于频繁的离职（销售人员频频换工作的现象是非常普遍的）。而且这种薪酬模式能较好地避免销售人员单兵作战，因为若不注重团队合作，销售人员在年底考评同行相互打分方面会大受影响，从而使其总分值偏低，拿不到较高的奖金数额。

当然，这种薪酬模式也有一定的缺点，主要有：对销售人员的奖金考评方面有许多非量化指标，从而容易产生很大的人为性，其说服力会受到影响。实行此模式需要较多有关记录报告，因此也提高了管理费用。

5. 纯业务提成

纯业务提成模式（即纯佣金模式）是指销售员的薪酬组成中没有固定底薪部分，而全部由业务提成组成。纯业务提成模式的销售人员承担了所有的风险，比较适合以下情况：销售人员对销售有很大的影响；要求销售人员获得的培训和专业知识很低或中等；销售周期（从开始寻找客户到成交的时间）比较短。

佣金可根据销售额或销售数量（毛额或净额）计算。其计算可以基于总销量，也可以基于超过配额的销货量，或配额的若干百分数。佣金也可以根据销售人员的销售对公司利润的贡献来定。支付佣金的比率可以是固定的；也可以是累进的，即销售量（或利润贡献等）越高，其佣金比率越高。比率也可以是递减的，即销售量越高，其比率越低。佣金比率也应顾及产品性质、顾客、地区特性、订单大小、毛利量、业务状况的变动等。

纯佣金的支付方法有如下三种：①保证提存或预支账户。让销售人员预支一定金额，将来由其所得佣金偿还。如果所得佣金大于预支金额，则不必归还其差额，实际上与纯粹薪水方法相似。②非保证提存或预支账户。销售人员必须偿还全部预支金额，如果本期佣金不足偿还，可递延至下期清算。所以预支金额实际上相当于一种借款形式。③暂记账户。每月给予各销售人员一定的金额，记入该人员暂记账户的借方；每位销售人员每月应得的佣金，记入本账户的贷方。年底结账时，如果有贷方余额，应补发给该销售人员；如果借方有余额，可以注销，如同保证预支账户；也可递延至下年度结算，如同非保证预支账户。

相对而言，在这种薪酬模式中，销售人员的业务提成比例往往是比较高的，因此激励力度较大，但由于缺乏固定薪酬这一块，因此销售人员的收入缺乏稳定性，基本生活无法得到保障。另外，这种薪酬模式将销售人员的收入单纯与其销售业绩挂钩，而忽视了诸如客户服务质量、市场调查、竞争对手的信息收集与分析等因素，一些对企业非常重要、但与销售人员的薪酬没有直接联系的非直接销售活动可能被忽视，有可能对企业的后续发展产生一定的负面影响。同时，销售人员的收入仅与其销售业绩挂钩，也容易使其形成短期受雇于企业的思想，无法形成对企业的归属感。因此，这种薪酬模式在企业正式员工中实施的情况并不多见，而经常在一些兼职销售人员中实施。

以上五种薪酬模式是我国企业为销售人员设计薪酬模式时普遍采用的模式，具体的优缺点比较见表7-6。

表7-6　五种销售人员薪酬模式的优缺点比较

薪酬模式	缺　点	优　点
纯基本工资制	完全没有激励性	员工收入稳定并有一定保证
基本工资+奖金	激励性不强	员工收入稳定且有一定激励
基本工资+业务提成	有一定的激励性	员工收入稳定且有较强激励
基本工资+业务提成+奖金	有一定的激励性	员工收入稳定且有较强激励 员工对企业有一定归属感
纯业务提成	员工收入无保证	激励性非常强

案　例

某石油销售公司的薪酬体系

某石油销售公司将全部岗位划分为六个职系：管理职系、行政事务职系、财会职系、技术职系、销售职系及加油员职系。针对六个职系，该公司对薪酬采取分类管理的办法，即对不同类别的员工采取不同的薪酬结构形式。相应的薪酬体系分为三部分，即岗位技能工资制、提成工资制及吨油含量工资制。

1. 岗位技能工资制

岗位技能工资制的适用对象是公司的管理、行政、财会及技术职系的员工，其构成主要包括以下6个部分。

（1）基本工资。用以保障员工的最低生活水平需要，是参照当地最低工资标准的相关规定确定的，约占工资总额的20%。

（2）岗位工资。该公司根据岗位的性质和责任的不同，将不同职系分别划分为若干等级（见表7-7），并为不同等级设置了不同的岗位工资标准，这部分是岗位技能工资制度的主体部分，占工资总额的50%左右。

表7-7　某石油销售分公司职位序列等级

	一等	二等	三等	四等	五等	六等	七等	八等	九等	十等
管理职系	总经理	副总经理	总经理助理	处长	副处长	高级主管	主管	主办	助理主办	科员级
财会职系	——	总会计师	副总师	处长	副处长	高级主管	主管	主办	助理主办	科员级
技术职系	——	教授级	高级		中级		助理级			科员级

（3）技能工资。这一部分是根据岗位对技术水平的需要，及员工实际具备的学历、技能水平，通过技能等级考核确定的工资，约占工资总额的10%。

（4）年功工资。年功工资随着员工为企业服务年限的延长而增加，在工资总额中所占比重较低，约占工资总额的10%。

（5）效益工资。根据公司当年的实际效益，按一定比例计提效益工资总额，再根据岗位等级进行分配。

（6）各种津贴。包括中餐补贴、住房津贴以及各种岗位性津贴。

2. 提成工资制

提成工资制是针对公司的销售人员设计的，主要由两部分构成：基本工资和根据销售额按一定比例提取的奖金（其中奖金的比例相对较低）。

3. 吨油含量工资制

吨油含量工资制适用于公司所属的各加油站的加油员，也由两部分构成：基础工资和吨油含量工资。

基础工资（含各种津贴）：每月500元。

吨油含量工资的计算方法如下：

吨油含量工资=与加油站全体加油员挂钩的工资基数÷加油站月定额销量

加油站计提吨油含量工资=加油站吨油含量工资×加油站实际销量

加油员计提吨油含量工资=加油站计提吨油含量工资÷加油站实际销量

思考题：这种薪酬体系的设计有一定的代表性，但无疑有许多不足，你觉得呢？

6. 特别奖励

特别奖励就是规定报酬以外的奖励，即额外给予的奖励。这种特别奖励可以和前面任意一种基本报酬制度结合使用。企业给予的额外奖励分为经济奖励及非经济奖励两种。经济奖励包括直接增加薪水或佣金，或间接的福利，如假期加薪、保险制度、退休金制等。非经济奖励的方式很多，如通过销售竞赛给予销售人员一定荣誉——记功、颁发奖章及纪念品等。

特别奖励可根据销售人员超出配额的程度、控制费用的效果或所获得新客户的数量等来决定，一般有三种形式。

（1）全面特别奖金。全面特别奖金是指企业在特殊的时间里，如圣诞节、春节或年底，不计盈利率发给所有销售人员的奖金。可以付给每名销售员同样数额的奖金，也可以根据销售人员现在的工资和在本公司工作时间的长短来支付奖金。例如，美国一家公司向那些在公司工作了1~2年的销售人员发放一份相当于他们年薪1.5%的圣诞红利，工作了2~3年的人得到的则是年薪的2%。有的企业这个百分比会高至8%。这种奖励是单独支付的，与雇员的业绩无关。

（2）业绩特别奖励。这是一种与业绩相关的奖励，有很多种形式。按照奖励给个人还是集体，可以分为个人业绩特别奖和集体业绩特别奖两大类。奖金的发放不仅可以按销售额或所售数量来计算，还可以按毛利率或销售业绩评估、开发的新客户数、公司或地区销售单位的收入或销售额以及某种产品的销售额来计算。集体业绩特别奖的发放是为了培养团队销售精神，一般是按照销售区域来发放的。

发给一个销售地区的奖金数额，可能是把这个地区的业绩同组织内其他销售地区的业绩相比较确定的。然后，地区销售经理会按业绩再分给每个销售分区一定数额。分区经理则会把这份分区奖金平均分给全体销售人员，或是根据销售人员的个人业绩分发。

（3）销售竞赛奖。销售竞赛是一种特别销售计划，它给销售人员提供奖励，促使他们实现短期销售目标。这些奖励包括证书、现金、物品或旅游等。有时竞赛时间会长达一年。这种奖励是正常报酬外额外给予的。管理部门可以指导销售人员去销售某些特殊商品（如滞销品）或从事某些有利于销售的非销售性活动，这都是在平时没有竞赛刺激的情况下他们所不愿做的事情。竞赛还可以促使销售人员为达到竞赛目标、赢得额外奖金而更加勤奋工作，工作时间更长。

许多销售经理还认为，特别奖励和销售竞赛都能增进销售集体的团队精神及销售人员对工作的兴趣和对工作的满足感，降低缺勤率和人员变动率。特别奖励制度的优点是：鼓励作用更为广泛有效，常常可以促进滞销产品的销售。其缺点是：奖励标准或基础不易确定，有时会引起销售人员的不满以及管理方面的困扰。

7.3.6　销售人员薪酬制度建立的程序

由于行业、产品、区域、公司的差异性，世界上没有完全相同的销售薪酬制度，更没有十全十美的、可同时满足公司管理阶层和销售人员全部需求的薪酬制度。一套优良的薪酬制度，在理论上能够顾及双方的各种利益，但在实务上很难完全顾及。虽然如此，只要我们在设计销售薪酬制度时从实际出发，遵循一定的程序，还是可以建立一套令人满意的薪酬制度的。建立销售薪酬制度的程序如图 7-4 所示。

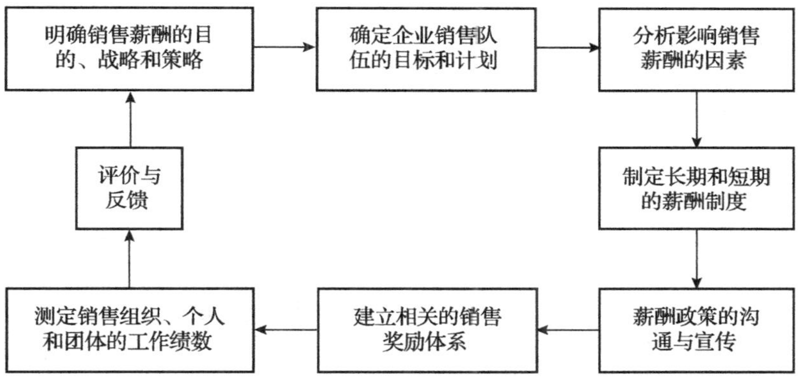

图 7-4　销售薪酬制度建立的程序

由图 7-4 可以看出，建立销售薪酬制度的第一步是明确销售薪酬的目的、战略和策略。为此首先要确定企业销售队伍的目标和计划，即根据公司的销售目标决定需要多少销售人员，设立什么样的销售组织，完成什么样的销售任务。接着是确定销售薪酬制度要达到什么目的，采取什么战略与策略。

第二步是分析影响销售薪酬的主要因素，即要分析工资水平、工资结构、销售人员的要求和管理程序等主要因素对销售薪酬制度的影响。

第三步是制定长期和短期的薪酬制度。长期的薪酬包括工资和福利，如基本工资、退休金、养老金和医疗保险等；短期的薪酬包括红利和奖金。薪酬制度制定后要向销售人员进行薪酬政策的宣传与沟通。

第四步是建立销售的奖励体系，即工资的升降、相关的奖励政策等。

第五步是测定销售组织、个人和团体的工作绩效，即了解这样的薪酬制度是否有利于销售工作绩效的提高。

第六步是评价与反馈，即通过销售工作绩效的测定现行的薪酬制度是否有效，分析存在的问题与不足，提出改进意见。

案　例

腾飞科技的薪酬设计

腾飞科技是一家有30余人的小公司，从事办公自动化用品销售，公司原有业务销售人员15人。和其他一些公司一样，腾飞科技也采用了基本工资加业务提成的薪酬模式，老板对员工很和善，员工之间也能够和睦相处，但令人费解的是，跳槽现象却时有发生。很多本来销售业绩做得很好的销售人员说走就走了，公司人员的频繁流动使得销售业绩下滑；另外，公司发现有些销售人员还在其他公司兼职，身在曹营心在汉，原本三天办完的事现在要五天，老板为此愁眉不展。腾飞公司的销售人员能力和背景参差不齐，和众多公司一样，这里也存在20/80现象，20%的销售人员的业绩占到公司销售部门业务总额的80%，而跳槽的却正是这20%的销售主力。一时间，该公司成了人才市场招聘会的座上常客，很多销售计划因人员的流动而搁浅或被迫中断，腾飞的发展势头受到了公司内因的遏制，招聘成了公司的日常工作。然而新招聘的销售人员仍然是来一批走一批，很少有人在公司工作超过半年的，令人摸不着头脑。但症结究竟在哪里呢？是分配制度不合理，不能激发员工的工作热情，还是另有原因？

为揭开个中究竟，公司老板不得已对部分已跳槽的销售人员进行了走访，发现了两个细节，但同时也是很致命的细节。第一，他们觉得基本工资不平等。腾飞公司和其他公司一样，也过于迷信在甄选销售人员时对学历的要求，而且根据所招销售人员的学历，将基本工资依据学历做了等级设计。大致如下：

（1）刚走出校门的，学习市场营销专业的大专起点的销售人员，基本月薪900元；

（2）有相关工作经验，非市场营销专业的大专学历的销售人员，基本月薪800元；

（3）有一定工作经验，中专起点的销售人员，基本月薪600元。

从上面我们不难看出，有一定工作经验的中专学历销售人员的基本月薪，比刚走出校门的营销专业销售人员低300元。由于腾飞公司所在的城市办公自动化产品销售公司众多，市场竞争激烈导致赢利水平低下，一桩十几万的单，利润仅有2 000~3 000元，所以按照腾飞公司现行的业务提成标准，销售主力的提成比新手只多500~600元。由于等级底薪制的存在，销售主力的月收入仅比新手多出300元左右，而他们的业务量却要比新手大得多，才能保持这一收入水准。

第二，腾飞公司没有很好的产品组合，给其获得更多更好的合同带来了障碍。办公自动化设备有着严格的代理制度，像腾飞这样的小公司是很难拿到产品代理权的，只能成为其他代理商的分销商；一旦用户要的品种较多，销售人员就无能为力了，只有通过兼职来弥补这一缺陷，否则自己的业务量很难保证，收入也自然受到影响。销售人员只好跳槽去那些产品组合比较多的公司。很显然，这就是销售人员频繁跳槽的内因所在。

腾飞公司在薪酬设计上的模仿使自己走进了误区，它使销售人员的基本月薪有了层次感，军心难以稳定。营销专业的资历浅者也比有工作经验的中专学历销售人员高出300元，但大家所从事的工作内容并无二致，然而提成比例却没有等级设计，做1 000元销售额和做10万元销售额是一样的提成比例，换了任何人心理也不平衡，更别说忠诚于公司了。

问题讨论

你认为腾飞公司的薪酬设计存在哪些关键问题？如果你是一个高级销售顾问，你打算怎样对腾飞公司的销售薪酬体系进行再设计？

小结

本章分析了销售人员培训的概念、目标、内容的基础；阐述了销售人员培训的流程分为培训需求确认、制订培训计划、教学设计、培训实施和培训反馈五个部分；分析了销售人员激励存在的共性问题及原因，销售人员激励的形式和销售人员不同阶段的期望与激励重点。

此外，本章还涉及销售人员薪酬的含义和构成、薪酬制度设计的影响因素、销售人员薪酬设计的原则、销售人员薪酬基本模式以及销售人员薪酬制度建立的程序。

关键概念

销售培训　培训需求分析　培训效果评估　销售人员激励　销售人员薪酬

复习测试

1. 简述销售人员培训的内容及流程。
2. 简述销售人员培训需求分析如何开展。
3. 简述销售人员培训效果评估的内容。
4. 为了更好地对培训进行有效评估，可以采用哪些具体的方法？
5. 企业销售人员激励不足的共性问题及原因有哪些？
6. 有效的销售人员激励形式包括哪些？
7. 如何针对销售人员不同阶段的期望设置激励重点？
8. 销售薪酬的含义及主要构成有哪些？
9. 影响销售人员薪酬的因素有哪些？
10. 简述销售人员薪酬设计的指导原则。
11. 简述销售人员薪酬的基本模式。
12. 简述销售人员薪酬制度建立的程序。

案例研讨

他做错了吗

安全系统公司（SCC）是一家在中西部三省交界地区的电视安全监视系统的分销商。公司向办公室、仓库与工厂销售一种先进的照相机/显示器监视系统。马琳是公司的总裁兼CEO，而唐幸生刚被任命为销售副总裁，负责培训并指导公司15个销售人员。

唐幸生来自一个更大的电视安全监视系统生产销售商。马琳一直在计划，直到经济萧条危及销售时才扩张其业务。电子监视系统业务由于两大原因受到重创：①市场中有很多同类公司，因此SCC第一次遭遇到了真正的竞争。②经济情况迫使很多公司推迟了在电视监视系统上的大笔支出。换句话说，自从问世，这一产品就供不应求，很少有竞争，同时客户有很高的采购费用。

马琳意识到必须采取措施使销售回到5年前的水平。于是唐幸生就被挑选实现这一目标，同时被赋予在销售培训及管理方面独立操作的职权以刺激销售。

在研究了当前情况，同时将现在的销售组织设置与前公司比较以后，唐幸生认为必须采取严厉的措施以提高销售。这些措施包括区域调整，佣金计划调整以及销售培训流程调整。

唐幸生花了很多时间在两名销售人员的工作区域中观察他们的行为。其中一名在公司工作了好几年，而另一名只来了9个月。其中的每一天均给了他强烈的印象。以前的销售培训流程需要被修改，同时更多有经验的销售人员需要被挽留。唐幸生确信马总并没有真正意识到销售队伍中存在问题的严重性。毕竟，过去两年中，同样的销售队伍创造的销售业绩非常好。然而，她似乎并没有意识到，虽然这样的销售队伍在经济繁荣与少有竞争的环境下已足够了，但他们却缺乏克服目前不利状况的某些素质。唐幸生正是在这一基础上建议在明年三月召开一次销售会议。

唐幸生向马琳提出，他可在会议上向销售人员阐述自己的看法，并列出即将发生的一些变化。这一会议也将成为这两位经理激励销售人员在今年业务不如往年的情况下，更努力地去销售的一个讨论会。销售人员将不得不自己去发掘业务。

马琳女士批准了这次会议，因为她感觉这一会议将是公司转折中一个好的起点，所以表示乐观。就这样，会议时间被确定了，要求销售人员两周内来公司总部的电子邮件信息也发给了每个人。

这一会议以马琳讨论公司未来开始，她谈了希望扩张的意愿以及影响电视安全监视业务的市场环境。接下来介绍了唐幸生，他归纳了在销售队伍中即将发生的一些变化。这些销售人员对此反应积极，因为他们也认为必须采取措施提高销售业绩。

唐幸生一直在等待下午的会议。这将给他一个向马琳演示真正问题的机会。他要求最有经验的销售人员安生以角色扮演的方式进行销售推荐。唐幸生扮演客户的角色，他不刻意增加难度，只是表现出正常的兴趣、正常的抵触。正如唐幸生所怀疑的，安生对产品并不十分熟悉，而且运用销售技巧并不熟练。如果在实际工作中，他不会实现成功销售。

在余下来的时间内，唐幸生允许每名销售人员进行销售推荐。没有人的表现是有实际效果的。唐幸生本来也怀疑有一些问题，但还是被他们的表现震惊了。当然，马琳女士完全震惊了。她几乎不相信这些销售人员，特别是一些老销售人员，居然不了解产品知识，不能进行产品推荐。她开始怀疑这是否是销售低迷的原因。

这一天结束时，唐幸生对所有销售人员的表现深感厌恶并失去了信心。就这样，在这些销售人员结束会议后，他在没有与马琳协商的前提下，告诉他们在下周回来进行另一次销售推荐。同时他希望看到进步。

第二周，15名销售人员、马总和唐幸生会聚在公司总部。同样，唐幸生让安生做第一个销售推荐。他明显在销售推荐上花了一些时间，因为他的产品知识与销售技巧明显进步了。

其他人也被要求去参加与唐幸生之间的销售人员–顾客的角色扮演。除安生之外，另有4个人的表现也值得称赞。然而，其他人进步不大，仍然缺乏足够的产品知识和有效的销售技巧。

同样，当销售人员完成销售推荐时，唐幸生对其努力表示愤怒。他甚至将4个表现最差的人单独挑出来，当着整个团队的面表达了对他们的不满。

唐幸生感到这次会议根本没有其他收获，所以会议在唐幸生或马琳没有任何表态的前提下延期了。

这些销售人员走后，唐幸生对销售人员缺乏产品知识、工作热情和销售技巧表示郁闷。两人都不知道接下来该怎么办。

更为糟糕的是，这四个被当众批评的销售人员第二天早晨就等在唐幸生办公室里。他们通知唐幸生，他们集体辞职，当场生效。

讨论问题

1. 唐幸生做错了吗？如果错了，他错在哪里？
2. 针对现在的情况，你有什么办法帮助解决当前的问题？

CHAPTER 8

第8章 销售人员绩效评价

本章提要

销售人员绩效评价不仅对销售人员具有重要的激励和导向作用，对企业的长期发展也具有指导作用。通过学习本章的知识，了解销售人员评价的作用、原则和具体评价程序，掌握销售人员绩效评价的信息来源、绩效评价标准的设计和绩效评价具体的实施方法。

引例

棕熊与黑熊的销售绩效评价

黑熊和棕熊都喜欢吃蜂蜜，它们都养了一箱蜜蜂，数量也差不多。有一天，它俩决定比赛，看谁产的蜂蜜多。黑熊认为产蜜的多少取决于蜜蜂的“访问量”（接触花的数量）。于是他花了很多钱买来了一个能准确测量每只蜜蜂每天工作量的绩效评价系统，每季度将结果公布，并给予访问量最多的蜜蜂重奖。棕熊则认为产蜜的多少取决于每只蜜蜂每天采回的花蜜。于是它告诉蜜蜂看谁产的蜜多，它花了很少的钱买了个能测量每只蜜蜂每天采回花蜜的数量，以及每天所有蜜蜂采回花蜜总量的绩效评价系统，且每天将结果予以公布。同时它还制定了奖励措施，给予每月采回花蜜最多的蜜蜂重奖，如果整体采回花蜜的数量比上月有所增长，每只蜜蜂都将受到奖励。几个月过去了，黑熊的蜂蜜产量还不及棕熊的一半。黑熊纳闷了，它的蜜蜂访问量每月都增长1成，而蜂蜜每月则下降1成。它甚至怀疑有人偷吃了蜂蜜。

是什么造成了黑熊这么差的业绩呢？绩效评价系统。产蜜的多少关键取决于花蜜，而黑熊单纯评价“访问量”，蜜蜂就不会将主要精力投入到关键性的花蜜上，因为花蜜采得越多，蜜蜂飞得越慢，飞得越慢就意味着访问量越少。黑熊在奖励访问量多的蜜蜂时，很多蜜蜂心理都不平衡。而且一些蜜蜂如果发现了一大片花丛，出于自身的利益，不会将这些信息告诉其他蜜蜂。于是不能信息共享，也不能做到整体作战。

反之，棕熊则真正把握住了决定产蜜多少的关键性因素——花蜜。围绕这一关键性因素，它配备了硬件系统，制定了奖励机制；承认并重视团队整体贡献。这种机制使得一些飞得快的蜜蜂可能首先去寻找目标，发现目标后将这一信息告诉体质强壮的蜜蜂，大家一起采集花蜜。而剩下的体弱的蜜蜂则将采回的花蜜贮存起来，将它们酿成蜂蜜。

销售绩效评价系统像一根无形的指挥棒，时时刻刻指引着销售人员向某一方向发力、前进。企业应建立什么样的销售绩效评价系统才算是科学合理呢?

8.1 销售人员绩效评价的作用

销售人员绩效评价是指组织依照预先确定的标准和一定的评价程序，运用科学的评价方法，按照评价的内容和标准对评价对象的工作能力、工作业绩进行定期和不定期的绩效评价，以便销售管理者能及时采取必要的行动，使销售管理更富有效率，保证销售目标的完成。销售人员绩效评价在销售管理过程中的作用主要表现在以下方面。

(1) 销售人员绩效评价是给予公平报酬的依据。

通过科学评价，给予公平的报酬，对激励销售人员有着重要的影响。有效的销售人员绩效评价方案通过对销售人员的业绩进行恰如其分的评价，并在评价的基础上给予销售人员相应的报酬和待遇，避免产生不公平的现象，激励销售人员继续努力。

(2) 销售人员绩效评价是达到销售目标的有力的保障。

销售目标是销售管理过程的起点，对销售组织、销售区域设计以及销售定额的制订起着指导性作用。销售人员绩效评价能促使销售目标顺利完成。

(3) 销售人员绩效评价是发现销售人才的有效手段。

通过销售评价能够准确判断销售人员的实际销售能力及其对拥有理论的运用。如果企业发现他们缺乏某一方面的能力，可以对其进行培训，补充和加强这方面的能力；如果发现他们在某一方面的能力还没有得到充分的发挥，可以给予更具有挑战性的任务，为他们提供施展才华的机会。同样，如果发现他们在某一方面有自己的特长，应该积极引导，发展其优势。

(4) 销售人员绩效评价有利于加强对销售活动的管理。

在销售管理过程中，销售经理一般每月对销售人员进行一次考核评价。有了每月的评价，销售人员在各销售区域的业务活动量会自动增加。销售人员都希望自己能够获得较好的评价成绩，所以销售活动的效率也会相应地提高。考核评价能够让销售经理监控销售人员的行动计划，及时发现问题，从而有足够的时间做出调整。

(5) 销售评价是有效的激励手段。

在销售评价的过程中，销售人员可以看到成绩，坚定信心。同时，也可以看到自己的缺点和不足，明确努力的方向，以便将来可以做得更好、更出众。

8.2 销售人员绩效评价的原则

为了使对销售人员绩效评价的结果准确反映被评价者的实际情况，评价必须自始至终坚持以下原则。

(1) 公平原则。

对每位被评价者应一视同仁，不带任何主观倾向性。为此，必须做到：评价标准客观、统一，让每位被评价者接受相同的评价；评价要素全面且相互独立，保证每位被评价者都能受到全面的评价，避免以偏概全；评价时间与方式统一，保证评价实施过程公平。

（2）公正原则。

评价结果应不受评价者的个人兴趣爱好、专业特长、价值取向及感情倾向的影响。为此，必须做到：综合运用多种评价方法，避免单一方法造成误差累积；由不同层次的评价者共同评价，保证评价结果具有充分的代表性；自我评价与他人评价相结合，根据不同评价内容的特点决定采用自我评价、他人评价或二者同时使用；评价要素与各要素量表分开，保证评价者只根据各评价要点做出评价，不受评价结果的影响；采用科学方法对评价结果进行整理分析，剔除各种异常值，保证评价结果的准确性；评价活动与评价结果的使用分开，评价体系独立运作，保证评价活动只对被评价者按评价内容做出客观的评价。

（3）公开原则。

评价活动应有足够的透明度，接受被评价者及员工的监督，保证评价过程严格遵循公平、公正原则。为此，必须做到：评价标准公开，让每位被评价者知道用什么标准对其进行评价；评价方法公开，让每位被评价者知道是被如何评价的；评价结果公开，并让被评价者鉴定认可；建立评价档案，并允许被评价者核查。

就销售人员的具体绩效评价来讲，需要遵循以下几个原则。

（1）综合绩效评价原则

销售主管在制定绩效评价项目时，如果只单纯评价销量或销售回款，可能会导致销售人员过分向公司申请政策，讨好经销商，诱使经销商压货，不考虑市场整体或将来的发展，拼命开发经销商，导致产品积压在经销商那里，公司对经销商抱怨增多，公司产品市场崩溃。如果评价销售人员的项目太多，可能会分散销售人员的注意力，搞不清楚什么是重要工作，区域的销售目标是什么，主要精力如何投入等。为了确保销售人员开发市场与运作市场的数量与质量，销售主管或人力资源部门可以采取硬指标和软指标相结合，以硬指标为主、软指标为辅的方式评价销售人员。

（2）差别化原则。

对销售人员的评价实行差别化，才能实现能者多劳、多劳多得的分配原则。同时也可以激励销售人员努力去寻找新的市场增长点，开拓市场。

（3）全方位激励原则。

激励应该注意正激励和负激励的结合，对一些市场运作突出的销售人员可以给予现金、出国旅游、送出学习、赠送汽车、配送期权、公司通报突出贡献、晋级、提高待遇等从物质方面到精神方面富有强大吸引力和感染力的奖励政策。奖项可以设置一些单项奖，如最佳市场增量奖、最佳新客户开发奖、最佳新品推广奖、最佳客户评价奖等。同时对销售业绩排名落后的销售人员给予黄牌、红牌、下岗、解除合同关系等方式的处罚。

8.3 销售人员绩效评价的程序

评价销售人员作为销售工作的重要环节，要有组织、有计划地进行。一般要经历以下六个阶段。

1. 制订绩效评价计划

为了保证销售人员绩效评价顺利进行，必须事先制订计划，在明确评价目的的前提下，根据目的的要求选择评价的对象、内容、时间。不同的评价目的，其评价的对象也不一样。如销售人员晋升职务，只需考察和评价具有晋升资格的那部分人，而加薪或评先进，其评价对象就应包括全体销售人员。不同的评价目的、对象，其重点考察的内容也不一样。如发奖金，则应以销售人员的工作成绩为主要考察内容。不同的评价目的、对象、内容，其评价时间会有所差别。如一个人的思想品质在一段时间内是比较稳定的，其考察时间可以长一些，一般是一年一次；对于直接从事销售活动的员工，其工作业绩变化可能很快，因此考察期应短一些，可以按月考察。

2. 确定绩效评价的标准和方法

（1）绩效评价的标准。

绩效评价标准是指对销售人员绩效进行评价的标准和尺度。绩效评价标准可分为绝对标准和相对标准两类。

1）绝对标准。如出勤率达到 96%，文化程度达到大学本科等。这种标准是以某种客观现实为依据的，不以被评价者或评价者的个人意志为转移，有较强的客观性。绝对标准又可分为：①业绩标准。如对销售人员的销售定额要求，均属业绩标准。②行为标准。如上班时间不准看报纸，不准扎堆闲聊，不准在办公室吸烟，不得在工作场所喧哗、打闹等。③任职资格标准。如要求销售人员具有两年以上的销售工作经验等。

2）相对标准。将销售人员之间的绩效表现相互比较，也就是以相互比较来评定个人工作的好坏，此时每个人既是被比较的对象，又是比较的尺度，因而标准在不同的被评价群体中往往存在差别。

（2）编制评价标准的原则。

1）绩效评价定量要准确。评价标准能用数量表示时应尽可能用数量表示。同时标准的定量必须准确。定量准确包括：各种指标标准的起止水平应是合理的；各标准的含义相互间的差别应是明确合理的，评分应是等距的；选择的等级档次数量要合理。

2）绩效评价内容要科学合理。所谓科学是指评价标准要反映社会组织的技术水平、管理水平。所谓合理是指评价标准不能太严也不能太松，既不能使员工的评价分数都较低，也不能使员工的每项指标都达到满分。一般应以多数员工都能达到的水平为评价的及格分。

3）绩效评价文字应简洁、通俗。应尽量使用人们常用的大众化语言和词汇，表达力求简明扼要，专业术语及模棱两可的词句尽量不用，以减少因评价者对词汇概念理解的不同而产生的评定差异。

（3）评价方法。

在确定绩效评价的目标、对象、标准后，就要选择相应的绩效评价方法。需要注意的是，绩效评价的方法很多，每种方法都有自己的特点，在实际工作中应根据具体的评价要求有针对性地加以选择。常用的绩效评价方法将在之后的章节具体论述。

3. 实施绩效评价

对销售人员绩效进行具体评价，一般包括销售人员日活动情况评价、月业绩评价、服务能力评价、工作能力评价、工作纪律评价等。

4. 分析评价

（1）评定等级。

对销售人员的每个评价项目评定等级，如工作业绩、工作态度等。一般可分为 3 ~ 5 等，如可分为好、中、差三等，也可分为优、良、合格、稍差、不合格五等。

（2）量化评价项目。

为了将不同性质的评价项目结果综合，必须分别对各个项目进行量化，即赋予不同评价等级以不同分数值，用以反映实际特征。以好、中、差三等为例，可以把“好”这一等定为 10 分，“中”这一等定为 6 分，“差”这一等定为 3 分。

（3）计分评定。

在评价过程中，要对每个员工每一评价项目进行评定打分，然后做出综合的评定。在进行综合评定时，有两种情况要区别对待：①对同一项目不同评价结果的综合。有时同一项目由若干人对某一员工同时进行评价，但得出的结果不一定相同，为综合这些评价意见，可采用算术平均法或加权平均法综合。②对不同项目的评价结果加以综合。在评价时，往往需要从总体上对一个人进行评价，需要将其知识能力、判断能力、社会交际能力等综合起来评价，由于受评价的目的、被评价人的具体职务的影响，同一项目在整个评价体系中的地位是不同的，因此，必须将各个项目分配以合适的权数。

例如，以好、中、差三等为例，假设 3 个人对某员工工作能力的评价分别为“好”（10 分）、“中”（6 分）和“差”（3 分）。如采用算术平均，该员工的工作能力应为“中”（6.3 分）。如果参加评价的 3 个人分别是其主管、同事和下属，其评价结果的重要程度不同，则可以通过赋予他们不同的权重反映出来。如果主管上司的意见最重要，则可定为 50%；同事次之，可定为 30%；下属再次之，可定为 20%。可采用加权平均法计算：10 ×50% + 6 ×30%+3 ×20% =7.4（分），该员工的工作能力应为“中”。

分析评价是一个十分复杂的变化过程。因此，这一过程的重点工作是提高分析评价的信度和效度，减少评价误差。

5. 绩效评价反馈

绩效评价反馈是指将评价的意见反馈给被评价者。一般有以下两种形式。

（1）绩效评价意见认可，即评价者将书面的评价意见反馈给被评价者，由被评价者同意认可，并签名盖章。如果被评价者有不同意见，可以提出异议，并要求上级主管或人力资源部门予以裁定。

（2）绩效评价面谈是指管理者要对员工的绩效表现进行交流与评价，确定员工本周期的绩效表现，然后根据结果，与员工做一对一、面对面的绩效沟通，将员工的绩效表现通过正式的渠道反馈给他们，让员工对自己表现好的方面和不好的方面都有一个全面的认识，以便下一个月绩效做得更好，达到改善绩效的目的。绩效评价面谈记录和绩效评价意见也需要被评价者签字。

6. 绩效评价结果运用

绩效评价不是目的，因此要特别注意绩效评价结果的运用。在绩效评价过程中获得的大量有用信息可以运用到社会组织的各项管理活动中。①可以通过向员工反馈评价结果，帮助员工找到问题、明确方向，这对员工改进工作、提高工作绩效会有促进作用。②也为人力资源部门决策如任用、晋升、加薪、奖励等提供依据。③还可以用来检查组织管理中各项政策的运用结果，如人员配置、员工培训等方面是否有失误，还存在哪些问题等。

8.4 销售人员绩效评价信息的收集

8.4.1 销售人员绩效评价信息收集的目的

（1）提供绩效评价的实施依据。工作过程中收集或记录的数据，可以作为对销售人员绩效评价的依据，也可以作为晋升、加薪等人事决策的依据。

（2）提供改进绩效的事实依据。进行绩效评价的目的是改进和提高销售人员的绩效并解决实际产生的问题。

（3）发现绩效问题和优秀绩效的原因。通过对这些信息的收集和对关键事件的分析，帮助管理层发现优秀绩效背后的真正原因，对于不理想的绩效可以对症下药，改进绩效，以利于企业的长久发展。

（4）劳动争议中的重要证据。保留详细的人员绩效表现记录，也是为了在发生劳动争议时，企业能够拥有足够的事实依据。这些信息的收集不仅有利于保护企业的利益，而且能够保护员工的切身利益。

8.4.2 销售人员绩效评价信息收集的来源

1. 销售人员的销售报告

销售报告可分为销售活动计划报告和销售活动业绩报告两类。

（1）销售活动计划报告。

1）区年度市场营销计划。许多公司要求销售人员制订销售区域的年度市场销售计划，在计划中提出发展新客户和增加与现有客户交易的方案。各公司的要求也不尽相同。有些公司要求对销售区域的开发提出一般性意见；另一些公司则要求列出详细的预计销售量和利润估计。销售经理将对计划进行研究，提出建议，并以此作为制订销售定额的依据。

2）日常工作计划。日常工作计划由销售人员提前一周或一月提交，说明计划进行的访问和巡回路线。管理部门接到销售人员的行动计划后，有时会与他们接触，提出改进意见。行动计划可指导销售人员合理安排活动日程，为管理部门评估其制订和执行计划的能力提供依据。

（2）销售活动业绩报告。

销售活动业绩报告主要提供已完成的工作业绩，如销售情况报告、费用开支报告、新业务的报告、失去业务的报告、当地市场状况的报告等。

2. 销售情况记录

销售人员的有关销售记录，如终端客户情况记录、区域的销售记录、销售费用的支出等，都是评估销售人员的宝贵资料。利用这些资料可计算出某一销售人员所接订单的毛利，或某一规模订单的毛利，对评估绩效有很大的帮助。

3. 客户的投诉和意见

在评估销售人员时应该听取顾客的意见，调查销售人员有无客户投诉。有些销售人员业绩很好，但在客户服务方面做得并不理想，特别是在商品紧俏的时候更是如此，这样会影响销售工作的进一步开展。收集顾客意见的途径有两个方面，一是顾客的信件和投诉，二是定期进行顾客调查。

4. 工作态度和表现

销售人员平时的工作态度和表现也应当列入评价范围。一个销售人员的工作业绩再好，若工作态度和表现不好，也不是一个优秀的销售人员。这一资料主要来自营销经理、销售经理或其他有关人员的意见，销售人员之间的意见也可作为参考。这些资料可以提供一些有关销售人员的合作态度和领导才干方面的信息。

8.5 销售人员绩效评价的标准

要评估销售人员绩效，一定要有良好而合理的标准。绩效标准不能一概而论，管理人员要充分了解整个市场的潜力和每位销售人员在工作环境和销售能力上的差异。要弄清楚在设计标准时可能出现的常见问题，再针对这些问题设定相关合适的绩效评价标准。

8.5.1 销售人员绩效评价标准设计中常见问题

1. 过分关注结果性指标

过分关注销售额、回款等结果性指标，会导致销售人员容易发生一些不恰当的行为。例如：单纯以销售量、回款来评价销售人员，会使销售人员采取各种威逼利诱的方法，对于不满足要求的经销商予以更换，或是许诺各种不一定能够兑现的优惠政策；把产品强行摊派给经销商，表面上销售形式较好，实际上产品并没有流入到消费者手上，只是简单的库存转移；并且评价日期的临近更会促使销售人员来一次评价前的突击发货，造成经销商的大量存货积压。只看重销量的思路，也有可能使销售人员为了达到目标销售量而过多地投入销售费用或是将一部分用于销售费用的资金私吞，造成销售量上升而利润不见涨的现象。

2. 对于那些属于正在进行时的销售机会缺乏有效的评估

企业以往对销售人员的评估多半只能使用某个时间点上（如年中、年底）的销售业绩，而对于那些属于正在进行时的销售机会缺乏有效的评估依据，销售人员对销售机会的反馈往往具有主观倾向，使销售经理难以把握员工的实际工作情况和业绩表现的真实原因。

3. 销售人员对市场的培育以及客户的发展关注不够

在销售过程中，销售人员在客户关系管理方面做得还不够好，更多着眼于吸引顾客，而在进一步留住顾客方面却做得不够好。他们在产品投放市场初期很重视吸引顾客，千方百计地让顾客对产品产生兴趣，购买自己的产品。但是在售后服务方面却关注不够，而顾客的不满与抱怨往往发生在销售后期。销售人员对顾客的投诉和抱怨的处理不够及时，也不够令顾客满意，而售后服务往往决定了销售的深层次发展。

4. 销售绩效评价制度不完善

企业仅有绩效评价，而没有绩效计划、绩效实施与管理、绩效反馈等环节。绩效目标仅仅是管理者根据上一评价期内的销售量、回款额确定，没有和销售人员进行沟通，征求销售人员的意见。销售人员对上级下达的目标、任务存在不满的情绪，直接影响销售工作的积极性。换言之，销售人员的工作成果不完全取决于自己的努力程度，还会受到市场成熟程度、区域市场潜力等因素的影响。

8.5.2 销售人员绩效评价标准的设计

1. 销售人员绩效指标的主要形式与内容

应该从两个方面考虑销售人员的绩效指标：对结果的关注和对过程行为的关注。结果指标能更好地把个人和组织的目标有机地结合起来，依据每个人所做的贡献来评价其绩效，但是有时候很难确定产出方面的量化衡量指标。不仅如此，结果指标的达成有时会受到外在环境的影响。譬如对销售人员评价最常见的方法就是对销售额的评定，但这种方法有时体现不出销售人员所付出的努力和真正的销售技巧，因为会有很多外在客观因素影响目标的达成。更为严重的是，如果一个员工通过一种不道德的或是非法的手段达成了他的目标，这对组织来说是非常有害的。

为此，公司销售人员的绩效评价指标准应由两部分组成：一是衡量工作结果的关键绩效指标，二是衡量行为、表现与素质的过程性绩效标准指标。这样使绩效指标形成了一套完整的体系，能更全面地对销售人员做出评价。

（1）结果性绩效指标。这里所说的结果性绩效指标是用来评价人员工作绩效表现的具体量化指标，是对工作完成效果的最直接的衡量方式。结果性绩效指标对企业总体战略目标的分解，反映了最能有效影响企业价值创造的因素。

（2）过程性绩效指标。过程性绩效指标来源于工作标准，是衡量被评价人员工作范围内的一些相对长期性、过程性、辅助性、难以量化的关键任务的可评价方法，是对结果性绩效指标的重要补充和完善。(见表 8-1)

表 8-1 企业常用的销售人员绩效评价指标

销售人员绩效综合评价	结果指标	销售收入
		货款回收率
		销售费用率
		市场占有率
	过程指标	销售稳定率
		交货准时率
		顾客拜访次数
		顾客投诉次数
		顾客故障处理及时性
		拜访成功率
		市场信息提供

2. 结果性绩效指标的要素及目标值的设定

（1）结果性绩效指标的要素。

结果性绩效指标有两个主要的来源。

1）来源于公司战略目标或部门目标，体现出对公司或部门绩效的支持。只有这样才能保证每名员工都按照公司要求的方向去努力，公司的战略目标才能真正得以落实。

2）来源于岗位职责。岗位职责是描述一个岗位在组织中所扮演的角色，即此岗位对组织有什么样的贡献、产出。一般来说，岗位说明书通常并不会明确说明希望下属如何开展工作。这是因为大多数岗位说明书通常都不是为某一特定工作编写，其适用对象往往是一个工作群体。

（2）确定结果性绩效指标的目标值。

一般来说，确定目标值时首先可参考过去类似指标在相同市场环境下完成的水平，并根据情况的变化予以调整；其次可参照一些行业指标、技术指标、监管指标、国际指标，从而确定合理的水平；再次应参考为上级职位相关指标所设定的目标值，保证下级单位对上级单位目标值的分解。目标值应该既富有挑战性，又有实现的可能性，也就是在正常情况下，大多数人员经过努力可以达到的水平。表 8-2 是某公司销售代表设定的结果性绩效指标及其目标值实例。

表 8-2 某公司销售代表设定的结果性绩效指标及其目标值

销售业务重点	销售部关键绩效指标	销售人员岗位职责	销售代表关键绩效指标	目标值
利润保证	销售总额、新产品销售额占销售总额比例	正确把握销售方针，制订销售计划，合理调动资源，努力完成销售定额任务	销售总额	1 200 万
新产品开发			新产品销售额占销售总额比例	2%

（续）

销售业务重点	销售部关键绩效指标	销售人员岗位职责	销售代表关键绩效指标	目标值
顾客开拓	服务投诉率、新产品认知度	不断提高业务水平，为顾客提供满意的服务	顾客投诉次数	0次
成本费用控制	货款回收率、销售费用降低率、销售预测准确率	为了降低风险，定期检查库存、欠款、租赁情况并及时进行处理，降低销售费用	货款回收率	90%
管理改进与建设	销售部员工满意度、销售部人均培训时间	销售人员经常学习，不断提高自己的业务能力和思想素质	参与培训的时间	10小时

3. 过程性绩效指标要素的设定

（1）在设定过程性绩效指标时应注意的问题。

1）侧重不易量化的领域。过程性绩效指标作为结果性绩效指标的补充，不能和结果性绩效指标内容重复，且由于结果性绩效指标相对过程性绩效指标，其客观性更加强，对绩效的衡量也更加准确，也可以用过程性绩效指标衡量不易量化的工作领域。销售人员绩效评价应首先考虑使用结果性指标，在无科学量化的领域，引入过程性绩效标准指标进行评价。

2）只选择对公司价值有贡献的关键工作领域，而非所有工作内容。过程性绩效标准指标不宜多于5个，否则就会分散员工的注意力，影响其将精力集中在最关键的工作目标实现上。

3）不同的工作目标应针对不同工作方面，不应该重复。每一个工作目标，应只针对单一的工作方面。

（2）过程性绩效指标标准。

过程性绩效指标用于衡量被评价人员工作范围内的一些相对长期性、过程性、辅助性、难以量化的关键任务，根据公司发展战略、业务发展计划、针对被评估者的职位职责描述和工作性质来确定，通常包括的要素有工作是否规范、创新能力、指导能力、努力程度、工作责任心等。

4. 销售人员绩效评价的定量和定性指标

一般而言，除了将销售人员绩效评价指标分为结果性绩效指标和过程性绩效指标以外，还可以分为定量评价指标和定性评价指标两类。

（1）销售人员定量评价指标主要包括：①销售量（金额）——这是最常用的标准；②毛利——销售人员为企业赚了多少钱；③访问率（每天访问的次数）——评价销售人员的努力程度，但不能表示销售的效果；④访问成功率——衡量销售人员的工作效率；⑤每工作日的平均订单数——评价销售人员的工作效率；⑥平均订单数目——与每工作日平均订单数目结合起来评价；⑦销售费用与费用率——衡量每次访问的成本及直接销售费用与销售额的比率；⑧新客户——这是销售人员对企业的特殊贡献；⑨客户投诉——衡量销售人员为客户服务的情况；⑩市场占有率（特别是区域性销售人员在该销售区域与竞争对手相比的市场占有率，是表明该区域销售成绩的重要标准)。

(2) 销售人员定性评价指标主要包括：①个人工作能力评价——销售人员的工作能力包括基础能力、业务能力、素质能力。销售人员的基础能力是指其对所从事的工作要求专业知识掌握得如何，对本企业的产品知道多少，对竞争者的产品了解多少等；销售人员的业务能力包括对市场的保持和开发能力如何，发展了多少新用户，有没有开发新地区等；销售人员的素质能力包括整个人的形象、言谈、举止、待人接物、个人知识修养、处理突发事件的能力等。②工作态度——包括对工作的积极性、热情程度和责任感。表现为销售人员在销售过程中是否积极主动地开展销售工作，对工作是否兢兢业业，能否积极配合公司开展销售工作，与其他销售人员的协调性，对公司的利益是否有强烈的责任感等。

这些定量指标和定性指标在不同的企业中会有不同的组合和应用，要视企业的具体情况而定。

专题　中国台湾企业常用的销售人员绩效评价标准

(1) 销售业绩与业绩目标达成率。销售人员的责任就是创造业绩，因此，衡量销售成果是否与预定目标相符成为关键因素。几乎每家公司都以达成率为首要标准。

(2) 客户满意度。企业有满意的客户，才会有源源不断的业绩。企业需要定期请客户评估销售人员的服务绩效，如产品知识、服务建议、技术指导、送货及时性、经营建议、销售人员处理问题的及时性等。

(3) 销售人员的获利率。销售量 (额) 是单一标准，结合销售时的价格、费用、折让 (返利)、收款期、坏账率进行总体评价后得到的“销售人员获利率”，才是销售人员对企业的贡献。

(4) 销售人员业绩与市场占有率。区域性销售人员在该销售区域与竞争者相比的市场占有率，是表明该区域销售成绩的重要指标。

(5) 销售人员的销售费用。如果销售人员的销售价格较低，或销售费用 (如交际费、赠品、交通费、通信费及销售杂项费用) 偏高，说明销售量的含金量不高。

(6) 销售经理的评价。销售人员不是单兵作战，销售经理对销售人员的评语，如团队合作、创新精神、学习精神都是重要的标准。

8.6 销售人员绩效评价实施方法

目前国内很多企业虽然实行了绩效评价，但是大多数企业的员工根本不知道评价标准是怎么来的。一套行之有效的系统化绩效评价制度应以市场为导向，并且简明、清晰、易懂，避免制度的繁杂，使销售人员易于理解和接受，最终提高自我管理能力。

国内外各种组织或企业经常采用的销售人员绩效评价的方法有以下几种。

8.6.1 尺度评价法

尺度评价法是绩效评价中最简单和运用最普遍的方法。它以表格的形式列举出一些绩效构成要素，如工作质量、生产效率、勤勉性、独立性等。此外，还需列举范围很宽的工作绩效等级，如杰出（在所有方面的绩效都十分突出）、很好（工作绩效的大多数方面明显超出职位的要求）、好（绩效水平达到了工作标准）、需要改进（在绩效的某一方面有缺陷）、不满意（工作绩效水平无法让人接受）。在进行工作绩效评价时，首先针对每位下属员工，从每项评价要素中找出最符合其绩效状况的分数，然后将每位员工得到的所有分值相加，即得到其最终的工作绩效评价结果。

需要注意的是：如果绩效评价指标少，则不能有效引导销售人员的行动；如果绩效评价指标过多，同样不能产生好的效果，因为没有重点的过多指标可能使销售人员无所适从，扣分过多，就会失去绩效评价的激励作用。

案 例

两家企业的销售人员绩效评价指标体系

科龙电器股份有限公司对分公司经理进行绩效评价的指标包括：①主要指标——回笼（销售回笼完成率）在评价中占40%的比重；开单（开单完成率）占30%的比重。②辅助指标包括：网点达标（网点达标率）占10%的比重；网络开发占10%的比重；应收账款管理占10%的比重。③同时设“雷区激励”，对完成不好的工作扣分：库存管理，累计扣5分；投诉，累计扣5分；媒体曝光，累计扣5分；日常管理，累计扣5分。对分公司销售人员的评价，除了回笼、开单、应收账款管理、投诉与经理相同外，还增加了分销、业务往来、价格管理等指标。

宗申产业集团有限公司对销售人员的评价指标有：销量、回款、日常管理、信息管理、综合能力等内容。其中：①日常管理包括：日报表、下月计划销量；当月总结（针对市场存在的问题拿出书面整改措施）、下月工作计划安排；代理商对零售商销售政策的执行情况；严格区域管理；劳动纪律、办公场地的规范；每月对客户的访问不得少于10家。②信息管理包括：对信息的搜集、分析、整理、反馈情况，包含本公司新产品推广、价格、市场网络情况和竞争对手的新款、价格、政策、销售量等信息；对市场异动的信息分析；销售量上升或下降必须以书面报告分析原因；对竞争对手的市场宣传、促销，要在第一时间传真信息至公司。③综合能力包括：对市场的调控能力；对代理商的协调能力；协调技术服务工作的能力；对突发事件的处理能力及处理的及时性和准确性；对市场的分析和预测能力。并且后三条未完成好要加倍扣分。

8.6.2 目标管理法

彼得·德鲁克将目标管理定义为“由下级与上级共同决定具体的绩效目标，并定期检查目标进展情况的一种管理方式，并由此目标的完成情况来确定奖励或处罚”。这种方法要求企业各级主管让员工参与工作目标的制定，由此决定上下级的责任和分目标，明确责、权、利；在目标实施过程中，充分信任员工，进行适度的授权，让员工实行“自我控制”，努力完成工作目标；以目标对下级进行评价，评定成果，进行奖励，激发员工的积极性，保证企业总目标的实现。

实施目标管理法通常分为6个步骤：设定目标，审议组织架构和职责分工，确定下级目标，上下级就达成目标所需的条件和目标达成后的奖惩达成协议，实现目标管理的过程及最后的总结与评估，如图8-1所示。

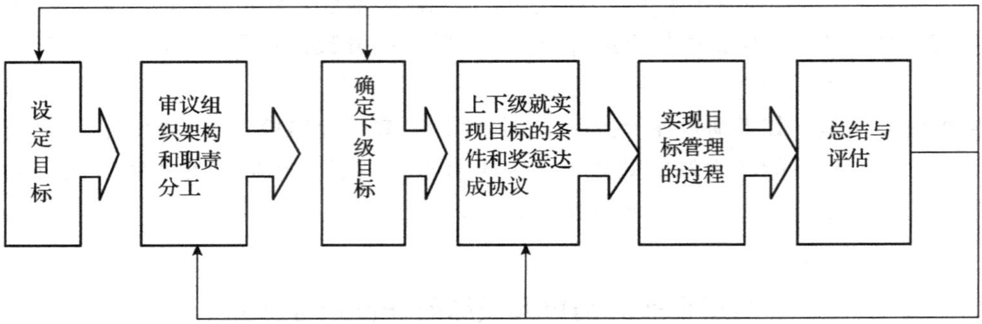

图8-1 实施目标管理法的步骤

在评价之前，销售主管人员和销售人员共同制订评价期内要达到的工作目标，所制订的目标必须明确具体，可以计量。目标确定以后，还要制订达到目标的具体计划，以及执行计划中的绩效评价标准。绩效评价时，对照既定的目标和绩效评估标准，对销售人员完成目标的情况做具体的评估。通过绩效评价，可以发现销售人员的实际工作绩效与既定目标之间的差距，销售主管人员与被评价的销售人员一起找出造成这些差距的原因，并采取相应的改进措施，提高销售人员的工作绩效，实现既定的目标。表8-3是一名销售人员目标管理的评价报告案例。

表8-3 销售人员目标管理的评价报告案例

目标项目	计划目标	完成情况	完成率（%）
销售电话拨打次数	100	104	104.0
接触新客户次数	20	18	90.0
批发销售A号新产品数量	30	30	100.0
批发销售B号新产品数量	10 000	9 750	97.5
批发销售C号新产品数量	17 000	18 700	110.0
客户投诉/服务电话	35	11	31.4
成功完成销售函授课程的数量	4	2	50.0
每月底完成销售报告的次数	12	10	83.0

经研究表明，目标管理法具有较高的有效性，它通过指导和监控行为提高员工工作绩效，因为目标管理使销售人员知道期望于他们的是什么，从而把时间和精力投入到最大程度实现重要的组织目标的行为中去。再者，目标管理的绩效标准是按相对客观的条件来设定的，因而评分相对没有偏见，是一种比较公平的绩效评估方法。

目标管理评价体系也有一些不足之处：①目标管理使销售人员的注意力集中在目标

上，但它并没有指出要求的行为，这对一些需要指导的销售人员来说是个问题。②目标管理倾向聚焦于短期目标，这可能导致销售人员为达到短期目标而牺牲长期目标。③因为目标是上级与下级共同制订、双方达成一致的，因此，绩效标准可能因销售人员能力的不同而不同（为一位“中等”销售人员所设置的目标可能比为一位“高级”销售人员所设置的目标挑战性要小一些），绩效标准不统一，影响了目标管理的有用性。

8.6.3 360 度反馈评价法

360 度反馈评价法也称全视角反馈或多源反馈评价，是 Edwards 和 Ewan 在 20 世纪 80 年代提出。它是由被评价人的主管、同事、下属、客户、供应商、零售商甚至本人担任评价者，对被评者进行全方位的评价。评价的内容涉及员工的任务绩效、管理绩效、周边绩效、态度和能力等。评价结束后，再通过反馈程序，将评价结果反馈给本人，达到改变行为、提高绩效等目的。

在 360 度反馈评价法中，主管对员工的评估并不总是最好的，因为有的主管可能根本没有机会观察被评估的员工；同事的评估与主管评估相比稍微可靠一些，因为同事有足够的机会观察被评估员工的表现；下属的评估可能是最能够反映被评估员工日常表现的各个方面，但问题是，下属可能害怕得罪领导或希望领导奖励而使评估的结果扭曲；自我评估可能是最客观的一种评估方法，因为有研究表明，与其他方法相比，自我评估的结果相对准确，但会与主管的评估产生偏差；不管是供货商还是客户，他们对被评估的员工的了解并不全面，而且客户的期望往往会与组织的期望有差异，但是无论如何，客户永远是对的，客户的期望应该得到满足。不同的评估者所具有的特点如表 8-4 所示。

表 8-4 不同评估者的特点

评估者	特点
自我	因自我认识的偏差而倾向于夸大评估； 由于有一些盲点而倾向于夸大评估； 有些人会倾向于低估自我
主管	倾向于夸大评估； 评估标准的界限不明确； 不同的被评估者之间的界限不明确
同事	可靠且有效； 对接受反馈的人有很高的可信度
下属	在提供适当保护的情况下，评估的结果是可靠、有效的
客户	如果客户与被评估的员工有工作接触，评估是可靠、有效的； 评估标准之间的界限不太明确
供应商	在被评估的员工看来，评估结果有较高的可信度

从 360 度反馈评价法在企业中的实施效果看，存在优点和不足，具体表现如表 8-5 所示。

表 8-5 360 度绩效反馈评价法的优缺点

优点	缺点
比较公平公正	信息的收集处理量大，运行成本高
所获得的绩效管理信息较全面	培训工作量大且要求高
能使企业的全面质量管理得到改进	对员工素质要求高
有利于部门之间的沟通	由于立场不同，易产生相互冲突的评价结果
有利于人力资源部门根据评价结果开展工作	
有利于体现企业对员工评价的重视	

销售部门在对销售人员实施 360 度反馈评价法时需要注意以下几点：①要取得公司高层领导的支持与配合，在公司内部倡导一种变革、创新、竞争、开放的文化，让销售人员能够从观念上接受这种评价方式。②应加强宣传和沟通，对评价者进行有效的培训，向销售人员讲清其意义所在，了解评价目的，消除评价中的人为因素。③要结合本企业或组织的实际，根据最近相关原则、有机结合原则和经济可行原则合理选择评价主体，力争以最小的成本达到对评价客体客观公正的评价。④在评价完毕后，企业应积极地将评价结果反馈给销售人员，指导其改进工作中的不足之处，从而提高评价的效率，这才是绩效评价的目的。

8.6.4 销售人员绩效评价实例

1. 确定评价指标

假定某企业对销售人员的绩效评价内容主要确定为以下五个方面，具体细分指标如表 8-6 所示。

表 8-6 绩效评价指标分解表

绩效评价指标	绩效评价要点
销售配额的完成情况（A）	评价期间销售任务的完成率（a_1）= 实际销售量/目标销售量×100%
	与上年同期相比，销售量的增长情况（a_2）= 本期实际销售量/上年同期实际销售量×100%
完成销售任务的质量（B）	回款率（b_1）=（销售总额-赊欠额）/销售总额×100%
	收回欠款率（b_2）= 收回欠款额/总欠款额×100%
工作态度（C）	按照有关规章制度，积极从事所分配的工作（c_1）
	能够积极接受难度大的新工作，并努力完成（c_2）
	积极进行业务联系和工作汇报（c_3）
	如实报销销售费用，不欺骗公司（c_4）
	组织纪律性强，按时出勤（c_5）
工作能力（D）	能够想方设法开发新市场，提高销售量（d_1）
	正确掌握所分配的销售任务，采取有效的行动（d_2）
	能够从公司全局利益出发，与同事配合协调工作（d_3）
	以诚意对待用户，为提高公司的信誉做出贡献（d_4）
	能够解决用户在使用过程中出现的突发问题，及时为用户排忧解难（d_5）
素质能力（E）	能够及时处理事件（售后服务、接待用户、及时传递信息等）（e_1）
	提出合理化建议（e_2）

（1）销售配额的完成情况。销售人员在规定时间内是否完成了公司所分配的销售额，这是评价一个销售人员最为直接、最有说服力的内容之一。

（2）完成销售任务的质量。完成销售任务的质量包括两个方面：实际履行合同的数量与所签订合同数量的对比；产品销售以后的回款情况，回款率是否达到 100%。

（3）工作态度。包括对工作的积极性、热情程度和责任感。包括销售人员在销售过程中是否积极主动地开展销售工作，对工作是否兢兢业业，能否积极配合公司开展销售工作，与其他销售人员的协调性，是否对公司的利益有强烈的责任感等。

（4）工作能力。销售人员的工作能力包括基础能力、业务能力、素质能力。销售人员的基础能力是指其对所从事的工作要求的专业知识掌握如何，对本企业的产品知道多少，对竞争者的产品了解多少等；销售人员的业务能力包括对市场的保持和开发能力如何，发展了多少新用户，有没有开发新地区等；销售人员的素质能力包括整个人的形象、言谈、举止、待人接物，个人知识修养，处理突发事件的能力等。

（5）素质能力。为销售部门提出合理化建议以及处理销售过程中突发事件的能力。

2. 为绩效评价指标分配权数

销售部门结合本部门的实际情况，根据各项绩效评价指标的重要程度确定指标的权重。如将销售配额完成情况（A）、销售质量（B）、工作态度（C）、工作能力（D）和综合素质（E）这五项评价指标分配的权数分别为 30%、20%、20%、20%、10%；然后将各项评价指标的权数分解到各评价要点，如将销售配额完成情况指标（A）的权数 30%分配给评价期间销售任务完成率（a_1）和与上年同期销售量增长情况（a_2）这两项评价要素，分别占 15%。具体分解结果见表 8-7 中的第（一）栏、第（二）栏。

表 8-7　评价指标权数分配表

评价指标及权数（%）（一）	评价要点权数（%）（二）	销售人员甲的得分（三）
销售配额完成情况（$A=30\%$）	$a_1=15$	95
	$a_2=15$	80
销售质量　（$B=20\%$）	$b_1=10$	90
	$b_2=10$	90
工作态度　（$C=20\%$）	$c_1=4$	90
	$c_2=4$	85
	$c_3=4$	95
	$c_4=4$	90
	$c_5=4$	95
工作能力　（$D=20\%$）	$d_1=4$	98
	$d_2=4$	95
	$d_3=4$	80
	$d_4=4$	90
	$d_5=4$	95

（续）

评价指标及权数（%）（一）	评价要点权数（%）（二）	销售人员甲的得分（三）
素质能力 （$E=10\%$）	$e_1=5$	95
	$e_2=5$	95
综合评价结果	90.27	

3. 划分评价等级

将各项绩效评价指标的评价要点分为五个等级：优、良、中、合格、不合格，各等级的分值范围如表 8-8 所示。

表 8-8 绩效评价等级表

评价等级	分值范围（分）
优秀	90~100
良好	80~89
中等	70~79
合格	60~69
不合格	低于 60

4. 进行评价

对各销售人员的绩效进行评价时，按照各项评价指标的评价要点进行打分，将各位销售人员的对应得分填在表 8-7 中，如某企业销售人员甲各项指标评价要点的得分如表 8-7 第（三）栏所示。

5. 确定评价结果

根据销售人员甲各评价要点的得分以及各要点权数，计算其综合评价成绩：

$$
\begin{aligned}
\text{总成绩} &= A\times30\%+B\times20\%+C\times20\%+D\times20\% +E\times10\% \\
&= (a_1+a_2)\times30\%+[(b_1+b_2)+(c_1+c_2+c_3+c_4+c_5) \\
&\quad +(d_1+d_2+d_3+d_4+d_5)]\times20\% +(e_1+e_2)\times10\% \\
&= (95+80)\times30\%+[(90+90)+(90+85+95+90+95) \\
&\quad +(98+95+80+90+95)]\times20\% +(95+95)\times10\% \\
&= 90.27
\end{aligned}
$$

销售人员甲的最终评价成绩为 90.27 分，按照上述评分标准，销售人员甲的评价等级为“优秀”。

小结

销售人员绩效评价是指组织依照预先确定的标准和一定的评价程序，运用科学的评价方法，按照评价的内容和标准对评价对象的工作能力、工作业绩进行定期和不定期的绩效评价，以便销售管理者能及时采取必要的行动，使销售管理更富有效率，保证销售目标的完成。

销售人员绩效评价在销售管理过程中的作用主要表现在：销售人员绩效评价是给予公平报酬的依据；销售人员绩效评价是达到销售目标的有力保障；销售人员绩效评价是发现销售人才的有效手段；销售人员绩效评价有利于加强对销售活动的管理；销售评价是有效的激励手段。

为了使对销售人员绩效评价的结果准确反映被考核者的实际情况，评价必须自始至终坚持公平、公正和公开的原则。就销售人员的具体绩效评价来讲，需要遵循综合绩效评价原则、差别化原则和全方位激励原则。

一般对销售人员的评价要经历以下六个阶段：制订绩效评价计划、确定绩效评价的标准和方法、实施绩效评价、分析评价、绩效评价反馈、绩效评价结果运用。

销售人员绩效评价信息收集的来源有：销售人员的销售报告（包括销售活动计划报告和销售活动业绩报告）、销售情况记录、客户的投诉和意见、工作态度和表现。

要评估销售人员绩效，一定要有良好而合理的标准。要弄清楚在设计标准时可能出现的常见问题，再针对这些问题设定相关合适的绩效评价标准。

公司销售人员的绩效评价指标应由两部分组成：一是衡量工作结果的关键绩效指标，二是衡量行为、表现与素质的过程性绩效指标。一般而言，除了将销售人员绩效评价指标分为结果性绩效指标和过程性绩效指标以外，还可以分为定量评价指标和定性评价指标两类。

一套行之有效的系统化绩效评价制度应以市场为导向，并且简明、清晰、易懂，避免制度的繁杂，使销售人员易于理解和接受，最终提高自我管理能力。

国内外各种组织或企业经常采用的销售人员绩效评价的方法有：尺度评价法、目标管理法和360度反馈评价法。

关键概念

销售人员绩效评价　结果性绩效　过程性绩效　尺度评价法　目标管理法　360度反馈评价法

复习测试

1. 请简述销售人员绩效评价的作用和原则。
2. 请简述绩效评价的程序。
3. 销售人员绩效评价信息收集的目的有哪些?
4. 销售人员绩效评价信息的收集主要来源有哪些?
5. 评价一下销售人员绩效评价标准设计中存在的几种常见问题。
6. 销售人员绩效评价的标准通常有哪些?
7. 对三种销售人员绩效评价方法的优缺点进行说明和讨论。

案例研讨

案例 8-1 B 企业的绩效评价方案

B 企业原来是一家以出口为主的大型肉制品企业，近年来开始进入国内市场，未来 3 年的目标是做到行业的前列。N 市是 B 企业所在省的省会城市，消费潜力大、辐射能力强，而且企业特别看重本企业在省内的影响力，因此，N 市自然被列入 B 企业的战略性市场，2010 年第一个销售办事处在 N 市设立了，要统一管理除公司总部所在地区以外的所有省内市场。但一年多过去了，其他起步较晚的省市无论是销售量、销售网络还是产品知名度都有大幅度提高，甚至一些不被看好的边远省份的销售量都日益增长，N 市办事处不仅销售量没有上去，而且销售商换来换去，销售人员流失严重，没有信心，投入产出严重失衡。

N 市的市场销售人员绩效评价政策是在 2010 年初制定的，由于当时市场问题没有这么多，管理者认为最大限度地提高销售量是中心工作，要解决的主要问题是销售人员的积极性，因此在设计绩效评价方案时偏重的是“绩”，即工作的结果，评价体系要点如下（以销售人员为例，下同）。

销售人员全部工资为：档案工资（固定工资+绩效评价工资）+销售提成+年终评奖。其中档案工资中固定工资占 50%，作为底薪，只与考勤挂钩；绩效评价工资占 50%；销售提成为销售收入的 1%，按月兑换。

绩效评价工资的计算公式是：绩效评价工资＝当月完成量÷当月任务量×当月个人得分。其中当月个人得分由上一级主管依据个人平时表现评定，分数为 0.85～1.1。

讨论问题

1. 该企业的绩效评价方案有哪些问题？
2. 如果你是该企业的人力资源总监，会对该企业销售人员的绩效评价方案做出哪些调整？
3. 请结合案例谈谈，你认为在对销售人员的绩效评价方案设计中，需要注意哪些问题？

案例 8-2 完成任务却拿不到绩效工资

张经理就职于国内著名的家电企业 A 公司在武汉地区的分公司，刚刚被提升为销售经理，全权负责湖北省的销售。他上任的第一把火还没烧热，销售主管小刘就提出辞职。张经理知道，小刘这段时间的压力非常大，想辞职也不是一天两天了。公司业绩评价文件规定：“个人完成任务后，只有在分公司任务完成的情况下才能拿到绩效工资。评价点中开单量占 35%、回款占 40%、零售量占 25%。”小刘与前任销售经理的个人关系不错，这三个月来为了完成整个分公司的销量任务而拼命回款、压货。虽然每个月小刘的个人任务都完成 120% 以上，但分公司连续三个月离总任务都差一截，小刘累死累活也没拿到绩效工资。更糟糕的是，由于过度透支市场容量，本月本区域的销量任务只完成了 50%，老上司偏在这时候调离。看不到希望的他只好另谋高就。在武汉区域做销售主管期间，张经理就对公司的评价体系颇有看法。这个评价制度大体存在三个方面的问题。

（1）缺失过程评价，销售人员月初睡大觉，月底拼命开单、压货。销售经理每到月底挨个给业务员打电话，结果该完不成还是完不成；有些经销商抱怨业务员只到月底打款的时候才出现；卖场的经销商促销员对公司产品不了解，有些人甚至对竞品、渠道、终端的最新情况一无所知；有些经销商反映，本区域价格体系混乱，业务员不闻不问只管压货……

（2）销售人员在每月25号前后如完成任务的90%，就处于等待和观望状态，并多方打探其他人的业绩完成情况和分公司整体业绩完成情况。如果分公司整体基本能完成，就做最后冲刺；若不能完成，就将原本在当月能开的单和能收的款项转移到下月，以备后用。

（3）单一的业绩评价点不能对每月重点市场起到良好的推动作用。销售人员为完成零售量，大卖低端产品，造成公司产品结构严重不合理，平均销售利润下滑。张经理想，如何趁着“新官上任三把火”的时机，变革薪酬制度。

在争取到上级的支持后，张经理着手推行他的“加强过程评价、业务重点工作评价、动态监控业绩完成情况”的综合业绩评价制度，以及任务限时完成制度，从而开始了他的业务评价制度变革之旅。

张经理针对原业务评价制度缺失过程评价，而出现销售人员月初睡大觉，月底拼命开单、压货的现象，决定在新的评价制度中设置业务过程的评价。他根据上述想法制订了下面的评价表（见表8-9）。

表8-9 销售人员过程评价表

评价内容	评价点		权重
工作计划	是否有月工作计划	1分	15
	计划执行情况	7分	
	是否每天写工作日志	1分	
	计划执行情况	6分	
经销商拜访计划	县城网点每月4轮以上	5分	45
	每周培训经销商人员2次	5分	
	重要竞争对手的经销商和重点潜在客户，每周至少一次	5分	
	有效网点达标率	10分	
	主要经销商满意率	10分	
	是否每月为分销网点提供一套营销方案	10分	
卖场零售与促销	每月亲自站柜台4天以上	8分	20
	每月对重点卖场经销商、营业员进行专题培训一次	6分	
	每个区域市场培养5个以上核心经销商	6分	
信息管理	需提供的信息主要有经销商数据库、竞品最新出台的政策和价格变动情况、渠道和终端对竞品政策和价格变动的反应	10分	10
市场控制	保证区域市场秩序、价格秩序的稳定	10分	10

张经理又根据销售人员在每月25号前后即完成任务的90%就处于等待和观望状态，多方打探各区域业绩完成情况和分公司整体业绩完成情况，将月销售任务进行了细分：上旬销售任务（1~10日），回款评价占全月回款评价的20%，开单评价占全月开单评价的30%，零售完成任务占全月零售任务的50%；中旬销售任务（11~20日）回款评价占全月回款评价的35%，开单评价占全月开单评价的30%，零售完成任务占全月零售任务的30%；下旬销售任务（21~

30/31 日)，回款评价占全月回款评价的 45%，开单评价占全月开单评价的 40%，零售完成任务占全月零售任务的 20%。上、中、下完成任务占月底业绩评价的 30%、30%、40%（见表 8-10）。

表 8-10 销售人员业绩项目细分表

时间	回款任务占全月的比重	开单任务占全月的比重	零售任务占全月的比重
上旬（1~10 日） 占 30%	20%	30%	50%
中旬（11~20 日） 占 30%	35%	30%	30%
下旬（21~月底） 占 40%	45%	40%	20%

经过充分征集大家的意见，这个过程评价占据整个评价比重的 30%，取消了以前业绩评价占据百分之百的现象，也杜绝了销售人员月初睡大觉、月底跑断腿的现象。这个评价过程得到了大家的认可，并立即开始执行。

经过几个月的努力，张经理平稳而高效地渡过了考察期，最重要的是销售团队已经摆脱了只重结果不重过程的工作状态，为长久销售任务的完成打下了坚实的基础。也因为新的评价制度使张经理对团队每日的工作状态了如指掌，该分公司的业绩出现了节节攀升的局面，上任一年时间张经理被公司评为销售标兵。

讨论问题

张经理的绩效评价方式成功的原因何在?

CHAPTER 9

第9章 销售关系管理

本章提要

本章从客户关系管理角度出发，分析了销售过程中客户识别、客户选择与客户开发。重点介绍了如何在销售关系管理中实现有效沟通以及关键客户管理。

引例

某通信公司的产品在业内处于前列，产品性价比也不差。一年来，该公司的游经理多次拜访某集团单位的设备采购部王经理，但都未能获得对方对产品的认可和采购，每次都是不欢而散。该单位每年采购同类产品高达几千万元，游经理尝试了很多方法但都未能如愿，难以同对方建立良好的客户关系，的确是江郎才尽，不知如何是好。

一次偶然的拜访，恰好王经理外出不在，游经理发现对方办公桌上放了很多篆刻作品。经询问才知道，王经理喜欢篆刻到了如痴如醉的地步，这些作品也全是王经理个人的得意之作。面对此事，游经理心生一计，不由得心花怒放。

拜访归来，游经理赶紧收集相关的篆刻书籍资料，努力学习篆刻知识，待累积到一定的基础知识以后，又去拜访王经理。这次游经理闭口不谈产品，以篆刻为题谈古论今，并以篆刻爱好者的角色赞赏对方的作品，不断请教对方，高度赞赏王经理在篆刻方面的造诣，双方大有相见恨晚之感。尤其是王经理，多年来身边的朋友不少，但真正喜欢篆刻、懂得篆刻的人少之又少，如今碰巧遇到一个，而且又特别欣赏其作品，心情与以前自然不可同日而语，双方的个人关系升华到前所未有的地步。

此后，游经理又亲自陪同王经理观看了一次篆刻展览，双方的个人感情日益增进。没过多久，游经理轻松就获得了每年近3 000万元的订单。

9.1 客户关系的建立

9.1.1 客户识别

建立客户关系，首先要进行客户识别。由于目标市场客户的个性特征各不相同，不同客户与企业建立并发展客户关系的倾向也各不相同，因此他们对企业的重要性是不同的。在当今产品和服务极为丰富的买方市场中，客户可以自由选择企业，而企业是不太容易选择客户的。尽管如此，从追求自身最大利润的角度出发，企业还是应当主动识别适合自己的“最优客户”。

1. 客户识别的定义

客户识别是通过一系列技术手段，根据大量客户的特征、购买记录等可得数据，找出谁是企业的潜在客户，客户的需求是什么，哪类客户最有价值等，并把这些客户作为企业客户关系管理的实施对象，从而为企业成功实施客户关系管理提供保障。

2. 客户识别的意义

客户识别对销售关系管理的重要意义体现在企业对客户的保持和获取上。

（1）客户识别对客户保持的影响。

客户保持是企业销售关系管理的主要目标之一，它对企业利润有重要影响。对美国 9 类行业的调查表明，客户保持率增加 5%，行业平均利润增加幅度在 25%~85%。客户保持对公司利润的影响如此之大，是因为保持现有客户比获取新客户的成本低得多，一般可节省 4~6 成。但是客户保持也需要成本，通过客户识别的方法，针对现有客户群识别出有较大概率同企业保持客户关系的客户，并有区别地进行客户保持努力，就能大大节省企业的客户保持成本。

（2）客户识别对新客户获取的影响。

新客户的获取成本大大高于老客户的保持成本，主要原因是在新客户的开发过程中，客户的反馈率太低，导致获取每个客户的平均成本居高不下。如能够有效识别最可能成为企业客户的潜在客户，并有针对性地努力获取新客户，就能够大大节省企业的新客户获取成本，其节省幅度比在客户保持中使用客户识别时的节省幅度还要大。这样就可以杜绝新客户开发过程中无谓的投入，用尽可能少的成本获得尽可能多的客户。

3. 客户识别的内容

（1）识别潜在客户。

潜在客户是指存在于消费者中间，可能需要产品或接受服务的人。识别潜在客户需要遵循以下原则：摒弃平均客户的观点；寻找那些关注未来，并对长期合作关系感兴趣的客户；搜索具有持续性特征的客户；对客户的评估态度具有适应性，并且能在与客户的合作问题上发挥作用；认真考虑合作关系的财务前景；应该知道何时需要谨慎小心；识别有价值客户。

（2）识别客户的需求。

企业为了留住客户，必须了解客户需求。找出满足客户需求的方法包括以下几点。

1）会见头等客户。客户销售代表和其他人员定期召集重要客户举行会议，讨论客户的需求、想法和对服务的期望。

2）意见箱、意见卡和简短问卷。很多公司在客户看得见的地方设立意见箱。它们把意见卡和简短问卷放到接待区、产品包装、商品目录服务中心或客户易于接近的地方，以征求客户对产品或服务的意见。

3）调查。通过邮寄、打电话和网上发布等方法进行调查。

4）客户数据库分析。客户数据库提供了丰富的客户信息，可以通过分析客户信息，了解客户的需求。

5）个人努力。通过客户代表直接询问客户看法，将反馈用于指导客户服务代表与客户的交往行为，并指导公司对产品或服务的选择。

6）考察竞争者。访问竞争对手可以获得有关价格、产品等有价值的信息。

7）兴趣小组。与顶级客户联合访谈，参加访谈的所有成员可组成兴趣小组，以收集怎样改进特定产品或服务的信息。

8）市场调研小组。市场调研小组为雇用他们的公司组织单独会面和团体会面。他们也通过电话、邮件和互联网进行调查，以了解客户的需求。

（3）识别有价值客户。

客户大致分为两类：交易型客户和关系型客户。交易型客户只关心价格，没有忠诚度可言。关系型客户更关注商品的质量和服务，愿意与供应商建立长期友好的合作关系，客户忠诚度高。交易型客户带来的利润非常有限，结果往往是关系型客户在对交易型客户的购买进行补贴。

识别有价值客户需要以下两个步骤。

1）分离出交易型客户，以免他们干扰企业的销售计划。

2）分析关系型客户。有价值的关系型客户可以分为三类：给公司带来最大利润的客户；带来可观利润并且有可能成为最大利润来源的客户；现在能够带来利润，但正在失去价值的客户。对于第一种客户，公司最好进行客户关系管理销售，目标是留住这些客户。你也许已经从这些客户手中得到了所有的生意，但是与这些客户进行客户关系管理，能保证你不把任何有价值的客户遗留给你的竞争对手。对于第二种客户，开展销售同样重要。这类客户也许在你的竞争对手那里购买商品，所以针对这类客户开展销售的直接目的是提高公司产品在他们购买的商品中的份额。对于第三类客户，经过分析，有选择性地保留。

4. 客户识别的步骤

识别客户的传统方法是：销售经理首先根据产品的属性选择可能的人口统计特征（如性别、年龄、职业、喜好等），之后向数据商购买符合特征的客户名单、地址和电话，然后再通过信函、电话或其他方式直接与这些客户取得联系，进行产品信息沟通，激发客户的购买欲望。

随着潜在客户数量和客户特征的增加，信息和数据量会大大增加，单纯依靠传统方法已经难以辨别有效客户。现在，可采用管理客户关系的先进数据挖掘技术，探索客户特性与购买行为之间的模式，并据此开展销售活动，将具有较高潜在关系价值的客户变成公司实实在在的客户。图 9-1 反映了识别潜在客户的主要步骤。

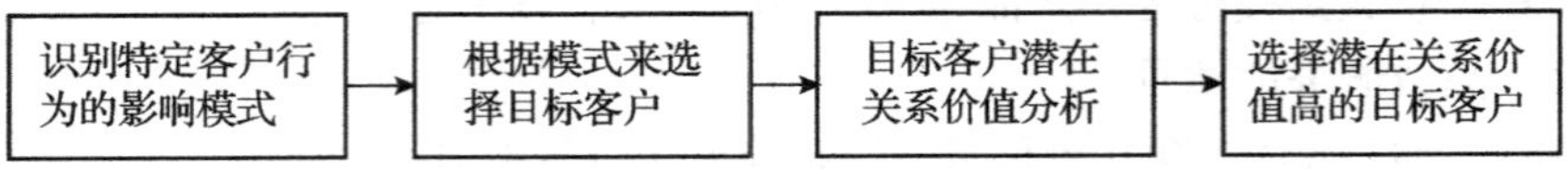

图 9-1 识别潜在客户的主要步骤

9.1.2 客户选择

企业如果选错了客户，则客户开发的难度将会比较大，开发的成本提高。即使开发成功，维持客户关系的难度也比较大，维护成本也会相应提高，企业很难提供与其相适应的产品和服务。另外，客户也不乐于为企业买单。在进行客户选择时应把握如下几点原则。

（1）选择客户必须“门当户对”。

“好客户”不一定是适合企业的“目标客户”。“低级别”的企业如果瞄上“高级别”的客户，尽管这类客户很好，但是由于双方的实力过于悬殊，“低级别”的企业能力不够，这样“高级别”的客户就不容易开发。即使开发成功，勉强建立了关系，以后维持关系的难度也大。同样“高级别”的企业如果瞄上“低级别”的客户，往往也会吃力不讨好，因为关注点错位，会造成双方不同步、不协调、不融洽，结果可能是不欢而散。可见，实力相当的客户才是最好的目标客户，“门当户对”才是企业选择客户的宗旨。

（2）确定企业与客户之间是双向选择。

企业要寻找“门当户对”的客户，必须实现企业与客户之间的双向选择。这就需要根据客户的综合价值与企业对其服务的综合能力进行分析，然后找到两者的交叉点。

企业首先要分析判断目标客户是否有足够的吸引力，是否有较高的综合价值，是否能为企业带来大的收益。可以通过分析客户向企业购买产品和服务的总金额，客户增量或交叉购买扩大的需求、客户的规模或口碑等无形机制，客户的信用风险，资金风险及违约风险，企业为客户提供产品或服务耗费的总成本等方面进行综合判断。

其次，企业必须衡量自己是否有足够的综合能力（技术、人力、财力、物力和管理能力等）去满足目标客户的需求。对企业综合能力的分析不能从企业自身的感知来确定，而应该从客户的角度进行，可借用客户让渡价值的理念来衡量企业的综合能力。寻找客户的综合价值与企业综合能力两者的结合点。

最后，依据现有忠诚客户的特征来选择目标客户。企业可以进行类比，通过分析现有忠诚客户具有的共同特征来寻找最适合的目标客户，即以最忠诚的客户为标准去寻找目标客户，这是选择目标客户的一个捷径。

9.1.3 客户开发

在竞争激烈的市场中，能否通过有效的方法获取客户资源，往往是企业成败的关键。况且客户越来越明白如何满足自己的需要并维护自己的利益，客户是很难轻易获得与保持的。因此，加强客户开发管理对企业的发展至关重要。

客户开发是销售工作的第一步，客户开发是企业将目标客户和潜在客户转化为现实客户的过程。通常来讲，销售人员通过市场调查初步了解市场和客户情况，对有实力和有意向的客户重点沟通，最终完成目标区域的客户开发计划。但这只是企业客户开发工作的冰山一角，成功的客户开发需要企业从自身资源情况出发，了解竞争对手在客户方面的一些做法，制定适合企业的客户开发战略，再落实到销售一线人员客户开发执行上，是一个系统工程。

销售人员的首要任务是开发准客户，通过多种方法寻找准客户并对准客户进行资格鉴定，使企业的销售活动有明确的目标与方向，使潜在客户成为现实客户。企业可以根据自己的实际情况选择客户开发策略，而客户开发策略的制定和选择需要根据竞争品牌情况及企业自身资源状况而定。客户开发策略一般有以下三种。

（1）分两步走策略。

分两步走策略指的是对于那些刚进入某行业的制造商，在渠道成员的选择上，不必固守一步到位的原则，允许市场上的分销成员对其有个认识过程。第一步，在渠道建立初期，接受与一些低层次分销成员的合作；第二步，待到时机成熟，产品在市场上逐步树立了走俏形象，再逐渐淘汰低层次的分销成员。

（2）亦步亦趋策略。

亦步亦趋策略指的是制造商采用与某个参照公司相同的分销成员。而这个参照公司多为该公司的竞争品制造商或该行业的市场领先者。例如，饮料行业中的可口可乐。首先，渠道起到“物以类聚”的作用，将同类产品聚集起来销售，是为了更好地满足消费者的需求；其次，行业中的市场领先者通常是渠道网络中的领先者，其网络中的分销成员必定有丰富的经验和良好的分销能力。

（3）逆向拉动策略。

逆向拉动策略指的是通过刺激消费者，由消费者开始，拉动整个渠道的选择和建立。这也是个绝佳的策略。一般来讲，有很强实力、拥有很大差异化竞争力产品的企业适合采取这一策略。

在客户开发策略确定后，销售队伍需要到市场上真刀真枪地操作。潜在客户开发是销售业绩增长的来源，不断学习提高销售技巧，对潜在客户进行有效的开发和管理，将帮助销售人员提高销售效率，为其提供稳定的销售业绩保证。

9.2　销售沟通的策略

9.2.1　沟通的定义

沟通是为了一个设定的目标，将信息、思想和情感在个人或群体间传递，并达成共同协议的过程。从该定义中我们可以明确沟通包括三大要素。

（1）要有一个明确的目标。

沟通双方有了明确的目标才叫沟通，这是沟通的重要前提。如果双方没有目标，那就不是沟通，而是闲聊。所以在和别人沟通时，第一句话应该就说：“我这次找你的目的是……”沟通时的第一句话就要让对方明白此次沟通要达到的目的，它是沟通技巧在行为上的一个表现。

（2）达成共同的协议。

沟通结束以后一定要形成一个双方或者多方都共同承认的一个协议。沟通是否结束的标志就是是否达成了一个协议。和别人交流结束的时候，可以通过一个口头约定达成协议，例如："非常感谢你，通过刚才的交流，我们现在达成了这样的协议，就这样说定了……"有时候通过沟通，甚至会与对方签订正式的书面协议或合同。

（3）沟通的内容包括信息、思想和情感。

沟通的内容不仅仅是信息，还包括更加重要的思想和情感，其中信息是更易沟通的。例如每天几点钟起床？现在是几点？几点钟开会？往前走多少米？这样的信息直接而有效。在工作过程中，很多障碍使思想和情感无法得到很好的沟通。事实上，人们在沟通的过程中，传递更多的是彼此之间的思想，而信息的内容并不是最主要的。

9.2.2 沟通的两种方式

归纳起来，沟通方式有两种：语言沟通和肢体语言沟通。通过这两种不同模式的沟通，可以把沟通的内容，即信息、思想和情感传递给对方，并达成协议。

（1）语言沟通。

语言沟通作为人类特有的一种沟通模式，包括口头语言、书面语言、图片或者图形。口头语言包括面对面谈话、会议等。书面语言包括信函、广告和传真，甚至现在用得很多的电子邮件等。图片包括一些幻灯片、影像资料等。在沟通过程中，相对于思想的传递和情感的传递，语言沟通更擅长信息的传递。

（2）肢体语言沟通。

肢体语言的内容非常丰富，包括动作、表情、眼神。实际上，人们的声音里也包含着非常丰富的肢体语言。人们在说每一句话的时候，用什么样的音色去说，用什么样的语气，都是肢体语言的一部分。相对于语言沟通更擅长传递信息而言，肢体语言更擅长人与人之间的思想和情感沟通。

9.2.3 销售沟通障碍及应对原则

1. 销售人员的语言障碍

语言能力，尤其是口头语言表达既是销售人员的基本功，是沟通的主要手段，又是沟通障碍现象产生的重灾区。常见的销售人员口头语言沟通障碍表现为以下几种。

（1）生硬化、绝对性语言。

生硬化语言表现为销售人员不善于委婉表达，过于直接简单甚至粗暴。例如，面对顾客的质疑和投诉，销售人员经常说"这是技术原因""这是公司规定""我现在忙，你明天再来"等。绝对性语言是指销售人员轻易许诺，信口开河甚至信誓旦旦而不顾后果。例如，由于急于达成销售目的，销售人员经常会说"你放心，肯定没问题""没关系，有什么问题再来退"之类的语言。

（2）诱导化、比较性语言。

诱导化语言表现为销售人员有意地引导、引诱，甚至欺骗隐瞒顾客。例如，为了招揽生意，销售人员会以免费为诱饵，刺激顾客的欲望。在介绍产品特点时，销售人员经常有意回避说明产品的缺点。比较性语言是指销售人员将自己的产品与竞争对手比较，甚至诋毁对手以吸引顾客。例如，销售人员会说“我们公司的产品别人家没有”“市场上我们公司的产品最好”等。

（3）专业化、自我性语言。

专业化语言表现为销售人员以行话、专业术语与顾客沟通，忽略顾客的接受能力。例如，销售人员经常将“3G”“纳米”“SPF”等术语挂在嘴边，不管顾客是否理解。自我性语言是指销售人员以自我为中心，不能与顾客换位沟通。例如，面对顾客的低需求、低兴趣，一味强调自己产品的优点，不能设身处地为顾客推荐能满足其需求的产品和服务。

2. 销售人员的行为障碍

行为语言被称为“第二语言”，是无声的销售术，恰恰是销售人员容易忽略的沟通技术。由此产生的沟通障碍表现为以下几点。

（1）肢体行为障碍。

销售过程中人员的站、坐、行，手、脚、面部的一举一动，既反映了销售人员的基本素养，也会影响与顾客的沟通效果。例如，翘二郎腿、手指对方、手上带伤、面露不雅笑容、浓妆艳抹、穿金戴银等，都可能阻碍顾客的购买意愿。

（2）个体差异障碍。

销售人员与顾客之间存在的理念观点、生活经验、身份地位等个体差异，难以避免地导致了销售沟通障碍的产生。例如，当已婚夫妇购买婴幼儿产品时，年轻未婚的销售人员显然很难用亲身体验来说服顾客，也容易造成顾客的不信任。

（3）时空压力障碍。

“距离有度、零度干扰”是理想消费环境的写照，也是销售人员具备良好素质的体现，但很多销售人员根本不能为顾客保留一定的自由空间。例如，顾客踏进零售店铺，销售人员就会追问“需要什么”，进而一直尾随并与其保持在1米范围之内，给顾客造成了极大的沟通障碍与购买心理压力。

3. 销售沟通中的媒介障碍

销售媒介是指包括书面形式、大众传媒、现场环境在内的，传递沟通信息的有效载体与沟通附属物。由于使用不当而呈现的沟通障碍主要有以下几种。

（1）缺失障碍。

某些沟通媒介不足甚至缺失，会造成顾客的误解与不信任。例如，顾客要求出具产品相关质量文书时，销售人员却只提供了工商登记证、税务登记证，甚至有人推脱没有携带。

（2）滥用障碍。

过度使用，甚至错误使用沟通媒介，会造成沟通过程的偏差。例如，受灯光照射的影响，顾客对服装、肉食等产品产生了视觉偏差；受POP文字大小的误导，顾客对促销过程中的“买一送一”“来就送”等信息产生了理解偏差。

4. 销售沟通障碍的应对原则

严格地说，销售沟通障碍是无法完全避免的。销售人员应遵循积极主动的态度，减少因沟通障碍造成的不利影响。按照艾莉森·吉斯曼（Alison Cheeseman）和吉尔·伍德（Gill Wood）等人的研究成果，PASS结构是解决沟通障碍的有效法则。

（1）明确目的（purpose）。

销售人员在与顾客沟通时，首先需明确沟通的目的，是帮助顾客建立对产品的认识和了解，还是说服顾客产生偏好或喜爱的态度，或者使顾客做出购买决策和行为。

（2）识别受众（audience）。

作为沟通主体，销售人员必须能清晰识别不同的沟通客体，即能分辨出顾客扮演的发起者、决策者、购买者、使用者或影响者等不同的购买角色，进而采取不同的沟通策略。

（3）安排结构（structure）。

安排结构是解决“说什么”的问题。销售人员要根据沟通客体的社会、文化、个人、心理等因素，精细组织简洁、合适、精准的沟通信息内容。

（4）选择风格（style）。

选择风格即解决“怎么说”的问题。销售人员需精心构建信息传递的语句形式、结构顺序，合理使用强调、停顿、反复、诱导等沟通手段。

9.2.4 销售沟通策略

1. 把握客户利益的“命脉”

客户存在就是利益的存在，这是销售沟通中必须重视的关键因素。关注客户的利益，就是要紧紧把握住其利益的命脉，不违背客户利益方面的愿望，实施针对性的沟通与支持。这样才能与客户达成共识，获得客户的理解和认可，才可能达到相应的沟通目的。如何把握客户利益的“命脉”？关键还是要在实务中认真分析和挖掘客户的真正需求，清楚客户的角色定位，懂得从现实问题中准确发现客户利益的出发点和着重点，以及在沟通中觉察客户的心态及情绪反应等。只有这样，才有可能实施有针对性的沟通，并产生影响。

案例 **电梯销售沟通**

某酒店需要更新两台新型的电梯，国外某品牌电梯代理商的销售经理闻风而动，多次拜访酒店的各个部门，获得酒店有关部门及人员的初步认可，并制作了详细精美的方案提供给酒店方面参考。在介绍方案时，该经理请总工程师到场进行技术支持与讲解，总工的专业涵养和技术深度深受酒店的推崇，大家认为该电梯性能优良，方案切实，切合酒店未来更高的需求。

但在酒店内部方案评审中，该方案遭到酒店工程部人员的一致反对，原因及理由在于：①该电梯的所有说明书及图纸全部都是外文，看不懂。②性能太先进，维护难，核心配件难以采购，万一电梯坏了，维护不及时会耽误酒店日常需要。③从配套的角度，酒店暂时不需要这么好的电梯。

原来，总工在介绍方案时过于专业，强调质量高、维护要求高，更换零配件需要使用原厂配件，还特别说明维修必须事先通知电梯销售方技术人员，酒店工程人员必须进行培训考核等。造成这种局面，关键还是在事先的沟通，没有认真了解和挖掘客户的真正需求，尤其是工程部门使用和维护的特点；在对相关人员的利益把握上，也没有认真去分析、去判断。

2. 与客户建立良好的情感关系

根据客户个性实施有针对性沟通和交往，在情感关系上获得客户的重视，获得客户的喜欢、认可和信任，这些都是建立客户关系的基础。发现客户的爱好和兴趣，是寻找和建立客户关系的捷径，通过循着客户情感“脉络”的技巧性迎合，让客户获得极大的愉悦和快乐，自然在情感上更容易接近，也就更有利于客户关系的建立。在销售过程中，如果能准确地发现客户的爱好和兴趣，并且很有技巧地去迎合他，让他感到你的赞美和羡慕，他一定会在内心里把你当成“知音”。这种做法往往会产生独到的效果，也是销售人员必备的基本技能，是销售职业中最大的学问。

3. 快意沟通使客户愉悦

愉悦的心情会使客户感到兴奋、满足，使其变得易于沟通。销售人员在客户愉悦的时候也相对容易给客户留下好的印象，获得其认可。如何才能使客户感到愉悦呢？除了要全面尊重客户，及时发现与客户之间的共同点外，关键还是要营造一定的沟通氛围，围绕客户的个性实施“快意”沟通。在不同的阶段或不同的时候，销售人员要站在不同角度去关心客户，营造自己的良好心态，发挥自身的沟通技巧。

4. 适当对客户“示弱”

强势沟通未必能够达成很好的合作关系，因为这会让客户感到极大的压力，进而怀疑销售人员的动机，担心受骗，个性极强的客户甚至会产生强烈的逆反心理。谁都希望自己聪明伶俐，也都不愿意让别人说自己是“笨蛋”。因此，销售人员在沟通中不要去显示比客户“厉害”，这样，客户在沟通中才会敞开心胸，多说点儿真心话与实在话，对销售人员的建议和意见也会更多地接受，从而使沟通过程更加愉快、舒畅。

9.3 关键客户管理

9.3.1 关键客户管理的定义

关键客户是指对企业具有战略意义的客户。关键客户管理（key account management，KAM）和关键客户销售是完全不一样的，关键客户管理范畴包含很广，但它的目的只有一个，那就是“为客户提供持续的个性化产品或服务”，以此来满足客户的特定需求，从而建立长期稳定的关键客户关系。关键客户通常是某一领域的细分客户，而且和传统的大众客户管理相差甚远，关键客户管理能够最大化地满足顾客的需求。

关键客户管理是供应商用于目标用户和服务于高级复杂需要的潜在客户时，在销售、管理和服务方面给他们提供特殊待遇的一种战略。为了获得关键客户的身份，客户必须具备以下特征：①有高销售潜力；②购买行为具有复杂性；③更愿意成为企业的长期联盟伙伴。关键客户的身份能给购买者提供很多利益，包括供应的可靠性，风险降低，更容易解决问题，更好的沟通和高水平的服务。

9.3.2 关键客户管理的任务和技能要求

简单地选择公司的顶级销售人员去处理关键客户管理是不明智的，因为该工作是如此的不同，它要求有更高水平的管理能力（比如领导能力、协调配合、客户战略发展和交流沟通能力）。

Wotruba 和 Castleberry（1993）对关键客户销售人员进行调查后，确认了关键客户管理应履行的任务和工作技能要求。表 9-1 列出了前 10 项。该表可作为招聘、选择和评价关键客户经理的选择标准。

表 9-1 关键客户管理应履行的任务和技能要求

任务	技能要求
1. 发展长期关系	管理建立
2. 参与关键客户的直接接触	协调配合
3. 保持关键客户记录和背景信息	谈判
4. 识别推销机会和关键客户的销售潜力	人际关系
5. 监控影响关键客户的竞争发展	聚焦特别目标
6. 向上级报告管理的结果	诊断顾客问题
7. 监控或控制关键客户合同	表达技巧
8. 对关键客户做高水平的陈述	产生可见性（引人注目）
9. 协调和加强对关键客户的服务	交流
10. 协调公司各机构间服务关键客户的信息	在一个团队工作

9.3.3 关键客户管理的优点和风险

1. 关键客户管理的优点

对供应商来讲，关键客户管理有以下几个方面的优点：①与顾客紧密的工作关系，即销售人员知道谁做决策和决策过程中各类人员各自扮演的角色；②改进沟通和协调，即客户知道一个专门的销售人员或销售团队的存在，他们知道出现问题时与谁联系；③更好的销售和服务跟踪，即额外的资源贡献对关键客户来说，意味着销售结束后有更多的跟踪时间并提供服务；④更深入的决策机构渗透，即有更多的时间在关键客户间培养关系。销售人员能通过使用者、决策者、购买者和影响者，有组织地“拉动”购买决策，而不必像传统销售途径那样，通过销售人员向组织“推进”购买决策那样面临更多困难的任务；⑤更高的销售业绩，即大多数采用关键客户管理技术的公司声称销售业绩得到了提升；⑥为销售人员提供提升销售能力的机会，即对希望提升销售能力而非进入传统销售管理职位的销售人员，一个顶级关键客户为销售人员销售能力的提升提供了进步的机会；⑦通过联合协议制订最适宜的生产与运送时间表和需求预测，使成本更低；⑧新产品研究与开发上的合作和联合促销。

2. 关键客户管理的潜在风险

关键客户管理也存在一些潜在的风险：①当有限数量的关键客户掌握了企业资源时，供应商对这些客户的依赖及受其攻击的可能性都将增加，而且其顾客也会集中于这有限的几个关键客户；②如果顾客滥用其关键客户地位，就会产生挤压利润余额的风险；③客户一旦知道他们是关键客户，就会要求不断增加高水平服务；④将资源集中于少数关键客户，可能导致忽略一些长期来看具有高增长潜力的小客户；⑤对具有职业抱负的人而言，关键客户管理所要求的团队方式可能是多余的，他们更愿意使用个人主义的方式。

9.3.4　客户价值细分与客户金字塔模型

1. 客户价值细分

对关键客户进行管理，首先要通过客户价值细分找出关键客户。在客户细分中，有一种基于客户生命周期利润的细分方法，称为客户价值细分，其进行细分的两个维度是客户当前价值和客户增值潜力，每个维度分为高、低两档，由此可将整个客户群分成 4 组，细分结果可由一个矩阵表示，称为客户价值矩阵，如图 9-2 所示。

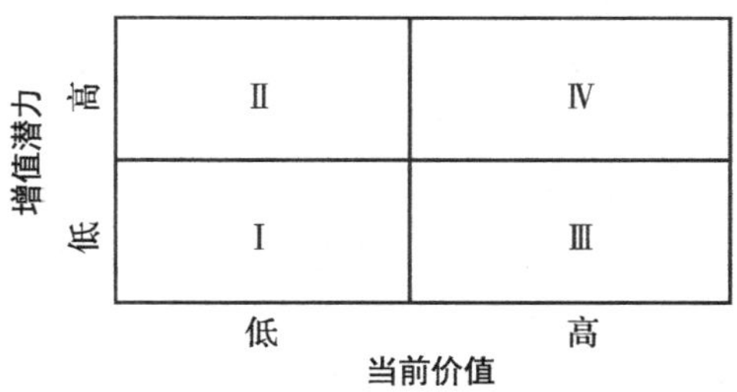

图 9-2　客户价值矩阵

（1）客户当前价值。

客户当前价值是在现在的购买行为模式保持不变时，客户未来可望为企业创造的利润总和的价值。根据这一定义，可简单地认为，客户当前价值等于最近一个时间单元（如月/季度/年）的客户利润乘以预期客户生命周期的长度，再乘以折现率。

（2）客户增值潜力。

客户增值潜力是指如果企业愿意增加一定的投入，进一步加强与客户的关系，则企业可望从该客户处获得的未来增益。客户增值潜力是决定企业资源投入预算的最主要依据，主要取决于客户增量购买、交叉购买和推荐新客户的可能性和大小。

1）客户增量购买指的是客户增加已购产品的交易额，其大小决定于客户份额、客户关系的水平和客户业务总量。其中，客户份额是客户给予本企业的业务量占客户总业务量的比例，现任客户所占份额越小，增量购买的可能性越大（如果一个客户已将百分之百的业务给了本企业，则没了增量购买的余地）。增量购买的可能性还取决于客户关系的水平，客户关系水平越高，说明客户对企业的产品和服务越满意，因而客户加大交易量的可能性越大；反之，则会缩小给予本企业的业务份额。客户业务总量主要决定增量购买的大小，一个业务总量很大的客户，即使客户份额增加了一个很小的比例，增加的交易量也很可观。

2）客户交叉购买指的是客户购买以前从未买过的产品类型或拓展与企业的业务范围。客户交叉购买的可能性取决于两个因素：一是本企业能提供而客户又有需求的产品数量，这种产品数量越多，客户交叉购买的可能性越大；二是客户关系的水平，客户关系水平越高，交叉购买的可能性越大。

3）推荐新客户是指企业的忠诚客户把一些潜在客户推荐给本企业，也包括为企业传递好的口碑。推荐新客户是客户关系发展到稳定期以后，客户高度忠诚的一种行为表现。因此，推荐新客户的可能性取决于客户关系有无可能进入稳定期。

（3）客户价值矩阵中的 4 类客户。

如图 9-2 所示，根据每个客户的当前价值和客户增值潜力，公司的所有客户可被分为客户价值矩阵中的 4 类。

1）Ⅰ类客户——铅质客户。Ⅰ类客户是最没有吸引力的一类客户，其当前价值和增值潜力都很低，甚至给企业带来负利润。如偶尔下一些小额订单的客户、经常延期支付甚至不付款的客户（高信用风险客户）、提出苛刻服务要求的客户、定制化要求过高的客户等。这些客户甚至会成为企业的负担。

2）Ⅱ类客户——铁质客户。Ⅱ类客户有很高的增值潜力，但企业目前尚未成功地获取其大部分价值。可以预计，如果加深与这些客户的关系，这些客户在未来将有潜力为企业创造可观的利润。

3）Ⅲ类客户——银质客户。Ⅲ类客户有很高的当前价值和较低的增值潜力。从客户生命周期的角度看，这类客户可能是客户关系已进入稳定期的高度忠诚客户，他们已将其业务几乎百分之百地给了企业。因此，未来在增量购买、交叉购买和新客户推荐等方面已没有多少潜力可进一步挖掘。显然，这类客户十分重要，是企业仅次于下面第Ⅳ类客户的一类最有价值的客户。

4）Ⅳ类客户——金质客户。Ⅳ类客户既有很高的当前价值，又有巨大的增值潜力，是企业最有价值的一类客户。和上面第Ⅲ类客户一样，从客户生命周期的角度看，这类客户可能是客户关系已进入稳定期，他们已将其当前业务几乎百分之百地给了企业，也一直真诚、积极地为企业推荐新客户。与第Ⅲ类客户不同的是，这类企业本身具有巨大的发展潜力，业务总量在不断增大，因此，这类客户未来在增量购买、交叉购买等方面尚有巨大的潜力可挖，他们将是企业利润的基石。

2. 客户金字塔模型

“客户金字塔”模型等级划分法包含了一种重要的思想，即企业应为对本企业利润贡献最大的关键客户，尤其是重要客户提供最优质的服务，配置最强大的资源，并加强与这类客户的关系，从而使企业的赢利能力最大化。

根据每个客户的当前价值和客户增值潜力划分出来的 4 类公司客户在数量上形成了一个“客户金字塔”，如图 9-3 所示。

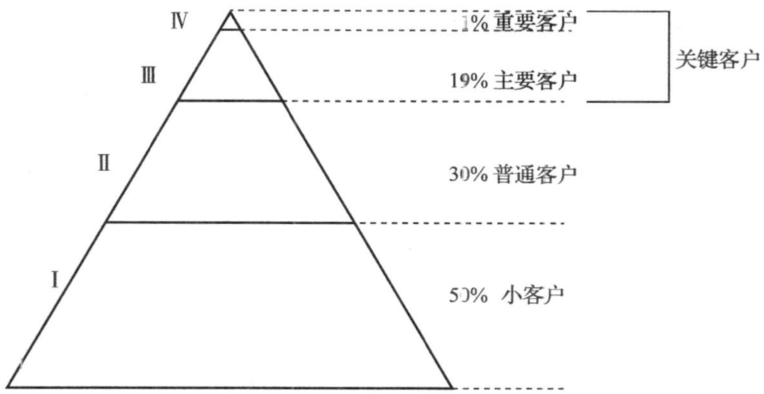

图 9-3　客户分级金字塔模型

（1）Ⅳ类客户——重要客户。Ⅳ类客户在金字塔塔顶，数量最少，约占客户总数的 1%，是企业的重要客户。在有些行业中也被称为 VIP 客户，是客户金字塔模型中处于最高层的客户，他们是那些能给企业带来最大价值的前 1% 的客户。对企业来说，重要客户是最有吸引力的一类客户。重要客户一般对企业非常忠诚，是企业客户资产中最稳定的部分，他们为企业创造了绝大部分和长期的利润，对价格不敏感，乐于试用新产品，还可帮助企业介绍潜在客户，为企业节省了开发新客户的成本。

（2）Ⅲ类客户——主要客户。Ⅲ类客户在金字塔塔肩，约占客户总数的 19%，是企业的主要客户。主要客户也是企业产品或服务的大量使用者或中度使用者，但他们对价格的敏感度比较高，因而为企业创造的利润和价值没有重要客户高。

（3）Ⅱ类客户——普通客户。Ⅱ类客户在金字塔塔身，约占客户总数的 30%，是企业的普通客户。普通客户包含的客户数量较大，但他们的购买力、忠诚度、能够带来的价值却远比不上重要客户与主要客户，不值得企业去特殊对待。

（4）Ⅰ类客户——小客户。Ⅰ类客户在金字塔塔基，数量最多，约占客户总数的 50%，是企业的小客户。小客户既包含了利润低的“小客户”，也包含了信用低的“劣质客户”。这类客户是最没有吸引力的一类客户，购买量不多，忠诚度也很低，偶尔购买，却经常延期支付甚至不付款；他们还经常提出苛刻的服务要求，几乎不能给企业带来盈利，而又消耗企业的资源；有时他们是问题客户，会向他人抱怨，破坏企业的形象。

客户金字塔中的主要客户（Ⅲ类）和重要客户（Ⅳ类）一起构成了企业的关键客户，二者占企业客户总数的 20%，企业 80% 的利润靠他们贡献，因此是企业的重点关注对象。

9.3.5　关键客户管理的策略

销售人员需要将重点放在为企业提供 80% 利润的关键客户上，为他们提供上乘的服务和特殊的待遇，提高他们的满意度，维系他们的忠诚度。对关键客户的管理，要做好以下4个方面的工作。

1. 成立为关键客户服务的专门机构

目前，许多企业对关键客户都比较重视，经常由企业高层亲自出面处理与他们的关系，但这样势必会分散高层管理者的精力。如果企业成立一个专门服务于关键客户的机构，便可一举两得。一方面可使企业高层不会因为频繁处理与关键客户的关系而分散精力，可以集中精力考虑企业的重大战略决策，另一方面也有利于企业对关键客户进行系统化管理。总体来讲，设置为关键客户服务的机构，主要可以提供如下的应用服务功能。

（1）负责联系关键客户。一般来说，要给重要的关键客户安排一位优秀的客户经理，并长期固定地为其服务，规模较小的关键客户可以几个客户安排一位客户经理。

（2）为高层提供准确的关键客户信息。包括获取关键客户相关人员的个人资料，并协调技术、生产、营销、销售、物流等部门，根据关键客户的不同要求设计不同的产品。

（3）为关键客户建立数据库。要给关键客户提供优质服务，建立数据库是基础中的基础。客户档案是识别和挖掘关键客户的主要依据，同时也是企业竞争中的重要资源。对于关键客户，则为其“量身定制”特定的数据库，作为企业经营决策的信息来源。通过对相关信息进行深入分析，发现关键客户的需求特点，并据此做出有针对性的决策方案，为关键客户提供差异化、个性化的服务。

（4）关心关键客户的利益得失。把服务做在前面，并注意竞争对手对关键客户抛出的“媚眼”，千方百计地掌握住关键客户，决不让他们转向竞争对手。

（5）关注关键客户的动态。强化对关键客户的跟踪管理，对出现衰退和困难的关键客户要进行深入分析，必要时伸出援手。当然，也要密切注意关键客户的经营状况、财务状况、人事状况的异常动向等，以免出现各种风险。

2. 让客户参与产品的设计与开发

关键客户管理思想的核心就是围绕客户提供定制化产品。要实现产品定制化的关键是获取客户的需求信息。企业站在客户的角度考虑产品开发、设计，提供个性化、人性化的高附加值产品和服务的前提是，让客户一起参与产品设计，使客户的个性化需求得到满足。在这个互动过程中，企业能从客户那里获得宝贵的信息，从而提高企业自身的竞争能力，同时也能使客户感觉到自己受到重视，无形中提升了其对企业及产品的忠诚度。

3. 提高关键客户的让渡价值

客户要成为企业的终身客户，前提是其对企业的高度忠诚。一般来说，客户忠诚度的提高依赖于客户让渡价值的提高。客户让渡价值是指客户从企业获得的总价值与其付出的总成本之间的差距。因此，企业为客户提供的让渡价值越高，客户的满意度和忠诚度也越高。对于关键客户，企业要尽一切可能来提高其让渡价值，不断增强客户对企业的认同感，并最终转化为企业的终身客户。

4. 集中优势资源服务于关键客户

由于关键客户对企业的价值贡献最大，因而对服务的要求也比较高。为了提高企业的赢利水平，按帕累托定律反向操作即可，也就是要为 20%的客户花上 80%的努力——企业要将有限的资源用在前 20%的最有价值的客户上，用在能为企业创造 80%利润的关键客户上。为此企业应该保持足够的投入，集中优势“兵力”，优先配置最多最好的资源，加大对关键客户的服务力度，采取倾向政策，加强对关键客户的销售工作。

另外，关键客户管理不是静止的，而是一个动态的、变化的过程。随着企业和市场环境的急剧变化，会不断地有新客户成为企业的关键客户，同时原有的老客户可能由于某方面的原因而退化为非关键客户，因此企业要适时更新自己的客户数据库，及时发现新的关键客户和退化的关键客户，并相应地调整自己的服务策略，以此实现利润最大化。

小结

本章首先介绍了销售关系管理中客户关系的建立，包括客户识别的定义、意义、内容和步骤；客户选择的原则；客户开发的策略。然后介绍了沟通的定义和三大要素；沟通的两种方式；销售沟通中可能出现的障碍以及如何消除这些障碍；销售沟通的策略。最后，介绍了关键客户管理的定义、任务和技能要求；关键客户管理的优点和风险；如何通过客户分级来识别关键客户；关键客户管理的策略。

关键概念

客户识别　客户选择　客户开发　销售沟通　关键客户管理　客户价值细分　客户金字塔　关键客户

复习测试

1. 客户识别包括哪些内容？
2. 客户选择的原则有哪些？
3. 客户开发策略一般有哪些？
4. 销售沟通中的障碍有哪些，应对的原则有哪些？
5. 销售沟通策略有哪些？
6. 关键客户管理的优点和风险有哪些？
7. 请简述客户价值矩阵中的 4 类客户。
8. 请简述客户分级金字塔模型。
9. 关键客户管理的策略有哪些？

案例研讨

案例 9-1 王永庆卖大米

也许大家想不到著名的台塑大王王永庆的第一桶金始于卖大米。王永庆小学毕业后，到一家小型米店做学徒。第二年，他用借来的200元钱作为本金自己开了一家小型米店。但在同一条街上，已经有几家米店，隔壁的日本米店具有竞争优势，而街上的其他米店又拴住了老客户，因此王永庆的米店虽然开张却没有什么生意，王永庆的办法是挨家挨户上门推销。王永庆每到一户，就会热情地与这户人家拉拉家常，问问他们最近家里的情况与需求。王永庆卖米多是送米上门，每到一家送米就把这户人家的家庭情况弄清楚，有几口人，兴趣爱好都凭自己的观察，并向旁边的邻居打听客户信息。他在一个本子上详细记录顾客家里有多少人、一个月吃多少米、何时发薪等。算算客户的米该吃完了，就送米上门；等到客户发薪的日子再上门收取米款。

那时大米的加工技术比较落后，出售的大米里含有米糠、沙粒、小石头等，买卖双方都是见怪不怪。王永庆则多了一个心眼，每次卖米都把米中的杂物拣干净，这一额外的服务深受客户的欢迎。他给客户送米时，并非送到就算完成，他会帮人家将米倒进米缸里。如果米缸里还有米，他就把旧米倒出来，将米缸刷干净，然后把新米倒进去，将旧米放在上层，这样米就不致因陈放过久而变质。他这个小小的举动令不少客户深受感动，铁了心买他的米。就这样，他的生意越来越好。从这家小型米店起步，王永庆最终成为中国台湾工业界的“龙头老大”。后来，他谈到开米店的经历时，不无感慨地说：“虽然当时谈不上什么管理知识，但是为了服务客户、做好生意，就认为有必要掌握客户需要，没想到，由此追求实际需要的一点小小的构想，竟能作为起步的基础，逐渐扩充演变成事业管理的逻辑。”

讨论问题

你认为在该案例中，王永庆能成功的主要原因是什么？如果你是一名销售人员，将采用什么策略建立和维持与客户的关系？

案例 9-2 储户不满 VIP 插队状告银行 一审败诉

新华社2008年5月13日报道，因不满VIP客户插队办理业务侵犯了小户的利益，福州市民李先生把银行告了，这在当时是全国首例。2008年5月12日该案一审判决，市民输了。“实在没有想到是这样的结果!”老李说，宣判后他表示很难理解，一个简单的民事案件，这样的宣判结果，为什么让他足足等了一年多。

宣判结果出来后，引起各方争议，银行嫌贫爱富，使普通客户尊严受损，一时间骂声四起……有网友称：恭喜银行，贺喜银行，今后可以把“为有钱人提供更优质的服务，让穷人排队去吧”坚持到底了。

原来，2007年4月7日，福州市民李先生来到中国农业银行福州仓山支行三高路分理处，准备领取1万元的1年期定期存款。由于办理业务的人很多，营业窗口排起了长队。李先生排队等候了20多分钟后仍未轮到办理业务。这时，一个客户径直走到营业窗口，要求办理业务。为了维护自己和其他排队人员的权益，李先生当即提醒这名客户要排队，对方未予理睬。银行保安随即走过来解释说，这名客户是贵宾，可优先办理。原来营业窗口上贴有“VIP客户、西联汇款优先办理”的告示。

李先生认为，银行张贴告示并优先办理 VIP 客户业务，侵害了普通客户的人格尊严，遂向法院提起诉讼，要求法院确认该告示无效、银行赔礼道歉。储户不满 VIP 插队状告银行，这个受到很多人关注的案子，一年多之后一审结果终于出来了：储户败诉！福州大学法学教授叶知年表示，银行允许 VIP 客户在普通窗口前插队，这种做法体现其职业道德方面存在问题，是不妥的。但上升到法律层面，却很难认定银行违法。因此，这样的结果既在意料之外，更在意料之中，有悖道德，却法无禁止。

资料来源：郑炅. 储户不满 VIP 插队状告银行 一审败诉 [N]. 燕赵都市报，2008-05-13.

讨论问题

1. 你认为李先生状告银行的主要理由和依据是什么？
2. 银行张贴“VIP 客户优先办理”的告示，体现了银行客户关系管理中的什么思想？
3. 法院为什么最终做出李先生败诉的判决？整个官司一年多之后才出结果说明了什么？
4. 对于该案件，你如何评判？你还能举出现实生活中类似“VIP 优先办理”的例子吗？

CHAPTER 10

第 10 章 网络时代的销售管理

本章提要

网络销售管理，是通过网络应用实现销售人员同企业之间从信息交流到交易实施的管理活动。本章介绍了信息技术在销售管理中的应用，探讨了网络环境下的消费者行为特征的变迁，重点分析了移动互联时代的销售策略，指出了网络时代销售管理的发展趋势。

引例

差异化经营的尝试

中国知名的服装企业雅戈尔一直考虑实施网上营销，却在定价问题上遇到了困难。原因很简单，定价不同的背后意味着渠道利益的分配不均，而渠道正是这些传统生产企业的生命线。创立于 1996 年的北京纽曼公司如今是国内最大的 MP3、MP4 等电子产品生产企业之一，他们也做了网上商城，但负责人杨学锋仍然表示，在价格上会保证渠道商的最大利益。

如果网店价格没有优势，那还能做吗？

“佐丹奴网上商店的服装比门店大约便宜 2%～5%，几乎很难在价格上吸引消费者，但这并不意味着我们没有在网上销售的优势。”佐丹奴的电脑部副经理陈劭昀说，“由于很早就采取了信息化管理，每位光顾佐丹奴的顾客所拿到的购物小票上都有一个电脑生成的序列号，当顾客在佐丹奴网上商店输入这个序列号时，包括他所购买的产品、出自哪个地区的店铺和金额等信息将通过网上零售平台进入数据库。我们通常根据这些信息，对门店的设置做一定的区别。例如，白领职员光顾频繁的店面，我们可能会考虑增加衬衫的供应量，若是以学生群体为主，则可能增加 T 恤存量。”

这样的安排为网上销售留出了空间。因为即使是白领职员也有需要穿 T 恤的时候，女性顾客的需求会更多，而顾客的这些需求在附近的门店不能满足的时候，网上商店自然是一个不错的选择。目前，佐丹奴网上商店展示了所有品类的服装，也就是说即使看中的一款服装只在北京有售，但身在南京的客户也能买到。在此基础上，网上商店能够为客户提供的服装搭配空间显然非常大。这也是佐丹奴网上商店避免与线下店面直接竞争的差异化举措。

关于网上零售差异化的经营，匹克体育用品有限公司也正在进行尝试。据该公司总经理助理胡立仲透露:“匹克网站上主要销售过季存货,另一方面也做限量版产品的发售。比如我们发布了 310 双限量版的球鞋,而匹克的线下门店就有 3 000 多家,到底选择在哪些门店发售?这时,网络就成了最好的发售平台。另外,我们新开发的匹克系列产品,比如沐浴露、运动香水等也只在网上销售。”存货、限量版的产品、新开发产品显然不会与正常产品发生销售冲突。

同样有过网上销售限量版或专供产品念头的纽曼却没有匹克的运气。“因为消费电子涉及售后保修等环节,而目前这些环节是与传统渠道共享的,一旦发售专供产品,反而增加了成本,所以这个计划还在研究中。”纽曼的部门负责人杨学锋表示。

可见,线上线下价格、渠道的碰撞将是持久的,企业进行类似的探索显然也是必要的。如果把个体商户比作蚂蚁,这些企业商家显然就是大象。在网上零售的这个舞台上,蚂蚁体积小,行动灵活自然,能够迅速调整舞步;相比之下,大象每走出一步都需要前一步的扎实积淀,毕竟传统企业的网上销售离不开线下业务的支持。而目前,企业进军网上零售所呈现出的不同取向,正是处于不同发展阶段的企业意识到利用网络零售的途径实现自己阶段发展目标的结果。

讨论问题

实现网上零售差异化经营,除了价格外,还有什么其他有效的办法?

10.1 信息技术在销售管理中的应用概述

信息技术是当前最为活跃、最先进的生产力之一,在现代社会已深入应用到各行各业。基于计算机网络的信息系统,能把生产和流通过程中的巨大数据流收集、组织和控制起来,经过处理,转换为各部门不可或缺的数据,经过分析,使数据变成对各级管理人员决策具有重要意义的有效信息。

信息技术在销售管理中的应用主要表现在电子商务活动中的销售管理。电子商务与销售管理的结合,即电子商务框架中的销售管理,或者称为网络销售管理,是通过网络应用实现销售人员同企业之间从信息交流到交易实施的管理活动。电子商务同销售管理的结合循着理论基础、需求磨合、技术实现的主线发展。

1. 理论基础

大众对电子商务通常的理解是,在产品服务提供者同产品服务接受者之间应用电子工具的过程。广义客户理论指出,客户是企业所关注的在获取企业产品和服务时所涉及的团体。可以包括企业外部客户(如消费者、供应商)和企业内部客户(如员工等)。销售人员属于广义客户中的成员,具备双重角色。面对客户时,他们代表企业,面对企业时,他们则代表客户。如医药行业中的销售,企业不同客户直接发生接触,而是通过销售人员传达定购信息、辅助交易实施。站在企业的角度,销售人员就是其产品服务的“接受方”。因此,从特定角度看,在企业和销售人员之间建立起的电子商务应用完全具备了电子商务通常的意义。

2. 需求磨合

销售目标和结果均表现为在一定销售周期内销售人员所贡献的一定销售收入。优化销售周期或销售收入均可有效提升企业总体利润。网络销售管理为实现上述目的提供了现代化的途径。

电子通信方式缩短了销售人员同企业之间的距离，节约了时间，缩短了销售周期。速度上的提升避免了信息滞后带来的损失，由此降低了销售成本，提高了销售收入。与此同时，销售周期的缩短带来了更多的交易机会，从另一个角度提高了企业总体销售收入。

3. 技术实现

网络销售管理是企业内部交流在网络上的实现，企业间销售人员之间的信息流涉及销售业绩、进销存管理等企业关键信息。销售管理系统可以包括以下功能模块：销售工作台模块；系统参数配置模块；客户管理模块；竞争对手管理模块；产品管理模块；统计分析模块。依据行业的不同特性，将这些功能具体化，还可能存在销售员临时库存管理，销售层次管理（如分区销售经理对销售人员的管理）等模块。科学技术的进步使上述模块均能通过网络等电子方式得以实现。网络安全技术的成熟使企业的办公范围得以进一步拓展，这是网络销售管理实现的客观技术条件。

可见，信息技术、电子商务与销售管理紧密结合，可以聚集企业内部员工资源，有效调动销售人员的集体合作，实现走出企业的企业内部控制和管理。

10.2 网络环境下的消费者变迁

专题　“第35次中国互联网络发展状况统计报告”的启示

2015年2月，中国互联网络信息中心（CNNIC）发布的第35次《中国互联网络发展状况统计报告》显示，截至2014年12月，我国网民规模达6.49亿，互联网普及率为47.9%。其中，手机旅行预订以194.6%的年度用户增长率领跑移动商务类应用，O2O市场快速发展，成为引领行业的商务模式。我国互联网在整体环境、互联网应用普及和热点行业发展方面取得了长足进步。

在此背景下，人们的消费行为也随之发生了改变。

（1）手机商务应用引来爆发期，移动端应用发展成“主力军”。

截至2014年12月，我国手机网民规模达5.57亿，较2013年底增加5 672万人。网民中使用手机上网人群占比由2013年的81.0%提升至85.8%。手机端即时通信使用保持稳步增长趋势，使用率为91.2%。手机网络游戏从爆发式增长变为稳步增长，预计2015年市场份额将进一步扩大。手机旅行预订用户增长达到194.6%，是增长最快的移动商务类应用。手机网购、手机支付、手机银行等手机商务应用用户年增长率分别为63.5%、73.2%和69.2%，高于其他手机应用增长幅度。

在移动互联网的推动下，个人互联网应用呈上升态势。即时通信作为第一大应用，使用率达到90.6%。平板电脑凭借娱乐性和便捷性，成为网民的重要娱乐设备，2014年年底使用率达到34.8%。

(2) 信任和分享成为网民的互联网态度。

截至2014年12月，54.5%的网民对来源于互联网的信息表示信任，相比2007年的35.1%有较大幅度的提高。网络信任成为社会信任的重要组成部分，也成为电子商务、互联网金融等深层网络应用发展的重要社会基础。

另据统计，60.0%的中国网民对于在互联网上分享行为持积极态度，其中非常愿意的占13.0%，比较愿意的占47.0%。在10~19岁网民中，有65.9%比较愿意或非常愿意在网上分享。网民在信息和资源方面互惠分享，不仅降低了沟通成本，还将创造文化价值。

(3) O2O市场发展潜力巨大，医疗、家政市场需求强烈。

O2O企业在一线城市率先布局，中度和重度用户占比共39.2%，O2O消费由数量增长向质量提升转变；二、三线城市O2O业务布局正在逐步展开，巨大的消费潜力将促使O2O市场进入增量增长阶段。

与此同时，餐饮、休闲O2O发展起步较早，市场模式趋于成熟，正在向服务精细化发展。医疗和家政O2O发展刚刚起步，且用户需求较为强烈，未来将具有较大的发展潜力。

资料来源：中国互联网络信息中心. 第35次中国互联网络发展状况统计报告［EB/OL］. www.cnnic.net.cn, 2015-02-03.

随着生活节奏的加快，消费者对购物的便利性、省时的要求越来越高，并且随着人们可自由支配时间的增加，购物已经变成许多消费者的生活乐趣，而网络消费能满足他们的这种需求，因此追求购物方便与享受购物乐趣的心理成为在网上消费者的特征；网上消费者善于从网络媒介寻找与分析所需信息，不受舆论的左右，对产品宣传与信息发布拥有较强的判断力，头脑冷静，购物趋于理智。较之传统消费者的非理智型购物有着很大的差异，这也是网上消费者的重要特征；网络环境改变了消费者的行为，比如消费者沟通方式的改变，通过在线即时通信工具（如QQ、微信等）、兴趣网络社区（如豆瓣小组）、社交网络（如新浪微博、人人网等）等方式互相联系，逐渐成为人们之间交流的主要方式。这也改变了人们的消费习惯，比如有规律地观看网络特定信息，订制个性化的RSS，也养成了每次购物前（哪怕是非网络购物）搜寻信息的习惯。因此，网络技术已在无形中融入了人们的生活，正改变着我们的消费习惯与行为。

10.2.1 网络时代的消费者行为模式

1. AISAS行为模式

AISAS行为模式是由日本电通公司针对互联网与无线应用时代消费者生活形态的变化而提出的一种全新的消费者行为分析模型。目前销售方式正从传统的AIDMA营销法则［注意（attention）、兴趣（interest）、欲望（desire）、记忆（memory）、行动（action）］逐渐向含有网络特质的AISAS［注意（attention）、兴趣（interest）、搜索（search）、行动（action）、分享（share）］行为模式转变。在全新的销售法则中，两个具备网络特质的“s”——搜索、分享的出现，指出了互联网时代搜索和分享的重要性，而不是企业一味地向用户进行单向的理念灌输，充分体现了互联网对人们生活方式和消费行为的影响与改变。

可以用下面这个例子来说明 AISAS 行为模式。一位上网的男士无意间注意到一款看上去不错的平板电脑，他也许会带着兴趣在搜索引擎或自己常逛的 3C 购物网上搜一搜，如果他觉得产品的详细介绍以及社区内网友的评价都不错的话，一般就会初步建立信心选择购买，当然，前提是他的支付能力是足够的，一段时间之后，他也可能会在社区上写出他的感受或者发几张图片，分享他对产品的看法，甚至整个购买过程的感受，包括购买中所享受到的服务和为之付出的成本，包括资金成本、时间成本等。

2. 消费者行为模式的改变

首先，消费者的变化表现在媒体接触时间的变化。互联网与移动应用改变了人们的生活、工作、娱乐、学习的方式，在消费者的生活时钟里，除了看电视、看报纸、坐车、逛街、差旅等传统行为，收邮件、搜索信息、逛论坛、写博客、发微博、发微信（朋友圈）、收发短信、在线交易等借由互联网与手机创造的生活方式，亦已成为消费者的生活环节。

其次，消费者的变化表现在消费者主动性消费的增加。由于互联网为消费者主动获取信息提供了极大的便利，消费者在决策购买的过程中，可以在互联网上搜索、收集商品（或服务）的信息作为依据，再决定其购买行为，进行较以前更为理性的消费。CNNIC 历次调查数据显示，对商品（或服务）的信息检索始终是互联网的主要用途之一。

互联网还引起了消费者心理的改变，“不愿失败”的消费心理有了更充分的信息依据。在传统时代，销售的手段万变不离其宗，是刺激需求的手段，消费者亦在种种商品信息与销售宣传中混沌迷糊地进行着购买决策。在网络时代，行业频道、行业垂直网站、专业评论网站、专业博客的出现，使消费者有机会从多种渠道获得详尽的专业信息，从而确保其尽可能做出“正确”的购买决策。

案　例　**1-800-Flowers：互联网时代的卖花生意**

这是从电话直销时代走到互联网时代的一家花店，在 30 多年的时间里，它由最初的一家地区性小花店成长为一家年收入超过 7 亿美元的线上大平台。

一家花店的成长史

1986 年，一家叫 1-800-Flowers 的鲜花礼品销售商店因为经营不善，最终被人收购。之所以会叫这样一个奇怪的名字，最直接的原因就是这家花店在美国最早开始采用免费电话（1-800）订购鲜花服务。

在 20 世纪 90 年代，机缘巧合，这家之前籍籍无名的花店却突然在全美范围内赢得了空前的知名度：AT&T（美国电话电报公司）在 1992 年奥运会上展开的频繁而密集的广告营销活动让它声势大振，而在不少赞助商因为海湾战争而选择退出赞助 CNN（美国有线电视新闻网）的时候，1-800 却意识到 CNN 报道的意义和价值，并抓住了这个空前的大机会。这个时期的 1-800-Flowers 还是以电话销售作为其主要销售方式，它在 1990 年的收入中有七成以上都来自电话直销。

1-800-Flowers 很早之前就敏锐地意识到了互联网的潜力，在 1994 年就和美国在线（AOL）成为合作伙伴，在随后一年注册了 1800flowers. com 的域名，之后通过互联网生意大获其利。1999 年，这家花店获得 1 亿美元的融资，并最终在纳斯达克上市，在事业最巅峰的 2007~2008 年，1-800-Flowers 的收入均超过 9 亿美元。随着美国整体经济形势的下滑，1-800-Flowers 的收入之后受到严重影响。2011 年，这家公司的营收超过 7 亿美元，同比增幅超过 6. 6%。通过持续的收购活动，1-800-Flowers 兼并了大量和鲜花、礼品有关的公司，试图打造一个以核心业务为核心的线上平台。

如何在线上卖花

从最早的电话订购、销售鲜花，到现在美国最大的线上鲜花礼品销售商之一，1-800-Flowers 的成长就是一个随着互联网的发展而不断壮大的鲜活故事。

目前它主要采取两种销售方式，一种是通过线下合作实体店发货，另外一种则是由自己直接发货。可以看出来，它充当着两种角色，既是一个可以让其他鲜花销售商加入进来的平台，本身又是这个平台上最大的卖家。

1-800-Flowers 已经建立起了一个被称作 BloomNet 的服务体系，在线下的花店商之间建立起了密切的联系，直到现在，这个网络还是美国最大的效率最高的几个线上花卉服务之一，在接到顾客订单之后，BloomNet 会寻找最符合消费者需求的鲜花供应商。

它不仅提供鲜花礼品馈赠、付费订阅鲜花等服务，同时还通过主页上醒目的类别分类、UGC（用户生成内容）博客以及社会化分享来与顾客建立密切而持久的关系。

资料来源：佚名. 1-800-Flowers：互联网时代的卖花生意 [EB/OL]. http://m.ebrun.com/63422.htm, 2012-12-14.

10. 2. 2　网络时代的消费者行为特征

由于人们的消费行为模式从 AIDMA 向 AISAS 转变，当下消费者的特征也与过去有了较大的不同，下面从消费者购买前、购买时、购买后三个阶段阐述消费者的行为特征。

1. 网络时代消费者购买前的特征

（1）主动获取产品信息。

社会发展日益更新，分工更加细化、专业化，产品更新换代的速度也是空前迅猛。这使消费者在选择商品时，虽然选择机会增多，但同时不确定性也有所上升。为了避免这种现象的产生，消费者在决定购买某一种产品时就不得不更加主动地去搜集相关信息，进行比较和分析，从而对需求的产品有一个详细的了解，增加对产品的信任度，最终购买。这种消费主动性的增强源于网络环境的不确定性和消费者追求优质产品，需求心理平衡和稳定的特征。

（2）更容易产生消费欲望。

如今的企业除了利用传统的促销手段之外，还利用网站、手机 APP、微信等工具推出各类销售活动吸引消费者参与，消费者可以在电脑、手机上很方便地查看这些活动信息，从而导致消费者对没有列入购买计划的商品产生购买冲动。

2. 网络时代消费者购买时的特征

(1) 选择购买个性化商品。

随着21世纪的到来，全球化的发展使世界逐渐被网络覆盖并最大程度地联系起来，消费市场变得越来越大，消费品更是琳琅满目。消费者在选择产品时，从最初的单一转向多元，从狭隘的地域转向全球范围的选择，这使消费者可以根据自己的需求，按照自己的想法和爱好选择商品。市场成为个性化的市场，每个消费者都是一个细分市场，独立、个性化的消费成为主流。

(2) 追求性价比。

现实的购物中，由于存在经销商这个环节，销售价格会高出商品本身价格许多。从消费者的角度来看，购买某种商品时，需求应该是最基本的考虑因素，但是，性价比的高低往往决定了他们最终是否购买。网络购物环境存在魅力的恰恰就在于网上销售的商品价格普遍低廉。如今，产品差异化趋势明显增强，但这不足以减弱消费者对价格的敏感度，价格始终对消费者的心理有重要影响。而网络环境下，由于商品价格的信息非常容易变动，消费者可以利用一些价格比较网站（例如一淘网、返利网）来挑选最具有性价比的商品进行购买。

3. 网络时代消费者购买后的特征

网络时代，消费者拿到自己购买的商品后，通常会通过网站在线评论、微博、微信“晒”出自己的购买体验，会详细地对产品进行与最初决定购买前的信息是否对称的比较。然后，消费者会根据自己的满意度在商家网店进行理性的评价。这种购买后行为使厂家、经销商及消费者之间的沟通变得及时、便捷，从而为厂家生产更适应市场的产品提供了必要的信息，消费者也能够买到更适合自己的商品。

10.3 移动互联时代的营销策略

1. 采用新的营销理念

整合营销是一种系统化的营销方法，是对抽象的、共性的营销的具体化。整合营销理论是美国营销专家劳特明教授于1990年提出的。该理论强调用4C组合来进行营销策略安排。4C即消费者的欲望和需求（consumer wants and needs）、消费者获取满足的成本（cost）、消费者购买的便利性（convenience）、企业与消费者的有效沟通（communications）。整合营销理论主张重视消费者导向，其精髓是由消费者定位产品。

进入网络时代，营销理念发生了根本性的转变。将营销战略与互联网技术结合起来，形成了网络整合营销。网络整合营销有助于企业综合运用一系列互联网技术来销售产品和服务，从而影响利益相关者（特别是顾客）的态度，实现营销目标。将整合营销与互联网结合起来，不仅打破了地界、国界的限制，而且为市场营销赋予了极强的互动性，也使众多中小企业增强了市场竞争能力。

如今，市场营销理论又从4C发展到了4R。即关联（relating）、反应（relation）、关系（relationship）、回报（repay）。这反映出市场营销更加重视与顾客建立联系，提高市场反应速度，注重关系营销和市场回报。

2. 突出个性化营销

（1）采取定制生产。

定制生产方式是一种古老的生产方式，之所以在网络经济时代重新提出，是因为这种生产方式的针对性比较强，其生产出来的产品不仅符合消费者的要求，而且打上了消费者自己的烙印。但是，定制生产成本较高，要求企业生产线有较好的可伸缩性。

（2）拓展产品设计生产空间，强化消费者参与意识。

以往生产企业在提供产品方面都是尽可能多地提供一些花色、品种、款式和型号等，供消费者选择。如今，面对个性化消费，企业应在产品设计、生产方面为消费者留出空间，强化消费者的参与意识。例如，按照消费者选择的产品外观颜色进行生产；对于电子产品（手机等），可以让消费者自由地设计声音、图像；在礼品类产品的外包装上留有空白，让消费者随意添加图案或文字，以体现消费者的个性、情感和品位。

（3）强化虚拟市场营销。

以互联网技术为基础的高新技术与市场营销资源融合在一起，在信息社会发展的催化与影响下，生成了新的市场营销模式——营销虚拟化：消费者身份虚拟，消费行为网络化；广告、调查、分销和购物结算都通过互联网转变为数字化行为。

传统的工业时代创造的市场营销4Ps要素必须与互联网技术资源重新整合。产品、价格、分销渠道、广告和人员推广等市场营销要素的组合，面对的不再是单一或具体的市场，而是全球性的统一而抽象的市场。消费者通过互联网这个虚拟的购物空间确定自己的消费行为。

（4）更新市场细分的标准和方法。

在网络时代，消费者个性化需求使细分的标准更“细”，市场细分难度加大。这就要求企业不断调整市场细分标准，寻找出准确的适合企业发展的差异性目标市场，实现企业的市场定位。如企业欲进行网络营销时，除了传统的细分标准，还要按消费者是否上网、上网能力、上网时间、适用的语种等新的细分表对目标消费者进行划分。

（5）调整市场营销组合。

所谓市场营销组合，就是企业的综合营销方案，即企业根据目标市场的需要和自己的市场定位，对自己可控制的各种营销因素进行优化组合和综合运用，使之协调配合，扬长避短，发挥优势，以取得更好的经济效益。

比如，营销工作者倾向于以各种差别来减弱消费者对价格的敏感度，避免恶性销价竞争，但价格始终对消费者的消费具有重要影响。特别是在网络时代，消费者可以从网上获取同类产品的最低价格，或求得产品的最佳性能价格比。因此，生产或经销企业就应根据产品的性能、科技含量以及所处的不同生命周期阶段，适时调整营销组合的某个或多个因素，使营销组合灵活有效地适应营销环境的变化，最大化地满足消费者的消费需求，实现企业营销目标。

3. 采取 O2O 营销模式

（1）O2O 营销模式的概念。

随着互联网的快速发展，电子商务模式除了原有的 B2B、B2C、C2C 商业模式之外，一种新型的消费模式 O2O（online to offline）已快速在市场上发展起来。O2O 营销模式又称离线商务模式，是指以线上营销线上购买带动线下经营和线下消费。O2O 通过打折、提供信息、服务预订等方式，把线下商店的消息推送给互联网用户，从而将他们转换为自己的线下客户。

为什么这种模式能够悄然产生？数据显示，即使在电子商务最发达的美国，线下消费的比例依旧高达 92%，正是由于消费者大部分的消费仍然是在实体店中实现。这种把线上的消费者吸引到线下实体店进行消费的模式特别适合必须到店消费的商品和服务，比如餐饮、健身、电影和演出、美容美发等。

（2）O2O 营销模式的优势。

O2O 营销模式的益处在于，订单在线上产生，每笔交易可追踪，展开推广效果透明度高，可以让消费者在线上选择心仪的服务再到线下享受服务。O2O 营销模式的优势主要还体现在以下几个方面。

对于实体供应商而言，以互联网为媒介，利用其传输速度快、用户众多的特性，通过在线营销，增加了实体商家宣传的形式与机会，为线下实体店面降低了营销成本，大大提高了营销的效率，而且减少它对店面地理位置的依赖性；同时，实体店面增加了争取客源的渠道，有利于实体店面经营优化，提高自身的竞争。在线预付的方式，方便实体商家直接统计在线推广效果及销售额，有利于实体商家合理规划经营。

对于用户而言，不用出门，可以在线便捷地了解商家的信息及其所提供服务的全面介绍，还有已消费客户的评价可以借鉴；能够通过网络直接在线咨询交流，减少客户的销售成本；在线购买服务时，客户能获得比线下消费更便宜的价格。

对于 O2O 电子商务网站经营者而言，一方面利用网络快速、便捷的特性，能为用户带来日常生活中实际所需的优惠信息，因此可以快速聚集大量的线上用户；另一方面通过为商家提供的宣传效应和营销效果，吸引大量线下实体商店，为网站运营商带来更多盈利模式。

案　例

黄太吉煎饼：一张煎饼的 O2O 营销梦

在北京建外 SOHO 西区的 10 号楼，有一家叫黄太吉的煎饼铺，在这个只有 16 个座位、面积不超过 20 平方米的店铺外面经常排起长队。有不少人是从朋友、微博、媒体上听说了黄太吉，特意赶过来尝尝到底是个什么味，为什么这么受欢迎。原本周末人烟寥落的国贸大厦，也因为来买煎饼的人而热闹了起来！就是这样一个不起眼的煎饼铺，估值达到了四千万。创始人赫畅的目标是，2015 年下半年开到 20 家店，最终让黄太吉在美国上市。

超出消费者预期

为什么大家喜欢到黄太吉买煎饼？因为这里的煎饼是用心做的。何谓用心？就是将自己全身心投入进去，变为产品和服务的一部分。煎饼哪里都有卖，黄太吉的味道也不会比其他地方的好吃太多。但是这不重要，重要的是这里的服务很棒，这里很好玩，经常会有一些新鲜有趣的玩意儿，消费者都是奔着黄太吉的用户体验来的，都愿意为超出自己预期的体验买单。

黄太吉做的哪些事情超出了用户预期？比如黄太吉门前不允许停车，赫畅就做了个停车攻略。走进店里的收银台，第一眼看到的不是菜单而是如何停车而不会被罚款。如果不幸被罚，老板会送上南瓜羹以表安慰。光棍节，这里的油条买一送一，不过你得先拍照证明自己是光棍。六一儿童节，会有“超人”“蜘蛛侠”给大家送煎饼。戴着红领巾来这里，还会送你煎饼果子。在这里，黄太吉希望你买到的不仅仅是好吃的煎饼，还能享受整个买煎饼的体验，让你觉得很好玩，满足你的好奇心，这些体验是其他煎饼店没有的。

产品标准化

赫畅仔细研究了麦当劳、肯德基，发现它们在全世界流行的一个重要原因就是其产品形态，汉堡就是两片面包，中间夹什么都行，但是口味千变万化。比萨只要做好面饼，上面随便撒什么都行。这样既能满足消费者的各种口味需要，产品又非常容易标准化，有效降低了全球推广的门槛。中餐有其独特的口味，但包子、饺子、面条之类不容易标准化，因而很难能竞争过肯德基。所以赫畅选择了中国的汉堡和比萨——煎饼果子和卷饼，这样将来才有可能向肯德基等洋快餐宣战。为了扩充品类，满足消费者多样的需要，黄太吉还推出了卷饼系列，麻辣凉面等。

差异化营销

赫畅是个善于借势的创业者。他看到了互联网社会化结构的趋势，借助新浪微博、消费者自身、名人效应之势，来传播黄太吉的品牌。产品是口碑的基础，卓越的产品可以通过口碑快速传播。黄太吉的微博都是赫畅本人在管理，通过微博实现品牌与消费者的跨越时间和空间的直接沟通，正是这些互动让消费者更好地了解了黄太吉，由此带来了知名度、口碑和销售上的提升。

事实上，产品做得优秀，顾客愿意主动为其传播。关于如何做微博，赫畅有着自己的一套理念。店门前放着一个木马，让大家去骑。还有各种有趣好玩的玩意，纽约的玩偶、巴黎的雕塑，所有这些都是为用户创造一个分享的环境，这样用户就会自发地创造内容，黄太吉所需要做的就是转发互动，让消费者帮助传播。讲煎饼最多讲几个月，但是讲自己的生活、爱好，讲心经，讲消费者生产的内容，就是个黑洞，永远讲不完。当要表达自己的观点时，黄太吉不会转发任何人的微博，都是自己原创，发长微博。在微博上展示老板、员工真实的生活，创业的艰辛，半夜两点打烊，早上六点多就出门，创业三个月，赫畅瘦了将近15千克。

虽然黄太吉的营销做得好，但赫畅没花一分钱做广告。营销的本质是制造反差。刚开始时，赫畅用自己的车送外卖，结果发现大家对开着奔弛送外卖很感兴趣，纷纷在微博上晒图。将来黄太吉的第二家、第三家店，将会有Segway、奔驰Smart来送外卖。店内有免费的Wi-Fi，墙上贴着微博、微信、陌陌等账号，“在这里，吃煎饼喝豆腐脑，思考人生”等颇有文艺气息的海报也非常显眼。为了庆祝结婚五周年，赫畅邀请了微博粉丝、好友等穿正式礼服出席庆典，整个典礼看上去就像个小型电影发布会。之前做的停车攻略其中有一条就是把后备箱打开，后来形成了一个传统，顾客来黄太吉吃煎饼，就要把车的后备箱翘起来，形成了一道奇特的景观。考虑到不少人晚上唱完歌要吃夜宵，黄太吉将营业时间延迟到凌晨两点，不少KTV是不让外卖送进去的，黄太吉就专门做了黑色袋子，外面印着有趣的“出来混要懂得伪装”。后来黄太吉和温莎等KTV的官方微博进行互动，它们甚至允许黄太吉送入包厢，以后黄太吉再也不用“伪装”了。

互联网思维

黄太吉从不想去控制顾客，而是希望去引领顾客，希望他们能像果粉迷恋苹果产品一样对黄太吉产生依恋。他会告诉别人黄太吉为什么这么做，他会思考为什么煎饼这事只有我能做成。怎么用互联网的思维做企业、做产品。甚至开发新的品类时，黄太吉会邀请部分顾客免费试吃，根据顾客的意见和反馈不断改善，这也是互联网企业做产品时常用的迭代开发，不断根据用户的反馈改善产品质量。

资料来源：佚名．黄太吉煎饼：一张煎饼的O2O营销梦　估值400万［EB/OL］．IT商业新闻网，2013-07-29.

10.4 网络时代销售管理的发展趋势

搜索引擎技术、社会化媒体环境以及大数据的迅速发展使得互联网传播环境发生了巨大变革，消费者已经成为营销的诉求主体，完成从被动到主动，从单向到双向，从模糊到清晰的转变。在新时代条件下，对于营销者来说，目标客户是“谁”已经不重要，重要的是他的偏好特征和传播相关信息的时机，而这一切都需要根据数据进行判断。

对于企业来说，以上种种变化特别是社会化媒体和移动互联网大发展所带来的根本变化，是目标客户媒体接触习惯的变化。但俗话说，万变不离其宗，这个“宗”就是：目标客户是谁、他们的偏好是什么、他们在哪里活动、他们在什么时机对企业的产品、服务有需求，通过什么渠道能够有效准确和及时地联络到他们，如何保持与他们进行持续、活跃的互动沟通。

在这个互联网营销由“展示”变为以用户转化为目标的一体化营销过程中，大数据起到类似显微镜的作用，即为我们提供从更细颗粒度层面上认知世界的可能和条件。

1. 大数据营销的概念

大数据营销是指基于多平台的大量数据，在大数据技术的基础上，应用于互联网广告行业的营销方式。依托多平台的大数据采集，以及大数据技术的分析与预测能力，能够使广告更加精准有效，给企业带来更高的投资回报率。大数据营销衍生于互联网行业，又作用于互联网行业。大数据营销的核心在于让网络广告在合适的时间，通过合适的载体，以合适的方式，投给合适的人。

2. 大数据营销的特点

（1）多平台化数据采集。

大数据的数据来源通常是多样化的，多平台化的数据采集能使企业对消费者行为的刻画更加全面而准确。多平台采集可包含互联网、移动互联网、广电网、智能电视，未来还有户外智能屏等数据。

（2）强调时效性。

在网络时代，消费者的消费行为和购买方式极易在短时间内发生变化。在消费者需求点最高时及时进行营销非常重要。全球领先的大数据营销企业 AdTime 对此提出了时间营销策略，它可通过技术手段充分了解消费者的需求，并及时响应每个消费者当前的需求，让他在决定购买的“黄金时间”内及时接收到商品广告。

（3）个性化营销。

在网络时代，广告主的营销理念已从“媒体导向”向“受众导向”转变。以往的营销活动须以媒体为导向，选择知名度高、浏览量大的媒体进行投放。如今，广告主完全以受众为导向进行广告营销，因为大数据技术可让他们知晓目标受众身处何方，关注哪个位置的哪块屏幕。大数据技术可以做到当不同用户关注同一媒体的相同界面时，广告内容有所不同，大数据营销实现了对消费者的个性化营销。

（4）性价比高。

和传统广告“一半的广告费被浪费掉”相比，大数据营销在最大程度上让广告主的投放做到有的放矢，并可根据实时性的效果反馈及时对投放策略进行调整。

（5）关联性。

大数据营销的一个重要特点是消费者关注广告与广告之间的关联性，由于大数据在采集过程中可快速得知目标受众关注的内容，以及可知晓消费者身在何处，这些有价信息可让广告的投放过程产生前所未有的关联性。即消费者所看到的上一条广告可与下一条广告进行深度互动。

3. 大数据营销的主要用途

（1）基于用户的需求定制改善产品。

消费者在有意或无意中留下的信息数据作为其潜在需求的体现，是企业定制改善产品的一项有力根据。ZARA 公司内部的全球资讯网络会定期把从各分店收集到的顾客意见和建议汇总并传递给总部的设计人员，由总部做出决策后，立刻将新的设计传送到生产线，直到最终实现“数据造衣”的全过程。利用这一点，ZARA 作为一个标准化与本土化战略并行的公司，还分析出了各地的区域流行色，并在保持其服饰整体欧美风格不变的大前提下做出了最靠近客户需求的市场区隔。

（2）开展精准的推广活动。

基于数据的精准推广活动可大致分为三类。

首先，企业作为其产品的经营者，可以通过大数据的分析定位到有特定潜在需求的受众人群，并针对这一群体进行有效的定向推广，以达到刺激消费的目的。例如，红米手机在 QQ 空间上的首发就是一项成功的“大数据找人”精准营销案例。通过对海量用户的行为（包括点赞、关注相关主页等）和他们的身份信息（包括年龄、教育程度、社交圈等）进行筛选后，公司从 6 亿用户中选出了 5 000 万可能对红米手机感兴趣的用户作为此次定向投放广告和推送红米活动的目标群体，并最终预售成功。

其次，针对既有的消费者，企业可以通过用户的行为数据分析他们各自的购物习惯，并按照其特定的购物偏好、独特的购买倾向加以一对一的定制化商品推送。例如，Target

百货的促销手册、沃尔玛的建议购买清单、亚马逊的产品推荐页，无一不是个性化产品推荐为企业带来可预测销售额的体现。

最后，企业可以依据既有消费者各自不同的人物特征将受众按照“标签”细分（如“网购达人”），再用不同的侧重方式和定制化的活动向这些人群进行定向的精准营销。对于价格敏感者，企业需要适当推送性价比相对较高的产品并加送一些电子优惠券以刺激消费；而针对喜欢干脆购物的人，商家则要少些干扰并帮助其尽快完成购物。

（3）维系客户关系。

召回“购物车放弃者”和挽留流失的老客户也是大数据在商业中的一种应用。中国移动通过客服电话向流失到联通的移动老客户介绍最新的优惠资讯；餐厅通过会员留下的通信信息向其推送打折优惠券来提醒久不光顾的老客户消费；“滴滴打车”根据用户以往的行为习惯确定近期的互动名单，并据此发送给可能濒临流失的用户相关短信，以提醒并鼓励他们重新使用手机软件。大数据帮助企业识别各类用户，而针对忠诚度各异的消费者实行“差别对待”和“量体裁衣”是企业客户管理中一项重要的理念基础。

小结

信息技术在销售管理中的应用主要表现在电子商务活动中的销售管理。电子商务与销售管理的结合，即电子商务框架中的销售管理，或者称为网络销售管理，是通过网络应用实现销售人员同企业之间从信息交流到交易实施的管理活动。电子商务同销售管理的结合循着理论基础、需求磨合、技术实现的主线发展。

网络技术已在无形中融入了人们的生活，正改变着人们的消费习惯与行为。由于人们的消费行为模式从 AIDMA 向 AISAS 转变，当下消费者的特征也与过去有了较大的不同，主要表现在消费者购买前、购买时、购买后三个阶段的不同行为特征。

移动互联网时代的营销策略包括：采用新的营销理念；突出个性化营销（采取定制生产；拓展产品设计生产空间，强化消费者参与意识；强化虚拟市场营销；更新市场细分的标准和方法；调整市场营销组合）；采取 O2O（Online To Offline）营销模式。

搜索引擎技术、社会化媒体环境以及大数据的迅速发展使得互联网传播环境发生了巨大变革。对于企业来说，这些变化特别是社会化媒体和移动互联网大发展所带来的根本变化，是目标客户媒体接触习惯的变化。在这个互联网营销由“展示”变为以用户转化为目标的一体化营销过程中，大数据起到类似显微镜的作用，即为我们提供了从更细颗粒度层面上认知世界的可能和条件。

大数据营销是指基于多平台的大量数据，在大数据技术的基础上，应用于互联网广告行业的营销方式。大数据营销的特点体现在：多平台化数据采集、强调时效性、个性化营销、性价比高和关联性等方面。大数据营销的主要用途有：基于用户的需求定制改善产品，开展精准的推广活动，维系客户关系等方面。

关键概念

网络销售管理　AISAS 行为模式　O2O 营销模式　大数据营销

复习测试

1. 结合身边的事例，用AISAS行为模式对消费行为进行分析。
2. 移动互联网时代企业可以采取哪些营销策略？
3. 大数据营销与传统营销相比有哪些特点？举例说明。

案例研讨

农夫山泉用大数据卖矿泉水

这里是上海城郊接合部九亭镇新华都超市的一个角落，农夫山泉的矿泉水堆头静静地摆放在这里。来自农夫山泉的业务员每天来到这个销售点，拍摄10张照片：水怎么摆放、位置有什么变化、高度如何……这样的销售点每个业务员一天要跑15个，按照规定，下班之前150张照片就被传回了杭州总部。每个业务员每天会产生的数据量为10M，这似乎并不是个大数字。

但农夫山泉全国有10 000个业务员，这样每天的数据就是100G，每月为3TB。当这些图片如雪片般进入农夫山泉在杭州的机房时，这家公司的CIO胡健就会有这么一种感觉：守着一座金山，却不知道从哪里挖下第一锹。

胡健想知道的问题包括：怎样摆放水堆更能促进销售？什么年龄的消费者在水堆前停留更久，他们一次购买的量多大？气温的变化让购买行为发生了哪些改变？竞争对手的新包装对销售产生了怎样的影响？不少问题目前也可以回答，但他们更多是基于经验，而不是基于数据。

从2008年开始，业务员拍摄的照片就这么被收集起来，如果按照数据的属性来分类，“图片”属于典型的非关系型数据，这类数据还包括视频、音频等。要系统地对非关系型数据进行分析，是胡健设想的下一步计划，这是农夫山泉在“大数据时代”必须迈出的一步。如果超市、金融公司与农夫山泉有某种渠道来分享信息，如果类似图像、视频和音频资料可以系统分析，如果人的位置有更多的方式可以被监测到，那么摊开在胡健面前的就是一幅基于人的消费行为的画卷，而描绘画卷的是一组组复杂的“0、1、1、0”。

SAP全球执行副总裁、中国研究院院长孙小群接受《中国企业家》采访时表示，企业对于数据的挖掘使用分三个阶段，“一开始是把数据变得透明，让大家看到数据，能够看到数据越来越多；之后是可以提问题，可以形成互动，用很多支持的工具来帮我们做出实时分析；而3.0时代，要用信息流来指导物流和资金流，现在数据要告诉我们未来，告诉我们往什么地方走。”

SAP从2003年开始与农夫山泉在企业管理软件ERP方面进行合作。彼时，农夫山泉仅仅是一个软件采购和使用者，而SAP还是服务商的角色。

而到2011年6月，SAP和农夫山泉开始共同开发基于“饮用水”这个产业形态中，运输环境的数据场景。

关于运输的数据场景到底有多重要呢？将自己定位成“大自然搬运工”的农夫山泉，在全国有十多个水源地。农夫山泉把水灌装、配送、上架，一瓶超市售价2元的550ml饮用水，其中3毛钱花在了运输上。在农夫山泉内部，有着“搬上搬下，银子哗哗”的说法。如何根据不同的变量因素来控制自己的物流成本，成为问题的核心。

基于上述场景，SAP团队和农夫山泉团队开始了场景开发，他们将很多数据纳入进来：高速公路的收费、道路等级、天气、配送中心辐射半径、季节性变化、不同市场的售价、不同渠道的费用、各地的人力成本，甚至是突发性的需求（比如某城市召开一次大型运动会）。

在没有数据实时支撑时，农夫山泉在物流领域花了很多冤枉钱。比如某个小品相的产品（350ml饮用水），在某个城市的销量预测不到位时，公司以往的做法是通过大区间的调运来弥补终端货源的不足。“华北往华南运，运到半道的时候，发现华东实际有富余，从华东调运更便宜。但很快发现对华南的预测有偏差，华北短缺更为严重，华东开始往华北运。此时如果太湖突发一次污染事件，很可能华东又出现短缺。”

这种没头苍蝇的状况让农夫山泉头疼不已。在采购、仓储、配送这条线上，农夫山泉特别希望大数据获取能解决三个顽症：首先是解决生产和销售的不平衡，准确获知该产多少，送多少；其次，能够让400家办事处、30个配送中心纳入到体系中来，形成一个动态网状结构，而非简单的树状结构；最后，让退货、残次等问题能够与生产基地实时连接起来。

也就是说，销售的最前端成为一个个神经末梢，它的任何一个痛点，在大脑里都能快速被感知到。

“日常运营中，我们会产生销售、市场费用、物流、生产、财务等数据，这些数据都是通过工具定时抽取到SAP BW或Oracle DM，再通过Business Object展现。”胡健表示，这个“展现”的过程长达24小时，也就是说，在24小时后，物流、资金流和信息流才能汇聚到一起，彼此关联形成一份有价值的统计报告。当农夫山泉的每月数据积累达到3TB时，这样的速度导致农夫山泉每个月的财务结算都要推迟一天。更重要的是，胡健等农夫山泉的决策者们只能依靠数据来验证以往的决策是否正确，或者对已出现的问题做出纠正，仍旧无法预测未来。

2011年，SAP推出了创新性的数据库平台SAP HANA，农夫山泉则成为全球第三个、亚洲第一个上线该系统的企业，并在当年9月宣布系统对接成功。

胡健选择SAP HANA的目的只有一个，快些、再快些。采用SAP HANA后，同等数据量的计算速度从过去的24小时缩短到了0.67秒，几乎可以做到实时计算结果，这让很多不可能的事情变成了可能。

这些建立在饮用水行业上的实际情况反映到孙小群这里时，这位SAP全球研发的主要负责人非常兴奋。SAP并非没有基于饮用水的场景案例，雀巢就是SAP在全球范围长期的合作伙伴。但是，欧美发达市场的整个数据采集、梳理、报告已经相当成熟，上百年的运营经验让这些企业已经能从容面对任何突发状况，它们对新数据解决方案的渴求甚至还不如中国本土公司强烈。

对农夫山泉董事长钟睒睒而言，精准管控物流成本将不再局限于已有的项目，也可以针对未来的项目。这位董事长将手指放在一台平板电脑显示的中国地图上，随着手指的移动，建立一个物流配送中心的成本随之显示出来。数据在不断飞快地变化，好像手指移动产生的数字涟漪。

以往，钟睒睒的执行团队也许要经过长期的考察、论证，再形成一份报告提交给董事长，给他几个备选方案，到底设在哪座城市，还要凭借经验来再做判断。但现在，起码在成本方面已经一览无遗。剩下的可能是当地政府与农夫山泉的友好程度，这些无法测量的因素。

有了强大的数据分析能力做支持，农夫山泉近年以 30%~40%的年增长率，在饮用水方面快速超越了原先的前三甲：娃哈哈、乐百氏和可口可乐。根据国家统计局公布的数据，饮用水领域的市场份额，农夫山泉、康师傅、娃哈哈、可口可乐的冰露，分别为 34.8%、16.1%、14.3%、4.7%，农夫山泉几乎是另外三家之和。对于胡健来说，下一步他希望那些业务员搜集来的图像、视频资料可以被利用起来。

获益的不仅仅是农夫山泉，SAP 迅速将其在农夫山泉场景中积累的经验复制到神州租车身上。“我们客户的车辆使用率在达到一定百分比之后出现瓶颈，这意味着还有相当比率的车辆处于空置状态，资源尚有优化空间。通过合作创新，我们用 SAP HANA 为他们特制了一个算法，优化租用流程，帮助他们打破瓶颈，将车辆使用率再次提高了 15%。”

资料来源：赵奕. 农夫山泉用大数据卖矿泉水［J］. 中国企业家，2013（7）.

讨论问题

1. 农夫山泉的大数据除了用于降低物流成本外，还可用于销售管理的哪些环节？
2. 在 3.0 时代，如何解读信息之间的相关关系？可用的工具有哪些？

参考文献

[1] Strahle W, Spiro R L. Linking market share strategies to salesforce objectives, activities and compensation policies [J]. Journal of Personal Selling and Sales Management, 1986 (8): 11-18.

[2] 前程无忧. 四大行业人才需求公布，猎头揭秘最佳跳槽时机 [EB/OL]. http://hrclub.51job.com/art.asp? artid=17347,2015-1-26.

[3] 中国就业网. 2013 年陕西省西安市劳动力市场工资指导价位（批发和零售业）[EB/OL]. http://www.chinajob.gov.cn/LabourRelations/content/2014-01/02/content_873201.htm,2014-1-2.

[4] 张晴. 从销售明星到销售经理的转变 [EB/OL]. www.article.liepin.com,2014-06-07.

[5] 李佳. 销售假冒“惠普”“联想”品牌产品，12 人受到法律惩处 [N]. 中国消费者报，2007-01-01.

[6] 卢英慧，于银萍. 浅谈企业销售合同管理 [J]. 经济论坛，2007（5）.

[7] Thomas R Wotruba. A Comprehensive Framework for the Analysis of Ethical Behavior, with a Focus on Sales Organizations [J]. Journal of Personal Selling & Sales Management, 1990, 10 (2): 29-42.

[8] 杰克·威尔纳. 如何帮助销售人员处理道德陷阱 [J]. 商学院，2005（3）.

[9] 李先国. 销售管理 [M]. 北京：企业管理出版社，1996.

[10] 菲利普·科特勒. 营销管理 [M]. 9 版. 上海：上海人民出版社，1999.

[11] 熊银解，查尔斯 M 富特雷尔，张广玲. 销售管理 [M]. 3 版. 北京：高等教育出版社，2010.

[12] 董春艳. 战略性薪酬设计的实践应用——以某石油销售分公司为例 [J]. 中国人力资源开发，2005（11）.

[13] 日本市场活动研究所. 销售百事通 [M]. 北京：经济管理出版社，1991.

[14] 芮新国. 如何确定区域销售定额？[EB/OL]. www.emkt.com.cn,2006-3-10.

[15] 郝星光. 办事处自建渠道的“苦果”[J]. 销售与市场，2004（21）.

[16] 吴浴阳. 各司其职的区域经理为何纷争不断？——康益公司组织结构变革案例纪实 [J]. 销售与市场（管理版），2005（13）.

[17] 程淑丽. 销售人员岗位培训手册 [M]. 北京：人民邮电出版社，2015.

[18] 王维龙. 如何有效落实销售计划 [J]. 大众商务（创业版），2009（3）.

[19] 沈理. 如何制定有效的销售计划促使业绩提升 [J]. 中国眼镜科技杂志，2012（3）.

[20] 简明，胡玉立. 市场预测与管理决策 [M]. 5 版. 北京：中国人民大学出版社，2014.

[21] 黄丹. 市场调研与预测 [M]. 北京：北京师范大学出版社，2007.

[22] 景奉杰，曾伏娥. 市场营销调研 [M]. 2 版. 北京：高等教育出版社，2010.

[23] 徐国祥. 统计预测和决策 [M]. 2 版. 上海：上海财经大学出版社，2005.

[24] 何晓群，刘文卿. 应用回归分析 [M]. 2 版. 北京：中国人民大学出版社，2007.

[25] 师顺宽. 经销商如何制定年度销售计划？[EB/OL]. 中国营销传播网，2013-1-13.

[26] 百度百科. 销售计划 [EB/OL]. http://baike.baidu.com/view/185084.htm,2016-3-17.

[27] 查尔斯 M 富特雷尔. 销售 ABC [M]. 北京：中国人民大学出版社，2013.

[28] 李先国. 销售管理教程 [M]. 北京：北京大学出版社，2005.

[29] 钟立群. 现代推销技术 [M]. 北京：电子工业出版社，2005.

[30] 李海琼. 现代推销技术 [M]. 杭州：浙江大学出版社，2004.

[31] 孔雷. 训练销售精英 [M]. 北京：企业管理出版社，2003.

[32] 刘敏兴. 销售人员专业技能训练 [M]. 北京：中国社会科学出版社，2003.
[33] 欧阳小珍. 销售管理 [M]. 2 版. 武汉：武汉大学出版社，2010.
[34] 俞雷，陈宁. 最糟糕情况下的营销 [M]. 杭州：浙江人民出版社，2003.
[35] 熊银解，等. 销售管理 [M]. 2 版. 北京：高等教育出版社，2010.
[36] 牛海鹏，屈小伟. 专业销售 [M]. 北京：企业管理出版社，1998.
[37] 刘红兵. 销售：与客户共舞 [J]. 经贸世界，2006 (02).
[38] 杨晶. 如何接近顾客 [J]. 市场营销，2002 (12).
[39] 姚泽有. 12 种创造性开场白 [J]. 销售与市场，1996 (5).
[40] 胡非，厉以京. 推销遇到拒绝现象的成因及对策 [J]. 广西商专学报，1994 (04).
[41] 庄贵军. 正视拒绝 [J]. 销售与市场，1997 (04).
[42] 孟昭春. 抓住客户的购买信号 [J]. 销售与市场，2007 (02).
[43] 李平，胡志勇. 走出人员推销的误区 [J]. 云梦学刊，2003 (02).
[44] 张天命. 80%的销售来源于第 4 至 11 次的跟踪 [J]. 机电信息，2006 (13).
[45] 鞠强. 售后服务管理 [J]. 企业管理，2001 (11).
[46] 陆和平. 工业品销售——产品演示建奇功 [EB/OL]. www.emkt.com.cn/article/315/31518.html，2007-05-18.
[47] 宋辉. 快速消费品销售技能训练 [M]. 北京：企业管理出版社，2004.
[48] 杨丹妮. 推销人自身视觉元素印象整饰操作举要 [J]. 商业时代，2005 (11).
[49] 赵志奇，时昌堡. 容易忽略的销售细节 [J]. 企业文化，2005 (04).
[50] 陆和平. 工业品成功销售第一步 [J]. 销售与市场（职场版），2006 (08).
[51] 齐世春，行滔. 新销售人员管理 [M]. 北京：企业管理出版社，2003.
[52] 张建国，张承光. 宝洁的校园招聘和“内部培养”[J]. 销售与管理，2005 (11).
[53] 赵天. 宝洁招聘：精细“相马”[J]. 销售与管理，2006 (B01).
[54] 鞠强. 招聘什么人做销售人员 [J]. 企业管理，2001 (04).
[55] 王荣耀. 销售人员做市场的“悟性”[J]. 中国商贸，2004 (08).
[56] 陈为. 发现销售明星——销售业绩管理中的“实惠学”[J]. 成功营销，2005 (04).
[57] 孙路弘. 销售业绩：从招聘起步 [J]. 销售与市场，2005 (03S).
[58] 常冠军，郭灵. 招聘优秀销售人员的有效步骤 [J]. 人才资源开发，2006 (05).
[59] 高强. 关键细节决定招聘成败 [J]. 中外管理，2005 (06).
[60] 佚名. 外企招聘面试出奇招 [J]. 中国青年研究，2003 (10).
[61] John Carroll. 如何招聘销售人员 [J]. 世界经理人文摘，2000 (04).
[62] 李宇新. 销售人员的招聘与选拔 [J]. 黑龙江科技信息，2004 (06).
[63] 江洪明. 如何迈出突发性人力资源招聘困局 [J]. 销售与管理，2007 (05).
[64] 游云，刘兵，罗利亚. 销售人员招聘过程诠释 [N]. 21 世纪人才报，2004-12-17.
[65] 王建.“卓越公司”眼中的“优秀”销售人员 [EB/OL]. 中国营销传播网，2006-10-13.
[66] 陈宁华. 如何设计销售职位申请表格 [EB/OL]. 中国营销传播网，2006-12-21.
[67] 吴金河. 宝洁分销商销售代表的招聘与培训 [EB/OL]. 中国营销传播网，2004-05-11.
[68] 佟琳琳. 分析员工离职的 232 现象 [EB/OL]. 牛津管理评论网，2007-03-20.
[69] 陈中. 人事培训设计与操作实务全书（中卷）[M]. 呼伦贝尔：内蒙古文化出版社，2001.
[70] 曹亚东，康敏. 营销管理实战全案（下）团队建设卷 [M]. 厦门：鹭江出版社，2011.
[71] 任广新. 销售管理——技能与实务 [M]. 北京：北京大学出版社，2013.
[72] 权锡哲，魏冠明. 新员工培训管理实务手册 [M]. 2 版. 北京：人民邮电出版社，2012.

[73] 孙宗虎，姚小风. 员工培训管理实务手册 [M]. 3 版. 北京：人民邮电出版社，2012.
[74] 罗辉，孙宗虎. 人力资源管理操作全案 [M]. 2 版. 北京：人民邮电出版社，2012.
[75] 邓恩，卡弗. 零售管理 [M]. 7 版. 北京：清华大学出版社，2011.
[76] 张德. 组织行为学 [M]. 2 版. 北京：高等教育出版社，2004.
[77] 张体勤. 知识团队的绩效管理 [M]. 北京：科学出版社，2002.
[78] 陈欣. 销售人员激励组合之研究 [J]. 上海企业，2004 (9)：43.
[79] 张一驰，黄涛. 策略性股票期权激励设计 [J]. 中国人力资源开发，2003 (4).
[80] 周昌伟，孙厚权. 浅谈企业对营销人员的激励与控制 [J]. 市场营销，2004 (2).
[81] 陈晓东. 长江三角洲地区销售人员薪酬激励实证研究 [M]. 北京：经济管理出版社，2010.
[82] 张启杰. 销售管理 [M]. 北京：电子工业出版社，2013.
[83] 朱飞. 绩效激励与薪酬激励 [M]. 北京：企业管理出版，2013.
[84] 李志畴. 薪酬体系设计与管理实务 [M]. 南京：凤凰出版社，2012.
[85] 李中斌，谭志欣，李亚慧. 薪酬管理 [M]. 北京：科学出版社，2012.
[86] 于洁，杨顺勇. 销售管理：理论与实训 [M]. 上海：复旦大学出版社，2010.
[87] 王玺，辛枫冬. 最新企业绩效考核实务 [M]. 北京：中国纺织出版社，2004.
[88] 威廉·斯坦顿，等. 销售队伍管理 [M]. 10 版. 北京：北京大学出版社，2004.
[89] 李先国. 销售管理 [M]. 北京：首都经济贸易大学出版社，2006.
[90] 尹隆森，孙宗虎. 目标分解与绩效考核设计实务 [M]. 北京：人民邮电出版社，2006.
[91] 小约翰 F 坦纳，等. 销售管理：塑造未来的销售领导 [M]. 北京：中国人民大学出版社，2010.
[92] 熊超群，梅志国. 目标管理与绩效考核实务 [M]. 广州：广东经济出版社，2004.
[93] 孙斌. 棕熊与黑熊的销售绩效考核 [J]. 商：推销员，2004 (7).
[94] 艾莉森·吉斯曼，吉尔·伍德. 营销客户沟通 [M]. 北京：经济管理出版社，2005.
[95] Burnett，K Strategic Customer Alliances. Financial Times [M]. London：Pitman Publishing，1992.
[96] 葛林于. 关键客户管理的方法与策略 [J]. 企业改革与管理，2010，(4).
[97] 马刚，李洪心，杨兴凯. 客户关系管理 [M]. 大连：东北财经大学出版社，2012.
[98] 邵景波，宁淑慧. 基于金字塔模型的顾客关系资产管理 [J]. 中国软科学，2005 (4)：133-137.
[99] Wotruba，T R，Castleberry S B. Job analysis and Hiring Practices for National Account Marketing Positions [J]. Journal of Personal Selling and Sales Management，1993，13 (3)：49-65.
[100] 张海军. 零售终端人员销售沟通障碍探析 [J]. 商场现代化，2012 (4).
[101] 周贺来. 客户关系管理实务 [M]. 北京：北京大学出版社，2011.
[102] 子秋. 本土客户管理案例精解 [M]. 广州：广东经济出版社，2005.
[103] 於志东. 网上消费者行为变迁的研究——基于中国互联网络发展状况统计调查 [C]. Proceedings of International Conference on Engineering and Business Management (EBM2012)，2012.
[104] 贾月梅. 网络时代消费者行为特征及营销策略 [J]. 现代财经：天津财经学院学报，2001 (8).
[105] IT 经理网. 大数据的大价值：大数据五大成功案例深度解析 [EB/OL]. www.ctocio.com/industry/retail/14238.html,2013-4-11.
[106] 赵奕. 农夫山泉用大数据卖矿泉水 [J]. 中国企业家，2013 (7).

后　记

本教材涵盖了销售管理概述、销售伦理与法律、销售组织与销售区域设计、销售计划与预测、销售流程与技巧、销售人员招聘与选拔、销售人员培训与激励、销售人员绩效评价、销售关系管理及网络时代的销售管理等销售管理决策者主要的工作内容。本教材在撰写过程中参考了不少国内外销售管理方面的著作、教材及案例资料。在此，对相关作者表示真挚的谢意。

本教材的作者来自武汉科技大学、武汉理工大学、湖北中医药大学、中南民族大学以及武汉工商学院。写作分工如下：陈涛（武汉科技大学教授）撰写前言、第1章；王海斌（武汉理工大学副教授）撰写第2章；赵晓飞（中南民族大学副教授）撰写第3章；吴世军（武汉科技大学副教授）撰写第4章；孙伟（武汉科技大学副教授）撰写第5、6章；李习平（湖北中医药大学副教授）撰写第7、8章；李四兰（武汉科技大学副教授）撰写第9章；黄晗（武汉工商学院副教授）撰写第10章。由陈涛、孙伟任主编并负责统稿，李习平任副主编。

本教材的完成得益于机械工业出版社华章公司的张有利编辑和郭彪主任的建议和督促，也得到了不少营销领域前辈老师的关注和提携。希望本教材的出版能对中国企业的销售管理有所助益。

由于时间紧迫，加上能力所限，错误在所难免，但愿能得到读者和同行的指教，以便今后更正和改进。

陈　涛

市场营销学

课程名称	书号	书名、作者及出版时间	版别	定价
市场营销学（营销管理）	978-7-111-43017-9	市场营销学（第11版）（阿姆斯特朗、科特勒）（2013年）	外版	75
市场营销学（营销管理）	978-7-111-31520-9	市场营销学（第3版）（拉姆）（2010年）	外版	49
市场营销学（营销管理）	978-7-111-38252-2	市场营销原理（亚洲版）（英文版·第2版）（科特勒）（2012年）	外版	79
市场营销学（营销管理）	978-7-111-43202-9	市场营销原理（亚洲版·第3版）（科特勒）（2013年）	外版	79
国际市场营销学	978-7-111-38840-1	国际市场营销学（第15版）（凯特奥拉）（2012年）	外版	69
服务营销学	978-7-111-48495-0	服务营销（第6版）（泽丝曼尔）（2014年）	外版	75
服务营销学	978-7-111-44625-5	服务营销（全球版·第7版）（洛夫洛克）（2013年）	外版	79
服务营销学	978-7-111-35736-0	服务营销（英文版·第5版）（泽丝曼尔）（2011年）	外版	85
市场营销专业英语	978-7-111-22485-3	市场营销专业英语（沈铖）（2007年）	本版	25
市场营销学（营销管理）	即将出版	市场营销：超越竞争，为顾客创造价值（第2版）（精品课）（杨洪涛）（2015年）	本版	39
市场营销学（营销管理）	978-7-111-42983-8	市场营销管理：需求的创造与传递（第3版）（精品课）（钱旭潮）（"十二五"普通高等教育本科国家级规划教材）（2013年）	本版	39
市场营销学（营销管理）	978-7-111-36268-5	市场营销基础与实务（第2版）（高凤荣）（2011年）	本版	35
市场营销学（营销管理）	978-7-111-37474-9	市场营销基础与实务（精品课）（肖红）（2012年）	本版	36
市场营销学（营销管理）	978-7-111-32795-0	市场营销实务（李海琼）（2011年）	本版	34
市场营销学（营销管理）	978-7-111-29816-8	市场营销实训教程（郝黎明）（2010年）	本版	32
市场营销学（营销管理）	978-7-111-42825-1	市场营销学（曹垣）（2013年）	本版	39
市场营销学（营销管理）	978-7-111-24623-7	市场营销学（兰苓）（2008年）	本版	32
市场营销学（营销管理）	978-7-111-46806-6	市场营销学（李海廷）（2014年）	本版	35
市场营销学（营销管理）	978-7-111-48755-5	市场营销学（肖志雄）（2015年）	本版	35
市场营销学（营销管理）	978-7-111-28089-7	现代市场营销学：超越竞争，为顾客创造价值（精品课）（杨洪涛）（2009年）	本版	35
市场营销学（营销管理）	978-7-111-39589-8	营销管理（第2版）（王方华）（2012年）	本版	39
国际市场营销学	978-7-111-44117-5	国际市场营销（刘宝成）（2013年）	本版	39
国际市场营销学	978-7-111-39277-4	国际市场营销学（第2版）（精品课）（李威）（2012年）	本版	38
国际市场营销学	即将出版	国际市场营销学（第3版）（精品课）（李威）（2015年）	本版	39
服务营销学	978-7-111-48247-5	服务营销：理论、方法与案例（郑锐洪）（2014年）	本版	35
服务营销学	978-7-111-39417-4	服务营销学（聂元昆）（2012年）	本版	35

市场营销学

课程名称	书号	书名、作者及出版时间	版别	定价
直复营销	978-7-111-35861-9	数据库营销（第4版）（塔普）（2011年）	外版	59
销售管理	978-7-111-32794-3	现代销售学：创造客户价值（第11版）（曼宁）（2011年）	外版	45
消费者行为学	978-7-111-35033-0	消费者行为学（巴宾）（2011年）	外版	45
消费者行为学	978-7-111-47509-5	消费者行为学（第12版）（霍金斯）（2014年）	外版	79
消费者行为学	978-7-111-48769-2	消费者行为学（英文版·第12版）（霍金斯）（2014年）	外版	89
市场调研与预测	978-7-111-36422-1	当代市场调研（第8版）（麦克丹尼尔）（2011年）	外版	78
市场调研与预测	978-7-111-27951-8	营销调研：运用Excel数据分析（英文版·第2版）（伯恩斯）（2009年）	外版	68
总部运营管理	978-7-111-33247-3	总部运营管理（刘常宝）（2011年）	本版	33
战略品牌管理	978-7-111-39240-8	战略性品牌管理与控制（李杰）（2012年）	本版	80
营销渠道	978-7-111-36412-2	营销渠道管理（郑锐洪）（2012年）	本版	32
营销策划	978-7-111-38329-1	营销策划：方法、技巧与文案（第2版）（孟韬）（2012年）	本版	39
营销策划	978-7-111-40631-0	营销策划理论与实务（赵静）（2012年）	本版	35
消费者行为学	978-7-111-48390-8	消费者行为学（第3版）（王曼）（2014年）	本版	39
消费者行为学	即将出版	消费者行为学：基于消费者洞察的营销策略（吴柏林）（2015年）	本版	39
市场分析与软件应用	978-7-111-35559-5	市场分析与软件应用（蔡继荣）（2011年）	本版	36
市场调研与预测	978-7-111-33916-8	市场调研基础与实训（杨静）（2011年）	本版	38
市场调研与预测	978-7-111-38774-9	市场调研与预测（第2版）（邱小平）（2012年）	本版	29
市场调研与预测	978-7-111-41102-4	市场研究：方法与应用（唐小飞）（2013年）	本版	39
商务谈判	978-7-111-23176-9	商务谈判实务与案例（石永恒）（2008年）	本版	28
商务谈判	即将出版	商务谈判与沟通（张国良）（2015年）	本版	30
品牌管理	978-7-111-48211-6	品牌管理（第2版）（刘常宝）（2014年）	本版	35
品牌管理	978-7-111-27809-2	品牌管理（沈铖）（2009年）	本版	32
品牌管理	978-7-111-45544-8	品牌审美与管理（李杰）（2014年）	本版	45
门店管理	978-7-111-36910-3	门店管理实务（陈方丽）（2012年）	本版	32
零售营销（管理）	978-7-111-38292-8	零售营销（李桂华）（2012年）	本版	39
客户关系管理	即将出版	客户关系管理：理念、技术与策略（第2版）（苏朝晖）（2015年）	本版	35
客户关系管理	978-7-111-39847-9	客户关系管理：理念、技术与策略（苏朝晖）（2012年）	本版	32
客户关系管理	978-7-111-47474-6	客户关系管理：销售的视角（姚飞）（2014年）	本版	35
广告策划	978-7-111-42350-8	广告策划：实务与案例（第2版）（吴柏林）（2013年）	本版	35
广告策划	978-7-111-32167-5	实战广告案例教程（第2版）（穆虹）（2010年）	本版	35

营销教材译丛系列

课程名称	书号	书名、作者及出版时间	定价
网络营销	即将出版	网络营销：战略、实施与实践（第4版）（查菲）（2014年）	65
销售管理	978-7-111-32794-3	现代销售学：创造客户价值（第11版）（曼宁）（2011年）	45
市场调研与预测	978-7-111-36422-1	当代市场调研（第8版）（麦克丹尼尔）（2011年）	78
国际市场营销学	978-7-111-38840-1	国际市场营销学（第15版）（凯特奥拉）（2012年）	69
国际市场营销学	978-7-111-29888-5	国际市场营销学（第3版）（拉斯库）（2010年）	45
服务营销学	978-7-111-44625-5	服务营销（第7版）（洛夫洛克）（2013年）	79